MONTAGNES

BELGIQUE

ALLEMAGNE

Calais
Lille
Dieppe Amiens
Le Havre
Rouen
Rheims Verdun
Metz
Nancy
Paris
Strasbourg
Chartres
Rennes
Le Mans Orléans
Nantes Tours
Dijon
SUISSE
Poitiers
La Rochelle
Vichy
Lyon
Chamonix
Limoges
ITALIE
Bordeaux
Grenoble
Nîmes Avignon Nice
Cannes
Arles Marseille
Toulouse
Biarritz
Toulon
Carcassonne
ESPAGNE

Somme
Aisne
Oise
Meuse
Moselle
Yonne
Jura
Vosges
Rhin
Loire
Saône
Massif
Central
Alpes
Rhône
Tarn
Golfe
du Lion

VILLES PRINCIPALES

LA FRANCE: UNE TAPISSERIE

Robert Politzer

Jo Helstrom

Adeline Abel

Alexander Hull

Jane Bourque

André Maman

McGraw-Hill Book Company

St. Louis   New York   San Francisco   Dallas   Toronto   London   Sydney

ABOUT THE AUTHORS

Robert Politzer is Chairman of the Department of Foreign Language Education at Stanford University. Formerly Director of the Department of Linguistics at the University of Michigan, Dr. Politzer is a well-known author in the field of linguistics and language teaching.

Adeline Abel is Assistant Professor of French at Louisiana State University. A native of France, she has taught at the NDEA Institute at Louisiana State University for four summers.

Jane Bourque is Supervisor of Foreign Languages of the Stratford, Connecticut, Public Schools. Mrs. Bourque is a member of the Modern Language Association French Committee and has served on the French Committee of the College Entrance Examination Board.

Jo Helstrom is Head of the Language Department of the Madison, New Jersey, Public Schools. She is Lecturer in Methods of Teaching French at Douglass College, Rutgers The State University of New Jersey.

Alexander Hull is Assistant Professor of Linguistics and French at Duke University. He has taught French and Linguistics at the University of Massachusetts. Dr. Hull was Chairman of the Department of French at St. John's University, Saskatchewan, Canada.

André Maman is Director of Undergraduate Studies and Professor in the Department of Romance Languages at Princeton University. He is Secretary General of the Society of French Professors in America. Dr. Maman is a graduate of the University of Toulouse and of the University of Paris.

Illustrations by Michael Allen Hampshire

La France: Une Tapisserie

Copyright © 1965 by McGraw-Hill, Inc. All Rights Reserved.
Printed in the United States of America.
This book, or parts thereof, may not be reproduced in any
form without permission of the publishers.

50382

345678910 UNMB 10987

PREFACE

The Louvre, the famous museum of art situated on the right bank of the Seine in the heart of Paris, was originally one of the residences of the kings of France. Today it houses the most extensive collection of art treasures in the world. Then, as now, the vast halls and corridors of the palace were decorated with masterpieces, but in place of the smile of the "Mona Lisa" and the grandeur of the "Winged Victory," the nobles of the Middle Ages and the Renaissance gazed on intricate tapestries depicting the exploits of legendary heroes, stories from the Bible, accounts of battles and scenes from daily life. Many of these tapestries are still seen in the Louvre. Here, on immense embroidered canvasses, in vivid hues of wool and threads of silver and gold, are France, her history, and her people both great and small. Divided into panels or *tableaux,* these tapestries are often allegorical representations of the universal preoccupations of man as seen through the eyes of the artists of the time.

La France: Une Tapisserie is also a rich fabric. Woven of the writings of some of the most famous French authors of the nineteenth and twentieth centuries, it presents a panorama of the diverse peoples, customs, ideas, and attitudes that have intertwined to make modern France. The student is invited to contemplate this tapestry, to feel its texture, and to examine at close range its complexity and workmanship in the hope that it will provide him with a greater appreciation and deeper understanding of France and her people.

Each *tableau* presents ideas or aspects of life with which students of all ages can readily identify. As you read, not only will you acquaint yourself with the views of modern writers on such themes as love, sports, nature, daily life, adventure, war, and humor, but you will also become aware of the similarities and differences in the cultures of your own society and that of France and the French-speaking world.

Included in this tapestry are examples of all literary genres. Short stories, excerpts from novels, plays, articles from newspapers and magazines, and poems offer an opportunity to read with understanding, to gain deeper insight into the nature and structure of the French language, and to begin an introductory study of serious literature and literary analysis.

As reading and writing become increasingly more important aspects of language learning, it is necessary that the student maintain and further develop his listening and speaking skills. To continue learning French this modern way, there are detailed drills and patterns for oral practice, presenting finer points of grammar and syntax, review exercises, unique treatments of new vocabulary items and thought questions for oral discussion and composition.

La France: Une Tapisserie reproduces for us *des tableaux de la vie et de la pensée françaises.* Each of the sixteen units is called a *tableau* since it presents a picture of a phase of French life and thought. Each *tableau* is composed of three selections of varying length and difficulty. Additional poems and extracts are provided in some *tableaux.* Vocabulary and points of structure are taught through contextual drills, stimulated by the literary selections.

Each *tableau* is developed in the following manner.

Entrée en Matière: The theme of the *tableau* is presented together with explanatory and background material on its place and importance in contemporary French society.

Introduction: A short statement about the nature and content of the literary selection and biographical information precede each selection.

Préparation à la Lecture: A study guide for each of the three selections alerts the student to look for specific qualities of style, versification, and/or ideas of a philosophical nature which may not be completely apparent on the first reading.

Vocabulaire Essentiel: Key words with which the student is not likely to be familiar are presented and defined in the context in which they are used and in the order in which they appear in the selection. English is used only where necessity dictates. For the most part, the words of the *Vocabulaire Essentiel* are those which the student will want to incorporate into his active vocabulary.

Selection: An extract from a play, novel, newspaper or magazine article, or poem from the works of modern French authors is presented with side notes which define new vocabulary items, explain special usage or idiomatic expressions or present additional cultural background to facilitate rapid comprehension of the passage.

Lexique: A brief dictionary of the words of the *Vocabulaire Essentiel* and the side notes is presented in alphabetical order. A model sentence accompanies each entry.

Questionnaire Oral: This series of short, oral questions following the selection is designed for a rapid listening comprehension check.

Sujets de Discussion: More complex thought questions for oral discussion serve to stimulate in-class résumés and outside committee reports, debates, skits, and dialogs. In preparing these questions for oral presentation in class, the student may wish to organize a written outline or notes. The report can serve to stimulate further oral discussion involving the entire class.

Devoirs Ecrits: A brief series of topics and questions serve as a guide for meaningful composition work outside of class and possible oral presentation in class. Each of the *Devoirs Ecrits* requires a careful preparation on the part of the student. The manner of presentation is as important, if not more important, than the ideas discussed; the student will want to pay close attention to the composition guidelines.

Exercices de Structure: The pattern drills at the end of each *tableau* are based on the vocabulary and structures contained in each of the three selections and are designed for use in the classroom or in the language laboratory. There are three types of drills: sentence repetition which presents the model structure and provides practice in accurate articulation and pronunciation; substitution sentences for practice in replacing and manipulating sentences and sentence segments; and sentence creation drills for oral composition based on a model structure. All *tableaux* include a section entitled *Révision* which presents structures requiring constant periodic review.

Vérifications des Exercices de Structure are on pages 359–391. The confirmations are separate from the drills so that the student will think about the grammatical structure that he is practicing.

A comprehensive, French-English vocabulary is included on pages 392–401.

Pages 402–404 contain a grammatical index for easy student reference.

La France: Une Tapisserie is illustrated with many black and white photographs and original drawings depicting the events or places described in each selection. Sixteen full-color reproductions of masterpieces of French painting stimulate student interest and provide for cultural enrichment.

CONTENTS

vi   *Contents*

French Embassy Press and Information Division

Tableau 1 • LES FRANÇAIS

Entrée en Matière.   Chaque peuple de la terre a ses coutumes propres. Les Français se distinguent des autres peuples, notamment des Américains, par leur genre de vie, leurs habitudes, leur façon de concevoir les rapports entre les divers membres de la société. Il ne faut pas oublier que leur comportement est le résultat de vieilles traditions auxquelles ils tiennent beaucoup.

Le trait le plus frappant, chez eux, est qu'ils aiment la vie sous toutes ses formes. Ils veulent profiter au maximum d'une existence qui n'est pas toujours facile, et qui peut sembler aux étrangers monotone, lente, sans attraits. Les Français essayent d'atteindre, dans leur vie, un équilibre leur permettant de participer aux activités de la société, tout en gardant leur indépendance.

1

LA POIGNEE DE MAIN FRANÇAISE

par Marc Blancpain

Introduction

C'est Marc Blancpain, secrétaire général de l'Alliance Française depuis 1944, qui est l'auteur de cet article paru dans *Le Figaro,* grand quotidien parisien. Ayant fait plusieurs fois le tour du monde, il a pu observer et comparer les habitudes des peuples qu'il visitait. Il s'adresse ici à ces gens pour qui ne comptent que l'efficacité et la vitesse. Les règles de politesse leur paraissent bien inutiles: l'auteur va leur montrer que l'action de serrer la main ne représente pas seulement du temps perdu.

Préparation à la Lecture

Quand on étudie une langue étrangère, ce sont des mots comme *bonjour, bonsoir, au revoir, à demain* que l'on apprend d'abord. Ils ne sont pas très difficiles, mais le ton et l'attitude à prendre au moment où on les dit sont plus compliqués. Les Français ont l'habitude de se serrer la main quand ils les prononcent. Cela fait partie des signes de politesse. Dans cet article, Marc Blancpain répond à un monsieur qui vient d'indiquer des raisons contre la poignée de main. Grâce à ses réponses, vous allez mieux comprendre la façon de penser des Français.

Vocabulaire Essentiel

1. Nous nous sommes séparés après une bonne poignée de main.

   poignée (*f.*): action de donner la main à quelqu'un en signe d'amitié

2. L'ouvrier doit augmenter son allure.

   allure (*f.*): vitesse (de travail)

3. Ils ont si soif! Ils avalent trois verres d'eau.

   avalent: absorbent sans mâcher

4. Tu as marché trop vite; tu as les cheveux moites.

   moites: légèrement humides

5. J'ai travaillé au jardin toute la semaine; j'ai maintenant les mains rugueuses.

   rugueuses: qui présentent des callosités

6. Il a les jambes molles; il ne fait pas d'exercice.

   molles: contraire de *dures*

7. Un homme ne doit pas tendre la main à une dame; il doit attendre qu'elle fasse ce geste la première.

   tendre: présenter en avançant

8. Il lui a fait sentir sa réprobation.

   réprobation (*f.*): jugement sévère

9. La haine est un sentiment pénible.

   haine (*f.*): aversion extrême

10. Je crois que leur malheur est irrémédiable.

    irrémédiable: qui est sans remède

11. Il est souhaitable que l'école soit agrandie.

    souhaitable: désirable

12. Toute cette paperasserie me fatigue.

    paperasserie (*f.*): travail de bureau ennuyeux ou peu utile

JE VOUS le dis tout de suite, monsieur, vos considérations économiques ne me touchent point. La demi-heure que nous perdons à nous serrer la main, nous sommes toujours capables, voyez-vous, de la rattraper. Parce que
5 nous ne travaillons ni comme des bœufs ni comme des machines, mais comme des hommes qui savent forcer l'allure, accélérer le rendement, faire vite ou plus vite encore selon leur humeur ou la nécessité.

accélérer le rendement: step up production

Quant à l'échange de microbes, il ne nous effraie point;
10 des microbes, il y en a partout: dans l'air que tous les

La poignée de main française   3

hommes respirent, dans les boissons et les aliments qu'ils avalent—même quand ces aliments sont enveloppés de cellophane! Certes, toutes les mains ne sont pas agréables à serrer. Il en est de moites ou de rugueuses, de molles ou de brutales; mais la politesse est justement dans le petit effort que nous faisons pour surmonter nos répugnances. Et puis, monsieur, il vaut mieux tendre la main spontanément plutôt que de se sentir obligé de la lever machinalement, comme faisaient tant de gens, il n'y a pas si longtemps, dans des pays, hélas! voisins du nôtre!

Ces serrements de mains ne sont pas toujours sincères? Nous le savons, monsieur, et nous mettons dans ce geste ce que nous voulons y mettre: de l'amitié ou seulement un peu de cordialité, de la froideur quelquefois et même une réprobation muette. Personne pour s'y tromper. Mais la main tendue et ouverte — même réticente — signifie toujours qu'aucune haine n'est irrémédiable, que le pardon reste souhaitable et la réconciliation possible, que la vie entre nous garde ses chances de redevenir aimable. Et c'est cela qui est important, bien plus important qu'une demi-heure de paperasserie plus ou moins utile.

Personne pour s'y tromper (langue parlée): On dirait plutôt: «Personne ne s'y tromperait.» Cela veut dire: «Personne ne pourrait mal interpréter cela.»

Lexique

1. **allure** (*f*): vitesse de travail
   Je l'ai vu ce matin; il avait une allure bizarre.

2. **avaler**: absorber sans mâcher; croire facilement sans critique
   Il n'est pas très malin; il avale tout ce qu'on lui raconte.

3. **haine** (*f.*): aversion extrême
   Elle ne voit plus ce garçon. Leur amour s'est changé en haine.

4. **irrémédiable**: qui est sans remède
   Ce tremblement de terre a causé des destructions irrémédiables.

5. **moite**: légèrement humide
   A force de travailler, il était devenu tout moite.

6. **mou, molle**: contraire de *dur*
   Il est mauvais, dit-on, de dormir sur un matelas trop mou.

7. **paperasserie** (*f.*): écrits sans importance, travail de bureau ennuyeux ou peu utile
   Je ne sais plus où ranger toute cette paperasserie qu'il veut garder.

8. **poignée** (*f.*): action de donner la main à quelqu'un en signe d'amitié
   Sa poignée de main est ferme et franche.

9. **réprobation** (*f.*): blâme, jugement sévère
   Je n'oserais pas encourir à nouveau sa réprobation.

10. **rugueux**: qui présente des callosités
    Le vieux banc présente une surface rugueuse.

11. **souhaitable**: désirable
    Il serait bien souhaitable que vous obteniez cet emploi.

12. **tendre**: présenter en avançant
    Allez lui tendre la main et amenez-le ici.

13. **valoir mieux**: être préférable
    Il vaut mieux dire franchement la vérité.

Questionnaire Oral

1. Qu'est-ce que certaines personnes reprochent à la poignée de main?

2. Combien de temps perdons-nous, selon elles, à nous serrer la main?

3. Est-ce que ce temps est vraiment perdu?

4. Pourquoi pouvons-nous le rattraper?

5. Est-ce que nous travaillons comme des bœufs ou comme des machines?

6. Comment travaillons-nous donc?

7. Quel est le second reproche que font certaines personnes à la poignée de main?

8. Pourquoi l'échange de microbes ne nous effraie-t-il point?

9. Où trouve-t-on plus spécialement ces microbes?

10. Pourquoi toutes les mains ne sont-elles pas agréables à serrer?

11. Comment s'appelle le petit effort que nous faisons pour réussir à surmonter nos répugnances?

12. Qui étaient les gens qui se sentaient obligés de lever la main machinalement?

13. Est-ce que ces serrements de mains sont toujours sincères?

14. Que mettons-nous dans ce geste?

15. Quels sentiments peut-on exprimer par une poignée de main?

16. Que signifie toujours la main tendue et ouverte?

17. Est-ce qu'une haine est irrémédiable après une poignée de main?

18. Qu'est-ce qui est plus important qu'une demi-heure de paperasserie?

Sujets de Discussion

1. Pourquoi la poignée de main est-elle un geste social important?

2. Que veut dire l'auteur quand il décrit la façon de travailler des Français?

3. Est-ce que cela est un signe de progrès? Justifiez votre réponse.

4. Que pensez-vous des risques d'infection que comporte un serrement de mains?

5. Montrez comment on peut se serrer la main de plusieurs façons différentes.

6. Essayez de deviner les sentiments qu'éprouve la personne qui vous serre la main.

Devoirs Ecrits

1. Qu'est-ce que la poignée de main représente? De quoi est-elle un signe?

2. En un paragraphe, donnez toutes les raisons en faveur de la poignée de main et celles qui s'opposent à ce geste.

3. Essayez de convaincre une personne de votre famille ou un camarade que la poignée de main est un geste qui rapproche les gens en créant entre eux un lien de confiance et parfois d'amitié.

4. Comparez les occasions dans lesquelles on se serre la main en France et aux Etats-Unis.

LA PETITE VILLE

par Anna de Noailles

Introduction

Ce poème de la comtesse Anna de Noailles (1876–1933), extrait de *L'ombre des jours* (1902), décrit une de ces petites villes comme il en existe tant en France. La vie coule paisiblement, et tous les jours se ressemblent. Aucun événement ne vient troubler le calme qui règne partout. Les bâtiments les plus importants sont les mêmes dans chaque petite ville: l'église, la poste, l'épicerie, la boulangerie, car le pain joue un très grand rôle dans l'alimentation des Français. Le boucher est la seule personne qui puisse faire peur. Il ne semble pas y avoir d'animation dans cette ville, mais son charme et sa douceur la rendent agréable.

Préparation à la Lecture

Après une description générale de cette petite ville, vous allez visiter quelques-uns des bâtiments qui en sont les endroits principaux. L'ensemble se termine sur une note de gaieté, avec le jour de Noël. Pour mieux peindre la ville, Anna de Noailles a employé des quatrains, c'est-à-dire des strophes de quatre vers chacune. Chaque vers compte huit syllabes et les rimes sont embrassées: le premier vers rime avec le quatrième et le second vers rime avec le troisième (monot-*one* et cramp-*onne;* val-*lon* et *long*). Les mots très simples dont se sert l'auteur reflètent la simplicité de la vie.

Vocabulaire Essentiel

1. Ils peinent pour porter ce sac qui est trop lourd.

   peinent: font des efforts

2. Il se cramponne à l'échelle pour ne pas tomber.

   se cramponne: tient de toutes ses forces

3. Les deux ruelles qui passent derrière l'église conduisent à ma maison.

   ruelles (*f.*): petites rues étroites

4. Les pavés étincellent sous la vive lumière du soleil.

   étincellent: scintillent, brillent

5. Nous avons été pris de sursauts chaque fois que vous avez poussé des cris.

   sursauts (*m.*): mouvements vifs, causés par une sensation violente

6. Il travaille bien; il a surtout un penchant pour le dessin.

   penchant (*m.*): disposition à faire quelque chose

7. Je vais chez le libraire acheter le second volume de ce roman.

   libraire (*m.* ou *f.*): celui ou celle qui vend des livres

8. J'ai fait installer un auvent au-dessus de la porte d'entrée.

   auvent (*m.*): petit toit placé au-dessus d'une porte ou d'une fenêtre pour préserver de la pluie

9. Il faut utiliser une balance pour connaître exactement le poids des marchandises.

   balance (*f.*): instrument servant à peser

10. Ma figure est enduite de crème.

    enduite: couverte d'un produit quelconque

French Embassy Press and Information Division

La ville douce et monotone
Est en montée et en vallon,
Les maisons peinent tout au long,
Et l'une à l'autre se cramponne.

5

Du soleil versé comme une eau
Est dans la rue et les ruelles,
Les durs pavés qui étincellent
Semblent de lumineux sursauts.

en montée et en vallon: on the
hillside and in the valley

L'église, massive et muette,
Est sur la place du marché,
Le vent de l'hiver a penché
Le beau coq de sa girouette.

girouette: weathervane

5   La poste est noire et sans bonheur,
Personne auprès d'elle ne passe,
Il semble que, petite et basse,
Elle soit là pour le facteur.

La boulangerie est énorme;
10 Il entre et sort de larges pains,
Couleur du bois blanc des sapins,
Et ronds comme des chats qui dorment.

Il entre et sort de larges pains:
On voit passer des gens portant de gros pains en forme de baguettes et de boules.

Le boucher, que l'on croit méchant
Pour sa force rouge et tranquille,
15 Est comme un ogre dans la ville
Et son métier semble un penchant.

Le libraire a quelques volumes
Qui vieillissent sur ses rayons,
Il en vend moins que de crayons,
20 De cahiers et de porte-plume.

L'épicerie a un auvent,
Un banc, un air de bonne chance,
Elle a sa table et sa balance,
Ses tiroirs qu'on ouvre souvent.

25 Elle est prudente et trésorière,
Pleine de soins et d'expédients,
Les gens y causent en riant,
Elle se ferme la dernière.

Et quand vient le jour de Noël,
30 Toute enduite de neige fraîche,
Elle est belle comme une crèche
Et dévote comme un autel.

Lexique

1. **autel** (*m.*): table, dans les églises, consacrée à la célébration de la messe
   L'autel de la nouvelle chapelle est en marbre blanc.

2. **auvent** (*m.*): petit toit placé au-dessus d'une porte ou d'une fenêtre pour préserver de la pluie
   Mets-toi sous l'auvent en attendant la fin de l'orage.

3. **balance** (*f.*): instrument servant à peser
   J'ai mis une balance dans la salle de bain pour pouvoir vérifier mon poids.

4. **se cramponner**: s'attacher fortement, tenir de toutes ses forces
   Le lierre se cramponne au mur.

5. **enduire**: couvrir d'un produit quelconque
   La façade de la nouvelle maison est enduite de peinture.

6. **étinceler**: scintiller, briller
   Les étoiles étincellent la nuit quand il n'y a pas de nuages.

7. **libraire** (*m.* ou *f.*): celui ou celle qui vend des livres
   Vous trouverez chez mon libraire quelques bons volumes.

8. **pavé** (*m.*): pierre taillée dont on couvre la surface des rues et des cours de maisons
   Beaucoup de rues à Paris sont couvertes de pavés arrangés en forme d'éventail.

9. **peiner**: faire des efforts, travailler dur
   Ils peinent pour élever leurs enfants.

10. **penchant** (*m.*): disposition à faire quelque chose; préférence pour quelqu'un ou pour quelque chose
    J'aime tous ces enfants, mais j'ai un penchant pour la petite fille.

11. **pencher**: incliner
    Le coq de la girouette est penché; c'est le vent qui l'a déplacé.

12. **porte-plume** (*m.*): manche de plume servant à écrire ou à dessiner (nom invariable)
    Il faudra trois porte-plume pour les nouveaux élèves.

13. **rayon** (*m.*) tablette supportant des livres ou d'autres objets
    Prenez le petit livre vert qui est sur le rayon supérieur.

14. **ruelle** (*f.*): petite rue étroite
    Vous arriverez rapidement au marché en suivant la ruelle que vous voyez à droite.

15. **sapin** (*m.*): arbre conifère
    Allons dans la forêt choisir, parmi les sapins, un joli arbre de Noël.

16. **soin** (*m.*): précaution
    Ces verres sont fragiles; veuillez les emballer avec soin.

17. **sursaut** (*m.*): mouvement vif, causé par une sensation violente
    Je dors mal; j'ai des sursauts pendant la nuit quand on fait du bruit.

18. **verser**: faire couler
    J'ai versé de l'eau fraîche dans le vase.

Questionnaire Oral

1. Comment l'auteur décrit-il la petite ville?
2. Comment est-elle située?
3. Que font les maisons de la ville?
4. Pourquoi se cramponnent-elles l'une à l'autre?
5. Qu'est-ce qui est dans la rue et les ruelles?
6. Que semblent les durs pavés?
7. Décrivez l'église. Où se trouve-t-elle?
8. Qu'est-ce que le vent de l'hiver a fait?
9. Comment est la poste?
10. Pourquoi semble-t-il qu'elle soit là pour le facteur?
11. Qu'est-ce qui entre et sort de la boulangerie?

12. A quoi l'auteur compare-t-il les larges pains?

13. De quelle couleur sont-ils?

14. Pourquoi croit-on le boucher méchant?

15. Comment est-il dans la ville?

16. Que semble son métier?

17. Est-ce que le libraire a beaucoup de volumes?

18. Comment sait-on qu'il ne vend pas beaucoup de livres?

19. Vend-il plus de volumes que de crayons, de cahiers et de porte-plume?

20. Décrivez l'extérieur de l'épicerie. Donnez des précisions.

21. Que trouve-t-on à l'intérieur?

22. Pourquoi pensons-nous à une personne quand l'auteur mentionne les qualités de l'épicerie?

23. Qu'est que les gens font à l'intérieur de l'épicerie?

24. Se ferme-t-elle la première?

25. De quoi la petite ville est-elle enduite, le jour de Noël?

26. A quoi peut-on comparer la petite ville, le jour de Noël?

27. Est-elle dévote ce jour-là?

Sujets de Discussion

1. Avez-vous déjà vu une petite ville comme celle que nous décrit Anna de Noailles dans ce poème?

2. Est-ce qu'elle ressemble à une petite ville américaine?

3. Quelle impression générale avez-vous de cette ville?

4. Aimeriez-vous y passer quelque temps? Expliquez pourquoi.

5. Que fait-on en général lorsqu'on va à la poste?

6. Est-ce que l'église et la poste ressemblent à celles de votre ville?

7. Est-ce que la boulangerie a une grande importance dans une petite ville française? et dans une petite ville américaine?

8. Pourquoi pensez-vous que le boucher soit «comme un ogre dans la ville»?

9. Avez-vous l'impression qu'on lit beaucoup dans cette petite ville?

10. Pourquoi l'épicerie a-t-elle «un air de bonne chance»?

11. Est-ce que la description de la ville, le jour de Noël, vous fait penser à une carte de Noël?

12. Pourquoi devient-elle «dévote comme un autel» à Noël?

Devoirs Ecrits

1. A votre manière, décrivez cette petite ville — sa situation, ses maisons, ses rues, l'église, la poste, les boutiques.

2. Quelle est la boutique qui vous plaît le plus? Pourquoi? En un paragraphe, donnez vos raisons.

3. Si vous habitiez une telle ville, que feriez-vous pour passer le temps? Comment vous amuseriez-vous?

4. Imaginez que vous passiez des vacances en France chez des amis français. On vous demande d'aller faire des achats à l'épicerie, à la boulangerie, etc. Bien sûr, il n'y a pas de supermarché. Décrivez quelques-unes des boutiques où vous passez et ce que vous devez y acheter.

5. Imaginez-vous dans la même situation qu'au numéro quatre ci-dessus. Ecrivez une conversation que vous auriez avec le boucher, le boulanger ou le libraire.

LE NOUVEAU LOCATAIRE

par Eugène Ionesco

Introduction

Dans cet extrait de la pièce de théâtre *Le nouveau locataire* (1957), Eugène Ionesco va nous décrire l'atmosphère d'une maison d'appartements. Cet auteur, né en 1912 en Roumanie mais qui écrit en français, peint des gens comme nous pouvons en voir autour de nous. Ses personnages sont cependant comiques: la concierge est un vrai moulin à paroles qui veut tout raconter en même temps. En France, surtout à Paris, la concierge est une personne qui sait tout ce qui se passe dans la maison dont elle a la garde. Elle a son appartement près de la porte d'entrée: ainsi, elle peut surveiller les allées et venues de chaque locataire. Elle est très fière de son autorité et elle ne le cache pas.

Préparation à la Lecture

Le comique de ce texte va résulter de l'opposition entre la concierge qui parle sans arrêt et le nouveau locataire qui ne dit presque rien. La concierge, que nous pouvons très bien nous imaginer sans qu'on la décrive, veut montrer son savoir et sa grande expérience. Elle essaye, en vain, d'impressionner le nouveau locataire. Comme une vraie concierge, elle emploie beaucoup d'expressions populaires et familières. Elle est surtout indiscrète, bavarde et ennuyeuse, mais le monsieur ne lui prête aucune attention.

Vocabulaire Essentiel

1. Ce tintamarre m'a empêché de dormir.
   tintamarre (*m.*): grand bruit accompagné de désordre

2. Elle restera dans les coulisses jusqu'au second acte.
   coulisses (*f.*): partie du théâtre située derrière la scène

3. Parmi tous ses outils, il possède des marteaux de tailles différentes.
   marteaux (*m.*): outils qui servent à enfoncer des clous

4. Je n'ai retenu que des bribes de sa déclaration.
   bribes (*f.*): phrases détachées

5. Mon trousseau de clefs est sur la table du vestibule.
   trousseau (*m.*) **de clés**: plusieurs clés attachées à un anneau ou placées ensemble dans un porte-clés.

6. La cuisinière est à la fenêtre; elle s'y penche pour secouer la salade.
   s'y penche: incline son corps

7. La concierge semble fâchée; elle crie à tue-tête.
   à tue-tête: très fort

8. Le jour du 14 juillet, le vacarme ne cesse pas dans les rues.
   vacarme (*m.*): grand bruit

9. Elle hoquette; est-ce nerveux?
   hoquette: avoir le hoquet (hiccough)

10. La maison est vide; tous les locataires sont partis pour les vacances.
    locataires (*m.*): personnes qui paient pour habiter une maison ou un appartement

11. Ils ont tout déménagé en une journée.
    déménagé: ayant transporté ses meubles d'un logement à un autre

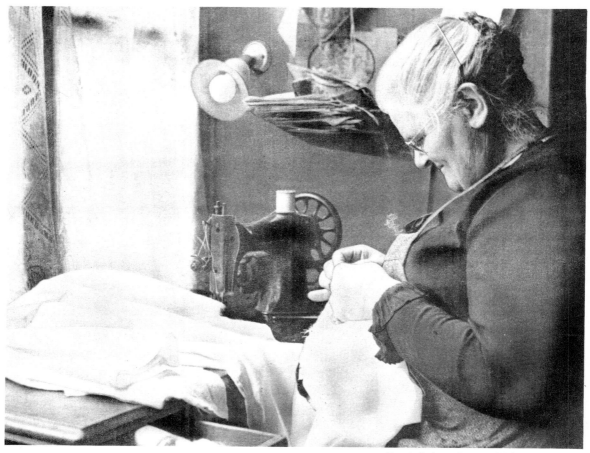

French Embassy Press and Information Division

12. Un fonctionnaire a droit à une pension quand il arrive à l'âge de la retraite.

    fonctionnaire (*m.* ou *f.*): homme ou femme remplissant une fonction publique

13. Elle emploie une femme qui vient chaque matin faire le ménage.

    faire le ménage: nettoyer une maison

14. Je vais faire mes emplettes; je ferai en même temps les commissions de Jeanne.

    commissions (*f.*): courses dans les magasins pour faire des achats

15. Elle a un excellent gérant pour l'aider dans l'administration de ses biens.

    gérant (*m.*): personne qui s'occupe d'une maison, d'un bien, d'une société

16. Ce sont des gens parfaitement rangés.

    rangés: tranquilles, convenables, de bonne conduite

17. C'est un vieux rentier; il vit bien tranquillement.

    rentier (*m.*): celui qui vit de ses rentes, c'est-à-dire qui n'a plus besoin de travailler pour vivre

18. Tant mieux si vous venez samedi, car je suis libre ce jour-là.

    tant mieux: expression de satisfaction, de contentement

19. Il y a beaucoup de vent; enfonce bien ton chapeau sur la tête.

    enfonce: pousse pour faire rester

20. Voici un grand placard pour pendre nos robes.

    placard (*m.*): sorte d'armoire pratiquée dans un mur

21. Ce sont vraiment des gens propres; on peut avoir confiance en eux.

    propres: bien lavés, bien nettoyés (Ici, au sens figuré: honnêtes, convenables)

22. Le concierge et sa femme sont très bavards, Ils ont toujours quelque histoire à raconter.

    bavards: parlant sans cesse, parfois avec indiscrétion

23. Ce n'est pas en me racontant des bêtises que vous arriverez à me convaincre.

    bêtises (*f.*): choses stupides

24. La porte ferme bien; elle a deux serrures.

    serrures (*f.*): appareils pour fermer à clef tiroirs, portes, valises

25. La concorde règne dans la famille.

    concorde (*f.*): harmonie des sentiments

26. Il parle toujours d'une voix terne et ne montre aucune animation.

    terne: monotone, sans résonance

27. J'ai pris deux assurances, l'une sur la vie et l'autre contre l'incendie.

    assurances (*f.*): contrats garantissant le paiement d'une prime en cas de dommage; ici assurances sociales

28. La guerre amène des malheurs infinis.

    amène: fait venir, provoque

29. Le meilleur élève n'aura pas à faire de devoirs supplémentaires; il peut s'en dispenser.

    s'en dispenser: ne pas devoir suivre une règle, un usage; se passer de

30. Le soleil brunit la peau.

    peau (*f.*): tissu organique recouvrant le corps de l'homme et des animaux

31. Il y a beaucoup de beaux meubles dans cet appartement. J'aime surtout cette petite table.

    meubles (*m.*): objets qui servent à garnir les pièces que l'on habite

32. Elles ont des parents à Marseille et à Poitiers.

    parents (*m.*): personnes avec qui on a des liens de famille

33. Il a été témoin de cet accident.

    témoin (*m.*): personne qui a assisté à un événement

34. Je n'ai pas pu aller à votre rencontre ce matin; ne m'en veuillez pas.

    ne m'en veuillez pas: ne soyez pas fâché contre moi

35. Je suis capable de faire cela moi-même; ne vous dérangez pas pour moi.

    ne vous dérangez pas: ne vous donnez pas de peine

36. Elles l'enjôlent, et il ne se doute de rien.

    enjôlent: flattent avec l'idée de tromper (expression familière)

Au lever du rideau, assez grand tintamarre: on entend, en provenance des coulisses, des bruits de voix, de marteaux, des bribes de refrains, des cris d'enfants, des pas dans les escaliers, un orgue de Barbarie, etc. Un moment, scène vide
5 *dans ce bruit; puis, ouvrant la porte avec fracas, entre, par la droite, la Concierge, un trousseau de clés à la main, chantant d'une voix forte.*

en provenance de: venant de

orgue de Barbarie: genre d'orgue mis en action à l'aide d'une manivelle (barrel organ)

La concierge: La, la, la tralalala, tralalali, tralalalala-a-a! (*Elle agite le trousseau de clés.*) La, la, la, la! (*Elle s'interrompt de chanter, se dirige vers la fenêtre ouverte, s'y penche.*) Gustave! Gustave! Gustave! Hé-é-é, Georges, va
5 dire à Gustave d'aller voir Monsieur Clérence!... Georges! (*Silence*) Georges! (*Silence*) Il n'est pas là non plus! (*Elle se penche très fort par la fenêtre, tout en chantant à tue-tête.*) La! la! la! la! la! la! la! la! la!

Cependant que le vacarme continue et que la Concierge est
10 *penchée très fort par la fenêtre, entre par la gauche, silencieusement, le Monsieur, d'âge moyen, petite moustache noire, tout de sombre vêtu: chapeau melon sur la tête, veston et pantalon noirs, gants, souliers vernis, pardessus sur le bras et une petite valise de cuir noir; il ferme doucement la*
15 *porte et, d'une démarche très silencieuse, va vers la Concierge qui ne le voit pas, s'arrête tout près de celle-ci, attend, sans bouger, une seconde, tandis que la Concierge, sentant une présence étrangère, interrompt soudain son chant, demeurant, toutefois, quelques instants, dans la même position,*
20 *puis, lorsque le Monsieur dit:*

Le monsieur: Madame la Concierge?

La concierge (*se retourne et, mettant la main sur son cœur, elle crie.*): Aaah! Aaah! Aaah! (*Elle hoquette.*) Pardon, monsieur, j'ai le hoquet! (*Le Monsieur demeure immobile.*)
25 Vous venez d'entrer?

Le monsieur: Oui, madame.

La concierge: Je voulais voir si Gustave ou bien Georges, ou bien un autre, était dans la cour!... C'est pour aller chez Monsieur Clérence. Enfin!... Bref, vous êtes arrivé, alors?

30 Le monsieur: Vous le voyez, madame.

La concierge: Je ne vous attendais pas pour aujourd'hui... Je croyais que vous deviez venir demain... Vous êtes le bienvenu. Avez-vous bien voyagé? Pas fatigué? Ce que vous m'avez fait peur! Vous avez sans doute fini plus tôt que vous
35 ne croyiez! C'est ça. C'est parce que je ne m'y attendais pas. (*Elle hoquette.*) C'est le hoquet. C'est la surprise. Tout est en ordre. Heureusement que vos prédécesseurs, ou les locataires qui étaient là avant vous, ont tout déménagé à temps. Le vieux monsieur a pris sa retraite. Je ne sais pas très bien
40 ce qu'il faisait, lui. Ils ont dit qu'ils m'enverraient des cartes postales. Il était fonctionnaire. Pas nerveux. Vous aussi peut-

je ne m'y attendais pas: je n'étais pas préparée à cela, je ne prévoyais pas cela

être? Oui? Non? Je ne sais pas quel ministère. J'ai oublié.
Il me l'a dit. Les ministères, moi, vous savez! Pourtant, mon
premier mari aussi était garçon de bureau. C'étaient de bien
braves gens. Ils me racontaient tout. Oh, moi, j'ai l'habitude
5 des confidences. Je suis discrète! La vieille dame, elle, ne
travaillait pas. Elle n'a jamais rien fait de sa vie. Je faisais
leur ménage, elle avait quelqu'un pour les commissions,
quand elle venait pas c'était encore moi! (*Elle hoquette.*)
La surprise! Vous m'avez fait peur! C'est que je ne vous
10 attendais que demain. Ou après-demain. Ils avaient un petit
chien, ils détestaient les chats, d'abord c'est pas permis les
chats dans la maison, c'est pas moi, c'est le gérant, moi ça
m'est égal! C'étaient des gens rangés, ils n'avaient pas d'enfants, le dimanche, ils allaient à la campagne, chez leurs
15 cousins, les vacances en Bourgogne, le monsieur était natif,
c'est là qu'ils se sont retirés maintenant, mais ils n'aimaient
pas le bourgogne, ça leur montait à la tête, ils aimaient
mieux le bordeaux mais pas trop, vous savez, de vieilles gens,
même quand ils étaient jeunes, que voulez-vous, nous
20 n'avons pas tous les mêmes goûts, moi c'est pas comme ça.
Enfin, ils étaient bien gentils. Et vous? Dans le commerce?
Employé? Rentier? Retraité? Oh, pas encore retraité, vous
êtes encore trop jeune, on ne sait jamais, il y en a qui se
retirent plus tôt, quand on est fatigué, n'est-ce pas, et qu'on
25 a les moyens, tout le monde ne peut pas, tant mieux pour
ceux qui peuvent! Vous avez de la famille?

LE MONSIEUR (*déposant sa valise et son pardessus par
terre*): Non, madame.

LA CONCIERGE: Déposez votre valise, monsieur. C'est du
30 bon cuir, ne vous fatiguez pas. Mettez-la où vous voulez.
Tiens, j'ai plus le hoquet, c'est passé la surprise! Enlevez
donc votre chapeau.

Le Monsieur enfonce légèrement son chapeau sur sa tête.

LA CONCIERGE: C'est pas la peine d'enlever votre chapeau,
35 monsieur. Mais oui, vous êtes chez vous. La semaine dernière
c'était pas encore chez vous, comme ça change, c'était chez
eux, que voulez-vous, on vieillit, c'est l'âge, maintenant vous
êtes chez vous, c'est pas moi qui dirai le contraire, moi ça me
regarde pas, on est très bien ici, une bonne maison, ça fait
40 vingt ans, hein, ça fait bien loin déjà... (*Le Monsieur, sans
mot dire, fait plusieurs pas dans la pièce vide qu'il inspecte*

---

de bien braves gens: des gens
honnêtes et gentils

ça m'est égal: cela m'est indif-
férent, cela ne me touche pas

Bourgogne (*f.*): région de l'est
de la France qui produit
beaucoup de vins célèbres
le bourgogne: vin de la province
de Bourgogne
leur montait à la tête: les étour-
dissait, les excitait
le bordeaux: vin de la région de
Bordeaux (On dit aussi: «du
Bordelais».)

ça fait vingt ans (expression
familière): cela fait vingt ans
que je suis ici

du regard, ainsi que les murs, les portes, le placard; il a maintenant les mains derrière le dos. Elle continue.) Ooh, monsieur, ils ont tout laissé en bon état! Des gens propres, des personnes distinguées, quoi, enfin, ils avaient des défauts,
5 comme vous et moi, ils n'étaient pas aimables, et pas bavards, pas bavards, ils m'ont jamais rien dit grand-chose, que des bêtises, lui, le vieux, ça allait à peu près, elle, pas du tout, elle a jeté son chat par la fenêtre, c'est tombé sur la tête du gérant, heureusement pas sur mes fleurs. (*Elle rit aux éclats;*
10 *le Monsieur, maintenant, toujours sans parler, vérifie de plus près l'état des murs, des portes, des serrures, il les touche de la main, hoche la tête, etc., tandis que, tout en parlant, la Concierge le suit des yeux.*) Oh, ne craignez rien, monsieur, c'est solide, la maison, c'est pas d'hier, on n'en fait plus
15 comme ça aujourd'hui... Vous serez bien ici... Oh, pour ça... les voisins sont bien gentils, c'est la concorde, c'est toujours très calme, jamais j'ai appelé ici la police, sauf au troisième, c'est un inspecteur, il crie tout le temps, il veut arrêter tout le monde...

20 LE MONSIEUR (*montrant du doigt*): Madame, la fenêtre! (*Sa voix est égale et terne.*)

LA CONCIERGE: Ah, mais oui, monsieur! Je veux bien faire votre ménage. Je ne demande pas cher, monsieur. On s'entendra, vous n'aurez pas les assurances à payer.

25 LE MONSIEUR (*même geste, même calme*): La fenêtre, madame!

LA CONCIERGE: Ah, oui, monsieur, pardon, j'oubliais. (*Elle ferme la fenêtre; le vacarme diminue un peu.*)... Vous savez, monsieur, une parole en amène une autre et le temps passe...

30 *Le Monsieur continue ses vérifications.*

LA CONCIERGE: J'ai fermé votre fenêtre, vous voyez, c'est comme vous avez voulu, ça ferme facilement. (*Le Monsieur vérifie la fermeture de la fenêtre, examine la fenêtre elle-même.*) Ça donne sur la cour, c'est pourtant clair, vous voyez,
35 c'est parce que c'est le sixième.

LE MONSIEUR: Il n'y avait rien de libre au rez-de-chaussée.

LA CONCIERGE: Ah, je vous comprends, vous savez, pas facile le sixième, la maison n'a pas d'ascenseur...

LE MONSIEUR (*plutôt pour lui*): Ça n'est pas pour ça. Je ne
40 suis pas fatigué, madame.

ça allait à **peu près** (expression populaire): il était normal

de plus **près**: en se rapprochant, plus attentivement

LA CONCIERGE: Ah! alors, c'est pourquoi, monsieur? Vous n'aimez pas le soleil? C'est vrai, ça fait mal aux yeux! A partir d'un certain âge, on peut s'en dispenser, ça brunit trop la peau...

5 LE MONSIEUR: Non, madame.

LA CONCIERGE: Pas trop, c'est vrai, pas trop... Vous n'avez pas dans quoi vous coucher ce soir? Je peux vous prêter un lit! (*Depuis quelques instants, le Monsieur, toujours examinant la pièce, calcule les endroits où il va disposer les*
10 *meubles qui vont arriver; du bout du doigt, il montre, pour lui-même, les emplacements; il sort de sa poche un ruban-mètre, mesure.*) Je vais vous aider à placer vos meubles, ne vous en faites pas, je vous donnerai des idées, ça ne manque pas, c'est pas la première fois, puisque je vais faire votre
15 ménage, c'est pas aujourd'hui qu'ils vont venir vos meubles, ils vont pas les apporter si vite, allez je la connais leur galerie, des marchands quoi, ils sont comme ça, tous comme ça...

LE MONSIEUR: Si, madame.

20 LA CONCIERGE: Vous croyez qu'ils vont les apporter aujourd'hui, vos meubles? Tant mieux pour vous, moi ça m'arrange, j'ai pas de lit à vous prêter, mais ça m'étonnerait, comme je les connais, ah là, là, j'en ai vu, c'est pas les premiers, ils ne viendront pas, c'est samedi, ah non c'est mercredi,
25 j'ai un lit pour vous... puisque je fais votre ménage. (*Elle veut ouvrir la fenêtre.*)

LE MONSIEUR: Pardon, madame!

LA CONCIERGE: Qu'est-ce qu'il y a? (*Elle fait de nouveau semblant d'ouvrir la fenêtre.*) Je veux appeler Georges pour
30 qu'il dise à Gustave d'aller voir Monsieur Clérence...

LE MONSIEUR: Laissez la fenêtre, madame.

LA CONCIERGE: C'est parce que Monsieur Clérence voudrait bien savoir si Monsieur Eustache qui est l'ami de Monsieur Gustave, de Georges aussi, puisqu'ils sont un peu
35 parents, pas tout à fait, mais un peu...

LE MONSIEUR: Laissez la fenêtre, madame.

LA CONCIERGE: Bon, bon, bon, bon! J'ai compris, vous ne voulez pas, j'aurais pas fait de mal, c'est votre droit, votre fenêtre, pas la mienne, je n'en veux pas, j'ai compris, vous
40 commandez, comme vous voudrez, j'y touche plus, vous êtes propriétaire de l'appartement, pour pas bien cher, bref, ça ne me regarde pas, la fenêtre avec, elle est à vous, tout

ne vous en faites pas: ne vous inquiétez pas

je la connais leur galerie: I know the line they hand you

ça m'arrange (expression populaire): cela me convient

Qu'est-ce qu'il y a? Que se passe-t-il?

s'achète avec de l'argent, c'est ça la vie, moi je dis rien, je ne me mêle pas, c'est votre affaire, faudra descendre les six étages pour chercher Gustave, une pauvre vieille femme, ah là, là, les hommes sont capricieux, ça ne pense à rien du tout, mais moi, je vous obéis, vous savez, je veux bien, ça ne me gêne pas, je suis même contente, je vais faire votre ménage, je serai comme qui dirait votre domestique, n'est-ce pas, monsieur, c'est entendu?

> comme qui dirait (expression populaire): pratiquement, plus ou moins

LE MONSIEUR: Non, madame.

LA CONCIERGE: Comment, monsieur?

LE MONSIEUR: Je n'ai pas besoin de vos services, madame.

LA CONCIERGE: Ça c'est trop fort! C'est pourtant vous qui m'avez priée, c'est malheureux, j'ai pas eu de témoin, je vous ai cru sur parole, je me suis laissé faire... je suis trop bonne.

LE MONSIEUR: Non, madame, non. Ne m'en veuillez pas.

LA CONCIERGE: Mais alors!

On frappe à la porte de gauche.

LE MONSIEUR: Les meubles!

LA CONCIERGE: Je vais ouvrir. Ne vous dérangez pas, c'est à moi d'ouvrir, pour vous servir, je suis votre domestique. (*Elle veut aller ouvrir la porte, le Monsieur s'interpose, l'arrête.*)

LE MONSIEUR (*toujours très calme*): N'en faites rien, madame, je vous en prie!

> N'en faites rien: Ne faites pas cela; ne vous en occupez pas

LA CONCIERGE (*Il va vers la porte à gauche, l'ouvre, tandis que la Concierge, les mains sur les hanches, s'exclame*): Ah, ça, par exemple! Ils vous enjôlent, ils vous promettent tout, et ils ne tiennent pas leur parole!

Le Monsieur ouvre la porte; entre le Premier Déménageur.

PREMIER DEMENAGEUR: M'sieurs-dames!

LE MONSIEUR: Les meubles sont arrivés?

PREMIER DEMENAGEUR: On peut les monter?

LE MONSIEUR: Si vous voulez, monsieur.

PREMIER DEMENAGEUR: Bien, monsieur.

Lexique

1. **amener:** faire venir, occasionner, provoquer
   Une mauvaise chance constante amène du découragement.

2. **après-demain:** le jour après demain
   Je viendrai chez vous après-demain. C'est aujourd'hui le 30 septembre; je vous verrai donc le 2 octobre.

3. **arrêter:** faire rester en place, empêcher d'avancer; faire mettre en prison
On a arrêté la voiture au coin devant le feu rouge.

4. **ascenseur** (*m.*): cabine actionnée par un appareil qui permet de monter ou de descendre verticalement
Ma mère prendra l'ascenseur; l'escalier serait trop fatigant pour elle.

5. **assurance** (*f.*): contrat garantissant le paiement d'une prime, cas de dommage; assurances sociales
Elle n'a donné aucune assurance quant à son retour.

6. **bavard:** parlant sans cesse, parfois avec indiscrétion
Si vous voulez garder votre projet secret, n'en parlez pas à Robert, car il est bavard.

7. **bêtise** (*f.*): chose stupide
La nouvelle bonne est stupide; elle fait des bêtises à longueur de journée.

8. **bienvenu:** qui est reçu avec plaisir
Venez tout de suite; vous serez le bienvenu.

9. **bref:** en peu de mots; enfin
J'ai essayé, j'ai recommencé deux fois, bref j'abandonne.

10. **bribes** (*f.*): restes; phrases détachées
Je n'ai entendu que des bribes de la conversation.

11. **chapeau melon** (*m.*): chapeau dur, arrondi, aux bords roulés
Le vieux monsieur porte toujours un chapeau melon pendant l'hiver.

12. **commission** (*f.*): course dans les magasins pour faire des achats
Puis-je vous demander de me faire une commission chez l'épicier?

13. **concorde** (*f.*): harmonie des sentiments
La ville prospère grâce à la concorde de ses habitants.

14. **coulisse** (*f.*): partie du théâtre située derrière la scène
On entend tous les bruits qui se font dans la coulisse.

15. **cuir** (*m.*): peau préparée pour servir à divers usages
Elle a un beau sac en cuir noir.

16. **déménager:** transporter ses meubles d'un logement à un autre
Nous avons déménagé pour aller habiter une maison dans la banlieue.

17. **déposer:** poser un objet que l'on avait à la main
Je l'ai vu déposer sa sacoche sur le plancher.

18. **se déranger:** prendre la peine, changer de place
J'ai assez de place pour passer; ne vous dérangez pas.

19. **se dispenser de:** ne pas devoir suivre une règle, un usage; se passer de
Nous nous dispenserons d'aller au marché demain, car nous avons assez de provisions ici.

20. **donner sur:** ouvrir sur
La porte du salon donne sur un immense jardin anglais.

21. **enfoncer:** pousser pour faire rester
Elle enfonce ses mains dans les poches pour les préserver du froid.

22. **enjôler:** flatter avec l'idée de tromper (expression familière)
Ils l'enjôlent si bien qu'ils finiront par tout obtenir de lui.

23. **enlever:** ôter
Enlevez vos vêtements mouillés.

24. **fonctionnaire** (*m.* ou *f.*): homme ou femme remplissant une fonction publique
Elle est fonctionnaire au Ministère de la Justice.

25. **gérant** (*m.*): personne qui s'occupe d'une maison, d'un bien, d'une société
    Je vous présente le gérant de l'immeuble où j'habite.

26. **goût**: préférence; prédilection
    Chacun a ses goûts en matière de vins.

27. **hocher la tête**: faire un mouvement de la tête exprimant le doute, le mécontentement, l'indécision
    J'ai insisté, mais il n'a fait que hocher la tête.

28. **hoquet** (*m.*): contraction nerveuse du diaphragme (hiccough)
    J'ai le hoquet, je n'arrive pas à l'arrêter.

29. **hoqueter**: avoir le hoquet
    Elle est si agitée qu'elle hoquette en parlant.

30. **locataire** (*m.*): personne qui paie pour habiter une maison ou un appartement
    Il n'y a que trois locataires dans l'immeuble.

31. **marteau** (*m.*): outil qui sert à enfoncer des clous
    On enfonce les clous à l'aide d'un marteau.

32. **faire le ménage**: nettoyer une maison
    La concierge faisait le ménage pour les locataires précédents.

33. **meuble** (*m.*): objet qui sert à garnir les pièces que l'on habite
    J'ai acheté des meubles de style Louis XVI.

34. **ministère** (*m.*): ensemble formé par le ministre et les fonctionnaires chargés d'un certain service
    Le Ministère du Travail est extrêmement bien organisé.

35. **moyens** (*m.*): ressources financières
    Elle a d'assez grands moyens pour tenir deux maisons.

36. **pardessus** (*m.*): vêtement chaud que les hommes portent par-dessus leurs autres vêtements
    Ne sortez pas sans pardessus, il fait froid.

37. **parent** (*m*): personne avec qui on a des liens de famille
    J'ai un oncle, trois cousines, un frère et d'autres parents qui habitent à Marseille.

38. **peau** (*f.*): tissu organique recouvrant le corps de l'homme et des animaux
    La peau du bébé est douce.

39. **se pencher**: incliner son corps, se baisser
    Voyez cet ouvrier travailler sur le balcon; il s'y penche pour peindre les barreaux extérieurs.

40. **placard** (*m.*): sorte d'armoire pratiquée dans un mur
    Je range les robes et les manteaux dans le placard de droite.

41. **propre**: bien lavé, bien nettoyé (Ici, au sens figuré: honnête, convenable)
    Sa conduite est tout ce qu'il y a de plus propre.

42. **rangé**: tranquille, convenable, de bonne conduite
    C'est une femme rangée et pleine de bonne volonté.

43. **rentier** (*m.*): celui qui vit de ses rentes, c'est-à-dire qui n'a plus besoin de travailler pour vivre
    Il a longtemps travaillé, mais il est rentier maintenant.

44. **prendre sa retraite**: cesser de travailler, se retirer
    Il a pris sa retraite à l'âge de soixante-cinq ans.

45. **retraité** (*m.*): personne qui a cessé de travailler, personne qui touche une pension
    C'est un retraité du Ministère des Travaux Publics.

46. **ruban-mètre** (*m.*): unité de mesure (Il y a des mètres rigides, d'autres où les indications de mesure sont imprimées sur un ruban souple d'étoffe ou de métal.)
    Il a tiré de sa poche son ruban-mètre pour mesurer les dimensions de la chambre.

47. **serrure** (*f.*): appareil pour fermer à clef tiroirs, portes, valises

   Si la malle est fermée, enlevez la clef de la serrure.

48. **tant mieux**: expression de satisfaction, de contentement

   Tant mieux pour vous si vous êtes riche.

49. **témoin** (*m.*): personne qui a assisté à un événement

   La police recherche les témoins du crime.

50. **terne**: qui n'est pas lumineux; monotone, sans résonance

   Il y a du brouillard. Ce sera un jour terne.

51. **tintamarre** (*m.*): grand bruit accompagné de désordre

   Les enfants font un tel tintamarre qu'on ne peut plus parler.

52. **trousseau** (*m.*) **de clés**: plusieurs clés attachées à un anneau ou placées ensemble dans un porte-clés

   Ma grand-mère gardait toujours dans sa poche le trousseau de clefs de la maison.

53. **à tue-tête**: très fort

   La marchande de poisson crie à tue-tête pour vanter sa marchandise.

54. **vacarme** (*m.*): grand bruit, tapage, clameur

   Le vacarme de la rue me fatigue; fermez la fenêtre.

55. **vernis** (*m.*): enduit brillant dont on couvre des objets en cuir, en bois, etc.

   Enduisez vos souliers de vernis pour qu'ils brillent.

56. **veston** (*m.*): veste faisant partie du complet masculin

   Il portait un veston gris et un pantalon marron.

57. **en vouloir à quelqu'un**: avoir un sentiment de rancune contre quelqu'un, être fâché contre quelqu'un

   Je lui en veux à cause de ce qu'il a dit.

Questionnaire Oral

1. Au lever du rideau, qu'est-ce qu'on entend en provenance des coulisses?
2. Que fait la Concierge après son entrée en scène?
3. Pourquoi se dirige-t-elle vers la fenêtre?
4. Décrivez l'aspect physique du Monsieur.
5. Comment est-il vêtu?
6. Comment la Concierge réagit-elle à la vue du Monsieur?
7. Pourquoi n'attendait-elle pas le Monsieur pour aujourd'hui?
8. Pourquoi a-t-elle le hoquet?
9. Est-ce que les prédécesseurs du Monsieur ont tout déménagé à temps?
10. Que faisait le vieux monsieur, avant d'avoir pris sa retraite?
11. Quelle était la situation du premier mari de la Concierge?
12. Est-ce que celle-ci est aussi discrète qu'elle le dit?
13. Que dit-elle au sujet de la vieille dame?
14. Qu'est-ce que la Concierge faisait pour elle?
15. Pourquoi le vieux couple avait-il un chien et pas de chats?
16. Qui ne permettait pas d'avoir de chat dans la maison?
17. Où le vieux couple allait-il le dimanche?
18. Où passait-il les vacances?
19. Pourquoi est-ce que ces vieilles gens aimaient mieux le bordeaux que le bourgogne?
20. Pourquoi la Concierge ne pense-t-elle pas que le Monsieur soit déjà retraité?
21. D'après elle, quels sont ceux qui se retirent plus tôt?
22. Est-ce que le nouveau locataire a de la famille?

Le nouveau locataire   21

23. Pourquoi la Concierge n'a-t-elle plus le hoquet?

24. Est-ce que le Monsieur enlève son chapeau quand la Concierge le lui demande?

25. Depuis combien de temps celle-ci habite-t-elle la maison?

26. Que fait le Monsieur, sans mot dire?

27. Quels défauts avait le vieux couple, selon la Concierge?

28. Qu'est-ce que la vieille dame a fait, un jour, de son chat?

29. Qu'est-ce que le nouveau locataire vérifie de plus près?

30. Pourquoi la Concierge a-t-elle une fois appelé la police?

31. Pourquoi le Monsieur montre-t-il plusieurs fois la fenêtre?

32. A quel étage se trouve l'appartement du nouveau locataire et sur quoi donne la fenêtre?

33. Pourquoi la Concierge dit-elle: «Pas facile le sixième»?

34. Pendant qu'elle parle, que fait le Monsieur?

35. Pense-t-elle que les meubles vont venir aujourd'hui?

36. Pourquoi veut-elle ouvrir la fenêtre?

37. Comme elle ne peut appeler Georges par la fenêtre, que sera-t-elle obligée de faire?

38. Est-ce que le Monsieur accepte que la Concierge fasse son ménage?

39. Pourquoi s'interpose-t-il quand elle veut aller ouvrir la porte?

40. Qu'est-ce que les déménageurs apportent?

Sujets de Discussion

1. Aimeriez-vous qu'il y ait, là où vous habitez, une concierge comme celle-ci? Pourquoi?

2. Croyez-vous que les concierges soient utiles en général? Justifiez votre réponse.

3. Pourquoi une concierge doit-elle être, avant tout, discrète?

4. Pourquoi le Monsieur ne s'intéresse-t-il pas à tous les gens dont la Concierge tient à parler?

5. Connaissez-vous un monsieur qui ressemble à celui que l'on voit dans cette scène? Décrivez-le en donnant des détails.

6. Qu'auriez-vous dit à la Concierge si vous aviez été à la place du Monsieur?

7. Quel effet produit l'opposition entre la Concierge qui parle tant et le Monsieur qui ne dit presque rien?

8. Croyez-vous que le nouveau locataire restera longtemps dans cette maison? Quelle raison pourrait le pousser à déménager? Que feriez-vous à sa place?

Devoirs Ecrits

1. Quand la scène se termine, les déménageurs sont là et ils vont monter les meubles. Composez la scène suivante: imaginez la suite de la conversation entre cette concierge bavarde et ce monsieur qui s'exprime en peu de mots. Terminez par l'arrivée des meubles.

2. Faites le portrait de la concierge dans cette scène. Décrivez-la physiquement telle que vous l'imaginez. Indiquez ce que vous avez appris sur son caractère par ce qu'elle dit, par sa façon de parler.

3. Vous venez habiter dans une maison où la concierge s'appelle Mme Durand. Elle vous fait visiter votre nouvel appartement et vous parle des voisins. Vous voulez lui montrer que ce qu'elle dit ne vous intéresse pas. Imaginez la conversation entre cette dame bavarde et vous.

4. Racontez une expérience personnelle où vous avez dû écouter des explications qui ne vous intéressaient guère.

"The Fortune Teller" *par Georges de La Tour* (Courtesy of the Metropolitan Museum of Art, Rogers Fund, 1960)

"Still Life: The Table" *par Georges Braque* (National Gallery of Art, Washington, D.C., Chester Dale Collection)

EXERCICES DE STRUCTURE

QUE DE + INFINITIF

Répétez les phrases suivantes.
1. On tend la main spontanément plutôt que de se sentir obligé de la lever.
2. On parle français en classe plutôt que de continuer à parler anglais.
3. On essaie de faire son travail tout de suite plutôt que de le remettre à un autre jour.
4. On se tait plutôt que de parler trop.
5. On préfère aller en France plutôt que de rester ici.

Changez les phrases suivantes en employant les mots indiqués.

6. Le professeur aimait mieux rester ici plutôt que de partir.
   Le général _____.
   _____ préférait _____.
   _____ mourir _____.
   _____ se rendre.

7. Il vaut mieux aider ses amis plutôt que de les corriger.
   _____ pardonner à _____.
   _____ ennemis _____.
   _____ punir.

Complétez les phrases suivantes par des expressions de votre invention.

Modèle: Les soldats préféraient mourir plutôt que...
        Les soldats préféraient mourir plutôt que de se rendre.

8. Notre professeur préfère parler français plutôt que...
9. Je préfère lire des romans français plutôt que...
10. Je préfère faire mes devoirs aujourd'hui plutôt que...
11. Il vaut mieux continuer ses études de français plutôt que...
12. Il vaut mieux avoir de bons amis plutôt que...

Répondez aux questions suivantes en employant *Je préfère plutôt... que de.*

Modèle: Pourquoi allez-vous à Paris cet été?
        Je préfère plutôt passer l'été à Paris que de rester ici.

13. Pourquoi étudiez-vous le français?
14. Pourquoi faites-vous attention en classe?
15. Pourquoi parlez-vous français en classe?
16. Pourquoi faites-vous vos devoirs?
17. Pourquoi avez-vous continué l'étude du français?
18. Pourquoi allez-vous voir des films français?

NE... NI... NI

Répétez les phrases suivantes.

1. Nous ne travaillons ni comme des bœufs ni comme des machines.
2. Nous ne parlons ni à nos amis ni à nos ennemis.
3. Nous ne sortons ni avec nos amis ni avec nos parents.
4. Nous ne mangeons ni viande ni pain.
5. Nous ne buvons ni vin ni bière.
6. Nous n'aimons ni le vin ni la bière.

Changez les phrases suivantes en employant les mots indiqués.

7. Vous n'avez parlé ni à vos professeurs ni à vos parents.
   _____ amis _____ ennemis.
   _____ frères _____ sœurs.
   _____ tantes _____ oncles.

8. Robert n'aime ni les Allemands ni les Français.
   _____ le lait _____ le fromage.
   _____ les Américains _ les Italiens.
   _____ le coca-cola ____ le café.
   _____ les chapeaux ___ les cravates.

Répondez aux questions suivantes en employant *ne... ni... ni.*

MODELE: Pourquoi Robert est-il triste?
           Il n'a ni argent ni amis.

9. Pourquoi Charles reçoit-il de mauvaises notes en français?
10. Pourquoi Charles est-il tout seul au monde?
11. Pourquoi Charles n'a-t-il pas d'amis?
12. Pourquoi Charles n'a-t-il jamais de succès?
13. Pourquoi Charles ne veut-il pas voyager en Europe?

IL: SUJET IMPERSONNEL

Répétez les phrases suivantes.

1. Il entre et sort de larges pains.
2. Il entre et sort plus de cinq cents personnes chaque jour.
3. Il se présente trois cents étudiants à cet examen.
4. Il se passe des choses incroyables dans cette classe.
5. Il va se passer des événements atroces pendant cette révolution.

Changez la phrase suivante en employant les mots indiqués.

6. Il entre trois cents garçons dans cette école chaque année.
   _____ jeunes filles _____.
   _____ étudiants _____.
   _____ élèves _____.
   _____ personnes _____.

Répondez aux questions suivantes en employant *Il s'est passé des*.

MODELE: Pourquoi pleurez-vous?
　　　　　Il s'est passé des choses terribles!

7. Pourquoi avez-vous peur?
8. Pourquoi êtes-vous content?
9. Pourquoi riez-vous?
10. Pourquoi ne parlez-vous plus à votre ami?
11. Pourquoi êtes-vous surpris?

Répondez aux questions suivantes en employant *Il va se passer des*.

MODELE: Pourquoi pleurez-vous?
　　　　　Il va se passer des choses terribles.

12. Pourquoi avez-vous peur?
13. Pourquoi êtes-vous content?
14. Pourquoi riez-vous?
15. Pourquoi ne parlez-vous plus à votre ami?
16. Pourquoi êtes-vous surpris?

NE APRES LE COMPARATIF

Répétez les phrases suivantes.

1. Vous avez sans doute fini plus tôt que vous ne le croyiez.
2. Vous avez sans doute plus d'amis que vous ne le pensez.
3. Vous êtes plus intelligent qu'il ne le paraît.
4. Je suis plus intelligent que vous ne le pensez.
5. Je suis arrivé plus tard que vous ne l'avez supposé.

Changez la phrase suivante en employant les mots indiqués.

6. Robert parle plus facilement que vous ne le pensez.
　　Jeanne _____.
　　_____ chante _____.
　　_____ mieux _____.
　　_____ croyez.

Commentez les phrases suivantes en employant *que vous ne le pensez*.

MODELE: Charles a reçu une bonne note en français.
　　　　　Il est plus intelligent que vous ne le pensez.

7. Charles a décidé de continuer ses études de français.
8. Robert a décidé de ne plus parler à ses amis.
9. Henri vient d'acheter deux automobiles.
10. François a échoué à son examen de mathématiques.
11. Paul n'a pas assez d'argent pour payer ses dettes.

Commentez les phrases suivantes en employant *qu'il ne le paraît*.

MODÈLE: Charles a reçu une bonne note en français.
Il est plus intelligent qu'il ne le paraît.

12. Charles a décidé de continuer ses études de français.
13. Robert a décidé de ne plus parler à ses amis.
14. Henri vient d'acheter deux automobiles.
15. François a échoué à son examen de mathématiques.
16. Paul n'a pas assez d'argent pour payer ses dettes.

C'EST QUE (C'EST PARCE QUE)

Répétez les phrases suivantes.
1. C'est parce que je ne m'y attendais pas.
2. C'est que je ne vous attendais que demain.
3. Pourquoi êtes-vous surpris? C'est que je ne m'attendais pas à vous voir.
4. Comment savez-vous qu'elle parle français? C'est que j'ai fait sa connaissance à Paris l'été dernier.
5. Pourquoi avez-vous peur? C'est que je ne comprends pas la situation.
6. Comment savez-vous que la sœur de Robert est belle? C'est que je l'ai rencontrée au bal hier soir.

Changez les phrases suivantes en employant les mots indiqués.
7. Si je pleure, c'est que je viens de perdre mon meilleur ami.
— je suis triste, _____.
_____ d'offenser _____.
_____ mon père.
8. Si je pleure, c'est que je ne m'attendais pas à revoir mon ami.
— je suis triste, _____.
_____ retrouver ce livre.

Répondez aux questions suivantes en employant *C'est que je*.

MODÈLE: Pourquoi riez-vous?
C'est que je viens d'entendre une histoire amusante.

9. Pourquoi êtes-vous surpris de me voir?
10. Comment savez-vous que Robert vient d'arriver?
11. Pourquoi la sœur de Robert ira-t-elle au cinéma avec vous demain soir?
12. Comment savez-vous qu'elle aime les films français?
13. Pourquoi pleurez-vous?

REVISION

L'ARTICLE PARTITIF APRES UNE NEGATION

Répétez les phrases suivantes.
1. J'achète de la viande, mais je n'achète pas de porc.
2. Je bois du lait, mais je ne bois pas de café.
3. Je veux de l'eau, mais je ne veux pas de bière.

4. Je mange des pommes, mais je ne mange pas de poires.
5. J'écris des lettres, mais je n'écris pas de poèmes.

Changez la phrase suivante en employant les mots indiqués.
6. Charles a toujours de l'argent.
   _____ des amis.
   _____ des livres.
   _____ du pain.
   _____ du papier.

Répondez aux questions suivantes.

MODELE: Buvez-vous du café?
         Non, je ne bois pas de café.

7. Avez-vous des amis?
8. Mangez-vous de la viande?
9. Voulez-vous de l'eau?
10. Buvez-vous du thé?
11. Vendez-vous des journaux?

L'ARTICLE PARTITIF APRES DES EXPRESSIONS DE QUANTITE
Répétez les phrases suivantes.
1. Est-ce que Robert a des amis? Oui, Robert a beaucoup d'amis.
2. Est-ce que Charles boit du lait? Oui, Charles boit beaucoup de lait.
3. Est-ce que Jean a de l'argent? Oui, Jean a assez d'argent.
4. Est-ce que Robert mange de la viande? Oui, Robert mange trop de viande.
5. Est-ce que Marc veut de la salade? Oui, il veut un peu de salade.

Changez la phrase suivante en employant les mots indiqués.
6. Robert a beaucoup de livres.
   _____ assez _____.
   _____ trop _____.
   _____ moins _____ que son frère.
   _____ plus _____ que son frère.
   _____ autant _____ que son frère.

Répondez aux questions suivantes en employant les mots entre parenthèses.

MODELE: Avez-vous des amis? (beaucoup)
         Oui, j'ai beaucoup d'amis.

7. Avez-vous de l'argent? (assez)
8. Voulez-vous du lait? (beaucoup)
9. Achetez-vous de la salade? (un peu)
10. Avez-vous des crayons? (moins que Charles)
11. Lisez-vous des romans? (plus que mon ami)
12. Apprenez-vous des langues? (autant que mon ami)
13. Avez-vous des devoirs à faire? (trop)

Tableau 2 • LES SPORTS

Entrée en Matière. *Pour les Français, les sports constituent une distraction, un passe-temps, qui doivent reposer le corps et l'esprit, fatigués par le travail ou par les études. Ils ne mettent pas dans la pratique de leurs sports favoris l'ardeur des Américains.*

S'ils décident de s'adonner à une activité sportive, ils le font avec modération et mesure. Ceci, bien sûr, n'est pas favorable à l'établissement de records, mais ce n'est pas ce qu'ils recherchent. Ils laissent aux sportifs professionnels les luttes à outrance. Les Français assisteront à ces matches, à ces compétitions en spectateurs: alors là oui, ils s'épuiseront à encourager leurs favoris jusqu'à la victoire finale.

Le football, le cyclisme, l'athlétisme sont les sports les plus souvent pratiqués. Depuis quelques années, le gouvernement se charge d'organiser sur une base plus large les activités sportives: il veut fournir l'occasion à tous les Français, surtout aux jeunes gens, de s'y adonner dans les conditions les plus favorables.

LE TOUR DE FRANCE

par Pierre Daninos

Introduction

Pierre Daninos (1913–   ) est certainement le romancier actuel qui a le mieux analysé le caractère du Français. Il a entrepris une étude précise de ce qu'on peut appeler le Français moyen. Vu à travers les yeux du major Thompson, un Anglais qui connaît bien la France, le Français moyen fera voir ses défauts et aussi ses qualités. On apprendra ce qui le passionne et ce qui lui déplaît. Arrivé au chapitre des sports, le major Thompson va évidemment parler du Tour de France, qui est l'événement sportif le plus important de toute l'année. Pendant presque un mois, en juillet, les Français oublient politique, troubles internationaux, problèmes sociaux, pour suivre les coureurs cyclistes dans leur périple autour de la France.

Préparation à la Lecture

Pour comprendre les réactions du major Thompson, arrivé en France au moment du Tour de France, il faut imaginer l'attitude d'un étranger qui arriverait aux Etats-Unis au beau milieu de la *World Series*. Il ne peut pas s'expliquer la fièvre, l'émotion, la tension qu'il sent partout. Dans les rues, à la radio et à la télévision, dans les journaux, on emploie des termes qu'il ne comprend pas. Le major Thompson se demande pourquoi les gendarmes l'empêchent de passer sur la route. Mais il se rendra compte enfin de la raison de cette activité. C'est le Tour de France!

Vocabulaire Essentiel

1. Toutes les histoires qu'il vous raconte risquent de fausser votre jugement.
   fausser: rendre faux, déformer

2. La période des grandes vacances s'étend de juillet à septembre.
   s'étend: occupe un certain espace de temps

3. Les gendarmes sont en train de cerner le voleur dans cette maison; on l'a vu y entrer.
   cerner: entourer avec l'intention d'empêcher de passer

4. La maréchaussée est chargée de nous protéger contre les malfaiteurs.
   maréchaussée (*f.*): gendarmerie

5. J'ai vu les blindés avancer sur la route.
   blindés (*m.*): chars de combat (tanks)

6. Avez-vous assisté au défilé des troupes ce matin?
   défilé (*m.*): ensemble de personnes qui marchent en se suivant à la file

7. La belle voie toute droite qui conduit de la Place de l'Etoile à la Place de la Concorde s'appelle les Champs-Elysées.
   voie (*f.*): chemin, route, rue

8. Il avançait en se dandinant tout le long du chemin.
   se dandinant: avançant en se balançant

9. Les coureurs cyclistes portent souvent un ou deux boyaux de rechange diagonalement entre l'épaule et la hanche.
   boyaux (*m.*): chambres à air, entourées d'une enveloppe de caoutchouc (inner tubes)

10. J'ai deux maillots pour le sport et deux maillots de bain.
    maillots (*m.*): vêtements souples qui couvrent le corps

11. Les touristes gagnaient le Havre par la route nationale.
    gagnaient: atteignaient, arrivaient à

12. Ils arrivent dans une tenue très sale.

    tenue (*f.*): vêtements

13. Le texte du discours est étalé sur toute la première page du journal.

    étalé: étendu sur un grand espace

14. Le procès est en cours depuis quelques jours.

    procès (*m.*): action judiciaire

15. Il est rare que le «maillot jaune» soit trahi.

    trahi: abandonné, trompé

16. Voyez là-bas, c'est le «maillot jaune» accompagné de ses domestiques.

    domestiques (*m.*): en langage sportif: co-équipiers, partenaires

17. Que devons-nous entendre par *démon?*

    entendre: comprendre

IL EXISTE plusieurs belles époques pour visiter la France, mais il en est une qui risque de fausser votre jugement: celle qui s'étend environ du 1er au 25 juillet. L'un de mes premiers voyages en France se situa
5 pendant cette période. Venant de Gibraltar, j'avais traversé les Pyrénées et poursuivais ma route vers Paris lorsque, à un croisement, deux gendarmes arrêtèrent ma course.

—On ne passe pas! me dirent-ils.

La vue d'un grand déploiement de forces policières
10 m'incita d'abord à penser que l'on était sur le point de cerner un bandit de grand chemin. Cependant, apercevant sur la Nationale un nombreux public qui conversait joyeusement avec la maréchaussée, j'en déduisis que l'événement était moins dramatique. Une colonne de blindés à l'arrêt de l'autre
15 côté de la route, sur un chemin de traverse, me fit croire un instant à un défilé militaire. Mais non: car bientôt, j'entendis le capitaine de gendarmerie dire au jeune lieutenant qui commandait les chars et manifestait son impatience en se donnant de petits coups de badine sur les bottes (ses
20 hommes paraissaient beaucoup moins fâchés):

—Manœuvres ou pas manœuvres, on ne passe pas!

Il était clair, en somme, que personne ne passerait, ni les Français avec leurs blindés, ni le major Thompson avec sa torpédo, ni même ce monsieur qui, ayant extrait son impor-
25 tance d'une très importante voiture, le classique coupe-file à la main, obtint pour toute réponse ce: «Faites comme les autres, attendez!» que je devais par la suite entendre assez souvent. Je conclus de ces prémices que tout trafic était

bandit de grand chemin: individu qui vole les voyageurs de passage sur la route

la Nationale: route nationale (grand-route construite et entretenue par l'Etat, par opposition à une route départementale)

chemin de traverse: petite voie plus directe que la grand-route

badine (*f*): petite canne flexible dont sont souvent munis les officiers

coupe-file: carte donnant droit, à celui qui la possède, à certains privilèges de priorité pour la circulation

Jacques Anquetil

French Embassy Press and Information Division

interrompu pour laisser la voie libre au Président de la République et à sa suite, lorsqu'un cri jaillit des poitrines:

—Les voilà!

Quelle ne fut donc pas ma surprise de voir surgir deux
5 individus mâles se dandinant sans grâce sur leur bicyclette, curieusement vêtus de boyaux et de maillots aux couleurs criardes, à peine culottés, pour ainsi dire nus, crottés, et, dans l'ensemble, assez choquants à voir. On voulut bien m'expliquer — sans que j'aie rien demandé — que ces gens,
10 faisant le tour de France à bicyclette, gagnaient Paris le plus vite possible par les voies les moins rapides, ce qui me parut étrange.

culottés: portant des culottes

Ce qui me stupéfiait, en l'occurrence, ce n'était pas tant la tenue négligée de ces messieurs, mais le fait que la circulation fût paralysée pour eux par les soins de la police.

J'achetai la dernière édition d'un journal du soir où un titre
5 étalé sur huit colonnes annonçait:

GARRALDI ET BIQUET ENSEMBLE DEVANT LES JUGES DE PAIX

Pensant qu'un grand procès arrivait à son dénouement, je m'apprêtais à lire les débats à l'ombre d'un alléchant sous-
10 titre: LE DEMON FLORENTIN TRAHI PAR SES DOMESTIQUES, lorsque mon œil fut attiré par une coupe transversale des Pyrénées qui s'étendaient au sud du journal. J'appris un peu plus tard que Garraldi et Biquet étaient les héros du Tour de France; par «juges de paix», il fallait
15 entendre — suivant une de ces métaphores dont sont friands les chroniqueurs sportifs français — le Tourmalet et l'Aubisque; le *démon* était le «maillot jaune» et les *domestiques*, ses coéquipiers. Quant aux deux cents morts de Calcutta, ils étaient enterrés en quatre lignes sous le mont Perdu.

Florentin: qui vient de Florence, ville importante d'Italie
coupe transversale: cross section
le Tourmalet: passage très élevé des Pyrénées
l'Aubisque: passage dans les Pyrénées
enterrés ... sous le mont Perdu: Il est entendu par cette phrase que la nouvelle d'une catastrophe, qui avait fait deux cents victimes à Calcutta, était annoncée en quatre lignes reléguées sans doute sous une photographie montrant le mont Perdu, haut sommet dans les Pyrénées par où était passé le Tour de France.

Lexique

1. **alléchant:** flattant le goût
   Le plat que je vous ai vu préparer était fort alléchant.

2. **s'apprêter à:** se préparer à
   Je m'apprêtais à prendre mon bain quand le téléphone a sonné.

3. **blindé** (*m.*): char de combat (tank)
   Dans une guerre de mouvement, rien ne remplace les blindés.

4. **botte** (*f.*): chaussure montante en cuir ou en caoutchouc
   J'ai acheté des bottes souples pour monter à cheval.

5. **boyau** (*m.*): chambre à air entourée d'une enveloppe de caoutchouc (inner tube)
   Le coureur n'a pas pu continuer parce qu'il n'avait pas de boyau de rechange.

6. **cerner:** entourer avec l'intention d'empêcher de passer
   Nous allons cerner le renard dans le petit bois.

7. **char** (*m.*): char de combat, véhicule blindé (tank)
   L'armée utilise des chars légers et des chars lourds.

8. **coéquipier** (*m.*): qui fait partie de la même équipe
   Il prendra part au match avec les mêmes coéquipiers que l'année dernière.

9. **criard:** vif, qui choque la vue
   Elle n'a pas de goût; elle porte des robes de couleurs criardes.

10. **croisement** (*m.*): point où des rues ou des routes se coupent
    Les gendarmes se tenaient au croisement pour surveiller la circulation.

11. **crotté:** taché, sali de crotte ou de boue
    Avec cette pluie et cette boue, ils sont arrivés complètement crottés.

12. **se dandiner:** avancer en se balançant
Je les ai vus se dandiner au bord de la rivière.

13. **déduire:** arriver à une conclusion après réflexion
Voyant la foule, j'en déduisis qu'il se passait quelque chose d'intéressant.

14. **défilé** (*m.*): ensemble de personnes qui marchent en se suivant à la file
Les formations sportives ont organisé un grand défilé sur les boulevards cet après-midi.

15. **déploiement** (*m.*): distribution de personnes ou de choses
Nous avons remarqué un déploiement de manifestants du côté de la gare.

16. **domestique** (*m.* ou *f.*): personne qui s'occupe du service de la maison; en langage sportif: coéquipier, partenaire
Plusieurs domestiques travaillent chez ma tante; elle a une grande maison.

17. **entendre:** comprendre
Qu'entendez-vous par la remarque que vous venez de faire?

18. **étaler:** étendre sur un grand espace, montrer avec emphase
Ils ont étalé des couvertures sur toute la terrasse.

19. **s'étendre:** occuper un certain espace de temps, se prolonger
Sa permission s'étend jusqu'à la fin du mois.

20. **fausser:** rendre faux, déformer
Ce rapport a dû fausser mon opinion.

21. **être friand de:** aimer beaucoup
Ils sont friands d'histoires de ce genre.

22. **gagner:** atteindre, arriver à
Il est trop tard pour gagner la ville avant la nuit.

23. **gendarmerie** (*f.*): corps militaire chargé de la sécurité publique sur le territoire national
La gendarmerie veille à ce que les règlements de la circulation soient bien respectés.

24. **jaillir:** sortir soudainement, avec force
Le pétrole a jailli dans plusieurs endroits du Sahara.

25. **maillot** (*m.*): vêtement souple qui couvre le corps
Dans le Tour de France, le «maillot jaune» est porté par celui qui est le premier.

26. **maréchaussée** (*f.*): gendarmerie
En prévision du passage du Tour de France, la maréchaussée sera déployée dès le matin.

27. **prémices** (*f.*): premiers effets
Ces prémices m'ont donné une idée des décisions qui allaient suivre.

28. **procès** (*m.*): action judiciaire
Le procès contre l'auteur de l'accident n'est pas encore terminé.

29. **tenue** (*f.*): vêtements, conduite
La tenue des spectateurs pendant le match de football a été excellente.

30. **torpédo** (*f.*): automobile de ligne sportive
Il s'est acheté une belle torpédo pour voyager pendant les vacances.

31. **trahir:** abandonner, tromper
Ce politicien a trahi son parti; il s'est inscrit à un autre parti.

32. **voie** (*f.*): chemin, route, rue
La voie a été libre immédiatement après le passage des coureurs.

Questionnaire Oral

1. Quelle est l'époque qui risque de fausser votre jugement sur la France?

2. Quand s'est situé le premier voyage du major Thompson en France?

3. D'où venait-il et où allait-il?

4. Qu'est-ce qui lui est arrivé à un croisement de routes?

5. Que lui ont dit les gendarmes?

6. Qu'a-t-il pensé à la vue d'un grand déploiement de forces policières?

7. Qu'est-ce qu'il a aperçu sur la Nationale?

8. Qu'est-ce qu'il en a déduit?

9. Qu'est-ce qui lui a fait croire qu'il s'agissait peut-être d'un défilé militaire?

10. Qu'est-ce que le capitaine de gendarmerie a dit au jeune lieutenant qui commandait les chars?

11. Comment le lieutenant manifestait-il son impatience?

12. Est-ce que ses hommes paraissaient aussi fâchés que lui?

13. Quelle sorte de voiture le major Thompson conduisait-il?

14. Que portait à la main le monsieur important?

15. Qu'est-ce que ce monsieur a obtenu pour toute réponse?

16. Pour quelle raison le major Thompson croyait-il que le trafic était interrompu?

17. Qu'a-t-il vu surgir après avoir entendu crier la foule?

18. Comment étaient vêtus les coureurs cyclistes?

19. Est-ce que le major les trouvait plaisants à voir?

20. Que faisaient les cyclistes?

21. Où allaient-ils et comment?

22. Qu'est-ce que le major Thompson a pensé de cette course cycliste?

23. Qu'est-ce qui l'a stupéfié plus que la tenue négligée des cyclistes?

24. Par les soins de qui la circulation était-elle paralysée?

25. Qu'est-ce que le titre d'un journal annonçait?

26. Qu'est-ce que le major a pensé, après avoir lu le titre?

27. Pourquoi le sous-titre du journal était-il alléchant?

28. Qui étaient Garraldi et Biquet?

29. Que fallait-il entendre par «juges de paix», d'après la métaphore des chroniqueurs sportifs?

30. Comment appelait-on le «maillot jaune»?

31. Comment appelait-on ses coéquipiers?

32. Où se trouvait la nouvelle concernant les deux cents personnes mortes à Calcutta?

Sujets de Discussion

1. Pourquoi la vue d'une foule s'enthousiasmant pour le Tour de France pourrait-elle donner à un étranger une fausse impression de la France et des Français?

2. Qu'est-ce que vous pensez de l'intérêt des Français pour ce sport? Croyez-vous qu'ils aiment le cyclisme plus que les Américains n'aiment le baseball?

3. Pensez-vous que l'on puisse organiser un Tour des Etats-Unis à bicyclette? Pourrait-on, au moins, le faire pour certains états ou certaines régions?

4. Si vous deveniez un athlète professionnel, quel sport choisiriez-vous? Pourquoi?

5. Quelles sont, d'après vous, les qualités nécessaires pour devenir un bon coureur cycliste?

Devoirs Ecrits

1. Imaginez que vous soyez un Français, en voyage aux Etats-Unis pour la première fois (ou bien l'élève d'échange de votre école). Ecrivez à votre frère une lettre donnant vos impressions d'un match de football américain.

2. Imaginez un dialogue de douze à quinze lignes entre le major Thompson et un Français qui essaie de lui expliquer ce qui se passe à ce croisement et ce que c'est que le Tour de France.

3. Décrivez la foule qui attend le passage des cyclistes à ce croisement: vêtements, tenue, commentaires, etc. Soudain, les coureurs arrivent. Quels changements notez-vous?

4. Décrivez en quoi l'attitude du major Thompson envers les cyclistes français est typiquement britannique. Quelles parties du texte révèlent cette attitude?

LE PECHEUR

Assis, les pieds pendants, sous l'arche du vieux pont,
Et sourd aux bruits lointains à qui l'écho répond,
Le pêcheur suit des yeux le petit flotteur rouge.
L'eau du fleuve pétille au soleil. Rien ne bouge.
Le liège soudain fait un plongeon trompeur,
La ligne saute. —Avec un hoquet de vapeur,
Passe un joyeux bateau tout pavoisé d'ombrelles:
Et, tandis que les flots apaisent leurs querelles,
L'homme, un instant tiré de son rêve engourdi,
Met une amorce neuve et songe: —Il est midi.

François Coppée

UNE PARTIE DE PELOTE BASQUE

par Pierre Loti

Introduction

A côté des sports qui sont les plus populaires et qui attirent les grandes foules, il en existe d'autres, pratiqués par un petit nombre de personnes. Pierre Loti (1850–1923), romancier de l'aventure et de l'exotisme, nous fait assister, dans un extrait de son roman *Ramuntcho* (1897), à un de ces sports peu pratiqués, la pelote basque. En France, ce sport d'équipe ne se joue que dans la région du Sud-ouest, appelée pays basque, que délimitent l'océan Atlantique et les Pyrénées. Il exige des qualités de vitesse, d'adresse et de force que l'on trouve souvent réunies chez les Basques. Les autres Français ne semblent pas apprécier les finesses de ce jeu ou, tout au moins, ne se croient pas assez forts pour tenter d'y consacrer leur énergie.

Une partie de pelote basque 35

Préparation à la Lecture

L'auteur dépeint d'abord l'endroit où va avoir lieu cette partie: c'est la place qui, par tradition, est réservée à ce sport, qu'on appelle parfois «jai alai». Dès que les pelotaris entrent en scène, tous les regards se fixent sur eux et sur la balle qui vole comme un oiseau. Faites attention aux détails dans les descriptions des joueurs et de leur habileté. Remarquez la balle et le bruit qu'on entend quand elle frappe le mur.

Vocabulaire Essentiel

1. Je vais faire une partie de tennis cet après-midi.

   partie (*f.*): match

2. Dans *Ramuntcho*, Pierre Loti décrit une partie de pelote basque.

   pelote basque (*f.*): jeu traditionnel du pays basque, où deux équipes de trois hommes lancent une balle contre un mur. Ils jouent à mains nues ou avec un gant d'osier appelé «chistera».

3. Le moindre bruit le réveille.

   le moindre: le plus petit

4. Vous trouverez un joli petit hameau à environ trois kilomètres du village.

   hameau (*m.*): groupe de quelques maisons à la campagne

5. J'ai de bonnes places sur les gradins de gauche pour le match de demain.

   gradins (*m.*): bancs disposés en étages

6. Au bout de l'allée se dresse le monument aux morts.

   se dresse: s'élève

7. Dans cette paroisse, ils ont le même vicaire depuis dix ans.

   vicaire (*m.*): prêtre adjoint au curé d'une paroisse

8. Les joueurs de pelote basque portent un gant d'osier attaché au poignet droit.

   poignet (*m.*): articulation qui relie la main à l'avant-bras

9. La «chistera» des pelotaris est faite d'osier.

   osier (*m.*): rameaux flexibles servant à tresser des paniers, des corbeilles, etc.

10. Elle m'a fait mal avec ses ongles si longs.

    ongles (*m.*): parties dures à l'extrémité des doigts

11. Dès le début du match, chaque joueur se met à courir.

    se met à: commence à

12. La balle va si vite qu'elle passe comme un boulet de canon.

    boulet (*m.*): projectile rond dont on chargeait autrefois les canons

13. Le jockey a un fouet tout neuf qui est très souple.

    fouet (*m.*): instrument fait d'un manche au bout duquel est fixée une lanière de cuir ou une corde (whip)

14. J'ai tout vu d'un seul coup d'œil.

    coup (*m.*) **d'œil:** regard de courte durée

LE MOINDRE hameau, au pays basque, a sa place pour le jeu de paume, grande, soigneusement tenue, en général près de l'église, sous les chênes... Elle est dallée de larges pierres entre lesquelles des herbes poussent. Des
5 deux côtés s'étendent, pour les spectateurs, de longs gradins,

jeu de paume: jeu où l'on se renvoie une balle avec une raquette

qui sont en granit rouge de la montagne voisine. Et au fond,
le vieux mur monumental se dresse, contre lequel les pelotes
viendront frapper.

    Enfin ils entrent dans l'arène, les pelotaris, les six cham-
5 pions parmi lesquels il en est un en soutane, le vicaire de
la paroisse...

    A leur poignet droit, les joueurs attachent avec des
lanières une étrange chose d'osier qui semble un grand ongle
courbe leur allongeant de moitié l'avant-bras: c'est avec ce
10 gant qu'il va falloir saisir, lancer et relancer la pelote, une
petite balle de corde serrée et recouverte en peau de mouton,
qui est dure comme une boule de bois...

    Et la partie commence... La balle lancée à tour de bras,
se met à voler, frappe le mur à grands coups secs, puis
15 rebondit à travers l'air avec la rapidité d'un boulet.

    D'instant en instant, clac! toujours le coup de fouet des
pelotes, le bruit sec contre le gant qui les lance ou contre le

pelotaris (*m.*): joueurs de pelote basque

allongeant de moitié: qui ajoute
à la longueur normale près
d'une moitié (one half) sup-
plémentaire
corde serrée (*f.*): corde enroulée
d'une manière très serrée pour
former une boule
à **tour de bras**: avec toute la
force du bras

Une partie de pelote basque   37

mur qui les reçoit... Parfois, les joueurs arrêtent la balle au vol. Le plus souvent, sûrs d'eux-mêmes, ils la laissent tranquillement toucher terre, presque mourir: on dirait qu'ils ne l'attraperont jamais! et clac! elle repart cependant, prise juste à point, grâce à une merveilleuse précision de coup d'œil, et s'en va frapper le mur, toujours avec sa vitesse de boulet.

au vol: au moment où un oiseau ou un objet passe, en général en pleine vitesse

mourir: ne pas rebondir (sens figuré)

Lexique

1. **boulet** (*m.*): projectile rond dont on chargeait autrefois les canons
   Avant la bataille, les boulets étaient placés près des canons.

2. **chêne** (*m.*): arbre (oak)
   La place du village est entourée de chênes.

3. **coup** (*m.*) **d'œil**: regard de courte durée, aptitude à juger
   Pour être fort en basketball, il faut avoir un bon coup d'œil.

4. **daller:** paver de dalles (tablettes de pierre, de marbre, etc.)
   Le salon est dallé de marbre blanc et noir.

5. **se dresser:** s'élever
   Un grand peuplier se dresse au bord de la rivière.

6. **fouet** (*m.*): instrument fait d'un manche au bout duquel est fixée une lanière de cuir ou une corde (whip)
   L'entraîneur fait claquer le fouet devant les chevaux.

7. **gradins** (*m. pl.*): bancs disposés en étages
   Tous les gradins étaient occupés pour la conférence du professeur Jamet.

8. **hameau** (*m.*): groupe de quelques maisons à la campagne
   La nouvelle de leur victoire est parvenue jusqu'au moindre hameau.

9. **lancer:** jeter
   Au premier match de baseball, c'est le président des Etats-Unis qui lance la première balle.

10. **lanière** (*f.*): étroite bande de cuir
    Le colis est entouré de lanières qui permettent de mieux le porter.

11. **se mettre à:** commencer à
    Pensez-vous que vous allez vous mettre à travailler?

12. **le moindre:** le plus petit
    Je ne voudrais certes pas lui faire le moindre tort.

13. **ongle** (*m.*): partie dure à l'extrémité des doigts
    Il n'aime pas se couper les ongles.

14. **osier** (*m.*): rameaux flexibles servant à tresser des paniers, des corbeilles, etc.
    J'ai acheté une jolie corbeille d'osier pour y mettre des fruits.

15. **partie** (*f.*): jeu, match
    Chaque soir, ils font leur partie de cartes.

16. **pelote basque** (*f.*): jeu traditionnel du pays basque, où deux équipes de trois hommes lancent une balle contre un mur
    La pelote basque est un sport unique au monde.

17. **poignet** (*m.*): articulation qui relie la main à l'avant-bras
    Les bracelets se portent au poignet.

18. **à point:** au bon moment
    Il attrape la balle juste à point.

19. **soutane** (*f.*): longue robe noire que portent les prêtres
    Le vicaire a gardé sa soutane pendant le match.

20. **tenu:** propre, net

L'allée du parc est toujours bien tenue.

21. **vicaire** (*m.*): prêtre adjoint au curé d'une paroisse

Il n'est pas rare de voir un vicaire jouer à la pelote basque.

Questionnaire Oral

1. Qu'est-ce qu'on trouve dans le moindre hameau du pays basque?
2. Décrivez la place où l'on joue à la pelote.
3. Qu'est-ce qui pousse entre les dalles de pierres?
4. Qu'est-ce qui s'étend des deux côtés de la place?
5. En quoi ces gradins sont-ils faits?
6. Contre quoi les pelotes viennent-elles frapper?
7. Combien de pelotaris entrent dans l'arène?
8. Qui est en soutane?
9. Qu'est-ce que les pelotaris attachent à leur poignet droit?
10. Avec quoi l'attachent-ils?
11. A quoi ressemble cet objet d'osier?
12. Que font les joueurs avec ce gant?
13. Décrivez la pelote.
14. Comment la balle est-elle lancée?
15. Que se met-elle à faire?
16. Comment frappe-t-elle le mur?
17. Comment la balle rebondit-elle à travers l'air?
18. A quoi compare-t-on le bruit sec de la pelote contre le gant ou contre le mur?
19. Comment les joueurs arrêtent-ils parfois la balle?
20. Que font-ils le plus souvent?
21. Pourquoi dirait-on qu'ils ne l'attraperont jamais?
22. Cependant que fait la balle?
23. Grâce à quoi est-elle prise juste à point?
24. Comment s'en va-t-elle frapper le mur?

Sujets de Discussion

1. Aimeriez-vous faire partie d'une équipe de pelotaris? Justifiez votre réponse.
2. Pensez-vous que le jeu de pelote basque puisse avoir du succès en Amérique? Pourquoi?
3. Quels sont les sports, pratiqués en Amérique, qui se rapprochent le plus de la pelote basque?
4. Pouvez-vous citer d'autres jeux régionaux, des jeux particuliers à une région des Etats-Unis?
5. Imaginez que votre école décide de créer des équipes de pelote basque. Comment vous entraîneriez-vous pour les championnats?
6. Connaissez-vous des prêtres ou d'autres membres du clergé qui participent à des sports d'équipe? A quels sports?

Devoirs Ecrits

1. Relevez les indications qui montrent que le jeu de pelote basque est très rapide.
2. Avez-vous jamais joué à la pelote basque ou à un jeu qui lui ressemble? Quelles ont été vos impressions?
3. Dans une lettre que vous adressez à un ami aux Etats-Unis, vous mentionnez une partie de pelote basque à laquelle vous venez d'assister. Décrivez l'endroit où elle a eu lieu, les joueurs et le jeu lui-même.
4. C'est votre première visite en France, et vous avez l'occasion d'assister ou à une partie de pelote basque ou à l'arrivée du Tour de France. Ecrivez un paragraphe dans lequel vous choisirez un de ces deux événements. Donnez les raisons de votre choix.

ALORS. . . LE SPORT?

par Robert Flament-Hennebique

Introduction

Les sports de compétition sont parfois trop durs pour certains hommes qui préfèrent alors des sports moins pénibles, ceux dans lesquels ils ne sont pas obligés de se donner à fond. Robert Flament-Hennebique, industriel installé à Paris, «a suivi son fusil partout où celui-ci a bien voulu l'emmener». Au cours de ses nombreuses chasses, il a fait la connaissance d'un jeune homme qui pratique toutes sortes de sports, dans un but bien précis: plaire aux jolies femmes qui l'entourent. Ses succès féminins, cependant, ne correspondent pas à ses succès sportifs.

Préparation à la Lecture

Vous allez faire la connaissance d'un jeune sportif par le portrait qu'il donne de lui-même, dans ce monologue. Ce n'est pas seulement ce qu'il dit qui nous révèle son caractère; les mots qu'il emploie pour exprimer ses pensées, ses réactions, ses déceptions, tout cela est significatif. Pour quels sports montre-t-il une préférence marquée? Pourquoi pense-t-il qu'il n'y a pas de justice dans le monde?

Vocabulaire Essentiel

1. Bonne nouvelle! Je me classe troisième dans l'épreuve éliminatoire de ski.

   Je me classe: Je prends rang dans la compétition.

2. Les courses de chevaux attirent un nombreux public.

   courses (*f.*): compétitions sportives, épreuves de vitesse

3. Je fais de la voile chaque dimanche en été.

   Je fais de la voile: Je pratique le sport qui consiste à manoeuvrer un bateau à voile.

4. Tu n'as pas confiance en ce cafouilleux.

   cafouilleux (*m.*): celui qui agit de façon désordonnée et inefficace

5. L'avion approche du terrain d'atterrissage.

   terrain (*m.*) **d'atterrissage:** espace de terrain aménagé pour le décollage (départ dans l'air) ou l'atterrissage (arrivée à terre) des avions

6. Nous nageons chaque matin à la piscine.

   piscine (*f.*): bassin construit et aménagé pour la natation

7. Je joue au ballon pour prendre de l'exercice.

   ballon (*m.*): poche remplie d'air, recouverte de cuir ou d'étoffe, qui sert à divers jeux

8. Mon frère chasse le gros gibier au Kenya.

   chasse: poursuit un gibier pour le tuer

9. Je tire depuis six mois seulement, mais je suis déjà assez adroit.

   tire: shoot

10. Il aime mieux chasser le gros gibier.

    gros gibier (*m.*): animaux de grande taille que l'on chasse

11. Il s'est acheté des guêtres de cuir jaune pour aller à la chasse.

    guêtres (*f.*): sortes d'enveloppes de cuir ou d'étoffe protégeant la jambe

12. J'ai obtenu à l'examen des résultats au-dessus de la moyenne.

    moyenne (*f.*): entre deux extrêmes

13. Je ne peux pas me résoudre à ce départ.

    me résoudre à: me convaincre à

French Government Tourist Office

14. J'ai noté de grandes lacunes dans son éducation.

    lacunes (*f.*): ce qui manque pour qu'une chose soit complète

15. Il est resté sidéré en entendant cette déclaration.

    sidéré: étonné, stupéfait

16. Une concierge a toujours des tas de choses à raconter.

    tas (*m.*) **de:** beaucoup de

17. Je ne comprends rien au galimatias qu'il emploie.

    galimatias (*m.*): discours embrouillé, confus

Alors... le sport?   41

AU MOIS de janvier, je vais aux sports d'hiver. Je me classe bien dans les petites courses et mon style s'affirme.

Au printemps, je fais de la voile. J'aime beaucoup la voile.
5 Je ne suis pas encore un très fin barreur, mais plus du tout un cafouilleux.

A côté du club, il y a un terrain d'atterrissage. Beaucoup de mes camarades viennent en avion et souvent m'emmènent faire un tour. Je pilote un peu, en double commande, et je
10 commence à savoir atterrir.

L'été, il y a le tennis et la piscine. Je suis classé. Milieu de seconde série. Je nage assez bien, du style mais pas de fond, cela n'a aucune importance en piscine. Comme je suis bien bâti, je joue au ballon, en slip, avec des femmes guère
15 plus habillées que moi.

L'automne, je chasse. C'est un sport chic...

Je me suis beaucoup entraîné au pigeon d'argile et vraiment je tire bien en battue: Dépasser... Tirer!

J'aime beaucoup la chasse. On arrive assez tard, on
20 déjeune agréablement en parlant affaires, et puis on fait quatre ou cinq battues bien préparées. On marche très peu. J'ai horreur de la marche, à quoi cela peut-il bien servir? N'importe qui sait marcher...

Je n'aime pas la chasse devant soi, ni le gros gibier, ni le
25 canard. C'est fatigant et l'on ne tire pas assez. Parlez-moi au contraire d'une belle battue dans un parc aux alignements séculaires, avec une bonne paire de superposés, des guêtres blanches et une nombreuse assistance agréablement ponctuée de jolies femmes!
30 Pourtant, il y a une chose que je ne comprends pas très bien.

Incontestablement, je brille dans tous les sports que je pratique. Ski, bateau, tennis, natation, chasse, je suis partout très au-dessus de la moyenne... eh bien, croyez-le si vous
35 voulez, je n'obtiens pas les succès mondains et féminins auxquels tout ceci devrait me donner droit!

Evidemment, je ne lis pas beaucoup, n'aimant que les romans policiers et les journaux bien illustrés. Je ne vais jamais au concert, le cinéma est tellement mieux. J'ai fait de
40 sérieuses études commerciales, mais pour la philo et les humanités... heu!

barreur: celui qui guide un bateau à voile

seconde série (f.): Les joueurs de tennis français sont classés en plusieurs séries, suivant leur valeur. Les plus forts sont dans la première.

pigeon d'argile: forme de terre cuite projetée en l'air pour figurer un oiseau sur lequel on tire pour s'exercer à la chasse

battue (f.) action par laquelle des hommes battent les sous-bois ou les buissons afin d'en faire sortir le gibier

chasse devant soi: chasse où l'on va, aidé d'un chien, à la recherche d'un gibier, en général petit

parc aux alignements séculaires: parc où les arbres, ordonnés en rangées régulières, ont été plantés il y a cent ans ou plus

paire de superposés: fusil spécial dit superposé (en anglais: "over-and-under"), dont le canon comporte deux bouches, placées l'une au-dessus de l'autre

philo: abréviation de *philosophie*

Je ne puis pourtant me résoudre à croire que ce soit ces négligeables lacunes qui m'handicapent aussi lourdement. Je suis sidéré de voir mon ami Eric avoir tant de succès, lui qui a une demi-tête de moins que moi, n'a jamais chaussé
5 de skis ni touché un manche à balai! Pourtant le fait est là. Il est le centre de toutes les conversations. Son galimatias incompréhensible dans lequel reviennent sans cesse des tas de noms inconnus obtient toujours le plus vif succès et il distille aux femmes, d'une air à la fois tendre et narquois, des
10 compliments invraisemblables qui les retournent comme des crêpes...

Alors... le sport?

manche à balai (terme d'aviation): levier de commande utilisé par le pilote pour faire monter, descendre, incliner ou redresser son avion. «J'ai un peu manié le manche à balai» veut dire: «J'ai fait un peu d'aviation.»
distille: vaporise en gouttes fines (Ici, au sens figuré: dit lentement)
crêpes (*f.*): pancakes

Lexique

1. **s'affirmer**: faire des progrès
   Mon style s'affirme depuis que je prends régulièrement des leçons.

2. **assistance** (*f.*): groupe de personnes réunies pour voir un spectacle, écouter une conférence ou un concert
   L'assistance était enthousiasmée par le spectacle.

3. **ballon** (*m.*): poche remplie d'air, recouverte de cuir ou d'étoffe, qui sert à divers jeux
   Les enfants sont allés jouer au ballon sur la plage.

4. **cafouilleux**: celui qui agit de façon désordonnée et inefficace
   C'est un cafouilleux; il n'arrive pas à garder la bonne direction.

5. **chasser**: poursuivre un gibier pour le tuer
   A l'automne, mon cousin et moi nous chassons en montagne.

6. **se classer**: prendre rang dans la compétition
   Il se classe premier dans la deuxième épreuve du concours de natation.

7. **course** (*f.*): compétition sportive, épreuve de vitesse

   Marc a remporté le premier prix dans le championnat de course à pied.

8. **dépasser**: aller au-delà d'une ligne
   La perdrix vient de dépasser le buisson; je tire!

9. **fond** (*m.*): endurance dans les courses à pied ou en natation
   Ce coureur n'est pas rapide, mais il a beaucoup de fond.

10. **galimatias** (*m.*): discours embrouillé, confus; écrit mal composé
    Son rapport est un tel galimatias qu'il devra tout recommencer.

11. **gros gibier** (*m.*): animaux de grande taille que l'on chasse
    Il m'a raconté d'intéressantes histoires sur son séjour en Angleterre où il a chassé le gros gibier.

12. **guêtre** (*f.*): sorte d'enveloppe de cuir ou d'étoffe protégeant la jambe
    Un chasseur élégant porte des guêtres blanches.

13. **incontestablement**: d'une manière qui ne peut être discutée, qui ne laisse aucun doute
    Je suis, incontestablement, meilleur tireur que lui.

14. **lacune** (*f.*): ce qui manque pour qu'une chose soit complète

Sa théorie est excellente mais elle comporte, quand même, quelques lacunes évidentes.

15. **moyenne** (*f.*): entre deux extrêmes

Nous avons roulé en auto à une moyenne de cent kilomètres à l'heure.

16. **narquois:** moqueur, malicieux, rusé

Elle répond à ses compliments d'une manière narquoise.

17. **piscine** (*f.*): bassin construit et aménagé pour la natation

J'ai fait aménager une piscine dans le jardin.

18. **se résoudre à:** se convaincre à

Je ne peux pas me résoudre à croire que notre séparation soit définitive.

19. **sidéré:** étonné, stupéfait

C'est tellement extraordinaire! J'en suis sidéré.

20. **slip** (*m.*): petite culotte très courte pour le sport

Pour faire de la gymnastique, je portais un slip léger.

21. **tas** (*m.*) **de:** beaucoup de

Il laisse toujours un tas de papiers sur son bureau.

22. **terrain** (*m.*) **d'atterrissage:** espace de terrain aménagé pour le décollage (départ dans l'air) ou l'atterrissage (arrivée à terre) des avions

Il y a beaucoup d'avions sur le terrain d'atterrissage.

23. **tirer:** shoot

Je déteste la chasse parce qu'on y tire sur des animaux sans défense.

24. **faire de la voile:** pratiquer le sport qui consiste à manœuvrer un bateau à voile

Si le vent ne diminue pas, nous pourrons faire de la voile.

Questionnaire Oral

1. En quel mois ce monsieur va-t-il aux sports d'hiver?

2. Comment se classe-t-il dans les petites courses?

3. En quelle saison fait-il de la voile?

4. Que dit-il à propos de ses talents de barreur?

5. Qu'est-ce qui se passe sur le terrain d'atterrissage à côté du club?

6. Est-ce que notre sportif pilote seul?

7. Quels sports pratique-t-il en été?

8. Comment est-il classé en tennis?

9. Que pense-t-il de ses qualités de nageur?

10. Avec qui ce sportif joue-t-il au ballon?

11. Qu'est-ce qu'il pense de son physique? Est-il modeste?

12. En quelle saison chasse-t-il?

13. Comment ce chasseur s'est-il entraîné pour bien tirer?

14. Comment décrit-il le programme d'une journée de chasse?

15. Pourquoi notre sportif a-t-il horreur de la marche à pied?

16. Quel est le genre de chasse qu'il n'aime pas?

17. Où et comment préfère-t-il chasser?

18. En quoi ce monsieur nous dit-il qu'il est «très au-dessus de la moyenne»?

19. A quoi toutes ses qualités devraient-elles lui donner droit, d'après lui?

20. Que lit-il comme livres ou comme journaux?

21. Pourquoi ne va-t-il jamais au concert?

22. Quelles études cette personne a-t-elle faites?

23. Qu'est-ce qu'elle pense de la philo et des humanités?

24. Que veut-elle dire par «ces négligeables lacunes»?

25. Qu'est-ce qu'elle ne peut se résoudre à croire?

26. Pourquoi notre sportif est-il sidéré de voir que son ami Eric ait tant de succès?

27. Qu'est-ce que «le galimatias incompréhensible» d'Eric obtient toujours?

28. Qu'est-ce qui revient sans cesse dans son galimatias?

29. De quel air Eric distille-t-il aux femmes des compliments?

30. Quel effet ses compliments ont-ils sur les femmes?

Sujets de Discussion

1. Que pensez-vous du programme sportif de ce monsieur?

2. Croyez-vous qu'il montre de grandes qualités athlétiques? Comment voyez-vous cela?

3. Qu'est-ce qu'il aime vraiment dans la chasse?

4. Connaissez-vous des gens qui soient chasseurs? Comment s'habillent-ils? Quels animaux chassent-ils?

5. Que pensez-vous des succès d'Eric? Sont-ils justifiés, d'après vous?

6. Préférez-vous un homme qui brille seulement en sports ou bien un homme qui n'aime que lire? Quel est le juste milieu?

7. Pensez-vous que les talents sportifs devraient donner droit à des succès féminins?

8. Quel genre de livres préférez-vous lire? Indiquez quelques titres.

Devoirs Ecrits

1. Quels sont les sports que vous préférez, suivant les saisons? En un paragraphe, donnez vos raisons.

2. Indiquez, en un paragraphe, tout ce qui permet de voir que notre sportif est content de lui et de ses prouesses.

3. Est-il nécessaire qu'un jeune homme sportif aime la lecture et parle bien, qu'il soit intelligent et cultivé pour plaire aux jeunes filles? Indiquez toutes les raisons prouvant votre thèse et citez des exemples.

4. Comment comprenez-vous la dernière phrase: «Alors... le sport?» Donnez votre conclusion.

EXERCICES DE STRUCTURE

FORMATION DES ADVERBES IRREGULIERS

Combinez les phrases suivantes et faites les changements nécessaires.

MODÈLE: Charles a fait ce dessin. C'est un dessin récent.
Charles a fait ce dessin récemment.

1. L'ouvrier a fait ce travail. C'est un ouvrier soigneux.
2. Vous avez fait ce commentaire. C'est un commentaire intelligent.
3. Hélène a fait ce rapport. C'est un rapport franc.
4. Maurice a fait ce calcul. C'est un calcul exact.
5. Le ministre a fait cet éloge. C'est un éloge ardent.

PLACE DES ADVERBES

Répétez les phrases suivantes.

1. Je me suis beaucoup entraîné au pigeon d'argile.
2. J'ai beaucoup nagé l'été dernier.
3. J'ai toujours fait mon travail.
4. J'ai déjà fait mon travail.

Changez la phrase suivante en employant les mots indiqués.

5. Je me suis à peine résolu à apprendre à nager.
   _____ aussi _____.
   _____ déjà _____.
   _____ enfin _____.
   _____ vite _____.

Répétez les phrases suivantes.

6. Je suis arrivé trop tard.
7. Je suis arrivé récemment.
8. Je suis arrivé hier.
9. Je suis arrivé aujourd'hui.

Changez la phrase suivante en employant les mots indiqués.

10. J'ai facilement poursuivi ma route vers Paris.
    __ lentement _____.
    __ prudemment _____.
    __ rapidement _____.
    __ soigneusement _____.

Répétez les phrases suivantes.

11. J'ai fait de la voile hier.
12. J'ai fait de la voile ailleurs.
13. J'ai fait de la natation un peu partout.
14. J'ai commencé à apprendre à atterrir hier soir.

Changez la phrase suivante en employant les mots indiqués.

15. J'ai traversé les Pyrénées hier.
    _____ hier soir.
    _____ trop tard.
    _____ ici.
    _____ ailleurs.

PRONOM RELATIF *LEQUEL*

Changez les phrases suivantes en employant les mots indiqués et faites le changements nécessaires.

1. Voici les jeunes gens parmi lesquels vous trouverez votre champion.
   _____ enfants _____.
   _____ jeunes filles _____.
   _____ garçons _____.
   _____ étudiants _____.
   _____ élèves _____.

2. C'est le livre auquel je viens de faire allusion.
   _____ le problème _____.
   _____ la solution _____.
   _____ les événements _____.
   _____ les romans _____.
   _____ le poème _____.

3. C'est le livre auquel je pense.
   _____ je contribue.
   _____ vous travaillez.
   _____ vous pensez.
   _____ je fais allusion.
   _____ j'ai droit.

Complétez les propositions suivantes en employant des phrases commençant par *avec*.

MODÈLE: Voici le crayon avec lequel j'écris mon devoir.

4. Voici le fusil...
5. Voici la bicyclette...
6. Voici le gant...

7. Voici les lanières...
8. Voici la balle...

PLACE DE *RIEN, PERSONNE, AUCUN*
Répétez les phrases suivantes.
1. Je n'ai rien fait.
2. Je n'ai rien dit.
3. Je n'ai vu personne.
4. Je n'ai vu aucune jeune fille.
5. Personne ne passerait.
6. Personne ne nous a vus.
7. Rien ne s'est passé.
8. Aucune jeune fille n'a voulu nous aider.

Changez les phrases suivantes en employant les expressions indiquées et faites les changements nécessaires.
9. Nous n'avons pas regardé le tableau noir.
   _____ rien.
   _____ personne.
   _____ aucune jeune fille.
   _____ aucun de vos amis.

10. Ce qui me surprend, c'est que personne ne vous intéresse.
    _____ rien _____.
    _____ aucune jeune fille _____.
    _____ aucun de mes amis _____.
    _____ aucun livre _____.
    _____ aucune solution _____.

Complétez les propositions suivantes en employant *personne, rien* ou *aucun.*

MODELE: Ce qui me paraît étrange, c'est que rien n'est arrivé à votre ami.

11. Ce qui m'étonne, c'est que...
12. Ce qui me surprend, c'est que...
13. Ce qui me paraît ridicule, c'est que...
14. Ce qui est presque incroyable, c'est que...
15. Ce qui me dérange, c'est que...

LA MISE EN RELIEF PAR *C'EST... QUI, C'EST... QUE*
Répétez les phrases suivantes:
1. C'est avec ce gant qu'il va falloir saisir une petite balle.
2. C'est avec Robert que je veux parler.
3. C'est aujourd'hui que je veux parler avec Robert.
4. C'est moi qui veux parler avec Robert.

Changez la phrase suivante en employant les mots indiqués.
5. C'est avec mon ami Robert que je veux aller à la chasse.
   _____ ma femme _____.
   _____ mon cousin _____.
   _____ ce vieux fusil _____.

Mettez en relief les divers éléments des phrases suivantes.

MODELES: Je veux aller à la chasse avec ce vieux fusil.
   C'est moi qui veux aller à la chasse avec ce vieux fusil.
   C'est à la chasse que je veux aller avec ce vieux fusil.
   C'est avec ce vieux fusil que je veux aller à la chasse.

6. Je veux donner de l'argent aux pauvres.
7. Je veux traverser les Pyrénées à bicyclette.
8. Je veux lancer cette petite balle avec ce gant.

REVISION

L'ARTICLE PARTITIF ET L'ARTICLE DEFINI AU SENS GENERAL
Répétez les phrases suivantes.
1. Voulez-vous du café? Non, je ne veux pas de café. Je n'aime pas le café. J'aime le thé.
2. Voulez-vous de la soupe? Non, je ne veux pas de soupe. Je n'aime pas la soupe. J'aime les hors-d'œuvre.
3. Voulez-vous des pommes? Non, je ne veux pas de pommes. Je n'aime pas les pommes. J'aime les poires.

Changez la phrase suivante en employant les mots indiqués.
4. Les Italiens aiment le vin rouge.
   ___ Français _____.
   _____ préfèrent _____.
   _____ le vin blanc.

Répondez aux questions suivantes.

MODELE: Pourquoi achetez-vous des romans français?
            C'est que j'aime les romans français.

5. Pourquoi achetez-vous du fromage?
6. Pourquoi achetez-vous du parfum français?
7. Pourquoi achetez-vous du pain français?
8. Pourquoi achetez-vous des disques français?
9. Pourquoi achetez-vous du chocolat français?

DISTINCTION DE VOCABULAIRE: *PRENDRE, PORTER, APPORTER, EMPORTER, MENER, AMENER, EMMENER*

Répétez les phrases suivantes.
1. Prenez ces livres et portez-les à la bibliothèque.
2. Demain vous aurez besoin de ce livre. Apportez-le en classe. Nous ne nous servirons plus de ces livres-ci. Emportez-les!
3. Maman a mené les enfants au musée.
4. Jean amène souvent chez lui des amis. Quand ils font trop de bruit, sa mère lui demande de les emmener tous au cinéma.

Répondez aux questions suivantes en employant les mots entre parenthèses.

MODELE: Pourquoi vos livres ne sont-ils pas sur votre pupitre? (emporter)
            Mais vous m'avez dit de les emporter.

5. Pourquoi tous les amis de Robert sont-ils ici? (amener)
6. Pourquoi les amis de Robert ne sont-ils pas ici? (emmener)
7. Pourquoi tous vos livres sont-ils chez vous? (apporter)
8. Pourquoi tous vos livres sont-ils sur votre table? (apporter)
9. Qu'est-ce que vous faites avec cette table? (porter)
10. Où est-ce que vous allez avec ces enfants? (amener)
11. Où est-ce que vous allez avec ces lettres? (apporter)
12. Comment Jeanne a-t-elle passé la matinée avec ses enfants? (mener)
13. Pourquoi n'avez-vous pas votre livre de français? (prendre)
14. Comment Charles et Jeanne ont-ils passé la soirée? (amener, cinéma)

French Cultural Services

Tableau 3 • ENSEIGNEMENT

Entrée en Matière. *L'enseignement concerne toutes les personnes d'une société moderne. Il affecte la vie de chacun, en ce sens que c'est grâce à lui que les adolescents pourront acquérir les connaissances qui leur permettront de réussir dans la vie.*

En France, l'enseignement dépend de l'Etat, depuis le jardin d'enfants jusqu'à l'université comprise. Le Ministère de l'Education Nationale contrôle les programmes scolaires, les diplômes et les concours permettant d'accéder aux fonctions importantes. Les Français sont très exigeants en matière d'enseignement parce qu'ils considèrent une éducation solide comme essentielle. On leur reproche parfois de trop insister sur la quantité de travail exigée, même de la part de jeunes enfants, et de ne pas avoir modernisé des programmes établis il y a bien longtemps. Toutefois, on commence à reconnaître les mérites des méthodes modernes.

En tout cas, l'important est de former des jeunes qui soient bien adaptés à la vie moderne et qui aient une connaissance des pays étrangers. Ainsi s'établiront des liens d'amitié et de compréhension entre les jeunes gens de nationalités différentes.

LA LEÇON

par Eugène Ionesco

Introduction

Fréquemment il arrive que des élèves n'aiment pas l'arithmétique parce qu'ils ne comprennent pas les principes qui dirigent cette science. Ils auraient besoin d'explications, d'une sorte d'instruction programmée. Eugène Ionesco, dans sa pièce de théâtre *La leçon* (1951), met face à face une élève, qui n'est certes pas douée pour les études de mathématiques, et un professeur qui n'arrive pas à se faire comprendre de son élève. Les résultats ne seront pas brillants, mais cela nous fait rire de voir que même les professeurs s'embrouillent parfois.

Préparation à la Lecture

Au début de la scène, l'élève répond vite et sans commettre d'erreurs. Elle est forte pour faire des additions. Hélas, arrivée à la soustraction, elle se trompe, elle hésite, elle perd son assurance. Le professeur veut la faire raisonner. Il essaye tous les moyens possibles pour lui expliquer les principes de la soustraction. Mais c'est lui qui se perd dans les détails et dans les raisonnements compliqués. On ne peut résister au comique de cette scène!

Vocabulaire Essentiel

1. Il se mettra volontiers à votre disposition pour peindre la maison.

   volontiers: avec plaisir

2. Le spécialiste est émerveillé par toutes ces machines modernes!

   émerveillé: très surpris, empli d'admiration

3. Ils habitent au numéro 20 bis de la rue de Vaugirard.

   bis: une deuxième fois

4. Tu avais déménagé pour aller vivre au 12 ter du boulevard Maritain.

   ter: une troisième fois

5. J'ai tellement travaillé cette semaine que je suis épuisée.

   épuisée: extrêmement fatiguée

6. Pour faire une soustraction, retirez le second chiffre du premier.

   retirez: enlevez, ôtez

7. Il y a quatre divisions et, dans chaque division, il y a trois unités.

   unités (*f.*): principes de tout nombre

8. Les trois côtés d'un triangle équilatéral sont égaux.

   égaux: de la même quantité, de la même valeur

9. Vous avez toujours des cigarettes mais jamais assez d'allumettes.

   allumettes (*f.*): petits morceaux de bois qui, par friction, servent à allumer, à mettre le feu

10. Votre ami a tendance à exagérer les choses.

    tendance (*f.*): disposition, inclination

11. Le maître a réussi à intégrer les nouveaux élèves dans le groupe.

    intégrer: faire entrer dans un groupe pour former un ensemble (Ici, nous avons un jeu de mots [pun], car en mathématiques, *intégrer une fonction* signifie *déterminer l'intégrale d'une quantité différentielle*.)

12. Une bombe atomique pourrait désintégrer des villes entières.

    désintégrer: détruire l'intégrité de quelque chose, faire disparaître

Mise en scène de La Leçon

LE PROFESSEUR: Bon. Arithmétisons donc un peu.

L'ELEVE: Oui, très volontiers, monsieur.

LE PROFESSEUR: Cela ne vous ennuierait pas de me dire...

L'ELEVE: Du tout, monsieur, allez-y.

⁵ LE PROFESSEUR: Combien font un et un?

L'ELEVE: Un et un font deux.

LE PROFESSEUR (*émerveillé par le savoir de l'Elève*): Oh, mais c'est très bien. Vous me paraissez très avancée dans vos études. Vous aurez facilement votre doctorat total, made-

¹⁰ moiselle.

L'ELEVE: Je suis bien contente. D'autant plus que c'est vous qui le dites.

LE PROFESSEUR: Poussons plus loin: combien font deux et un?

¹⁵ L'ELEVE: Trois.

arithmétisons: faisons de l'arithmétique. (Ce mot n'existe pas. L'auteur l'invente.)

d'autant plus que: je suis encore plus contente parce que...

52   *Enseignement*

LE PROFESSEUR: Trois et un?

L'ELEVE: Quatre.

LE PROFESSEUR: Quatre et un?

L'ELEVE: Cinq.

5 LE PROFESSEUR: Cinq et un?

L'ELEVE: Six.

LE PROFESSEUR: Six et un?

L'ELEVE: Sept.

LE PROFESSEUR: Sept et un?

10 L'ELEVE: Huit.

LE PROFESSEUR: Sept et un?

L'ELEVE: Huit... bis.

LE PROFESSEUR: Très bonne réponse. Sept et un?

L'ELEVE: Huit ter.

15 LE PROFESSEUR: Parfait. Excellent. Sept et un?

L'ELEVE: Huit quater. Et parfois neuf.   quater: une quatrième fois

LE PROFESSEUR: Magnifique. Vous êtes magnifique. Vous
êtes exquise. Je vous félicite chaleureusement, mademoiselle.
Ce n'est pas la peine de continuer. Pour l'addition vous êtes
20 magistrale. Voyons la soustraction. Dites-moi seulement, si
vous n'êtes pas épuisée, combien font quatre moins trois?

L'ELEVE: Quatre moins trois?... Quatre moins trois?

LE PROFESSEUR: Oui. Je veux dire: retirez trois de quatre.

L'ELEVE: Ça fait... sept?

25 LE PROFESSEUR: Je m'excuse d'être obligé de vous contredire. Quatre moins trois ne font pas sept. Vous confondez:
quatre plus trois font sept, quatre moins trois ne font pas
sept... Il ne s'agit plus d'additionner, il faut soustraire   Il ne s'agit plus d': Il n'est plus
maintenant.   question de

30 L'ELEVE (s'efforce de comprendre): Oui... Oui...

LE PROFESSEUR: Quatre moins trois font... Combien?...
Combien?

L'ELEVE: Quatre?

LE PROFESSEUR: Non, mademoiselle, ce n'est pas ça.

35 L'ELEVE: Trois, alors.

LE PROFESSEUR: Non plus, mademoiselle... Pardon, je dois
le dire... Ça ne fait pas ça... mes excuses.

L'ELEVE: Quatre moins trois... Quatre moins trois... Quatre
moins trois?... Ça ne fait tout de même pas dix?

40 LE PROFESSEUR: Oh, certainement pas, mademoiselle. Mais
il ne s'agit pas de deviner, il faut raisonner. Tâchons de le
déduire ensemble. Voulez-vous compter?

L'ELEVE: Oui, monsieur. Un..., deux..., euh...

LE PROFESSEUR: Vous savez bien compter? Jusqu'à combien savez-vous compter?

L'ELEVE: Je puis compter... à l'infini.

5 LE PROFESSEUR: Cela n'est pas possible, mademoiselle.

L'ELEVE: Alors, mettons jusqu'à seize.

LE PROFESSEUR: Cela suffit. Il faut savoir se limiter. Comptez donc, s'il vous plaît, je vous en prie.

L'ELEVE: Un..., deux..., et puis après deux, il y a trois...
10 quatre...

LE PROFESSEUR: Arrêtez-vous, mademoiselle. Quel nombre est plus grand? Trois ou quatre?

L'ELEVE: Euh... trois ou quatre? Quel est le plus grand. Le plus grand de trois ou quatre? Dans quel sens le plus
15 grand?

LE PROFESSEUR: Il y a des nombres plus petits et d'autres plus grands. Dans les nombres plus grands il y a plus d'unités que dans les petits...

L'ELEVE: ... Que dans les petits nombres?

20 LE PROFESSEUR: A moins que les petits aient des unités plus petites. Si elles sont toutes petites, il se peut qu'il y ait plus d'unités dans les petits nombres que dans les grands... s'il s'agit d'autres unités...

L'ELEVE: Dans ce cas, les petits nombres peuvent être
25 plus grands que les grands nombres?

LE PROFESSEUR: Laissons cela. Ça nous mènerait trop loin. Supposons simplement pour faciliter notre travail, que nous n'avons que des nombres égaux, les plus grands seront ceux qui auront le plus d'unités égales.

30 L'ELEVE: Celui qui en aura le plus sera le plus grand? Ah, je comprends, monsieur, vous identifiez la qualité à la quantité.

LE PROFESSEUR: Cela est trop théorique, mademoiselle, trop théorique. Vous n'avez pas à vous inquiéter de cela.
35 Prenons notre exemple et raisonnons sur ce cas précis. Laissons pour plus tard les conclusions générales. Nous avons le nombre quatre et le nombre trois, avec chacun un nombre toujours égal d'unités; quel nombre sera le plus grand, le nombre plus petit ou le nombre plus grand?

40 L'ELEVE: Excusez-moi, monsieur... Qu'entendez-vous par le nombre le plus grand? Est-ce celui qui est moins petit que l'autre?

"Le Foyer" par Edgar Hilaire Dégas (The Metropolitan Museum of Art, Bequest of Mrs. H. O. Havemeyer, 1929. The H. O. Havemeyer Collection)

"Peonies" par Georges Braque (National Gallery of Art, Washington, D.C., Chester Dale Collection)

Le professeur: C'est ça, mademoiselle, parfait. Vous m'avez très bien compris.

L'eleve: Alors, c'est quatre.

Le professeur: Qu'est-ce qu'il est, le quatre? Plus grand
5 ou plus petit que trois?

L'eleve: Plus petit... non, plus grand.

Le professeur: Excellente réponse. Combien d'unités avez-vous de trois à quatre?... ou de quatre à trois, si vous préférez?

10 L'eleve: Il n'y a pas d'unités, monsieur, entre trois et quatre. Quatre vient tout de suite après trois; il n'y a rien du tout entre trois et quatre!

Le professeur: Je me suis mal fait comprendre. C'est sans doute ma faute. Je n'ai pas été assez clair.

15 L'eleve: Non, monsieur, la faute est mienne.

Le professeur: Tenez. Voici trois allumettes. En voici encore une, ça fait quatre. Regardez bien, vous en avez quatre, j'en retire une, combien vous en reste-t-il?

L'eleve: Cinq. Si trois et un font quatre, quatre et un
20 font cinq.

Le professeur: Ce n'est pas ça. Ce n'est pas ça du tout. Vous avez toujours tendance à additionner. Mais il faut aussi soustraire. Il ne faut pas uniquement intégrer. Il faut aussi désintégrer. C'est ça la vie. C'est ça la philosophie. C'est ça
25 la science. C'est ça le progrès, la civilisation!

Je me suis mal fait comprendre: J'ai si mal expliqué cela que vous n'avez pas compris.

Lexique

1. **allumette** (*f.*): petit morceau de bois qui, par friction, sert à allumer, à mettre le feu
   Il ne faut jamais laisser les enfants jouer avec des allumettes.

2. **bis:** une deuxième fois; encore (cri que l'on pousse au théâtre ou au concert quand on veut que l'artiste recommence ce qu'il vient de faire)
   Ils ont crié «bis» après la scène du duel.

3. **désintégrer:** détruire l'intégrité de quelque chose, faire disparaître
   Le bataillon qui devait attaquer l'ennemi fut complètement désintégré.

4. **doctorat** (*m.*): diplôme qui donne le grade de docteur (Ici, par fantaisie, Ionesco ajoute à «doctorat» le mot *total* pour créer une expression qui n'a aucun sens.)
   Il a reçu son doctorat en sciences politiques.

5. **s'efforcer de:** faire de grands efforts pour
   Elle est très aimable; elle veut toujours s'efforcer de plaire.

6. **égal, égaux:** de la même quantité, de la même valeur
   Vous avez, tous les deux, des chances égales de gagner.

7. **émerveiller:** surprendre beaucoup, empli d'admiration

   Il ne cesse de m'émerveiller par son talent!

8. **ennuyer:** être désagréable à, gêner

   Est-ce que cela vous ennuie de me parler?

9. **épuisé:** extrêmement fatigué

   Si vous ne dormez pas assez, vous serez épuisé.

10. **intégrer:** faire entrer une chose dans un groupe pour former un ensemble

    Certains pays d'Europe ont commencé à intégrer leur économie.

11. **magistral:** supérieur

    Les symphonies de Beethoven sont absolument magistrales.

12. **mener:** conduire

    Cela nous mènerait trop loin si je vous expliquais la théorie d'Einstein.

13. **retirer:** enlever, ôter

    Retirez vos chaussures avant d'entrer!

14. **tâcher:** essayer, s'efforcer

    As-tu tâché de terminer ta composition à temps?

15. **tendance** (*f.*): disposition, inclination

    Mon père a tendance à être optimiste et non point pessimiste.

16. **ter:** une troisième fois

    Dans les règlements, je vois qu'au paragraphe 8 ter on mentionne votre cas personnel.

17. **uniquement:** exclusivement

    C'est une bonne mère; elle pense uniquement à sa famille.

18. **unité** (*f.*): principe de tout nombre

    En additionnant toutes ces unités, on obtiendra le chiffre total.

19. **volontiers:** avec plaisir

    Nous vous accompagnerons volontiers au stade.

Questionnaire Oral

1. Qu'est-ce que le Professeur propose de faire?

2. Est-ce que l'Elève accepte?

3. Comment voit-on que le Professeur est très poli avec l'Elève?

4. Quelle est la première question qu'il lui pose?

5. Quelle est la réaction du Professeur après la réponse de l'Elève?

6. Est-ce qu'il la trouve avancée dans ses études?

7. Qu'est-ce qu'elle obtiendra facilement, d'après lui?

8. Est-ce que celle-ci en est contente? Pourquoi?

9. Quelles sont les autres questions du Professeur?

10. Que répond l'Elève quand le Professeur dit «sept et un» pour la deuxième fois?

11. Qu'est-ce qu'elle répond quand il dit «sept et un» pour la troisième fois?

12. Quelle réponse de l'Elève amène le Professeur à dire: «Vous êtes magnifique»?

13. Que pense-t-il des qualités de l'Elève pour l'addition?

14. Après l'addition, que propose-t-il d'étudier?

15. Quelle est la réponse de l'Elève quand le Professeur demande combien font quatre moins trois?

16. Que dit celui-ci quand l'Elève répond «sept»?

17. Est-ce que le Professeur insiste pour avoir la réponse exacte?

18. Que lui demande-t-il de faire au lieu d'essayer de deviner?

19. Est-ce que l'Elève sait bien compter?

20. Jusqu'à combien dit-elle qu'elle sait compter?

21. Jusqu'à combien sait-elle vraiment le faire sans difficulté?

22. Qu'est-ce que le Professeur explique à l'Elève à propos de nombres?

23. Est-ce qu'elle semble comprendre l'explication?

24. Comment voit-on que le Professeur commence à faire des erreurs?

25. Qu-est-ce que le Professeur répond quand l'Elève lui explique que «les petits nombres peuvent être plus grands que les grands nombres»?

26. Que répond-il quand elle lui dit qu'il identifie la qualité à la quantité?

27. Comment essaie-t-il d'expliquer une deuxième fois que quatre moins trois font un?

28. Est-ce que l'Elève comprend cette fois-ci? Quelle est sa réponse?

29. Quelle est la tendance de l'Elève, selon le Professeur?

30. Que faut-il aussi faire?

31. Qu'est-ce qui est le progrès, la civilisation, d'après le Professeur?

Sujets de Discussion

1. Que pensez-vous de cette scène où le Professeur et l'Elève essaient de faire des additions et des soustractions très faciles?

2. Qu'est-ce qui constitue le comique de la situation?

3. Pourquoi la soustraction «quatre moins trois» amène-t-elle des discussions compliquées?

4. Croyez-vous que le Professeur sache ce dont il parle quand il commence à mentionner les unités?

5. Avez-vous assisté à une classe d'arithmétique aussi pénible que celle-ci? Décrivez-la.

6. Que pensez-vous de la conclusion finale? Vous paraît-elle justifiée à propos d'une simple soustraction?

7. Jouez une partie de cette scène, en changeant l'attitude du Professeur et de l'Elève (rapide, lente, ironique, cérémonieuse, etc.).

Devoirs Ecrits

1. Ecrivez vous-même une petite scène de classe. Essayez d'introduire une note comique.

2. Décrivez physiquement l'Elève et le Professeur tels que vous vous les imaginez.

3. Dans une lettre à vos parents, vous décrivez une classe à laquelle vous avez assisté et qui vous a semblé intéressante. Décrivez les élèves, leur attitude; mentionnez quelques-unes de leurs questions au professeur, ses réponses.

4. Expliquez ce que le Professeur, à la fin de la scène, veut dire par: «Il faut aussi désintégrer. C'est ça la vie. C'est ça la philosophie. C'est ça la science. C'est ça le progrès, la civilisation!»

L'ACCENT GRAVE

LE PROFESSEUR: Elève Hamlet!

L'ELEVE HAMLET (*sursautant*): ...Hein... Quoi... Pardon... Qu'est-ce qui se passe... Qu'est-ce qu'il y a... Qu'est-ce que c'est?...

LE PROFESSEUR (*mécontent*): Vous ne pouvez pas répondre «présent» comme tout le monde? Pas possible, vous êtes encore dans les nuages.

L'ELEVE HAMLET: Etre ou ne pas être dans les nuages!

LE PROFESSEUR: Suffit. Pas tant de manières. Et conjuguez-moi le verbe être, comme tout le monde, c'est tout ce que je vous demande.

L'ELEVE HAMLET: To be...

LE PROFESSEUR: En français, s'il vous plait, comme tout le monde.

L'ELEVE HAMLET: Bien, monsieur. (*Il conjugue:*)

Je suis ou je ne suis pas
Tu es ou tu n'es pas
Il est ou il n'est pas
Nous sommes ou nous ne sommes pas...

LE PROFESSEUR (*excessivement mécontent*): Mais c'est vous qui n'y êtes pas, mon pauvre ami!

L'ELEVE HAMLET: C'est exact, monsieur le professeur,

Je suis «où» je ne suis pas
Et, dans le fond, hein, à la réflexion,
Etre «où» ne pas être
C'est peut-être aussi la question.

Jacques Prévert

LES CLASSES NOUVELLES

par Pierre Scize

Introduction

Pierre Scize nous parle des méthodes dites modernes dans «Les classes nouvelles», article paru dans *Le Figaro*. Selon ces nouvelles méthodes, il faut partir du particulier pour arriver au général, c'est-à-dire montrer à l'élève ce qu'il connaît bien déjà, de façon à ce qu'il comprenne mieux l'inconnu. Ainsi, s'il s'agit d'un cours de géographie en huitième (classe équi-valant au *fifth grade*), comme dans cet article, la méthode sera la suivante: Albert apprendra ce que c'est qu'un pâté de maisons. La semaine suivante, on lui parlera du quartier, puis de l'arrondissement et de la ville. Son père, habitué à l'ancienne méthode, s'étonne de tout cela. Il espère qu'un jour son fils saura peut-être qu'il y a un monde, des mers, des continents et des fleuves.

French Cultural Services

Préparation à la Lecture

Récemment il y a eu partout des changements dans les méthodes d'enseignement. On a vu l'avènement des machines, des laboratoires de langues, de nouveaux cours de mathématiques et de sciences. Dans l'article suivant, vous verrez ce qui arrive quand les parents ne comprennent pas complètement ces changements. Pour Albert et son père, la géographie semble être deux choses bien différentes.

Vocabulaire Essentiel

1. Les nouvelles modes viennent souvent de Paris.

   nouvelles: récentes, modernes

2. Il m'a expliqué en gros ce que je devais faire.

   en gros: sans donner de détails

3. Ce roman décrit l'étoffe dont était composée la vie de ce personnage célèbre.

   étoffe (*f.*): matière essentielle qui compose quelque chose (Ici, au sens figuré: «l'étoffe des jours» veut dire «les heures dont les jours sont formés».)

4. Ce livre traite bien sommairement de la question.

   sommairement: avec peu d'explications

5. Cette chanson dernier cri ne me plaît pas.

   dernier cri: à la dernière mode (invariable)

6. La mention de son nom déclenche chez elle un torrent de paroles.

   déclenche: met en mouvement

7. Mais nous sommes complètement effarés de son action!

   effarés: stupéfaits, étonnés

8. Il ne sait pas ce qu'il dit, celui-là! Il déraille!

déraille: ici, au sens figuré et familier: perd la raison

9. Elle habite le pâté de maisons qui se trouve près du parc.

pâté (*m.*): groupe de maisons à part

10. M. Jean Brunhes est un célèbre géographe.

géographe (*m.*): celui qui s'occupe de géographie

11. Beaucoup de Parisiens ne sortent jamais de leur quartier.

quartier (*m.*): partie d'une ville

12. Paris compte vingt arrondissements.

arrondissements (*m.*): divisions administratives d'une ville

13. Il se heurtait à de nombreux problèmes.

se heurtait à: était arrêté par

14. Il est si bien connu que sa réputation va rayonnant à travers tout le pays.

rayonnant: circulant; faisant sentir son influence

15. Le petit groupe, qui se retrouve souvent chez lui, forme le noyau de l'organisation.

noyau (*m.*): partie centrale, principale

16. Si elle continue à travailler de ce train-là, elle va se tuer.

de ce train-là: à cette vitesse-là

17. Vous ne pourrez pas voter avant d'avoir atteint votre majorité.

majorité (*f.*): état d'une personne arrivée à un âge déterminé par la loi (Ici: 21 ans)

DANS QUELQUES classes... on a introduit, à titre expérimental, des méthodes dites *nouvelles* ou *actives*... En gros il s'agit de tourner le dos aux méthodes traditionnelles, d'éveiller chez l'enfant l'esprit d'équipe, le sens de
5 l'initiative, le goût des responsabilités, de multiplier ses contacts avec le monde, d'éduquer ses sens, de développer ses réflexes, de provoquer ses aptitudes artistiques, de le mettre «en prise» avec les réalités, mais aussi avec les rêves... J'en oublie et d'importance!
10 Comme l'étoffe des jours n'est pas extensible, il a bien fallu sacrifier une part importante des anciens programmes pour loger les éléments du nouveau. Mais on n'a instruit les parents que très sommairement des innovations introduites dans la pédagogie dernier cri. Cela donne ceci:
15 Albert, qui est en huitième, rentre un soir, fier de lui:
—Aujourd'hui on a fait de la géographie!
Le mot déclenche les souvenirs scolaires du père. Connaître le monde, les mers, les continents, les fleuves... La

actives: Dans l'enseignement, les méthodes actives permettent à l'élève d'apprendre, de s'instruire par la pratique.

mettre «en prise» avec: mettre en contact direct avec

en huitième: Cela correspond à la cinquième année d'études aux Etats-Unis.

première leçon de son atlas lui remonte aux lèvres. Il s'agissait d'emblée de cosmogonie:

—La terre est ronde. Elle tourne autour du soleil en trois cent soixante-cinq jours un quart. Et autour d'elle-même en
5 un jour de vingt-quatre heures. La lune...

Albert roule des yeux effarés. N'était le respect, il dirait que le paternel déraille.

—Papa, c'est pas ça la géographie! Ainsi, nous, première leçon, nous avons étudié le pâté.

10 —Le pâté? Quel pâté? demande le papa, tout de même un peu ahuri.

—Le pâté de maisons. Oui, quoi! le pâté de maisons où est située l'école. On est sorti dans la rue, on en a fait le tour en comptant nos pas, on a dressé la liste des boutiques. On est
15 entré dans les cours. Puis on a fait un plan. C'est ça, la géographie, papa!

La semaine suivante, le jeune géographe est passé à l'étude du quartier où il habite. Puis de l'arrondissement! Et là, comme il se heurtait à la Seine, on l'a envoyé, lui et ses
20 camarades, avec une chaîne d'arpenteur, mesurer la largeur du fleuve au pont Mirabeau. Cinq mois plus tard, rayonnant toujours autour de son noyau, l'école, il en était à explorer l'Ile-de-France, et il était fortement question de mobiliser un autobus pour aller voir de près Ermenonville, Senlis, et
25 Montlhéry.

—De ce train-là, m'a dit le père, ils arriveront peut-être à Marseille avant leur majorité, mais il faudra qu'ils fassent vite. De mon temps!...

remonte aux lèvres: revient à la bouche

N'était le respect: forme abrégée de la proposition subordonnée: «Si ce n'était pour le respect qu'il lui doit»
paternel (expression populaire): père

pont Mirabeau: un des ponts les plus célèbres de Paris
il en était à: il en était venu à
l'Ile-de-France: vaste région qui s'étend autour de Paris
il était fortement question de: on avait la ferme intention de
Ermenonville: petit village à quarante kilomètres de Paris
Senlis: ville située au nord de Paris, dans le département de l'Oise
Montlhéry: petite ville du département de Seine-et-Oise

Lexique

1. **ahuri:** très surpris au point d'en être troublé
   Il avait l'air tout à fait ahuri quand je lui ai annoncé la nouvelle.

2. **arrondissement** (*m.*): division administrative d'une ville
   Le Quartier Latin se trouve dans le Ve arrondissement.

3. **chaîne** (*f.*) **d'arpenteur:** chaîne de dix mètres de longueur dont on se sert pour mesurer les terrains.
   Il a mesuré la surface de son jardin à l'aide d'une chaîne d'arpenteur.

4. **cosmogonie** (*f.*): science qui concerne la manière dont le monde a pu être formé
   La cosmogonie est une science bien plus vaste que la géographie.

5. **déclencher:** mettre en mouvement
   Cet incident est très sérieux et pourrait déclencher une guerre.

6. **dérailler:** sortir des rails (en parlant d'un train) (Ici, au sens figuré et familier: perdre la raison)
   On dit qu'il se fait vieux et qu'il commence à dérailler.

7. **dernier cri:** à la dernière mode (invariable)
Dans cette école, on emploie les méthodes dernier cri.

8. **dresser:** préparer
Elle a dressé une liste des invités.

9. **effaré:** stupéfait, étonné
Les enfants ont vu un lion au jardin zoologique; ils en étaient effarés.

10. **d'emblée:** la première fois, sans difficulté
Elle a compris d'emblée ce que l'étranger lui a dit.

11. **esprit** (*m.*) **d'équipe:** sentiment de solidarité qui fait travailler ensemble vers un but commun les divers membres d'un groupe
Les ouvriers ont terminé leur travail avant la date prévue grâce à leur esprit d'équipe.

12. **étoffe** (*f.*): matière essentielle qui compose quelque chose
Il n'y pas du tout d'étoffe dans cet article; l'auteur ne dit rien de spécial.

13. **éveiller:** stimuler
Les arts éveillent l'amour de la beauté.

14. **géographe** (*m.*): celui qui s'occupe de géographie
C'est un géographe dont la spécialité est la cartographie.

15. **en gros:** sans donner de détails
Je lui ai raconté en gros ce qui m'était arrivé.

16. **se heurter à:** être arrêté par
Elle se heurte toujours à une difficulté quelconque.

17. **majorité** (*f.*): état d'une personne arrivée à un âge déterminé par la loi (Ici: 21 ans)
Elle veut se marier le plus tôt possible, même avant sa majorité.

18. **nouveau, nouvelle:** récent, moderne
Ce livre est tout à fait nouveau. Il vient de paraître.

19. **noyau** (*m.*): partie centrale, principale
Marseille a été le noyau d'une colonie importante.

20. **part** (*f.*): portion, partie
Il est très content de sa part d'héritage.

21. **pâté** (*m.*): groupe de maisons à part
Il faut traverser quatre pâtés avant d'arriver à la boulangerie.

22. **quartier** (*m.*): partie d'une ville
Il ne compte pas quitter son quartier cette année-ci.

23. **rayonner:** circuler; faire sentir son influence
La renommée de ce médecin rayonne dans toute la ville.

24. **rêve** (*m.*): suite d'images que l'on a quand on dort; ce qui est l'opposé de la réalité
C'est un rêve si tu crois réussir à l'examen sans travailler.

25. **sommairement:** en peu de mots, avec peu d'explications
Le capitaine a sommairement expliqué aux soldats la manœuvre à faire.

26. **à titre expérimental:** pour servir d'expérience
Avant de publier sa grammaire, le professeur l'emploie en classe à titre expérimental.

27. **train** (*m.*): mesure de la vitesse en général
Cette petite voiture avance à un bon train.

Questionnaire Oral

1. Qu'est-ce qu'on a introduit, à titre expérimental, dans quelques classes?

2. De quoi s'agit-il en gros?

3. Que veut-on éveiller chez l'enfant?

4. Qu'est-ce qu'il faut multiplier?

5. Que faut-il éduquer et développer chez lui?

6. Que faut-il provoquer chez l'enfant?

7. Avec quoi faut-il le mettre «en prise»?

8. Est-ce que l'auteur cite tous les buts importants des méthodes nouvelles?

9. Qu'est-ce qui n'est pas extensible?

10. Qu'est-ce qu'il a fallu sacrifier des anciens programmes?

11. Pourquoi a-t-il fallu sacrifier une part importante des anciens programmes?

12. Est-ce qu'on a bien instruit les parents des innovations de la pédagogie dernier cri?

13. En quelle classe est Albert?

14. Pourquoi est-il fier de lui?

15. Qu'est-ce que le mot *géographie* déclenche chez le père?

16. En quoi consistent les souvenirs scolaires du père?

17. Qu'est-ce qui lui remonte aux lèvres?

18. De quoi s'agissait-il d'emblée pour lui?

19. Quelles remarques le père fait-il sur la terre?

20. Quelle est la réaction d'Albert?

21. N'était le respect, qu'est-ce qu'il dirait de son père?

22. Qu'est-ce qu'Albert a étudié dans sa première leçon de géographie?

23. De quel pâté de maisons s'agit-il?

24. Qu'est-ce que les écoliers ont fait pour étudier ce pâté de maisons?

25. De quoi ont-ils dressé la liste?

26. Où sont-ils entrés?

27. Qu'est-ce que les écoliers de la classe d'Albert ont étudié la semaine suivante?

28. Qu'ont-ils fait quand ils se sont heurtés à la Seine?

29. Où est-ce qu'ils ont mesuré la largeur du fleuve?

30. Qu'est-ce qu'ils faisaient cinq mois plus tard?

31. Pourquoi était-il fortement question de mobiliser un autobus?

32. Quelle a été la conclusion humoristique du père?

Sujets de Discussion

1. Quels sont les avantages des méthodes d'enseignement nouvelles?

2. Pourquoi appelle-t-on ces méthodes «actives»?

3. Est-ce que les méthodes nouvelles pourraient s'appliquer à toutes les matières? Expliquez pourquoi.

4. Est-il nécessaire que les parents soient au courant de ces nouvelles méthodes? Pourquoi?

5. Quelles sont, d'après vous, les qualités que les professeurs doivent développer chez les élèves?

6. Pourquoi le travail doit-il être fait en équipe?

7. Quelle est l'utilité d'étudier un pâté de maisons? Qu'est-ce qu'on peut y apprendre?

8. Qu'aimeriez-vous étudier dans une leçon de géographie?

Devoirs Ecrits

1. Racontez comment s'est passée une de vos leçons de géographie, ce que vous avez fait et ce que vous avez appris.

2. Vos parents ont-ils jamais été surpris des méthodes employées dans votre école? Dans un dialogue entre un élève et son père ou sa mère, vous indiquerez les différences entre les méthodes d'enseignement, les réactions des parents, les explications de l'élève, les textes employés, etc.

3. Pensez-vous que les méthodes d'enseignement nouvelles pourraient être appliquées dans toutes les classes? Justifiez votre réponse. Quels sont les avantages des méthodes traditionnelles?

COMMENT ENVOYER LES JEUNES A L'ETRANGER

par Girod de l'Ain

Introduction

Girod de l'Ain discute la question des voyages à l'étranger à l'intention des jeunes gens, dans un numéro du *Monde,* grand quotidien parisien (septembre 1963). Nous savons tous qu'il est très agréable d'apprendre une langue sur place, dans le pays même. Il y a, de plus, un intérêt culturel; les jeunes gens apprennent non seulement la langue mais aussi les coutumes du pays. Les moyens que discutent M. Girod de l'Ain comprennent les échanges interfamiliaux, les séjours payants dans des familles ou encore les jumelages d'écoles. Cela présente des difficultés, mais le programme est quand même en voie de progrès.

Préparation à la Lecture

On entend très souvent dire que la seule façon d'apprendre une langue étrangère, c'est de faire un séjour dans le pays où on la parle. L'auteur de cet article est tout à fait d'accord; d'ailleurs, il trouve que la connaissance d'une seconde langue est nécessaire aujourd'hui dans n'importe quelle profession. Il explique les trois systèmes le plus souvent employés pour envoyer les jeunes Français étudier à l'étranger. Faites bien attention aux avantages et aux inconvénients de chacun de ces trois systèmes.

Vocabulaire Essentiel

1. Il est toujours malade parce que le médicament qu'il prend est inefficace.

   inefficace: inutile, sans effet

2. Pour bien apprendre une langue, les spécialistes préconisent une pratique constante.

   préconisent: recommandent

3. Cet hôtelier accueille très aimablement ses clients.

   accueille: reçoit chez lui

4. Il est plus onéreux de vivre à l'hôtel que de vivre dans une famille.

   onéreux: coûteux, cher

5. Son frère est le chef de la cellule communiste du quartier.

   cellule (*f.*): cercle, groupe fortement uni

6. Je ne peux pas venir vous voir; d'ailleurs, je n'en ai pas le temps.

   d'ailleurs: de plus, encore, du reste

7. Le besoin d'un programme économique planifié se fait sentir dans ce pays.

   planifié: organisé selon un plan

8. Depuis qu'on les a trompés, ils sont devenus méfiants.

   méfiants: qui n'ont pas confiance

9. Cet homme ne s'est jamais soucié de sa famille.

   s'est soucié de: s'est préoccupé de

10. Il va s'épargner beaucoup de travail parce que tu sais taper à la machine.

    s'épargner: éviter, se dispenser de

11. Quand je suis avec lui, j'éprouve toujours beaucoup de gêne.

    gêne (*f.*): embarras, trouble

12. De tous les sports estivaux, c'est la natation que nous préférons.

estivaux: qui sont relatifs à l'été

13. Je voudrais qu'il y ait jumelage de mon école avec une école française.

jumelage (*m.*): accouplement de deux objets semblables (Ici, cela veut dire que des écoles deviennent jumelles [twins].)

14. En France, les lycéens travaillent beaucoup.

lycéens (*m.*): jeunes gens qui vont au lycée (école secondaire)

15. Le concierge a fait bénévolement ce travail-là.

bénévolement: sans y être obligé, sans être payé

«JE DEMANDE aux jeunes gens que je recrute pour mon laboratoire de savoir couramment s'exprimer dans une langue étrangère et de pouvoir lire sans difficulté une seconde, me déclarait un grand savant français. Sans ces
5 connaissances linguistiques, ils sont inutilisables. La science va trop vite pour que l'on puisse attendre les traductions.»

Mais dans quelle profession la connaissance d'une ou plusieurs langues étrangères n'est-elle pas devenue indispensable?
10 Or l'enseignement des langues dans les lycées est bien insuffisant. Actuellement il est souvent rendu inefficace par une étrange superposition de programmes, qui font une large place aux textes littéraires, et d'instructions qui préconisent l'emploi de méthodes actives.

superposition: action de placer une chose sur une autre (Ici, les divers programmes sont tous employés en même temps.)

15 C'est pourquoi les familles, en plus grand nombre chaque année, désirent envoyer leurs enfants «respirer» la langue sur place pendant les vacances. Elles doivent faire un choix difficile entre trois formules:

«respirer» la langue (style imagé): Les enfants vont «absorber» la langue étrangère avec l'air qu'ils vont respirer.

sur place: à l'endroit même (Ici: à l'étranger)

1. Les Echanges Interfamiliaux

20 Une famille française accueille un étranger dont les parents reçoivent en échange le jeune Français. Ce système, qui est le moins onéreux, est, paradoxalement, le moins pratiqué. La principale difficulté gît dans notre caractère national: la famille française, cellule fort close, admet beau-
25 coup moins facilement que l'allemande ou l'espagnole de s'ouvrir à un inconnu. Il est cependant si simple d'accueillir

gît: se trouve

un adolescent à condition de ne pas compliquer les choses à plaisir. Ce sont d'ailleurs les familles nombreuses, celles qui ont l'habitude des lits superposés ou de l'usage planifié de l'espace vital, qui font le plus grand usage de cette formule.
5 Et puis nous sommes méfiants et nous envisageons volontiers le pire...

«Nous nous sommes cassés en deux pour le jeune Anglais, me disaient des parents. Eh bien! en Angleterre, la famille n'a pas adressé la parole à notre enfant. Ils regardaient la
10 télévision!»

Ce système a également l'inconvénient de ne pas intéresser les entreprises spécialisées puisqu'elles ne peuvent pas en tirer profit...

Il nous semble aussi que d'autres groupements, comme les
15 fédérations de parents d'élèves, les associations familiales, de nombreux mouvements, pourraient également organiser de tels échanges. Jusqu'à présent on s'est trop soucié de la seule clientèle «bourgeoise» qui a les moyens de payer un séjour, et préfère s'épargner la gêne d'avoir à recevoir.

20 2. Les Séjours Payants dans des Familles

La plupart des demandes concernent la Grande-Bretagne, où il y a le plus de possibilités. En effet, l'accueil des jeunes

familles nombreuses: En France, on considère qu'une famille est nombreuse quand elle a au moins trois enfants.

nous nous sommes cassés en deux (expression populaire): nous nous sommes donné beaucoup de mal

66   *Enseignement*

étrangers y est devenu une sorte d'industrie nationale comme l'hôtellerie en Suisse, et beaucoup d'Anglais comptent sur cet apport pour achever de payer leur télévision ou leur voiture.

5 Mais il est évidemment indispensable que dans une famille le jeune Français soit seul de sa nationalité, et préférable qu'il soit le seul étranger. Les différentes organisations donnent à ce propos des assurances plus ou moins fermes. Ne vous contentez pas de promesses trop vagues...

La formule du séjour dans les familles avec cours donnés 10 le matin par des professeurs, dont l'un, français, est aussi le «tuteur» des enfants, se développe de plus en plus. Si elle a de grands avantages pour des enfants, en ce qui concerne les adolescents de quinze ou seize ans, ces cours estivaux sont-ils nécessaires? Qu'on les laisse donc parler et vivre dans 15 un milieu complètement étranger. Mais nous avons un tel culte pour le monde scolaire et sa férule!...

3. Jumelages d'Ecoles

Cette nouvelle formule, signe de la multiplication des échanges entre pays, fonctionne depuis dix ans. Actuellement 20 huit cent soixante-quatorze lycées français sont ainsi «appariés» avec cinq cent trente-sept écoles anglaises, deux cent quatre-vingt-seize allemandes, vingt-sept américaines, sept italiennes, trois espagnoles, quatre autrichiennes.

«appariés»: assortis par paires, par couples

En général un groupe d'élèves étrangers, parfois une classe 25 entière, vient un mois en France à Pâques ou en juin, un nombre égal de Français passant le mois de juillet dans l'établissement étranger. Les enfants sont accompagnés par un ou plusieurs professeurs et sont logés dans des familles. Il y a même des cas où les professeurs échangent leurs 30 appartements.

Pâques (m.): fête chrétienne en mémoire de la résurrection de Jésus-Christ

Signalons l'intérêt de l'expérience réalisée depuis neuf ans par le lycée Voltaire de Paris (il accepte les candidatures d'élèves d'autres établissements publics de la région parisienne).

lycée Voltaire: un des grands lycées parisiens nommé d'après Voltaire (1694–1778), le plus célèbre philosophe français du XVIIIe siècle

35 Avant un séjour de vingt jours dans une ville, les lycéens font un voyage d'études de dix jours à travers l'Allemagne. Mais ces «appariements» demandent des professeurs acceptant de faire bénévolement un long travail de préparation. Ils se heurtent aussi à la difficulté de trouver des familles 40 françaises hospitalières. En 1962, grâce à ce système, 3500 lycéens sont allés en Grande-Bretagne, 2150 en Allemagne. C'est évidemment trop peu.

voyage d'études: voyage qui a pour but d'instruire et où l'on visite des usines, des fermes, des bureaux, etc.

Lexique

1. **accueillir**: recevoir chez soi
   Nous avons été accueillis bien froidement par le fermier.

2. **achever**: finir
   J'ai achevé mon travail avant de sortir.

3. **actuellement**: maintenant, de nos jours
   Où est ton père? Il est actuellement en France.

4. **d'ailleurs**: de plus, encore, du reste
   Ne le contredis pas! D'ailleurs, tu sais bien qu'il a raison.

5. **bénévolement**: sans y être obligé, sans être payé
   Ceux qui travaillent pour la Croix-Rouge le font bénévolement.

6. **bourgeois**: qui appartient à la classe moyenne (Ici: qui a de l'argent, qui peut se payer un séjour à l'étranger)
   La clientèle bourgeoise peut aller en vacances là où elle veut.

7. **candidature** (*f.*): demande d'un emploi, d'un titre (Ici: demande de faire partie du groupe du lycée Voltaire)
   Je voudrais travailler aux Nations-Unies; j'y ai posé ma candidature.

8. **cellule** (*f.*): cercle, groupe fortement uni
   Les membres de cette cellule politique sont très unis.

9. **clos**: fermé
   J'ai cru qu'il dormait parce qu'il avait les yeux clos.

10. **couramment**: facilement, sans hésitation
    Ma sœur s'exprime couramment en italien et en espagnol.

11. **s'épargner**: éviter, se dispenser de
    Elle veut s'épargner la peine d'aller chez le dentiste.

12. **estival, estivaux**: qui est relatif à l'été
    Le maïs est une plante estivale.

13. **s'exprimer**: parler, dire, se faire comprendre
    Tu t'exprimes très bien en russe.

14. **férule** (*f.*): espèce de raquette avec laquelle on frappait les écoliers pour les punir (Ici, sens figuré: autorité sévère)
    Elle vit sous la férule de ses parents.

15. **formule** (*f.*): moyen, façon, possibilité
    Quelle est la meilleure formule pour voyager en France?

16. **gêne** (*f.*): embarras, trouble
    C'est un homme très mal élevé; il est complètement sans gêne.

17. **hôtellerie** (*f.*): industrie qui a trait aux hôtels
    Récemment, l'hôtellerie s'est beaucoup développée en Europe.

18. **inefficace**: inutile, sans effet
    Cette dame enseigne le piano, mais elle emploie des méthodes inefficaces.

19. **jumelage** (*m.*): accouplement de deux objets semblables
    Grâce aux jumelages d'écoles, les jeunes gens se connaîtront mieux.

20. **lycéen** (*m.*): jeune homme qui va au lycée (école secondaire)
    Les lycéens rentrent à la maison vers cinq heures de l'après-midi.

21. **méfiant**: qui n'a pas confiance
    Ces marchands-là sont méfiants; ils ne vendent rien à crédit.

22. **onéreux**: coûteux, cher
    Vous avez trouvé la manière la plus onéreuse de passer vos vacances.

23. **à plaisir** (*m.*): sans raison
    Il complique à plaisir tout ce qu'il fait.

24. **planifier**: organiser selon un plan
    Est-ce que vous suivez un programme planifié pour être accepté à l'université?

25. **préconiser**: recommander
    Le médecin me préconise le repos complet.

26. **se soucier de:** se préoccuper de
Elle s'est toujours souciée de son travail.

27. **superposer:** placer l'un au-dessus de l'autre
Mes fils dorment dans deux lits superposés.

Questionnaire Oral

1. Qu'est-ce que le grand savant français demande aux jeunes gens qu'il recrute pour son laboratoire?

2. Qu'est-ce qu'il leur demande de pouvoir lire sans difficulté?

3. Pourquoi ces jeunes gens ont-ils besoin de ces connaissances linguistiques?

4. Pourquoi ne peut-on attendre les traductions?

5. Est-ce que la connaissance d'une ou plusieurs langues étrangères est indispensable dans beaucoup de professions, selon l'auteur?

6. Que dit-il de l'enseignement des langues dans les lycées?

7. Par quoi celui-ci est-il souvent rendu inefficace actuellement?

8. Que font les programmes?

9. Que préconisent les instructions?

10. Où les familles désirent-elles envoyer leurs enfants pendant les vacances?

11. Sont-elles nombreuses à vouloir le faire?

12. Combien y a-t-il de formules pour cela? Quelles sont-elles?

13. Si une famille française accueille un étranger, que doivent faire les parents de celui-ci en échange?

14. Est-ce que le système d'échanges interfamiliaux est souvent pratiqué? Est-il coûteux?

15. Où gît la principale difficulté?

16. Qu'est-ce que la famille française admet beaucoup moins que l'allemande ou l'espagnole?

17. A quelle condition est-il simple d'accueillir un adolescent?

18. Quelles sont les familles qui font le plus grand usage de cette formule?

19. De quoi les familles nombreuses ont-elles l'habitude?

20. Qu'est-ce que les Français, qui sont méfiants, envisagent volontiers?

21. Qu'a fait la famille française qui a accueilli le jeune Anglais?

22. Quelle a été l'attitude de la famille anglaise envers le jeune Français?

23. Pourquoi ce système n'intéresse-t-il pas les entreprises spécialisées?

24. Quels sont les autres groupements qui pourraient également organiser de tels échanges?

25. De qui s'est-on trop soucié jusqu'à présent?

26. Qu'est-ce que la clientèle «bourgeoise» préfère s'épargner?

27. Dans quel pays y a-t-il le plus de possibilités de faire des séjours payants dans des familles?

28. Comment accueille-t-on les jeunes étrangers en Grande-Bretagne?

29. Pourquoi beaucoup d'Anglais comptent-ils sur cet apport?

30. Qu'est-ce qui est indispensable pour un jeune Français dans une famille anglaise?

31. Qu'est-ce qui se développe de plus en plus?

32. Plutôt que d'obliger les adolescents à suivre des cours estivaux, que devrait-on les laisser faire?

33. Depuis combien de temps la troisième formule, les jumelages d'écoles, fonctionne-t-elle?

34. Quels sont les pays où il y a, actuellement, des lycées «appariés» à des lycées français?

35. Expliquez en quoi consiste le programme de jumelages d'écoles.

36. A quel moment le groupe d'élèves étrangers vient-il en France, en général?

37. En quel mois les élèves français vont-ils dans l'établissement étranger?

38. Est-ce que les enfants sont seuls?

39. Où logent-ils?

40. Quel est le lycée de Paris qui a déjà réalisé cette expérience?

41. Que font les lycéens qui vont en Allemagne?

42. Qu'est-ce que ces «appariements» demandent de la part des professeurs?

43. Quelle est la difficulté à laquelle ces «appariements» se heurtent?

44. En 1962, combien de lycéens sont allés en Grande-Bretagne et en Allemagne?

Sujets de Discussion

1. Est-ce que vous aimeriez aller à l'étranger? Si oui, où préféreriez-vous aller? Quelle formule choisiriez-vous?

2. Croyez-vous que votre famille pourrait recevoir un jeune étranger?

3. Si vous alliez à l'étranger, serait-il utile que vous suiviez des cours estivaux?

4. Aimeriez-vous que votre école soit «appariée» avec une école étrangère? Laquelle?

5. Voudriez-vous être le seul de votre nationalité à vivre dans une famille étrangère?

Devoirs Ecrits

1. Pourquoi est-il important de savoir parler plusieurs langues étrangères?

2. Quels sont les avantages de chacune des trois formules pour envoyer des jeunes à l'étranger? Quels en sont les inconvénients?

3. Ecrivez une lettre à une famille française, dont un ami vous a parlé, expliquant que vous voudriez faire un échange interfamilial avec leur fils ou leur fille. Décrivez votre famille, votre maison, votre ville, etc. Dites pourquoi vous aimeriez faire un séjour en France.

EXERCICES DE STRUCTURE

ADJECTIFS: PLURIELS IRREGULIERS

Répétez les phrases suivantes.

1. Nous n'avons que des nombres égaux; les plus grands seront ceux qui auront le plus d'unités égales.

2. Nous avons avec chacun un nombre toujours égal d'unités.

3. Ces cours estivaux sont-ils nécessaires?

Commentez les phrases suivantes.

MODELE: Il s'agit de comprendre cette question importante.
    Non, il s'agit plutôt de comprendre toutes les questions importantes.

4. Il s'agit de comprendre le personnage principal.
5. Il s'agit de résoudre ce problème social.
6. Il s'agit de subir cet examen oral.
7. Il s'agit de comprendre cette question vitale.
8. Il s'agit de s'adapter à cette situation normale.

9. Il s'agit d'éviter cette faute fatale.
10. Il s'agit de discuter cette question sociale.
11. Il s'agit de réussir à cet examen final.
12. Il s'agit d'éviter cet endroit fatal.

QUEL: DETERMINATIF INTERROGATIF

Répétez les questions suivantes.

1. Quel nombre est le plus grand?
2. Quel est le plus grand?
3. Quelle jeune fille est la plus belle?
4. Quelle est la plus belle?
5. Quels problèmes sont les plus importants?
6. Quels sont les plus importants?
7. Quelles peintures sont les plus belles?
8. Quelles sont les plus belles?

Changez les phrases suivantes en employant les mots indiqués et faites les changements nécessaires.

9. Quel problème est le plus important?
   Quelle question _____ ?
   Quel devoir _____ ?
   Quel examen _____ ?
   Quelle faute _____ ?
   Quel personnage _____ ?

10. Quel est le problème le plus important?
    Quelle question _____ ?
    Quel devoir _____ ?
    Quel examen _____ ?
    Quelle faute _____ ?
    Quelle personnage _____ ?

Répondez aux questions suivantes en employant *je sais* ou *je ne sais pas.*

MODELE: Savez-vous quel problème est le plus important?
        Non, je ne sais pas quel est le plus important.

11. Savez-vous quel sujet est le plus important?
12. Savez-vous quels problèmes sociaux sont les plus importants?
13. Savez-vous quels examens sont les plus difficiles?
14. Savez-vous quelle langue est la plus difficile?
15. Savez-vous quel sujet est le plus intéressant?
16. Savez-vous quel système de gouvernement est le plus libre?

Changez la phrase suivante en employant les mots indiqués et faites les changements nécessaires.

17. Quel est le devoir le plus difficile?
    _____ le livre _____ ?
    _____ le sujet _____ ?

Quel est le sujet le plus difficile?

_____ le nombre _____?
_____ la réponse _la_____?
_____ la nation _le_____?
_____ les livres _les_____?
_____ les sujets _les_____?
_____ les nombres _les_____?
_____ les réponses _les_____?
_____ les nations _les_____?

L'IMPERATIF: PREMIERE PERSONNE

Répétez les phrases suivantes.

1. Poussons plus loin!
2. Tâchons de le déduire ensemble!
3. Comptons jusqu'à seize!
4. Laissons cela!
5. Asseyons-nous!
6. Levons-nous!
7. Soyons contents!
8. Ayons de la patience!
9. Sachons la réponse!

Commentez les phrases suivantes.

MODELE: Mes amis ne veulent pas recevoir ce jeune homme.
Recevons-le nous-mêmes!

10. Mes amis ne veulent pas raconter l'histoire.
11. Mes amis ne veulent pas dire la vérité.
12. Mes amis ne veulent pas amuser les invités.
13. Mes amis ne veulent pas manger les fromages.
14. Mes amis ne veulent pas voir ce film.
15. Mes amis ne veulent pas accompagner ces jeunes filles.
16. Mes amis ne veulent pas aller au cinéma.
17. Mes amis ne veulent pas boire de lait.

Complétez les phrases suivantes.

MODELE: Mon ami se lève, mais ne nous levons pas!

18. Mon ami est triste,...
19. Robert s'ennuie,...
20. Charles s'excuse,...
21. Louis s'en va,...
22. Pierre a peur,...

L'IMPERATIF: TROISIEME PERSONNE

Répétez les phrases suivantes.

1. Qu'on les laisse parler.
2. Qu'on laisse entrer ce pauvre homme.
3. Qu'on parte immédiatement.
4. Qu'on fasse entrer ce pauvre homme.

Changez la phrase suivante en employant les mots indiqués.

5. Qu'il comprenne ce dont il est question.
   ____ tout le monde _____.
   ____ elle _____.
   ____ sache _____.
   _____ il s'agit.

Transformez les phrases suivantes.

MODELE: Qui sait la vérité?
        Que tout le monde sache la vérité!

6. Qui a peur?
7. Qui comprend la situation?
8. Qui est prêt?
9. Qui fait attention?
10. Qui peut comprendre ce problème?
11. Qui dit la vérité?
12. Qui s'en va en ce moment?

Formez des phrases en employant les expressions suivantes.

MODELE: accueillir un étudiant étranger
        Que chaque famille accueille un étudiant étranger!

13. apprendre une langue étrangère
14. organiser des échanges
15. venir en France
16. faire un voyage d'études
17. comprendre les problèmes sociaux
18. vivre dans un milieu étranger
19. s'efforcer à parler français

LE SUBJONCTIF APRES LES EXPRESSIONS IMPERSONNELLES

Répétez les phrases suivantes.

1. Il est préférable qu'il soit le seul étranger.
2. Il est indispensable que chaque étudiant sache la leçon.
3. Il est préférable qu'il sache plus d'une langue.
4. Il est essentiel qu'il comprenne des livres étrangers.
5. Il est nécessaire qu'il lise des articles en français.
6. Il faut qu'il fasse un choix entre plusieurs langues.

Changez la phrase suivante en employant les mots indiqués.

7. Il est essentiel que chaque élève comprenne ce dont il s'agit.

Il est indispensable _____.

_____ étudiant _____.

_____ sache _____.

_____ il est question.

Transformez les phrases suivantes.

MODELE: Il est évident que vous savez la réponse.
        Ce n'est pas évident, mais il se peut que je la sache.

8. Il est évident que vous me comprenez.
9. Il est évident que vous avez assez d'argent.
10. Il est évident que vous dites la vérité.
11. Il est évident que vous faites des erreurs.
12. Il est évident que vous mentez.
13. Il est évident que vous partez.

REVISION

L'ADJECTIF POSSESSIF

Répétez les phrases suivantes.
1. Jeanne est la sœur de Jean. C'est sa sœur.
2. Robert est le mari de Jeanne. C'est son mari.
3. Gaston et Joséphine sont les enfants de Jeanne. Ce sont ses enfants.
4. Jeanne est l'amie de Marie. C'est son amie.

Répondez aux questions suivantes en employant l'adjectif possessif.

MODELES: Est-ce que je connais votre frère?
        Oui, vous connaissez mon frère.
        Est-ce que vous connaissez le frère de Jean?
        Oui, je connais son frère.

5. Est-ce que vous comprenez mes difficultés?
6. Est-ce que Charles est votre élève?
7. Est-ce que Jeanne est votre amie?
8. Est-ce que Jeanne est l'amie de Robert?
9. Est-ce que Jeanne est l'amie de Charlotte?
10. Est-ce que Jeanne et Jean sont les enfants de Charles?
11. Est-ce que Maurice et Edouard sont les enfants de Marion?
12. Voulez-vous faire la connaissance de la cousine de Robert?
13. Voulez-vous parler à l'oncle de Jeanne?
14. Voulez-vous parler à la tante de Jean?
15. Est-ce que vous connaissez l'enfant de Jean et de Marie?
16. Est-ce que vous connaissez les enfants de Jean et de Marie?

Tableau 4 • PARIS

Entrée en Matière. *Personne ne peut rester insensible à la beauté et au charme de Paris. Depuis des siècles, «la Ville Lumière» exerce sur les Français et sur les étrangers une attraction à laquelle il est difficile de résister. Le fait qu'elle soit le grand centre administratif, politique et universitaire du pays ne suffit pas à expliquer cet attrait. Ce sont surtout ses monuments et ses activités artistiques les plus variées, telles que l'opéra, le théâtre, les arts plastiques, qui ont fait d'elle «la reine du monde», comme on l'appelle souvent.*

N'oublions pas cependant que Paris n'est pas la France. Beaucoup d'autres régions et d'autres villes, en France, ont aussi leur charme, leurs richesses artistiques, leurs monuments, qui peuvent se comparer à ceux de la capitale. Toutefois, Paris a cette qualité unique de transformer tout ce qu'on lui apporte de la province ou de l'étranger en quelque chose de typiquement parisien. On est sans arrêt surpris et ébloui dans ce Paris qui change avec la saison, le jour et même l'heure. Si on a la patience de bien chercher, on retrouvera les mille visages qui le composent. En se promenant partout, on comprendra pourquoi Paris a été célébré par tant d'artistes et de poètes.

75

NOTRE CAPITALE, PARIS

par Charles Delon

Introduction

Charles Delon nous explique pourquoi Paris résume la France. Si vous allez à Lille, par exemple, ou à Marseille, vous êtes sûr de rencontrer presque uniquement des personnes de la région. Ceci est encore plus vrai à la campagne, où vous trouvez bien des familles qui n'ont jamais bougé de leur village. De plus, les habitants des diverses provinces françaises ont les traits particuliers de leur région. L'homme du Midi est gai et a le parler doux; le Normand est sérieux et travailleur. Paris représente bien la France parce que sa population comprend non seulement des Parisiens de Paris mais aussi toute une foule de Français de province qui s'unissent pour former une population française tout à fait homogène.

Préparation à la Lecture

Paris n'est pas seulement la capitale de la France: c'est une ville qui résume la France toute entière et qui en est une sorte de synthèse. Remarquez le ton agressif que prend l'auteur pour en montrer le caractère exceptionnel. Les phrases courtes ressemblent à celles d'un discours politique ou d'une annonce publicitaire. Observez comme les contrastes du dernier paragraphe font ressortir le patriotisme des habitants de Paris.

Vocabulaire Essentiel

1. La course à pied est l'aïeule de tous les sports.
   aïeule (*f.*): ancêtre

2. Voici l'œuvre que vient d'accomplir cet ouvrier.
   œuvre (*f.*): travail

3. Ce n'est pas toujours la capitale qui a façonné l'esprit national d'un pays.
   façonné: donné une forme à

4. Il a beaucoup parlé et enfin il a agi comme promis.
   agi: fait une action

5. Est-ce qu'une capitale résume parfois un pays entier.
   résume: est l'image en plus petit de

6. J'entends que tout le monde m'obéisse. Quand je dis «Parisiens», j'entends personnes nées à Paris, de parents parisiens.
   entends: je veux, je veux dire

7. On pourrait étudier les divers éléments de la population d'après des chiffres précis.
   chiffres (*m.*): nombres

8. La vie de province est plus lente que celle de Paris.
   province (*f.*): ensemble de la France, par opposition à Paris

9. Dans les hôtels français, les voyageurs doivent décliner leur nom et leur nationalité.
   décliner: faire connaître

10. Il faut éviter tout préjugé.
    préjugé (*m.*): opinion adoptée sans examen

11. J'aime rechercher les souvenirs, les traditions qui traînent dans les vieux quartiers de Paris.
    traînent: persistent

NOUS SOMMES Français: notre capitale est Paris. — Que l'Angleterre soit fière de son immense Londres, la plus grande ville du monde; que l'Italie garde sa glorieuse Rome, aïeule des nations: Paris est à nous. Qui aime la France aime Paris. Qui ne connaît Paris ignore la France. Pourquoi? Parce que Paris, c'est la France.

Paris est une capitale naturelle, œuvre lente des siècles et de l'histoire, née des entrailles de la nation. Mais, si la France a fait Paris, Paris a bien aidé aussi la France à se faire. Il lui a façonné son esprit national et sa langue. Il a pensé et agi, il a combattu, il a souffert pour elle.

Quand je dis: «Paris résume la France», j'entends énoncer un fait, un fait matériel qu'on peut traduire en chiffres. J'aurais pu dire autrement: «La population de la capitale est composée d'éléments originaires de toutes les parties de la France.» Ou encore: «Paris est fait de la province.» C'est la même chose.

Ah! vous ne saviez pas cela, vous, peut-être, qu'il n'y a pour ainsi dire pas de Parisiens à Paris? — J'entends Parisiens de race, de père en fils, depuis un couple de siècles, par exemple. J'imagine que vous soyez planté en faction sur la place de la Concorde, au pied de l'Obélisque, arrêtant tous les passants pour les forcer à décliner leur origine, combien en trouveriez-vous de ces Parisiens-là? Un sur sept? ou sur dix? ou moins encore? — Nous nous rencontrons sur le trottoir, travailleurs, commerçants, artistes, hommes de science ou hommes de lettres: «D'où donc êtes-vous? — Moi, je suis de Marseille. — Et moi, de Lille. — Et moi, de Montpellier. — Et moi, de Saint-Malo.» Français du Nord et du Midi, en se serrant la main, se regardent au visage et se reconnaissent frères.

On vient de sa province avec des préjugés d'enfance, de vieilles idées des vieux siècles, qui traînent encore par là, je ne sais comment. Paris, en arrivant, vous fait respirer l'air du temps — je veux dire des idées modernes — vous fait un homme de votre époque et de votre pays. On vient Picard ou Berrichon; on vient Rennais ou Nîmois: Paris vous fait Français et patriote.

de race: d'origine

planté en faction: debout pour surveiller

place de la Concorde: une des plus belles places de Paris, au centre de laquelle se trouve l'Obélisque

l'Obélisque (*m.*): monument de pierre en forme d'aiguille, offert en 1829 par l'Egypte à la France

Lille: ville industrielle importante, dans le nord de la France

Montpellier: ville universitaire très ancienne, dans le Midi

Saint-Malo: port breton, ville natale de Jacques Cartier

l'air (*m.*) du temps: atmosphère existant à une certaine période

Picard: originaire de la province de Picardie, dans le nord de la France

Berrichon: originaire de la région du Berry, dans le centre de la France

Rennais: originaire de la ville de Rennes, ville principale de la Bretagne, située dans l'ouest de la France

Nîmois: originaire de la ville de Nîmes, ancienne ville romaine, dans le Midi

patriote (*m.* ou *f.*): ici: qui a compris le sens du mot *patrie*

French Embassy Press and Information Division

Lexique

1. **agir:** faire une action
Le père agissait toujours pour le bien de sa famille.

2. **aïeul, aïeule, aïeux** (*m., f., pl.*) ancêtre
La France, c'est la terre de mes aïeux.

3. **chiffre** (*m.*): nombre
Il y a deux sortes de chiffres: les chiffres arabes et les chiffres romains.

4. **décliner:** faire connaître
Le prisonnier a dignement décliné ses noms, prénoms et qualités.

5. **énoncer:** exprimer clairement
Ce philosophe a énoncé ses pensées avec beaucoup de vigueur.

6. **entendre:** vouloir, vouloir dire
Il entend passer ses vacances en Angleterre.
Qu'entendez-vous par cette expression?

7. **entrailles** (*f.*): organes essentiels
C'était un cri qui montait de ses entrailles.

8. **époque** (*f.*): point déterminé dans l'histoire
C'est une chanson qui date de l'époque des Croisades.

9. **façonner:** donner une forme à
Cette statue a été façonnée avec beaucoup d'art.

10. **ignorer:** ne pas connaître
J'ignore tout de la question que nous allons discuter.

11. **œuvre** (*f.*): travail
C'est une œuvre qui a demandé beaucoup de temps.

12. **préjugé** (*m.*): opinion adoptée sans examen
Les préjugés devraient disparaître dans une société moderne.

13. **province** (*f.*): ensemble de la France, par opposition à Paris

Les gens de Paris méprisent beaucoup la province.

14. **résumer**: être l'image en plus petit de
On ne peut pas dire que Londres résume l'Angleterre.

15. **traîner**: persister
Sur la place de la Concorde traînent beaucoup de souvenirs de l'histoire de France.

Questionnaire Oral

1. Quelle est la capitale des Français?
2. De quoi l'Angleterre est-elle fière?
3. Quelle est la plus grande ville du monde, selon l'auteur?
4. Quelle ville est l'aïeule des nations?
5. A qui est Paris?
6. Qu'aime-t-il, celui qui aime la France?
7. Qu'ignore-t-il, celui qui ne connaît pas Paris?
8. Pourquoi cela?
9. Quelle sorte de capitale est Paris?
10. De quoi Paris est-il l'œuvre lente?
11. D'où est né Paris?
12. Comment Paris a-t-il aidé la France à se faire?
13. Qu'est-ce que Paris a fait pour la France?
14. Qu'est-ce que l'auteur entend énoncer quand il dit: «Paris résume la France»?
15. Comment aurait-il pu s'exprimer autrement?
16. Que veut-il dire par: «Paris est fait de la province»?
17. Qu'entend-il par «Parisien de race»?
18. Où imagine-t-il que nous soyons plantés en faction?
19. Pourquoi serions-nous plantés en faction là?
20. Combien de vrais Parisiens trouverions-nous parmi les passants?
21. Quelles sortes de personnes se rencontrent sur le trottoir de Paris?
22. Quelle question l'auteur imagine-t-il qu'on leur pose?
23. D'où sont-elles, ces personnes?
24. Que font ces Français du Nord et du Midi, en se serrant la main?
25. Quand on vient de sa province, qu'est-ce qu'on apporte avec soi à Paris?
26. Que dit l'auteur au sujet de ces vieilles idées?
27. Quel effet Paris a-t-il sur vous quand vous arrivez?
28. Quelle sorte d'homme devient-on alors?
29. Quels sont quelques-uns des provinciaux que l'auteur nous indique?
30. Que fait Paris des Picards, des Berrichons, des Rennais ou des Nîmois?

Sujets de Discussion

1. Comment Paris a-t-il pu naître «des entrailles de la nation»? Expliquez cette expression.
2. Pensez-vous que les diverses régions de France conservent leur individualité malgré la forte émigration de provinciaux vers Paris? Que diriez-vous de la variété qui existe entre les différents états de notre pays?
3. Croyez-vous que l'habitant de Washington ou de New York soit aussi représentatif des Etats-Unis d'Amérique que le Parisien l'est de la France? Justifiez votre réponse en donnant des exemples précis.
4. Est-ce que la personne qui ne connaîtrait pas New York ignorerait les Etats-Unis?
5. Est-ce qu'il y a une ville aux Etats-Unis qui «résume» le pays tout entier?
6. Si vous voyagiez en France, aimeriez-vous visiter seulement Paris, ou bien la province aussi?

Devoirs Ecrits

1. Quel âge a Paris? Pourquoi cette ville est-elle «l'œuvre lente des siècles et de l'histoire»? (Pour répondre à cette question, vous pourriez chercher le mot *Paris* dans une encyclopédie.)

2. Pensez-vous qu'un Parisien aimerait la ville de New York? Qu'est-ce qu'il y trouverait pour lui plaire? Pourrait-il y voir des choses à critiquer?

3. Indiquez en une vingtaine de lignes pourquoi vous êtes fier de la ville où vous habitez. Quels sont les points d'intérêt de cette ville? Quels changements opère-t-elle sur ceux qui viennent y habiter? Justifiez vos idées.

PARIS DES REVES

Introduction

Paris appartient à tout le monde; tout le monde adore Paris. Ceux qui le visitent tombent amoureux de lui. Les quelques impressions réunies ici montrent plusieurs de ses attraits. Pour Jean Cocteau (1892–1963), Parisien de naissance et génie des arts—théâtre, cinéma, poésie —, il y a toujours du nouveau à découvrir à Paris. Ville difficile à connaître, nous dit Francis Carco (1886–1958), Français né en Nouvelle-Calédonie. Même les étrangers sont charmés par cette capitale: par exemple, l'auteur américain Henry Miller (1891–   ), qui constate que Paris vit illuminé. Pour Robert Giraud, l'endroit présente de multiples visages. C'est la Seine qui résume Paris pour Blaise Cendrars (1887–1961), poète et romancier. Georges Duhamel (1884–   ), romancier né à Paris, nous explique l'émotion qu'il ressent en voyant cette même Seine. Paris s'appelle «la Ville Lumière» parce que ses monuments scintillent sous les lumières. C'est pour cela qu'ils paraissent être des bijoux, pour Dominique Aury.

Préparation à la Lecture

Il faut lire ces textes sur Paris au moins trois fois. C'est de cette façon seulement que vous apprécierez la variété des impressions de chacun des auteurs. Ceux-ci se servent d'une langue imagée, d'un style lyrique pour exprimer leurs sentiments sur Paris. L'ordre inattendu des mots surprend parfois. Chaque passage décrit un aspect différent de cette ville qui paraît mystérieuse et fascinante.

Vocabulaire Essentiel

1. Il n'a cessé de dénigrer tout ce qu'il a vu à Paris.

   dénigrer: faire des commentaires méchants sur

2. Quiconque voit ce spectacle ne pourra jamais l'oublier.

   quiconque: qui que ce soit qui

3. Pourquoi agit-elle à rebours de ce qu'elle avait promis?

   à rebours: en sens contraire

4. Vous ne pouvez pas saisir la différence qui existe entre eux.

   saisir: discerner

5. Elle a laissé la maison vide, les murs nus.

   nus: sans ornements

6. Son intelligence est étouffée par sa timidité.

   étouffée: rendue incapable de s'exprimer

7. Des nuages menaçants ont apparu dans le ciel.

   menaçants: qui font prévoir de la pluie ou un orage

8. Le vent est si fort que le chêne frissonne.

   frissonne: est agité de tremblements

9. Son regard pétillera de joie quand il me verra.

   pétillera: brillera

10. Manet et Monet sont des peintres impressionnistes.

    peintres (*m.*): artistes qui reproduisent sur toile, avec des couleurs, des aspects de la nature, des objets, des portraits

11. Je n'ai pu m'empêcher de lui dire qu'elle était belle.

    m'empêcher de: m'abstenir de

12. Cette dame est fière de ses bijoux, surtout de ses bracelets.

    bijoux (*m.*): ornements précieux

Vous ne connaissez pas Paris. Paris est inconnu comme les poètes célèbres. Certains étrangers le traduisent et nous le découvrent. Pour le film auquel je travaille, j'invente une ville — et c'est à Paris que je la trouve. Des villes et des
5 villages s'y cachent. Cherchez-les.

Jean Cocteau

s'y cachent: se trouvent à Paris mais on ne les voit pas

Ce n'est point dénigrer Paris que répondre à quiconque prétend le connaître que tout y est à rebours de ce que l'on en attend et plus difficile à saisir sous sa gentillesse appa-
10 rente — qu'à ignorer.

Francis Carco

Ciel lourd, cœurs lourds.
Une paisible solitude envahit la ville, et laisse abandonnés et nus les hommes et les monuments.
15 La tour Eiffel paraît soudain plus folle que jamais. Un homme aussi qui marche seul a l'air fou.
L'âme de la ville est étouffée. Seuls les nuages menaçants reflètent le malaise des monuments déconcertés. Le squelette de fer frissonne dans le vent froid. Il attend l'heure où il
20 pétillera de lumières dans le champagne de l'électricité.

Henry Miller

champagne de l'électricité: la lumière sur la tour Eiffel ressemblera aux bulles gazeuses du champagne.

French Government Tourist Office

Paris aux cent mille faces sera toujours Paris. Les peintres appliqués, ils sont cent mille qui viennent le dimanche, le savent bien. Le Pont-Neuf est un parfait modèle, assez majestueux pour orner le mur de la salle à manger Henri II,
5 entre deux chromos-souvenir-de-vacances.

Robert Giraud

La Seine
Je resterais ma vie durant
à regarder couler la Seine...
10 C'est un poème dans Paris.

Blaise Cendrars

Pont-Neuf: le pont le plus vieux de la capitale.
salle à manger Henri II: imitant le style de la seconde moitié du XVIᵉ siècle
chromos - souvenir - de - vacances (*m.*): images à plusieurs couleurs
ma vie durant: pendant toute ma vie

Hier, toujours cheminant *(proceeding)* et rêvant, je suis arrivé sur le quai
de la Seine. Elle était si gracieuse et si calme, elle s'en allait
si noblement vers ses destinées éternelles, que je n'ai pu
m'empêcher de lui parler! «Ah! mon amie! mon amie! que
5 nous est-il arrivé, mon amie, ma douce amie?» Elle souriait,
entre les arbres purgés *(purifier)* de leurs feuilles par les premiers
froids de la saison rigoureuse. Elle souriait si tendrement que
je me suis pris à pleurer, tout seul, sur ce quai du Louvre;   **je me suis pris à:** j'ai commencé
tout seul, par bonheur, car tout le monde aurait compris,   à, je me suis mis à
10 mais j'aurais quand même eu honte. *(shame)*

Georges Duhamel
(novembre 1940)

Minuit: Paris met ses bijoux!

    Dominique Aury

Lexique

1. **âme** (*f.*): esprit de l'homme
   Les yeux sont le miroir de l'âme.

2. **bijou** (*m.*): ornement précieux
   Il lui a offert un bijou de grande valeur
   pour son anniversaire.

3. **cheminer**: suivre un chemin, marcher à pas
   lents
   Nous réfléchirons à ce problème tout en
   cheminant au bord de la rivière.

4. **déconcerter**: embarrasser
   Les remarques qu'il a faites m'ont décon-
   certé.

5. **dénigrer**: faire des commentaires méchants
   sur
   Vous avez constamment dénigré cette
   femme au cours de la conversation.

6. **s'empêcher de**: s'abstenir de
   Il devrait s'empêcher de regarder la télévision s'il veut travailler.

7. **envahir**: remplir, entrer violemment dans
   L'ombre envahit le jardin dès trois heures
   de l'après-midi.

8. **étouffer**: rendre incapable de s'exprimer;
   tuer en empêchant de respirer
   Le lion a étouffé le petit animal qu'il avait
   attrapé.

9. **fou, fol, folle**: qui a perdu la raison
   Le pilote avait l'air fou quand il est parti.

10. **frissonner**: être agité de tremblements
    (froid, vent, maladie, émotion, etc.)
    Je frissonne de peur en écoutant cette
    terrible histoire.

11. **malaise** (*m.*): sensation d'inquiétude, de
    tourment
    Tu songes à ce projet avec un vrai malaise.

12. **menacer**: faire prévoir de la pluie, un
    orage, un mal, etc.
    L'avenir semble plein de dangers; il est
    menaçant.

13. **nu**: sans vêtements, sans ornements
    Il est toujours nu-tête.

14. **nuage** (*m.*): condensation de l'humidité en
    suspension dans l'atmosphère
    Les nuages s'amoncellent; on dirait qu'il
    va pleuvoir.

15. **peintre** (*m.*): artiste qui reproduit sur toile, avec des couleurs, des aspects de la nature, des objets, des portraits

    Est-ce que Picasso est un peintre français ou espagnol?

16. **pétiller**: briller

    Remarquez comme son esprit pétille d'intelligence.

17. **prétendre**: affirmer

    Vous prétendez pouvoir obtenir cette situation.

18. **purger**: purifier

    Il doit suivre un traitement qui purgera son organisme de toute cette infection.

19. **quiconque**: qui que ce soit

    Le garde a défendu à quiconque était là de pénétrer dans la maison.

20. **à rebours**: en sens contraire

    Allez jusqu'à la porte et ensuite marchez à rebours.

21. **saisir**: discerner; prendre fortement

    Est-ce que vous saisissez le sens de ces poèmes?

Questionnaire Oral

Jean Cocteau

1. Comme qui Paris est-il inconnu?
2. Que font certains étrangers?
3. A quoi travaille Jean Cocteau?
4. Qu'invente-t-il pour cela?
5. Où trouve-t-il cette ville?
6. Qu'est-ce qui se cache à Paris, selon l'auteur?
7. Que nous demande-t-il de faire?

Francis Carco

8. Que peut-on répondre à quiconque prétend connaître Paris?
9. Qu'est-ce qui est à rebours de ce que l'on en attend?
10. Est-ce dénigrer Paris que de répondre cela?
11. Qu'est-ce qui est plus difficile à saisir?

Henry Miller

12. Qu'est-ce qui est lourd?
13. Qu'est-ce qui envahit la ville?
14. Comment cette solitude laisse-t-elle les hommes et les monuments?
15. Comment paraît soudain la tour Eiffel?
16. Quel air a l'homme qui marche seul?
17. Comment est l'âme de la ville?
18. Que font les nuages menaçants?
19. Qu'est-ce qui frissonne dans le vent froid?
20. Qu'est-ce que le squelette de fer attend?

Robert Giraud

21. Combien de faces Paris a-t-il?
22. Qui sait bien que Paris sera toujours Paris?
23. Combien sont-ils les peintres qui viennent le dimanche?
24. Quel est le parfait modèle pour eux?
25. Pour orner quoi le Pont-Neuf est-il assez majestueux?
26. Où le mettra-t-on?

Blaise Cendrars

27. Combien de temps Blaise Cendrars resterait-il à regarder couler la Seine?
28. A quoi compare-t-il la Seine?

Georges Duhamel

29. Où l'auteur est-il arrivé hier?
30. Comment avançait-il?
31. Comment était la Seine ce jour-là?
32. Vers où s'en allait-elle si noblement?
33. Qu'est-ce que Duhamel a dit à la Seine?
34. Comment la Seine a-t-elle répondu?
35. Comment étaient les arbres au bord de la Seine?
36. Quelle saison était-ce?
37. Pourquoi Duhamel s'est-il pris à pleurer tout seul?
38. Sur quel quai de la Seine était-il?

39. Quelle aurait été sa réaction si on l'avait vu pleurer?

40. Est-ce que les gens auraient compris?

41. Pourquoi la date de «novembre 1940» est-elle importante?

Dominique Aury
42. Que fait Paris à minuit?

43. Qu'est-ce que c'est que les bijoux de Paris?

Sujets de Discussion

1. Vous est-il arrivé d'être seul dans une grande ville? Quelles ont été vos impressions?

2. Est-ce que, d'après vous, une ville peut avoir une âme?

3. Avez-vous vu des monuments ou des reproductions de monuments de Paris? Lequel préférez-vous? Pourquoi?

4. Pourquoi Paris attire-t-il tant de peintres?

Est-ce la même chose à New York ou dans une autre grande ville américaine?

5. Pourquoi, en novembre 1940, Georges Duhamel a-t-il parlé à la Seine et a-t-il pleuré?

6. Des sept extraits, lequel préférez-vous? Justifiez votre choix.

7. Indiquez les termes qui montrent que Paris, ses monuments et la Seine sont comparés à des personnes.

Devoirs Ecrits

1. Essayez d'expliquer, à votre façon, les idées que veut exprimer chacun de ces auteurs.

2. D'après ce que vous avez lu ou entendu dire, quelle impression avez-vous de Paris?

3. Indiquez ce qui fait la beauté et le charme de la plus belle ville que vous ayez jamais visitée. Quelles sont les raisons qui vous la font préférer à toutes les autres? Qu'est-ce qui constitue l'âme de cette ville?

LES CLOCHES DE PARIS

par Victor Hugo

Introduction

Voici un extrait classique, tiré du roman *Notre-Dame de Paris,* écrit en 1831 par Victor Hugo (1802–1885). L'action du livre se situe au XVe siècle. Il s'agit d'un bossu, Quasimodo, qui fait sonner les cloches à Notre-Dame. Il veut sauver une gitane, Esmeralda, faussement accusée de meurtre et de sorcellerie. Le personnage principal du roman est la grande cathédrale de Paris, Notre-Dame. Victor Hugo la voit au centre de nombreuses églises qui, donnant leur concert de cloches, rappellent à celui qui les écoute que Paris a un passé. Saint-Martin, la Bastille, le Louvre, Saint-Germain-des-Prés, chacune de leurs cloches a son caractère particulier. Ensemble, elles bercent le vieux Paris dans une magnifique symphonie de carillons.

Préparation à la Lecture

Dans cette description de Paris un matin de fête, tous les verbes et tous les adjectifs qu'emploie Victor Hugo dépeignent bien les sons qu'on entend. Ce n'est pas seulement la musique des phrases qui donne l'impression qu'on entend vraiment les cloches dans ce Paris «qui chante». C'est aussi l'emploi fréquent de séries de mots. Les phrases très longues semblent grossir, puis s'allonger et enfin s'élever elles-mêmes avec la «masse de bruits sublimes».

Vocabulaire Essentiel

1. Assistez à son mariage; la cérémonie sera très belle.

   assistez à: soyez présent à

2. L'éveil des cloches indique que le concert va commencer.

   éveil (*m.*): mise en action

3. Les carillons de Bruges, en Belgique, sont célèbres.

   carillons (*m.*): réunion de cloches accordées pour jouer des airs de musique à différents tons

4. J'ai vu le pont tressaillir au passage des tanks.

   tressaillir: éprouver une sorte de vibration

5. Ecoutez les tintements qui arrivent de toutes les églises.

   tintements (*m.*): bruits que font les cloches

6. Le clocher de mon village est très vieux.

   clocher (*m.*): tour d'une église où se trouvent les cloches

7. Tous ces sons se fondent en une belle harmonie.

   se fondent: se combinent ensemble pour en former un seul

8. Les bruits de la rue se mêlent et forment une vaste rumeur.

   se mêlent: se joignent

9. L'air de la flûte monte de l'ensemble et se dégage nettement.

   se dégage: se fait entendre

10. Le blé ondule dès qu'il y a du vent.

    ondule: fait un mouvement sinueux

11. La poussière tourbillonne sur le chemin.

    tourbillonne: tourne d'une manière rapide et continue

12. Un air de musique s'échappe de la fenêtre de l'école.

    s'échappe: sort

13. On entend la crécelle à l'église pendant la semaine sainte.

    crécelle (*f.*): petite cloche au tintement très aigu

14. Le bourdon de Notre-Dame se remarque dans les grandes occasions.

    bourdon (*m.*): grosse cloche à son grave

15. Les phrases dont vous vous servez sont boiteuses.

    boiteuses: mal équilibrées

16. Ecoutez cette gamme en mi bémol (E♭).

    gamme (*f.*): série de sons ascendants ou descendants

17. Les bruits de la fête s'évanouissent dans la nuit.

    s'évanouissent: disparaissent

18. Les notes montent et s'effacent comme des éclairs.

    éclairs (*m.*): lueurs éclatantes, vives et de courte durée

19. Une cloche fêlée ne rend pas de sons harmonieux.

    fêlée: qui émet un son qui n'est pas pur

20. Cet étudiant parle toujours d'une voix bourrue.

    bourrue: brusque et déplaisante

21. Elle portait des bijoux resplendissants.

    resplendissants: qui brillent d'un vif éclat

22. Leurs gammes me font penser à des étincelles produites par un marteau sur une enclume.

    enclume (*f.*): bloc de fer sur lequel on forge les métaux

23. La cloche de la chapelle sonne à toute volée.

    volée (*f.*): son d'une cloche en branle

24. Le jet d'eau retombe dans le bassin comme une aigrette.

    aigrette (*f.*): bouquet gracieux

"Boulevard des Italiens, Morning, Sunlight" *par Camille Pissarro* (National Gallery of Art, Washington, D.C., Chester Dale Collection)

"An Afternoon at La Grande Jatte" *par Georges Seurat* (The Metropolitan Museum of Art, Bequest of Samuel A. Lewisohn, 1951)

25. Les moindres bruits résonnent sous les voûtes de cette cathédrale.

    voûtes (*f.*): ouvrages en maçonnerie formant plafond (cathédrale, tunnel, etc.)

26. Répandez cette harmonie sur la ville.

    répandez: versez

27. Les souffles emportent les feuilles.

    souffles (*m.*): agitations de l'air

28. «Eteignez les sons trop aigus,» répétait le chef d'orchestre à ses musiciens.

    éteignez: diminuez

29. Cet instrument a parfois quelque chose de rauque.

    rauque: rude

30. Il est ravi de voir un spectacle aussi éblouissant que le «Son et Lumière» à Notre-Dame de Paris.

    éblouissant: qui a beaucoup d'éclat, admirable

31. Leurs voix d'airain chantent d'allégresse.

    airain (*m.*): alliage de métaux à base de cuivre dont on fait les cloches (brass)

SI VOUS voulez recevoir de la vieille ville une impression que la moderne ne saurait plus vous donner, montez, un matin de grande fête, au soleil levant de Pâques ou de la Pentecôte, montez sur quelque point élevé d'où vous dominez la capitale entière, et assistez à l'éveil des carillons. Voyez, à un signal parti du ciel, car c'est le soleil qui le donne, ces mille églises tressaillir à la fois. Ce sont d'abord des tintements épars, allant d'une église à l'autre, comme lorsque des musiciens s'avertissent qu'on va commencer. Puis, tout à coup, voyez, car il semble qu'en certains instants l'oreille aussi a sa vue, voyez s'élever au même moment de chaque clocher comme une colonne de bruit, comme une fumée d'harmonie. D'abord la vibration de chaque cloche monte droite, pure, et pour ainsi dire isolée des autres, dans le ciel splendide du matin; puis, peu à peu, en grossissant, elles se fondent, elles se mêlent, elles s'effacent l'une dans l'autre, elles s'amalgament dans un magnifique concert. Ce n'est plus qu'une masse de vibrations sonores qui se dégage sans cesse des innombrables clochers, qui flotte, ondule, bondit, tourbillonne sur la ville, et prolonge bien au delà de l'horizon le cercle assourdissant de ses oscillations. Cependant cette mer d'harmonie n'est point un chaos. Si grosse et si profonde qu'elle soit, elle n'a point

au soleil levant: au moment où le soleil apparaît au-dessus de l'horizon

Pentecôte: fête tombant cinquante jours après Pâques

tout à coup: soudain

fumée d'harmonie: Les sons en montant donnent l'impression d'une fumée de vibrations.

s'effacent: disparaissent

perdu sa transparence; vous y voyez serpenter à part chaque
groupe de notes qui s'échappe des sonneries; vous y pouvez
suivre le dialogue, tour à tour grave et criard, de la crécelle
et du bourdon; vous y voyez sauter les octaves d'un clocher
à l'autre; vous les regardez s'élancer ailées, légères et sif-
flantes de la cloche d'argent, tomber cassées et boiteuses de
la cloche de bois; vous admirez au milieu d'elles la riche
gamme qui descend et remonte sans cesse les sept cloches
de Saint-Eustache; vous voyez courir, tout au travers, des
notes claires et rapides qui font trois ou quatre zigzags
lumineux et s'évanouissent comme des éclairs. Là-bas, c'est
l'abbaye Saint-Martin, chanteuse aigre et fêlée; ici la voix
sinistre et bourrue de la Bastille; à l'autre bout, la grosse tour
du Louvre avec sa basse-taille. Le royal carillon du Palais
jette sans relâche de tous côtés des trilles resplendissants, sur
lesquels tombent à temps égaux les lourdes coupetées du
beffroi de Notre-Dame, qui les font étinceler comme l'enclume sous le marteau. Par intervalles vous voyez passer des
sons de toute forme qui viennent de la triple volée de Saint-
Germain-des-Prés. Puis encore de temps en temps cette
masse de bruits sublimes s'entrouve et donne passage à la
strette de l'Ave-Maria qui éclate et pétille comme une
aigrette d'étoiles. Au-dessous, au plus profond du concert,
vous distinguez confusément le chant intérieur des églises
qui transpire à travers les pores vibrants de leurs voûtes. —
Certes c'est là un opéra qui vaut la peine d'être écouté.
D'ordinaire la rumeur qui s'échappe de Paris le jour, c'est
la ville qui parle; la nuit, c'est la ville qui respire; ici, c'est
la ville qui chante. Prêtez donc l'oreille à ce tutti des clochers; répandez sur l'ensemble le murmure d'un demi-million
d'hommes, la plainte éternelle du fleuve, les souffles infinis
du vent, le quatuor grave et lointain des quatre forêts disposées sur les collines de l'horizon comme d'immenses buffets
d'orgue; éteignez-y, ainsi que dans une demi-teinte, tout ce
que le carillon central aurait de trop rauque et de trop aigu,
et dites si vous connaissez au monde quelque chose de plus
riche, de plus joyeux, de plus doré, de plus éblouissant que
ce tumulte de cloches et de sonneries; que cette fournaise de
musique; que ces dix mille voix d'airain chantant à la fois
dans des flûtes de pierres hautes de trois cents pieds; que
cette cité qui n'est plus qu'un orchestre; que cette symphonie
qui fait le bruit d'une tempête.

à **part**: séparément

tour à tour: l'un après l'autre

Saint-Eustache: église construite
entre 1532 et 1637 et où se
trouvent les plus belles orgues
de Paris
l'abbaye (f.) **Saint-Martin**: abbaye du XIIe siècle, située
près de Notre-Dame
basse-taille: voix entre le baryton
et la basse
Palais: le Palais-Royal, construit
en 1629 pour le cardinal de
Richelieu
sans relâche: sans interruption
coupetées (f.): sonneries provo-
quées en frappant une cloche
d'un seul côté
strette: en musique, partie finale
d'une fugue

prêtez l'oreille à: écoutez avec
attention
tutti: ensemble de sons se faisant entendre en même temps,
avec beaucoup de bruit
quatuor: groupe de quatre musiciens ou de quatre chanteurs
buffets (m.) **d'orgue**: meubles
dans lesquels on a mis l'orgue
demi-teinte: en peinture, partie
qui n'est ni dans l'ombre ni
dans la lumière
fournaise: feu très ardent

French Embassy Press and Information Division

Lexique

1. **à la fois:** ensemble, en même temps
   Ne chantez pas tous à la fois; vous faites trop de bruit.

2. **aigre:** criard, aigu
   La boulangère parle d'une voix aigre.

3. **aigrette** (*f.*): bouquet gracieux
   Les décorations formaient des aigrettes de perles.

4. **aigu, aiguë:** clair et perçant
   Le son de cette petite flûte est assez aigu.

5. **ailé:** léger comme un oiseau; qui a des ailes

Les enfants croient que les cloches sont ailées et vont à Rome chercher les œufs de Pâques.

6. **airain** (*m.*): alliage de métaux à base de cuivre dont on fait les cloches (brass)
   L'airain est souvent remplacé par des métaux plus résistants.

7. **s'amalgamer:** se mélanger
   Les sons et les couleurs s'amalgament d'une façon très heureuse.

8. **argent** (*m.*): métal précieux
   On voit très peu de dollars d'argent.

9. **assister à:** être présent à
Tu devrais assister à ce concert.

10. **assourdissant:** qui empêche d'entendre
Je n'entends pas ce que vous dites; ces sonneries sont assourdissantes.

11. **au-delà de:** plus loin que
La rumeur se propage bien au-delà de la rivière.

12. **s'avertir:** appeler l'attention l'un de l'autre sur un fait
Les touristes s'avertissent que l'autobus va partir.

13. **beffroi** (*m.*): clocher
Montez en haut du beffroi pour surveiller l'horizon.

14. **boiteux:** mal équilibré; qui marche en s'inclinant plus d'un côté que de l'autre
Les chaises chez moi sont presque toutes boiteuses.

15. **bourdon** (*m.*): grosse cloche à son grave
Le bourdon sonne d'une manière continue.

16. **bourru:** brusque et déplaisant
Elle est bourrue; elle m'a répondu désagréablement.

17. **car:** parce que
Je ne pourrais aller à ce concert, car je quitte la ville ce soir.

18. **carillon** (*m.*): réunion de cloches accordées pour jouer des airs de musique à différents tons
Le curé a fait installer un carillon dans son église.

19. **clocher** (*m.*): tour d'une église où se trouvent les cloches; pays natal
J'irai revoir mon clocher au mois de juillet ou au mois d'août.

20. **crécelle** (*f.*): petite cloche au tintement très aigu
Quand il y a trop de tumulte, on ne perçoit pas le bruit des crécelles.

21. **se dégager:** se faire entendre; sortir
Un air de fête se dégage de la ville.

22. **doré:** recouvert d'or, couleur d'or, brillant
Il mène une vie dorée.

23. **éblouissant:** qui a beaucoup d'éclat, admirable
Vous portez une robe éblouissante.

24. **s'échapper:** sortir, s'évader
Il faudra qu'il s'échappe sans être remarqué.

25. **éclair** (*m.*): lueur éclatante, vive et de courte durée
En été, le ciel est souvent traversé d'éclairs.

26. **s'élancer:** se porter en avant avec vivacité
On a vu les athlètes s'élancer vers le but.

27. **enclume** (*f.*): bloc de fer sur lequel on forge les métaux
Il me tient entre l'enclume et le marteau.

28. **épars:** répandu de tous côtés
Après l'accident, des morceaux d'automobile étaient épars sur la route.

29. **éteindre:** diminuer, faire cesser de brûler ou de briller
Eteignez la lumière dans votre chambre.

30. **s'évanouir:** disparaître
Le navire s'évanouit dans la brume.

31. **éveil** (*m.*): mise en action; sortie du sommeil
Cet incident provoqua l'éveil de sa curiosité.

32. **fêlé:** qui a une fêlure (fente produite dans un objet fragile sans que les morceaux se détachent); qui émet un son qui n'est pas pur
La cloche de la liberté à Philadelphie est fêlée.

33. **se fondre:** se combiner ensemble pour en former un seul
Toutes les couleurs se fondent bien dans ce tableau.

34. **gamme** (*f.*): série de sons ascendants ou descendants
Je déteste le piano à cause des gammes qu'il faut pratiquer.

35. **grossir**: augmenter de volume
Les sons vont en grossissant, en s'amplifiant.

36. **se mêler**: se joindre
Des centaines de voix se mêlent en un chant puissant.

37. **onduler**: faire un mouvement sinueux; se propager par ondes
La vibration des moteurs d'avions ondule dans l'air.

38. **rauque**: rude
Vous avez la voix rauque; êtes-vous enrhumé?

39. **répandre**: verser
Qui a répandu du vin sur la table?

40. **resplendissant**: qui brille d'un vif éclat
La reine était somptueusement habillée et resplendissante de beauté.

41. **savoir**: être capable de
Je ne saurais vous décrire cette scène après tant d'années.

42. **sifflant**: qui produit un sifflement
Elle ajouta alors d'une voix sifflante: «Reste ici.»

43. **souffle** (*m.*): agitation de l'air
Le souffle qui passe par la fenêtre refroidit la chambre.

44. **tintement** (*m.*): bruit que fait une cloche
Le tintement de la petite cloche indique que quelqu'un est à la porte.

45. **tourbillonner**: tourner d'une manière rapide et continue
Les sons emportés dans l'air semblent tourbillonner.

46. **tressaillir**: éprouver une sorte de vibration
Son appel m'a fait tressaillir de joie.

47. **valoir la peine**: être assez important pour
L'événement vaut la peine d'être noté.

48. **volée** (*f.*): son d'une cloche en branle
Ecoutez la volée des cloches de Saint-Germain-des-Prés.

49. **voûte** (*f.*): ouvrage en maçonnerie formant plafond (cathédrale, tunnel, pont, etc.)
La voûte de ce tunnel est très élevée.

Questionnaire Oral

1. Où l'auteur nous conseille-t-il de monter, un matin de grande fête?

2. A quel moment doit-on le faire?

3. A quoi assisterons-nous alors?

4. Qu'est-ce qui donne le signal du concert de cloches?

5. Que voit-on à un signal parti du ciel?

6. Qu'est-ce qu'on entend tout d'abord?

7. A quoi l'auteur compare-t-il ces tintements épars?

8. Que peut-on voir tout à coup s'élever?

9. Que semble-t-il en certains instants?

10. A quoi ressemble le bruit qui s'élève de chaque clocher?

11. D'abord, comment monte la vibration de chaque cloche?

12. Comment est cette vibration, pour ainsi dire?

13. Que font peu à peu, en grossissant, les vibrations de chaque cloche?

14. Qu'est-ce qui se dégage sans cesse des innombrables clochers?

15. Qu'est-ce qui flotte, ondule, bondit et tourbillonne sur la ville?

16. Qu'est-ce que cette masse de vibrations sonores prolonge bien au-delà de l'horizon?

17. Cette mer d'harmonie est-elle un chaos?

18. Qu'est-ce que cette mer d'harmonie n'a point perdu?

19. Qu'y voit-on serpenter à part?

20. Quelles sont les deux cloches dont on peut suivre le dialogue?

21. Comment est-il ce dialogue, tour à tour?

22. Qu'est-ce que l'on voit sauter d'un clocher à l'autre?

23. Comment sont les octaves qui s'élancent de la cloche d'argent?

24. Comment les octaves tombent-elles de la cloche de bois?

25. Qu'est-ce qui descend et remonte sans cesse les sept cloches de Saint-Eustache?

26. Que font les notes claires et rapides?

27. Comment s'évanouissent-elles?

28. Comment est la cloche de l'abbaye Saint-Martin?

29. Quelle voix a la Bastille?

30. Y a-t-il une basse-taille dans la grosse tour du Louvre?

31. Que jette sans relâche le royal carillon du Palais?

32. Qu'est-ce qui tombe, à temps égaux, sur les trilles du royal carillon?

33. Comment les coupetées font-elles étinceler les trilles?

34. Qu'est-ce qui vient de la triple volée de Saint-Germain-des-Prés?

35. A quoi cette masse de bruits sublimes donne-t-elle passage?

36. Comment la strette de l'Ave-Maria pétille-t-elle?

37. A travers quoi le chant intérieur des églises transpire-t-il?

38. Est-ce que cet opéra vaut la peine d'être écouté?

39. Qu'indique la rumeur qui s'échappe de Paris, le jour?

40. Qu'est-ce qu'elle indique, la nuit?

41. Le jour où sonnent les cloches, que fait la ville?

42. A quoi l'auteur nous conseille-t-il de prêter l'oreille?

43. Quel murmure nous demande-t-il de répandre sur l'ensemble?

44. Quelle plainte et quels souffles doit-on y répandre aussi?

45. Quel est le quatuor qu'il faut ajouter?

46. Comment les quatre forêts sont-elles disposées?

47. Qu'est-ce que l'auteur nous conseille d'y éteindre?

48. Comment décrit-il ce tumulte de cloches et de sonneries?

49. Que font les dix mille voix d'airain?

50. Quelle hauteur ont les flûtes de pierres?

51. A quoi l'auteur compare-t-il cette symphonie?

Sujets de Discussion

1. Comment vous imaginez-vous Paris avant que commence le concert de cloches?

2. Quels sont les changements qui se produisent, après l'éveil des carillons?

3. Avez-vous assisté à l'éveil d'une ville le matin de bonne heure? Décrivez vos impressions.

4. Notez les termes qui montrent que, pour Victor Hugo, les cloches et les notes de musique semblent être vivantes.

5. Peut-on comparer des cloches à des personnes qui chantent? Justifiez votre réponse.

6. Quels sont les mots qui indiquent que le concert de cloches devient de plus en plus fort et important?

7. Dites quelles seraient vos réactions si vous assistiez à un aussi beau concert.

8. Avez-vous déjà assisté à un concert ordinaire? Quelles différences avez-vous remarquées avec celui-ci?

Devoirs Ecrits

1. Dans une grande ville, quels sont les bruits qui se mêlent pour former une symphonie?
2. Vous étiez dans une ville un jour de fête (fête nationale ou célébration locale). Décrivez les changements que vous avez notés ce jour-là: l'attitude des personnes, les bruits, la musique et l'animation. Comment aviez-vous l'impression que vous participiez à cette fête?
3. Que veut dire Victor Hugo par: «Il semble qu'en certains instants l'oreille aussi a sa vue»? Avez-vous eu cette expérience vous-même? Indiquez dans quelles circonstances c'était.

EXERCICES DE STRUCTURE

LE SUBJONCTIF

Répétez les phrases suivantes.

1. J'imagine que vous soyez planté en faction sur la place de la Concorde.
2. Je veux que vous veniez me voir à Paris.
3. Je voudrais que vous ayez assez d'argent pour aller à Paris.
4. J'aimerais mieux que vous passiez l'été à Paris.
5. Je désire que vous partiez tout de suite.
6. Je préfère que vous alliez en France.
7. Je souhaite que vous fassiez une bonne traversée.

Changez la phrase suivante en employant les mots indiqués.

8. Je veux que vous passiez l'été à Paris.

J'imagine _____.
Je suggère _____.
Je préfère _____.
Je souhaite _____.

Complétez les phrases suivantes.

MODELE: Je sais que vous passez l'été à New York,...
Je sais que vous passez l'été à New York, mais je voudrais que vous le passiez à Paris.

9. Je sais que vous êtes à New York,...
10. Je sais que vous étudiez à New York,...
11. Je sais que vous apprenez le français à New York,...
12. Je sais que vous avez des amis à New York,...
13. Je sais que vous connaissez beaucoup de monde à New York,...
14. Je sais que vous allez au théâtre à New York,...

SI... QUE, QUELQUE... QUE

Répétez les phrases suivantes.

even though 1. Si grosse et si profonde qu'elle soit, elle n'a point perdu sa transparence.

no 2. Si intelligent qu'il soit, il ne sait pas la réponse.

Despite 3. Quelque intelligent qu'il soit, il ne sait pas la réponse.

although 4. Si pauvre qu'il soit, il veut aller à Paris.

5. Quelque intelligent que je sois, je n'apprendrai pas cette phrase.

Changez la phrase suivante en employant les mots indiqués.

6. Si habile que Charles soit, il ne pourra pas nous aider.

— intelligent _____.

_____ notre professeur _____.

_____ expliquer cette leçon.

Transformez les phrases suivantes.

MODELE: Quoiqu'il soit intelligent, il ne pourra pas nous aider.
Quelqu'intelligent qu'il soit, il ne pourra pas nous aider.

even tho 7. Quoique vous soyez pauvre, vous voulez aller à Paris.

8. Quoique vous soyez intelligent, vous ne savez pas parler français.

9. Quoiqu'il soit riche, Charles a peu d'amis.

10. Quoiqu'il soit stupide, Jean a beaucoup d'amis.

11. Quoiqu'elle soit belle, Jeanne a peu d'amis.

12. Quoiqu'elle soit laide, Charlotte a beaucoup d'amis.

13. Quoique je sois bon, les étudiants ne m'aiment pas.

14. Quoiqu'ils soient méchants, j'aime tous les étudiants.

NE... PLUS QUE

Répétez les phrases suivantes.

1. Cette cité n'est plus qu'un orchestre.

2. Charles n'est plus qu'un pauvre étudiant.

3. Je ne fais plus que mon travail.

4. Je ne pense plus qu'à Paris.

5. Je ne regarde plus que mon livre de français.

6. Je n'écoute plus que de la musique moderne.

Changez la phrase suivante en employant les mots indiqués.

7. Ces garçons ne pensent plus qu'à leur travail.

— élèves _____.

_____ rêvent _____.

_____ aller à Paris.

Répondez aux questions suivantes en employant *ne... plus que.*

MODELE: Pensez-vous à passer l'été à Paris?
En effet, je ne pense plus qu'à passer l'été à Paris.

94 *Paris*

8. Lisez-vous des livres français?
9. Etudiez-vous le français?
10. Comprenez-vous le français?
11. Chantez-vous des chansons françaises?
12. Parlez-vous français en classe?
13. Ecrivez-vous des lettres en français?

Complétez les phrases suivantes en employant *ne... plus que.*

MODELE: Quand Charles était jeune, il parlait plusieurs langues.
Maintenant il ne parle plus que l'anglais.

14. Quand Charles était jeune, il s'intéressait à beaucoup de choses.
15. Quand Charles était jeune, il jouait du violon et du piano.
16. Quand Charles était jeune, il aimait toutes les jeunes filles.
17. Quand Charles était jeune, il aimait la musique moderne.
18. Quand Charles était jeune, il assistait à de nombreux concerts.
19. Quand Charles était jeune, il voyageait souvent.

C'EST... QUI, CE SONT... QUI

Répétez les phrases suivantes.
1. C'est la ville qui parle.
2. C'est la ville qui respire.
3. C'est la ville qui chante.
4. C'est moi qui parle.
5. C'est vous qui répondez.
6. C'est nous qui répondons.
7. Ce sont mes amis qui répondent.
8. Ce sont eux qui répondent.

Changez la phrase suivante en employant les mots indiqués.
9. Ce sont les habitants des provinces qui ont façonné l'esprit national.
_____ les Parisiens _____.
_____ formé _____.
_____ la langue nationale.

Répondez aux questions suivantes.

MODELE: Est-ce que vous savez toutes les réponses?
Oui, c'est moi qui sais toutes les réponses.

10. Est-ce que les Parisiens ont façonné l'esprit national?
11. Est-ce que Paris a aidé la France à se faire?
12. Est-ce que Paris est la capitale de la France?
13. Est-ce que vous voulez partir pour Paris?
14. Est-ce que vous ne parlez plus que le français?
15. Est-ce que Paul joue du violon?

Répondez aux questions suivantes en employant les expressions *c'est moi qui, ce sont eux qui* et *c'est lui qui*.

MODELE: Qui veut passer l'été à Paris, vous ou vos parents?
          C'est moi qui veux passer l'été à Paris, et ce sont eux qui veulent rester ici.

16. Qui aime la musique moderne, vous ou vos frères?
17. Qui sait parler français couramment, vous ou vos parents?
18. Qui comprend le français, vous ou vos voisins?
19. Qui a préparé la leçon d'aujourd'hui, vous ou votre professeur?
20. Qui connaît Paris, vous ou votre professeur?
21. Qui a été à Paris, vous ou votre ami?
22. Qui est né à Paris, vous ou M. Dupont?

A ET *DANS*

Répétez les phrases suivantes.
1. Il y a vingt arrondissements dans Paris.
2. Tout le monde veut aller à Paris.
3. Les troupes alliées sont entrées dans Paris.
4. L'avion est arrivé à Paris à six heures et demie.
5. Il a demeuré deux ans à Paris.
6. Il n'est pas permis de klaxonner dans Paris.
7. Nous habitons au sud de Paris.
8. Ils habitent dans le sud de la France.
9. L'Espagne se trouve au sud de la France.

Employez *à* ou *dans* dans les phrases suivantes.
10. Je vais demeurer trois ans... Paris.
11. Ils habitent... l'ouest des Etats-Unis.
12. L'Allemagne se trouve... l'est de la France.
13. Le train arrive... Paris à trois heures.
14. Il y a 3 millions d'habitants... Paris.
15. Nous entrons... Paris maintenant.
16. L'air n'est pas bon... Paris.
17. Nous allons... Paris l'année prochaine.

CONNAITRE, SAVOIR

Répétez les phrases suivantes.
1. Vous ne connaissez pas Paris.
2. Qui ne connaît Paris, ignore la France.
3. Vous ne saviez pas cela.
4. Est-ce que vous connaissez M. Duval? Non, je ne le connais pas, mais je sais qu'il est votre ami.
5. Connaissez-vous la France? Non, je ne la connais pas.
6. Je sais que c'est un très beau pays, et je sais parler français.

Complétez la phrase suivante en employant *connaître* ou *savoir*.
7. Je connais M. Duval.

connais Paris.

sais parler français.

connais cette jeune fille.

sais mon numéro de téléphone.

connais l'Espagne.

connais ma sœur.

sais où votre professeur est né.

sais quand votre professeur est né.

sais pourquoi votre professeur enseigne le français.

connais les romans de Victor Hugo.

sais la réponse à cette question.

REVISION

L'ADJECTIF: FORMATION DU MASCULIN ET DU FEMININ
Répétez les phrases suivantes.
1. Jeanne est intelligente et Jean est intelligent.
2. Jeanne est heureuse et Jean est heureux.
3. Cette idée est dangereuse; ce livre est dangereux.
4. La crème est douce; le café est doux.
5. L'eau est fraîche; l'air est frais.
6. La soupe est bonne; le pain est bon.
7. Jeanne est française; Jean est français.
8. Jeanne est très jeune; Jean est très jeune.

Complétez les phrases suivantes.

MODELE: Votre oncle est très intelligent. Et votre tante?
Elle est intelligente, elle aussi.

9. Votre oncle est très discret. Et votre tante?
10. Votre oncle est très sérieux. Et votre tante?
11. Votre oncle est très inquiet. Et votre tante?
12. Votre oncle est très malin. Et votre tante?
13. Votre oncle est très européen. Et votre tante?
14. Votre oncle est très content. Et votre tante?
15. Votre oncle est très actif. Et votre tante?
16. Votre oncle est très conservateur. Et votre tante?
17. Votre oncle est très généreux. Et votre tante?
18. Votre oncle est très jaloux. Et votre tante?
19. Votre oncle est très fier. Et votre tante?
20. Votre oncle est très gentil. Et votre tante?

Tableau 5 • HUMOUR

Entrée en Matière. *Les Français ont la réputation d'être un peuple gai montrant, dans la vie quotidienne, une bonne humeur qui finit par diminuer les soucis et les difficultés. Leur joie de vivre apparaît dans les histoires qu'ils adorent raconter en société. Ils mêlent alors la satire et l'humour pour faire. rire ceux qui les écoutent. Ils n'ont pas peur de se moquer d'eux-mêmes et ils n'épargnent pas les personnalités importantes, notamment leurs gouvernants.*

Leurs plaisanteries, leurs mots d'esprit enseignent qu'il ne faut pas trop prendre au sérieux ni les événements ni les personnes et qu'avec de la gaieté, tout s'arrange. En étudiant bien leur genre d'humour, on se rendra compte que souvent, si on critique la société, c'est pour essayer d'en révéler les défauts et de l'améliorer.

En tout cas, l'humour atteint son but s'il nous rend conscients de ce qui rapproche les gens et les peuples: il peut différer d'un pays à l'autre, soit par le ton soit par les moyens employés, mais la chose importante est qu'en nous faisant rire, il nous pousse à éviter les excès et les injustices.

LE TOUR DU MONDE DU RIRE

par Pierre Daninos

Introduction

En faisant une étude de l'humour dans divers pays du monde, Pierre Daninos (1913–   ) fait ressortir certaines caractéristiques de l'humour français. Ici, par exemple, dans «Le tour de monde du rire» (1953), il remarque que ce n'est pas l'habitude des Français de laisser passer courtoisement les défauts ou les particularités de leurs chefs d'Etat, comme le font les Anglais. Au contraire, le Français, toujours prêt au rire et à la gaieté, cherche partout le comique. Chez lui, on sent la nécessité de vivre pleinement et de jouir de tout. Il aime bien rire et s'amuser.

Préparation à la Lecture

Daninos s'intéresse ici aux motifs du rire dans le monde. Il cite d'abord plusieurs exemples de situations et d'événements qui font rire ou non, suivant le pays. Puis, pour développer l'idée qu'il existe une grande différence, il présente un contraste bien marqué. On verra comment, dans la même situation, les réactions des Anglais ne correspondent pas du tout à celles des Français. Ceux-ci ont vraiment de curieuses raisons de rire!

Vocabulaire Essentiel

1. Quels sont les ressorts de sa douleur?
   ressorts (*m.*): raisons, motifs

2. Tel ami vous encouragera, tel autre vous blâmera.
   tel: un certain

3. C'est la tradition, en France, de raconter des histoires «gauloises» à la fin d'un excellent repas.
   «gauloises»: gaies, spirituelles mais un peu libres

4. Il faut l'avertir du changement que nous avons fait dans nos plans.
   avertir: prévenir

5. Tu es très amusant, tu veux toujours plaisanter.
   plaisanter: dire ou faire quelque chose pour amuser

6. On montre souvent aux actualités le président des Etats-Unis.
   actualités: (*f. pl.*): film assez court montrant les événements politiques, sportifs, etc., de la semaine précédente

7. Marie a un petit pied: elle chausse du 34. Son frère a un grand pied: il chausse du 44.
   chausse du 44: porte des chaussures de la pointure 44 (Cela correspond à la pointure 11 aux Etats-Unis.)

8. Le film s'est arrêté; on ne voit plus rien sur l'écran.
   écran (*m.*): surface sur laquelle sont projetées des images (cinéma, télévision, etc.)

9. L'apparition du clown fit fuser les rires dans la salle.
   fuser: se déclencher d'une façon bruyante et subite

Pierre Daninos

TOUT le monde rit sur cette planète, mais il
est rare que ce soit des mêmes choses. Les ressorts du rire
sont partout différents. Tel Chinois rira très fort en annonçant
la mort de sa femme. Les Egyptiens pleurent de ce qui nous
5 fait rire. La plupart des histoires «gauloises» laissent les
Russes froids. Il est des pays où il n'est pas de bon ton de rire
si l'on n'en est pas prié (au Japon, par exemple, il vaut mieux
avertir lorsque l'on veut plaisanter); d'autres, beaucoup plus
nombreux encore, où l'on ne doit jamais rire du chef de

Il est des pays: Il y a des pays
de bon ton: poli

l'Etat, voire des ministres. Le duc d'York pourrait avoir les plus grands pieds du monde: ce n'en seraient pas moins les pieds d'un membre de la famille royale, et ces pieds-là ne déclenchent jamais le rire dans une salle de cinéma anglaise à l'instant des actualités. En France, c'est le contraire... Il suffit qu'un président de la République chausse du 44 pour que l'on ne le regarde plus que par les pieds. Plus la dignité est élevée, plus la moindre imperfection dans la tenue, le moindre ridicule dans le geste ou dans l'accent déclenchent le rire. Il ne se passait guère plus de trente secondes avant que le bon président Lebrun — pour ne parler que de celui-là —, apparu sur un écran, fît fuser les rires aux quatre coins de la salle. Ses chaussures n'étaient peut-être pas tellement énormes, mais démesurément développées par la plume des caricaturistes, elles avaient pris une si grande place dans l'esprit du public qu'elles étaient devenues légendaires.

voire: et pas même

dignité: rang

bon: cher (avec ironie)
président Lebrun: (1871–1950) président de la République française de 1932 à 1940. Il se retira en juillet 1940 après la défaite de la France par l'Allemagne.
aux quatre coins: de tous côtés

Lexique

1. **actualités** (*f. pl.*): film assez court montrant les événements politiques, sportifs, etc., de la semaine précédente (à la télévision, du jour précédent ou du jour même)
   Nous allons au cinéma chaque semaine pour voir les actualités.

2. **avertir**: prévenir
   Le passage sur ce pont est dangereux, et il faut en avertir tous ceux qui vont par là.

3. **chausser du 44**: porter des chaussures de la pointure 44
   Le marchand de chaussures était surpris de voir que je chaussais déjà du 44.

4. **démesurément**: sans mesure, d'une façon exagérée
   Les détails étaient démesurément grossis sur l'écran.

5. **écran** (*m.*): surface sur laquelle sont projetées des images (cinéma, télévision, etc.)
   On appelle parfois la télévision «le petit écran».

6. **fuser**: se déclencher d'une façon bruyante et subite
   A la fin de sa déclaration, les cris et les rires fusaient de partout.

7. **gaulois**: gai, spirituel mais un peu libre; relatif à la Gaule, ancien nom de la France
   Notre nouveau voisin semble avoir l'esprit gaulois.

8. **plaisanter**: dire ou faire quelque chose pour amuser
   Est-ce sérieux ou est-ce que vous plaisantez?

9. **ressort** (*m.*): raison, motif; objet métallique élastique qui réagit après avoir été comprimé
   Nous n'avons pas voulu leur indiquer les ressorts de notre joie. Les ressorts de cette machine sont trop tendus, trop durs.

10. **tel**: un certain
    En parlant de vous, telle personne dit ceci, telle autre dit cela.

Questionnaire Oral

1. Que fait tout le monde sur cette planète?

2. Est-ce que tout le monde rit des mêmes choses?

3. Qu'est-ce qui est différent, partout dans le monde?

4. Que fait tel Chinois en annonçant la mort de sa femme?

5. De quoi pleurent les Egyptiens?

6. Quel effet la plupart des histoires «gauloises» ont-elles sur les Russes?

7. Qu'est-ce qui n'est pas de bon ton dans certains pays?

8. Au Japon, que vaut-il mieux faire lorsque l'on veut plaisanter?

9. Qu'est-ce qu'on ne doit jamais faire dans de nombreux pays?

10. Où ne doit-on jamais rire du chef de l'Etat, voire des ministres?

11. Que pourrait avoir le duc d'York?

12. Où ces pieds-là ne déclenchent-ils jamais le rire?

13. Pourquoi ne déclenchent-ils jamais le rire dans une salle de cinéma anglaise?

14. Est-ce que c'est la même chose en France?

15. Qu'arrive-t-il, en France, quand un président de la République chausse du 44?

16. Que suffit-il, en France, pour que l'on ne regarde plus un président de la République que par les pieds?

17. Qu'est-ce qui arrive quand la dignité d'une personne est élevée?

18. Dans ce cas-là, quel effet a le moindre ridicule dans le geste ou dans l'accent?

19. Que se passait-il quand le président Lebrun apparaissait aux actualités sur un écran?

20. Où les rires fusaient-ils alors?

21. Est-ce que ses chaussures étaient énormes?

22. Par quoi avaient-elles été démesurément développées?

23. Pourquoi étaient-elles devenues légendaires?

Sujets de Discussion

1. Est-il vrai que les ressorts du rire soient partout différents? Comment expliquez-vous cela?

2. Quels sont les meilleurs moyens employés par les acteurs comiques américains pour faire rire?

3. Y a-t-il des scènes ou des personnes qui déclenchent le rire quand vous assistez aux actualités? Lesquelles et pourquoi?

4. Quels sont les caricaturistes que vous connaissez? Aimez-vous leurs caricatures? Justifiez votre réponse.

5. Comment expliquez-vous que certains Français rient de leurs chefs d'Etat, souvent pour des raisons sans importance?

Devoirs Ecrits

1. Quelles sont les histoires qui vous font rire? Racontez-en une ou deux.

2. Racontez un événement auquel vous avez participé et qui vous a semblé comique. Relatez la façon dont cet événement a été préparé, ses circonstances, et indiquez pourquoi vous avez ri.

3. Existe-t-il un comique universel? Donnez-en quelques exemples.

HISTOIRE DE L'OIGNON D'ESPAGNE

par Marcel Pagnol

Introduction

Marcel Pagnol, membre de l'Académie française, est né en 1895 près de Marseille, donc dans le Midi de la France, région où dominent la gaieté et la bonne humeur. C'est un des plus grands humoristes français. Parmi ses divers écrits, nous avons ses amusantes *Notes sur le rire* (1947) d'où est extraite «L'histoire de l'oignon d'Espagne». L'imagination de Pagnol est aussi fertile que l'oignon dont il parle, cet oignon énorme qui va devenir un arbre en une seule nuit! Notez que dans son histoire fantaisiste au sujet de ce légume, tout le dialogue abonde en réparties spirituelles qui épicent délicieusement le récit.

Préparation à la Lecture

Ce qui donne un charme spécial à cette histoire amusante, c'est le style qu'emploie Pagnol pour la raconter. D'une façon détendue, pas du tout pressée, il développe peu à peu en nous une curiosité grandissante. Même avant de voir l'oignon, nous éprouvons pour lui une certaine admiration. Notre étonnement augmente par degrés avec l'emploi de mots comme: «admirai... spectacle... géants... merveilles... stupéfait». Puis, nous suivons les pensées de l'auteur jusqu'à la scène finale.

Vocabulaire Essentiel

1. Une cloison sépare la cuisine de la salle à manger.

   cloison (*f.*): séparation légère en bois ou en maçonnerie

2. La chambre était si petite qu'elle était comblée par une armoire.

   comblée: remplie complètement

3. J'ai mal dormi dans ce lit; le sommier était trop dur.

   sommier (*m.*): partie du lit qui soutient le matelas

4. Il y a des souris dans le grenier; j'ai mis un piège pour les attraper.

   piège (*m.*): appareil servant à prendre certains animaux

5. L'eau pure ou le thé sont les boissons qui me désaltèrent le mieux.

   désaltèrent: calment la soif de

6. J'ai donné rendez-vous à mon frère à la Brasserie de Versailles où la bière est excellente.

   brasserie (*f.*): établissement où l'on boit de la bière et où l'on mange des plats froids

7. Qui a passé toute la journée à regarder cette vitrine?

   vitrine (*f.*): partie d'une boutique séparée de la rue par une vitre (fenêtre fixe)

8. La marchande saisit la bouteille de lait par la panse.

   panse (*f.*): partie renflée d'un objet (flacon, bouteille, etc.)

9. Le vin de Chianti se présente dans des bouteilles à la panse large et au goulot long et étroit.

   goulot (*m.*): col de bouteille, de carafe ou de flacon

10. Au milieu de l'étalage de cette marchande, je vis un gros oignon.

    étalage (*m.*): ensemble de marchandises, d'objets exposés

11. L'Espagnol semblait ravi d'avoir fait notre connaissance.

    ravi: charmé

12. Sa mère lui a rapetissé son pantalon.

    rapetissé: rendu plus petit

13. Cet oignon-ci pèse deux kilos, mais celui-là pèse seulement cent grammes.

    pèse: a un poids déterminé

14. Il avait promis de venir. Or, il n'est pas venu; il a donc manqué à sa promesse.

    Or: mais, malgré cela

15. Votre terre n'est pas favorable à la culture; elle ne donne que des arbres rabougris.

    rabougris: mal développés

16. Un ouvrier qui travaille bien a un bon rendement.

    rendement (*m.*): production

17. Nous avons fini de semer les graines de melons.

    semer: mettre dans la terre pour faire pousser

18. Les enfants ont besoin d'une nourriture substantielle afin que leur croissance soit normale.

    croissance (*f.*): développement progressif

19. As-tu déjà vu un oignon carré comme un pavé?

    pavé (*m.*): bloc de pierre carré dont on couvre les rues, les cours, etc.

20. Les blés sont beaux cette année et promettent une belle récolte.

    récolte (*f.*): produits agricoles que l'on réunit (récolte du blé, des pommes, des olives, etc.)

21. Le dernier jour de mon voyage, j'ai vu l'aube se lever sur la mer.

    aube (*f*): commencement du jour

22. Le commutateur ne fonctionnait pas; j'ai dû me déshabiller dans le noir.

    commutateur (*m.*): appareil servant à allumer ou à éteindre une lumière électrique

23. Mon ami est resté célibataire jusqu'à l'âge de quarante ans et puis il a décidé de se marier.

    célibataire (*m.* ou *f.*): qui n'est pas marié(e)

24. J'ai fait cirer le parquet par la concierge.

    parquet (*m.*): plancher d'une pièce

25. Dans l'obscurité, tu n'as pas réussi à trouver la poire de ma lampe de chevet.

    poire (*f.*): poignée placée à l'extrémité d'un cordon électrique et permettant d'allumer et d'éteindre

26. Avec une lampe de chevet, on peut mieux lire au lit.

    chevet (*m.*): endroit près de la tête du lit

27. Elle a coupé des rameaux à cet arbre pour les mettre dans un grand vase.

    rameaux (*m.*): petites branches d'arbre

28. En grandes quantités, de beaux fruits pendaient des pommiers.

    pendaient: étaient suspendus à

29. L'enfant tenait des bonbons serrés dans ses petits poings.

    poings (*m.*): mains fermées

30. Un aliéné a des visions extraordinaires.

    aliéné (*m.*): malade mental, fou

31. Avez-vous entendu les volets de notre voisin qui claquaient?

    volets (*m.*): panneaux de bois ou de métal servant à protéger les fenêtres

32. Remplis la cuvette d'eau et lave-toi les mains!

    cuvette (*f.*): vase large et peu profond servant à se laver

33. Je crois qu'il a été malade; il a la peau des joues flasque.

    flasque: molle, sans fermeté

34. La première page du livre avait été trouée par une plume.

    trouée: percée

35. La femme de ménage de Pagnol avait pris une mauvaise décision.

femme (f.) de ménage: femme qui, sans être domestique chez quelqu'un, y fait le ménage

36. Le développement du bulbe avait été émoustillé par la chaleur.

émoustillé: excité, encouragé

37. Voici une belle poire juteuse.

juteuse: qui a beaucoup de jus (liquide)

AU TEMPS de ma jeunesse — c'était hier, malgré tant de calendriers — j'habitais un petit appartement de deux pièces au boulevard Murat. Je dis deux pièces, parce qu'il y avait une cloison qui traversait — sans l'agrandir —
5 cet espace vital. La première pièce était comblée par une armoire, la seconde contenait mon lit, que les murs serraient de près. Le sommier de ce lit n'était pas neuf. De temps à autre, un ressort se détendait avec la vivacité surprenante d'un piège à rats, mais avec le son grave et prenant d'une
10 pendule de campagne...

Un matin, au milieu de l'hiver, j'étais sorti vers onze heures dans ce beau quartier de la porte de Saint-Cloud. On n'y voyait pas encore ces étranges fontaines en pierre de bougie, qui ne désaltèrent personne, et qui attristent tout
15 le monde.

J'allais acheter des cigarettes (américaines à 6 fr. 60), des plumes, de l'encre, et des cahiers d'écolier.

Près de la Brasserie de Versailles, sur la place du Marché, il y avait un homme qui roulait en l'air les tentes des
20 marchandes...

J'admirai un instant ce spectacle, lorsque je découvris tout à coup la vitrine de l'Epicerie Italienne.

On y exposait des flacons de Chianti dont la panse, qui ne contenait que deux litres, était surmontée d'un goulot de 1 m.
25 50, qui contenait au moins autant. On eût dit des thermomètres pour un hôpital de géants. Comme je m'approchais pour contempler ces merveilles, je vis tout à coup, au beau milieu de l'étalage, posé sur un coussin, un oignon.

Ce n'était pas un oignon de tulipe, ni l'un de ces fondants
30 petits oignons qui aiment à se cacher dans les petits pois au lard. Non. C'était un oignon en forme d'oignon, qui avait la couleur des oignons, mais qui était aussi gros que ma tête.

J'en fus choqué, stupéfait, ravi. J'entrai dans la boutique à la porte sonnante, et la marchande italienne me dit: «C'est
35 un oignon d'Espagne.»

Murat: maréchal de France (1767–1815) qui fut Roi de Naples sous Napoléon

ressort: a spring

prenant: qui provoque l'émotion

pendule de campagne: grande horloge qui sonne les heures et les demi-heures

porte de Saint-Cloud: Le boulevard Murat est près de la porte de Saint-Cloud, une des sorties de Paris.

ces étranges fontaines en pierre de bougie: L'auteur parle des fontaines style «Art Décoratif 1925». Elles sont faites en pierre qui ressemble à de la bougie (chandelle).

des cigarettes (américaines à 6fr. 60): Les cigarettes américaines coûtent cher en France.

un homme qui roulait en l'air les tentes des marchandes: Dans les marchés en plein air, les étalages des marchands sont protégés par des tentes. Pour les mettre en place, on doit les rouler en l'air.

On eût dit: On aurait dit

je vis: passé simple de voir

au beau milieu: juste au milieu

Pourquoi cette Italienne légumière vendait-elle des oignons d'Espagne?

Je ne m'attardai pas à éclaircir ce mystère international.

—Ça coûte combien?

5 —Six francs.

Le prix était énorme, mais bien rapetissé par la grandeur solennelle de ce bulbe espagnol...

J'emportai jalousement ce monstre. Dans ma chambre — qui me parut encore plus petite — j'arrachai les papiers ridi-
10 cules qui l'enveloppaient, et je me mis à rêver au bonheur de l'humanité, par la culture intensive de ce légume prodigieux. Je raisonnais avec une rigueur qui me paraissait scientifique, et je disais ceci:

—Cet oignon pèse deux kilos. Or il n'a pas coûté plus de
15 travail, ni plus de soin, que les oignons rabougris cultivés en France, et qui pèsent, en général, cent grammes.

Le rendement d'un paysan sera donc multiplié par vingt. Or, comme notre production d'oignons semble couvrir nos besoins, le vaillant paysan français n'aura qu'à travailler
20 vingt fois moins, c'est-à-dire une demi-heure par jour. Il aura donc des loisirs pour s'instruire, et remplir, enfin, le pro-
gramme de notre immortelle révolution de 1789.

De plus, le diamètre de cet oignon est de vingt centimètres. Il suffira de semer les graines à quinze centimètres
25 les unes des autres. En approchant de la maturité, les oignons se toucheront; en continuant leur croissance, ils se presseront les uns contre les autres, avec la force bien connue des jeunes végétaux, et ils deviendront carrés, comme des pavés. Peu à peu, une voûte d'oignons sortira de terre, et
30 l'honnête paysan verra avec stupeur, à la place de son champ, une sorte de hangar d'aviation fait avec des millions d'oignons: la récolte sera toute faite.

J'étais en train de dresser un plan d'ensemble, pour la «Culture en France de l'Oignon d'Espagne», lorsque, à tra-
35 vers ma fenêtre, je vis s'avancer Marcel Achard et Pasquali...

Je ne sais plus où nous allâmes, mais nous y restâmes cinq ou six jours.

Je regagnai mon domicile par une nuit triste de février. Il faisait froid et j'avais très chaud. Ce fut d'un pas mal assuré
40 que tout le long de l'avenue de Versailles, je traversai les déserts de l'aube.

Chez moi je ne pus trouver le commutateur, et dans la nuit la plus profonde, je m'endormis en me déshabillant.

légumière: qui vend des légumes

couvrir: satisfaire

dresser un plan d'ensemble: préparer un plan général

Marcel Achard: auteur drama-
tique très connu dont les pièces ont un grand succès. Il est aujourd'hui membre de l'Académie française.

Pasquali: acteur de cinéma et de théâtre

Vers midi, tous rideaux fermés, je m'éveillai. Non pas de ce réveil joyeux du célibataire qui bondit sur son parquet, et fait de la culture physique en chantant à pleine voix. Non. Ce fut un réveil trouble, assez semblable à celui des opérés, un réveil désorienté, dans la nuit.

Ma main, mieux lucide que moi, trouva la poire des lampes de chevet. La lumière fut.

Au-dessus de mon lit, *je vis un* ARBRE.

Oui, un arbre vert, avec des rameaux verts chargés de feuilles vertes, qui pendaient à toucher mon front.

Je frottai mes yeux de mes poings fermés et je regardai de nouveau. C'était un ARBRE, qui sortait du pied de mon lit. Je fus grandement surpris, mais au lieu d'éclater de rire, je fus glacé par une peur affreuse.

Je pensai au «delirium tremens», aux hallucinations des hystériques, aux visions des aliénés. D'un bond, j'atteignis ma fenêtre, et j'en fis claquer les volets.

A la chère lumière du jour, l'arbre nocturne résista. Je m'approchai, perplexe, à demi rassuré par les cris des enfants qui jouaient dans la cour, et je vis, dans une cuvette, l'oignon d'Espagne: ce n'était plus qu'une peau flasque, mais trouée de blanches racines, parce qu'il avait lancé jusqu'au plafond, avec son enthousiasme espagnol, toute cette vie végétale dont il cachait, dans sa pesante panse, le svelte et verdoyant secret.

J'appris le lendemain que la femme de ménage avait trouvé l'oignon bourdonnant sur ma table. Emoustillé par le chauffage central, ce bulbe généreux avait poussé, en quelques heures, une épaisse et juteuse feuille verte. La femme de ménage, qui aimait les fleurs, et qui avait cru à quelque tulipe géante, avait placé le parturient dans une cuvette d'eau tiède, tout près du radiateur, au pied de mon lit.

Ce petit événement, qui m'avait d'abord frappé de stupeur, puis de crainte, me fit rire ensuite.

éclater de rire: rire d'une façon bruyante (to burst out laughing)

«delirium tremens»: délire alcoolique aigu

bourdonnant: La croissance de l'oignon fait penser à un bruit sourd.

le parturient: D'ordinaire ce mot ne s'emploie qu'au féminin puisque la parturiente est une femme qui met au monde un enfant.

Lexique

1. **aliéné** (*m.*): malade mental, fou
   Marcel Pagnol a cru qu'il était devenu aliéné.

2. **armoire** (*f.*): grand meuble où l'on met du linge, des vêtements

On voit peu d'armoires dans les appartements modernes.

3. **arracher**: enlever avec effort
   Le dentiste m'a arraché une dent.

4. **s'attarder à**: perdre son temps à
   Il ne veut pas s'attarder à discuter avec toi.

5. **aube** (*f.*): commencement du jour
Nous nous sommes mis en route dès l'aube.

6. **bondir**: faire un saut
J'ai bondi hors de mon lit en entendant sonner à la porte.

7. **brasserie** (*f.*): établissement où l'on boit de la bière et où l'on mange des plats froids
Il y a beaucoup de brasseries en Alsace.

8. **carré**: qui a ses quatre côtés égaux
Votre chambre est rectangulaire, mais la mienne est carrée.

9. **célibataire** (*m.* ou *f.*): qui n'est pas marié(e)
Ma sœur est célibataire parce qu'elle n'a pas trouvé l'homme de sa vie.

10. **chevet** (*m.*): endroit près de la tête du lit
Un «livre de chevet» est un ouvrage préféré; on le garde à son chevet pour le lire et le relire.

11. **cloison** (*f.*): séparation légère en bois ou en maçonnerie
En installant une cloison, il a divisé sa chambre à coucher en deux pièces.

12. **combler**: remplir complètement
Le trou sera comblé avec de la terre.

13. **commutateur** (*m*): appareil servant à allumer ou à éteindre une lumière électrique
Le commutateur dans la salle de bains est à droite de la porte.

14. **coussin** (*m.*): sac rempli de plumes utilisé pour s'appuyer, pour s'asseoir ou pour y poser des objets
Ses filles ont fait trois coussins pour mettre sur le divan.

15. **crainte** (*f.*): peur
Des ombres, dont je ne distinguais pas la nature, m'inspirèrent de la crainte.

16. **croissance** (*f.*): développement progressif
La croissance de ses richesses est la preuve de ses talents de financier.

17. **cuvette** (*f.*): vase large et peu profond servant à se laver
La femme de ménage avait laissé la plante dans la cuvette.

18. **désaltérer**: calmer la soif de
Tu as tellement soif que rien ne peut te désaltérer.

19. **désorienté**: qui a perdu l'orientation
Après la tempête, le bateau était désorienté.

20. **se détendre**: cesser d'être tendu
J'ai fait réparer le sommier dont les ressorts se détendaient.

21. **éclaircir**: rendre plus clair
Quels sont vos plans? Pouvez-vous les éclaircir pour moi?

22. **émoustiller**: exciter, encourager
Nous étions tous émoustillés par le champagne que nous avions bu.

23. **étalage** (*m.*): ensemble de marchandises, d'objets exposés
Nous regardions les beaux étalages dans le supermarché.

24. **femme** (*f.*) **de ménage**: femme qui, sans être domestique chez quelqu'un, y fait le ménage
J'ai une nouvelle femme de ménage qui me donne entière satisfaction.

25. **flacon** (*m.*): petite bouteille pour parfums ou liqueurs
Dans la vitrine de l'épicerie se trouvaient plusieurs flacons de vin au goulot immense.

26. **flasque**: mou, sans fermeté
Ce garçon n'a jamais fait de sports; il a des muscles flasques.

27. **fondant**: qui se dissout vite dans la bouche
Prenez cette belle prune fondante.

28. **front** (*m.*): partie supérieure du visage
Il est très intelligent, mais il a le front bas.

29. **frotter**: passer plusieurs fois une chose sur une autre

Le paysan frotte ses mains avec du savon pour les nettoyer.

30. **goulot** (*m.*): col de bouteille, de carafe ou de flacon
Le client approcha le goulot de la bouteille de son verre.

31. **juteux**: qui a beaucoup de jus (liquide)
Mon mets préféré est un bifteck bien juteux, avec des pommes de terre frites.

32. **kilo** (*m.*): abréviation de kilogramme (mesure de poids); un kilogramme pèse 1.000 grammes (2,2 livres américaines)
Pourquoi n'as-tu acheté que deux kilos de tomates?

33. **opéré** (*m.*): celui qui a subi une opération chirurgicale
Le chirurgien croit que l'opéré sera sauvé.

34. **or**: mais, malgré cela
Elle n'a reçu que dix francs. Or, on lui en devait quinze; elle doit réclamer.

35. **panse** (*f.*): partie renflée d'un objet (flacon, bouteille, etc.)
Les bouteilles de Chianti ont une panse plus grande que les bouteilles de champagne.

36. **parquet** (*m.*): plancher d'une pièce
Les parquets du château de Fontainebleau sont splendides.

37. **pavé** (*m.*): bloc de pierre carré dont on couvre les rues, les cours, etc.
On vient de poser des pavés neufs dans la cour.

38. **pendre**: être suspendu à; tomber
Les grandes feuilles pendent vers le sol.

39. **peser**: avoir un poids déterminé
Suzanne ne pèse que 50 kilos.

40. **petits pois** (*m.*): espèce de légumes (green peas)
Nous avons mangé des petits pois, préparés avec du lard et des oignons.

41. **pièce** (*f.*): chaque partie d'un tout (appartement, collection, etc.)
Mon cousin habite un petit appartement de trois pièces.

42. **piège** (*m.*): appareil servant à prendre certains animaux
L'enfant a pris au piège trois oiseaux.

43. **poing** (*m.*): main fermée
J'ai asséné un coup de poing sur la table.

44. **poire** (*f.*): fruit de forme un peu allongée et renflée vers la base (pear); poignée placée à l'extrémité d'un cordon électrique et permettant d'allumer et d'éteindre
Il termine toujours ses repas par des fruits, des poires de préférence.
L'électricien est venu réparer les poires de la maison.

45. **rabougri**: mal développé
Ce bébé ne se développe pas; il est tout rabougri.

46. **racine** (*f.*): partie de la plante qui est dans la terre et par où elle se nourrit
Les racines des grands arbres s'enfoncent profondément dans la terre.

47. **rameau** (*m.*): petite branche d'arbre
Le dimanche des Rameaux précède le dimanche de Pâques.

48. **rapetisser**: rendre plus petit
Quand on est en haut de la Tour Eiffel, les gens en bas semblent bien rapetissés.

49. **ravir**: charmer
Le musicien a ravi les spectateurs par sa virtuosité.

50. **récolte** (*f.*): produits agricoles que l'on réunit (récolte du blé, des pommes, des olives, etc.)
La récolte de pommes est moins bonne que celle de l'an dernier.

51. **rendement** (*m.*): production
C'est un travailleur intelligent et actif qui obtient le rendement maximum.

52. **semer:** mettre dans la terre pour faire pousser

On sème à la fin de l'hiver pour récolter au début de l'été.

53. **serrer:** étreindre, presser, rapprocher

Elles me serraient les mains et me remerciaient avec émotion.

54. **sommier** (*m.*): partie du lit qui soutient le matelas

Celui qui campe, on ne dort pas sur des sommiers.

55. **svelte:** mince

La danseuse est svelte et gracieuse.

56. **tiède:** qui est entre le chaud et le froid

Il se baigne toujours dans de l'eau tiède.

57. **trouer:** percer

Qui a troué les cloisons pour faire passer lès tuyaux?

58. **verdoyant:** qui devient vert

Au printemps, la campagne est verdoyante.

59. **vitrine** (*f.*): partie d'une boutique séparée de la rue par une vitre (fenêtre fixe)

Je ne vois plus de fruits dans la vitrine.

60. **volet** (*m.*): panneau de bois ou de métal servant à protéger les fenêtres

Au village, on ferme ses volets de bonne heure.

Questionnaire Oral

1. Où habitait l'auteur au temps de sa jeunesse?

2. Est-ce qu'il y a longtemps de cela?

3. Qu'est-ce qui traversait l'espace vital de ses deux pièces?

4. Par quoi la première pièce était-elle comblée?

5. Que contenait la seconde pièce?

6. Qu'est-ce qui se détendait avec la vivacité d'un piège à rats?

7. Avec quel son se détendait le ressort?

8. Qu'avait fait Pagnol un matin au milieu de l'hiver?

9. Qu'est-ce qu'on ne voyait pas encore dans ce beau quartier de la porte de Saint-Cloud?

10. Qu'allait-il acheter?

11. Que faisait l'homme sur la place du Marché, près de la Brasserie de Versailles?

12. Qu'est-ce que l'auteur a découvert tout à coup?

13. Combien la panse des flacons de Chianti contenait-elle?

14. De quoi cette panse était-elle surmontée?

15. Qu'est-ce qu'on aurait dit en voyant les flacons de Chianti?

16. Qu'est-ce que l'auteur a vu tout à coup?

17. Comment était cet oignon? De quelle couleur était-il?

18. Quelle a été la réaction de Pagnol en le voyant?

19. Qu'est-ce que la marchande italienne lui a dit au sujet de l'oignon?

20. Quel est le mystère international qu'il ne s'est pas attardé à éclaircir?

21. Quel était le prix de l'oignon? Etait-ce cher?

22. Par quoi ce prix énorme était-il rapetissé?

23. Dans sa chambre, qu'est-ce que l'auteur a arraché?

24. Qu'est-ce qui ferait le bonheur de l'humanité, selon lui?

25. Quelle différence y a-t-il entre l'oignon d'Espagne et les oignons cultivés en France?

26. Par combien le rendement d'un paysan sera-t-il multiplié s'il cultive des oignons d'Espagne?

27. Si le paysan français travaille vingt fois moins, combien d'heures par jour travaillera-t-il?

28. Que fera-t-il alors de ses loisirs?

29. Quel programme remplira-t-il enfin?

30. Qu'arrivera-t-il si l'on sème les graines à une distance de quinze centimètres les unes des autres?

31. Comment les oignons deviendront-ils?

32. A quoi ressemblera la voûte d'oignons sortie de terre?

33. Que faisait l'auteur quand il a vu s'avancer ses deux amis?

34. Quand il a regagné son domicile après cinq ou six jours, quel temps faisait-il?

35. Comment a-t-il traversé les déserts de l'aube?

36. Pourquoi s'est-il déshabillé dans le noir?

37. Décrivez le réveil joyeux du célibataire.

38. Comment a été le réveil de Pagnol?

39. Quand il a allumé la lampe, qu'a-t-il vu au-dessus de son lit?

40. Comment était cet arbre?

41. D'où l'arbre sortait-il?

42. Quelle a été la réaction de l'auteur?

43. Par quoi était-il à demi rassuré?

44. Qu'est-ce qui restait de l'oignon d'Espagne dans la cuvette?

45. Qu'avait-il lancé jusqu'au plafond?

46. Qui avait trouvé l'oignon bourdonnant sur la table de Pagnol?

47. Emoustillé par le chauffage central, qu'avait fait le bulbe généreux?

48. Où la femme de ménage avait-elle placé l'oignon?

49. Quelle a été la dernière réaction de l'auteur?

Sujets de Discussion

1. Expliquez pourquoi Marcel Pagnol allait acheter des plumes, de l'encre et des cahiers d'écolier?

2. Si vous aperceviez un oignon d'Espagne à l'étalage d'une épicerie, quelle serait votre réaction? Justifiez votre réponse.

3. Croyez-vous que le plan pour la «Culture en France de l'Oignon d'Espagne» soit pratique? Quels seraient ses avantages et ses inconvénients?

4. Est-ce que vous rêvez parfois au bonheur de l'humanité? A quels moyens pensez-vous pour y arriver?

5. Décrivez le retour de Marcel Pagnol chez lui, par une nuit triste de février. Pourquoi avait-il très chaud?

6. Comment êtes-vous le matin, quand vous vous réveillez? Vous sentez-vous comme l'auteur, ce matin-là?

7. Qu'est-ce qui, d'après vous, contribue au comique de «L'histoire de l'oignon d'Espagne»?

8. Pensez-vous que Marcel Pagnol ait beaucoup d'imagination, qu'il exagère? Pourquoi? Justifiez votre réponse.

Devoirs Ecrits

1. Essayez de décrire l'appartement de Marcel Pagnol, tel que vous pouvez l'imaginer, avec ses meubles et les objets qu'on y trouve.

2. Racontez en donnant des détails l'événement le plus impressionnant qui vous soit arrivé. En choisissant bien les mots que vous emploierez, essayez d'exprimer les sentiments que vous avez ressentis alors (surprise, peur, admiration, joie).

3. Est-ce qu'il vous est arrivé de croire que vous deveniez fou (ou folle)? Si oui, dites dans quelles circonstances c'était. Comment avez vous évité de le faire?

LE DROMADAIRE MECONTENT

par Jacques Prévert

Introduction

Ce texte, tiré de *Contes pour enfants pas sages* (1947), est typique de l'œuvre de Jacques Prévert (1900–   ) qui sait charmer ses lecteurs par des situations imprévues. En effet, il s'agit ici d'un jeune dromadaire qui assiste à une conférence où il doit apprendre la distinction entre chameau et dromadaire. Le public croit avoir compris la leçon, mais on n'en est pas trop sûr! A la fin, tout le monde confond encore dromadaire et chameau. On se demande à quoi a servi ce discours!

Préparation à la Lecture

Un jeune dromadaire est très content d'assister à une conférence. Cependant il est vite déçu. Il s'ennuie tellement qu'il finit par mordre le conférencier. Vous reconnaîtrez dans cette histoire le style si souvent employé dans les contes de fées. Pourquoi Prévert l'a-t-il choisi pour ce conte-ci? Que perdrait ce texte s'il était écrit autrement?

Vocabulaire Essentiel

1. N'as-tu pas vu de dromadaire dans les cirques?
   dromadaire (*m.*): grand mammifère, ayant une bosse sur le dos

2. Le maître était mécontent de mon travail.
   mécontent: qui n'est pas content

3. La veille de Noël, c'est le 24 décembre.
   veille (*f.*): jour précédent

4. Nous avons assisté à une conférence sur l'humour.
   conférence (*f.*): discours pour instruire sur un certain sujet

5. Je suis déçu; le film était mauvais.
   déçu: qui a éprouvé une désillusion

6. La conférence n'était pas intéressante; le public s'ennuyait.
   s'ennuyait: ne s'amusait pas

7. Les chameaux et les dromadaires sont de la même famille, mais le dromadaire n'a qu'une bosse alors que le chameau en a deux. Quels chameaux! Ils ne font que des méchancetés.
   chameaux (*m.*): grands mammifères, ayant deux bosses sur le dos; personnes désagréables

8. Dans l'histoire de Prévert, le dromadaire se plaint d'être gêné par sa bosse.
   bosse (*f.*): grosseur sur le dos

9. Pauvre dromadaire! Sa bosse le gênait bien quand il voulait s'asseoir comme un homme!
   gênait: mettait mal à l'aise, embarrassait

10. Cet enfant remuait sans cesse et m'empêchait de travailler tranquillement.
    remuait: changeait de place, faisait des mouvements

11. Elle pinçait son fils pour qu'il se tienne tranquille.
    pinçait: serrait la peau entre les doigts

12. Un bon conférencier doit savoir intéresser son public.

    conférencier (*m.*): celui qui fait une conférence

13. Vous avez fait une erreur; vous venez de confondre mon père, qui a les cheveux gris, avec mon oncle Paul, qui a les cheveux blonds.

    confondre avec: prendre l'un pour l'autre

14. Le conférencier venait de prendre place sur l'estrade.

    estrade (*f.*): petit plancher plus élevé que la salle

15. Le chien se lança sur l'homme et le mordit.

    mordit: prit entre les dents et serra

16. Vous vous êtes encore trompé! Je vous ai pourtant expliqué ce sujet plusieurs fois.

    pourtant: cependant (nevertheless)

UN JOUR, il y avait un jeune dromadaire qui n'était pas content du tout.

La veille, il avait dit à ses amis: «Demain, je sors avec mon père et ma mère, nous allons entendre une conférence, voilà
5 comme je suis moi!»

Et les autres avaient dit: «Oh, oh, il va entendre une conférence, c'est merveilleux», et lui n'avait pas dormi de la nuit tellement il était impatient et voilà qu'il n'était pas content parce que la conférence n'était pas du tout ce qu'il
10 avait imaginé: il n'y avait pas de musique et il était déçu, il s'ennuyait beaucoup, il avait envie de pleurer.

Depuis une heure trois quarts un gros monsieur parlait. Devant le gros monsieur, il y avait un pot à eau et un verre à dents sans la brosse et de temps en temps, le monsieur
15 versait de l'eau dans le verre, mais il ne se lavait jamais les dents et visiblement irrité il parlait d'autre chose, c'est-à-dire des dromadaires et des chameaux.

pot à eau: carafe contenant de l'eau

verre à dents: verre dont on se sert pour se laver les dents

Le jeune dromadaire souffrait de la chaleur, et puis sa bosse le gênait beaucoup; elle frottait contre le dossier du
20 fauteuil; il était très mal assis, il remuait.

Alors sa mère lui disait: «Tiens-toi tranquille, laisse parler le monsieur», et elle lui pinçait la bosse. Le jeune dromadaire avait de plus en plus envie de pleurer, de s'en aller...

tiens-toi tranquille: Ne bouge pas, ne remue pas (hold still)

Toutes les cinq minutes, le conférencier répétait: «Il ne
25 faut surtout pas confondre les dromadaires avec les chameaux, j'attire, mesdames, messieurs et chers dromadaires, votre attention sur ce fait; le chameau a deux bosses mais le dromadaire n'en a qu'une!»

Le dromadaire mécontent 113

Tous les gens de la salle disaient: «Oh, oh, très intéressant», et les chameaux, les dromadaires, les hommes, les femmes et les enfants prenaient des notes sur leur petit calepin.

5 Et puis le conférencier recommençait: «Ce qui différencie les deux animaux, c'est que le dromadaire n'a qu'une bosse, tandis que, chose étrange et utile à savoir, le chameau en a deux...»

A la fin le jeune dromadaire en eut assez et se précipitant
10 sur l'estrade, il mordit le conférencier:

«Chameau!» dit le conférencier furieux.

Et tout le monde dans la salle criait: «Chameau, sale chameau, sale chameau!»

Pourtant c'était un dromadaire, et il était très propre.

Lexique

1. **bosse** (*f.*): grosseur sur le dos
   Pourquoi est-il utile de savoir que le chameau a deux bosses?

2. **calepin** (*m.*): petit carnet de poche sur lequel on prend des notes personnelles
   N'oubliez pas votre calepin d'adresses!

3. **chameau** (*m.*): grand mammifère, ayant deux bosses sur le dos; personne désagréable
   Avec la laine de chameau, on fait de beaux manteaux.
   Pierre est parti. Ce chameau m'a pris la voiture!

4. **conférence** (*f.*): discours pour instruire sur un certain sujet
   L'ambassadeur a donné une brillante conférence sur les problèmes européens.

5. **conférencier** (*m.*): celui qui fait une conférence
   Cet écrivain a toutes les qualités d'un excellent conférencier.

6. **confondre avec**: prendre l'un pour l'autre
   Il ne faut pas confondre ma maison avec la sienne.

7. **déçu**: qui a éprouvé une désillusion
   Elle est très déçue. Elle vient d'échouer à son examen.

8. **dossier** (*m.*): partie d'un siège contre laquelle on appuie le dos quand on est assis
   Le dossier du fauteuil était trop droit et gênait le pauvre dromadaire.

9. **dromadaire** (*m.*): grand mammifère, ayant une bosse sur le dos
   Le jeune dromadaire s'ennuyait à la conférence.

10. **s'ennuyer**: ne pas s'amuser
    Je m'ennuie quand je suis tout seul.

11. **estrade** (*f.*): petit plancher plus élevé que la salle
    Dans certaines écoles, le bureau du professeur est placé sur une estrade devant la salle de classe.

12. **gêner**: mettre mal à l'aise, embarrasser
    Vous gênez la circulation avec votre auto arrêtée au milieu de la rue.

13. **mécontent**: qui n'est pas content
    Si vous êtes mécontent de ce chameau, prenez-en un autre.

14. **mordre:** prendre entre les dents et serrer
    Qui aimerait être mordu par un dromadaire?

15. **pincer:** serrer la peau entre les doigts
    Sa mère lui pince le bras pour le punir.

16. **pourtant:** cependant (nevertheless)
    Le train est arrivé en retard et pourtant il était parti bien à l'heure.

17. **remuer:** changer de place, faire des mouvements
    Comme vous êtes nerveuse! Vous remuez sans arrêt!

18. **sale:** qui n'est pas propre; désagréable
    Tu es un sale petit garçon; je ne t'aime pas.

19. **veille** (*f.*): jour précédent
    La veille de Noël, nous avons dîné en famille.

Questionnaire Oral

1. Quelle était l'humeur du jeune dromadaire, un certain jour?
2. Qu'avait-il dit à ses amis, la veille?
3. Où devait aller la famille des dromadaires?
4. Qu'est-ce que les amis du dromadaire ont dit?
5. Pourquoi le jeune dromadaire n'avait-il pas dormi de la nuit?
6. Pourquoi n'était-il pas content?
7. Pourquoi était-il déçu?
8. Qu'est-ce qu'il avait envie de faire?
9. Depuis combien de temps le gros monsieur parlait-il?
10. Qu'est-ce qu'il y avait devant le gros monsieur?
11. Qu'est-ce que le monsieur faisait de temps en temps?
12. Se lavait-il les dents?
13. De quoi parlait-il?
14. De quoi souffrait le jeune dromadaire?

15. Qu'est-ce qui le gênait beaucoup?
16. Contre quoi frottait sa bosse?
17. Est-ce que le jeune dromadaire était bien assis?
18. Qu'est-ce que sa mère lui disait?
19. Que lui pinçait-elle?
20. De quoi avait-il de plus en plus envie?
21. Qu'est-ce que le conférencier répétait toutes les cinq minutes?
22. Comment s'adressait-il au public?
23. Sur quel fait celui-ci attirait-il l'attention du public?
24. Que disaient tous les gens de la salle?
25. Que faisaient-ils?
26. Sur quoi prenaient-ils des notes?
27. Que répétait le conférencier?
28. Qu'est-ce qui était une chose étrange et utile à savoir, d'après lui?
29. Qu'a fait le jeune dromadaire, à la fin, se précipitant sur l'estrade?
30. Que criait tout le monde dans la salle?

Sujets de Discussion

1. Avez-vous déjà vu un chameau ou un dromadaire? Si oui, dites dans quelles circonstances c'était et décrivez l'animal.
2. Pouvez-vous expliquer en quoi consiste l'humour dans ce texte de Jacques Prévert?
3. Donnez les raisons pour lesquelles vous aimez ou vous n'aimez pas ce texte.
4. Croyez-vous qu'il y ait un rapport entre cette conférence et les conférences en général?
5. Est-ce qu'il vous est arrivé de ne pas dormir à cause de votre impatience, à la veille d'un événement important? Quel était cet événement? Décrivez votre attitude.
6. Avez-vous un petit calepin? Qu'est-ce que vous y inscrivez?

Devoirs Ecrits

1. Quelle est la meilleure conférence à laquelle vous ayez assisté? Quel était le sujet? Comment était le conférencier? Justifiez votre réponse en donnant des précisions.

2. Vous racontez à un enfant une histoire dans laquelle un animal a joué un rôle important. Vous décrivez l'animal, vous mentionnez les circonstances et vous terminez d'une façon dramatique.

EXERCICES DE STRUCTURE

PLUS... PLUS, MOINS... MOINS

Répétez les phrases suivantes.

1. Plus la dignité est élevée, plus la moindre imperfection déclenche le rire.
2. Plus ces robes sont coûteuses, plus vous voulez les acheter.
3. Moins vous travaillez, moins vous faites de progrès.
4. Plus vous étudiez le français, moins vous le savez.

Changez la phrase suivante en employant les mots indiqués.

5. Plus les étudiants travaillent, plus ils comprennent ces problèmes.
   —— les élèves ————————————————.
   ———————————— étudient, ————————————————.
   ———————————————— apprennent ——————————.
   ———————————————————— le français.

Complétez les propositions suivantes par des phrases qui commencent par *plus* ou par *moins*.

6. Plus vous vous moquez de vos camarades,...
7. Plus vous contemplez les merveilles de la nature,...
8. Plus vous vous ennuyez pendant cette conférence,...
9. Plus vous vous tenez tranquille,...
10. Plus vous avez froid,...
11. Plus vous avez chaud,...

NE... QUE

Répétez les phrases suivantes.

1. On ne le regarde plus que par les pieds.
2. Le vaillant paysan français n'aura qu'à travailler vingt fois moins.
3. Le chameau a deux bosses, mais le dromadaire n'en a qu'une.
4. Vous avez deux amis, mais je n'en ai qu'un.
5. Vous avez dix dollars, mais je n'en ai que deux.

Changez la phrase suivante en employant les mots indiqués.

6. Mon ami a lu dix livres, mais je n'en ai lu que deux.
   Le professeur ————————————————.
   ———————— a écrit ————————————————.
   ————————————— articles, ————————————.
   ———————————————————— compris ————.

Complétez les phrases suivantes en employant *ne... que*.

MODELE: Mon ami a acheté cinq livres, mais moi je n'en ai acheté qu'un.

7. Mon ami chausse du 44, mais moi... je n'en chausse que du 30
8. Mon ami est sorti vers une heure, mais moi...
9. Mon ami a bu deux litres de vin, mais moi...
10. Mon ami a dormi deux heures, mais moi...
11. Mon ami a vu ce film dix fois, mais moi...

COMPARAISON DES ADJECTIFS

Répétez les phrases suivantes.
1. C'était un oignon qui était aussi grand que ma tête.
2. Cette orange est plus grande que votre tête.
3. Ce livre est moins intéressant que cet article.
4. Ce livre est meilleur que cet article.

Changez la phrase suivante en employant les mots indiqués.
5. Ce monsieur-ci est plus grand que votre frère.

Ce garçon-ci _____.
_____ aussi _____.
_____ intelligent _____.
_____ votre cousin.

Faites des phrases comprenant une comparaison où vous emploierez *aussi, plus* ou *moins*.

MODELE: le français, l'algèbre
Le français est (aussi, plus, moins) intéressant que l'algèbre.

6. le général, le capitaine
7. l'humour français, l'humour américain
8. les oignons espagnols, les oignons français
9. le vin français, le vin espagnol
10. les conférenciers français, les conférenciers américains
11. la classe de français, la classe de mathématiques

COMPARAISON DES NOMS

Répétez les phrases suivantes.
1. Il n'a pas coûté plus de travail que les oignons rabougris cultivés en France.
2. Les livres américains coûtent plus d'argent que les livres français.
3. Le vin américain coûte moins d'argent que le vin français.
4. Le fromage américain coûte autant d'argent que le fromage français.

Changez la phrase suivante en employant les mots indiqués.
5. Les ouvriers français gagnent plus d'argent que les autres.

Les ouvriers américains _____.
_____ reçoivent _____.
_____ autant _____.
_____ les ouvriers anglais.

Exercices de structure   117

Faites des comparaisons différentes en employant les mots indiqués.

MODELE: les Français, les Américains
Les Français mangent plus de pain que les Américains.

6. les Anglais, les Américains
7. les étudiants français, les étudiants américains
8. les jeunes filles françaises, les jeunes filles américaines
9. l'armée française, l'armée américaine

PRONOM RELATIF *DONT*

Répétez les phrases suivantes.

1. On y exposait des flacons de Chianti dont la panse était surmontée d'un goulot de 1 m. 50.
2. Il avait lancé toute cette vie végétale dont il cachait le svelte et verdoyant secret.
3. Charles m'a donné un livre dont je n'aimais pas le sujet.
4. Charles m'a fait cadeau d'un livre dont je ne connaissais pas l'auteur.
5. Charles m'a offert un livre dont je ne reconnaissais pas le titre.

Changez la phrase suivante en employant les mots indiqués.

6. Charles m'a présenté à une jeune fille dont j'admirais la beauté.
_____ les cheveux noirs.
_____ les yeux bruns.
_____ la robe rouge.

Complétez les propositions suivantes par des phrases commençant par *dont*.

MODELE: C'est un livre dont j'admire la beauté.

7. C'est une jeune fille...
8. C'est un conférencier...
9. C'est un chameau...
10. Ce sont des animaux...
11. Ce sont des fleurs...

REVISION

L'IMPARFAIT

Lisez le paragraphe suivant, puis mettez-le, phrase par phrase, au passé.

Depuis trente minutes le professeur parle. Devant lui il y a un pot à eau et un verre. De temps en temps, il verse de l'eau dans le verre mais il n'en boit pas. Les étudiants souffrent de la chaleur. Ils sont mal assis et ils remuent. Le professeur dit: «Tenez-vous tranquille, s'il vous plaît.» Toutes les cinq minutes, il répete: «Il ne faut pas oublier de faire votre devoir. J'attire votre attention sur ce fait: plus vous travaillez, plus vous aurez de succès.» Mais les étudiants ne font pas attention à ce que leur dit leur professeur. Il n'y en a que deux ou trois qui prennent des notes. Puis le professeur recommence: «Ce qui nous intéresse surtout, c'est que Victor Hugo a écrit plusieurs romans, tandis que l'auteur dont nous parlons aujourd'hui n'en a écrit qu'un seul.» Enfin l'heure sonne. Les étudiants se précipitent dans le corridor. Grâce à Dieu, c'est fini! C'est le dernier cours de l'année scolaire.

"Still Life" par Jean-Baptiste Chardin (National Gallery of Art, Washington, D.C., Gift of Chester Dale)

"Tropics" *par Henri Rousseau* (Collection of Miss Adelaide Milton de Groot)

ADJECTIFS IRREGULIERS

Répétez les phrases suivantes.

1. Cet homme est vieux. C'est un vieil homme.
2. Cette femme est vieille. C'est une vieille femme.
3. Cet homme est beau. C'est un bel homme.
4. Cette femme est belle. C'est une belle femme.

Changez la phrase suivante en employant les mots indiqués.

5. Est-ce que cette femme est belle? Oui, c'est une belle femme.

_____ homme _____.
_____ livre _____.
_____ arbre _____.
_____ conte _____.
_____ roman _____.

Répondez aux questions suivantes.

MODELE: Est-ce que ce livre est bon?
Oui, c'est un bon livre.

6. Est-ce que cette idée est nouvelle?
7. Est-ce que cet élève est nouveau?
8. Est-ce que cette auto est nouvelle?
9. Est-ce que ces livres sont beaux?
10. Est-ce que cet hôtel est vieux?
11. Est-ce que ces idées sont folles?
12. Est-ce que ces arbres sont beaux?
13. Est-ce que ces arbres sont nouveaux?
14. Est-ce que cet arbre est beau?
15. Est-ce que cet arbre est vieux?

DISTINCTIONS DE VOCABULAIRE: *PARTIR, QUITTER, SORTIR, LAISSER; RENCONTRER, FAIRE LA CONNAISSANCE; ENTENDRE DIRE, ENTENDRE PARLER*

Répétez les phrases suivantes.

1. Charles sort de la classe. Le train partira à sept heures. Je quitterai les Etats-Unis en septembre. Je vous laisserai tous mes livres.
2. Hier j'ai rencontré mon ami Robert. Il m'a présenté à sa fiancée. J'ai fait sa connaissance.
3. Avez-vous entendu parler de mon ami Charles? Oui, j'ai entendu une histoire à son sujet. J'ai entendu dire qu'il n'est pas trop intelligent.

Répondez aux questions suivantes en employant les mots entre parenthèses.

MODELE: Est-ce que vous serez à New York en septembre? (quitter)
Non, je quitterai New York au mois d'août.

4. Est-ce que vous resterez dans cette salle jusqu'à midi? (sortir)
5. Est-ce que vous emporterez vos livres? (laisser)
6. Est-ce que vous serez à Paris en juin? (quitter)
7. Avez-vous vu votre ami Charles hier soir? (rencontrer)
8. Connaissez-vous ma sœur? (faire la connaissance)
9. Connaissez-vous mon oncle? (entendre parler)
10. Savez-vous ce qu'il a fait hier soir? (entendre dire)
11. Connaissez-vous cette mélodie? (entendre)
12. Quand est-ce que vous serez à Rome? (partir)

French Embassy Press and Information Division

Tableau 6 • AGES DE LA VIE

Entrée en Matière. *L'existence de tous les hommes passe par les mêmes étapes. Un bébé vient de naître: ses parents l'entourent d'amour et de soins. Il fait bientôt ses premiers pas dans un univers qui lui offre mille merveilles à découvrir. Devenu un enfant, il se crée un monde à lui, un monde à part dont il est le maître et où il voudrait que chaque chose lui obéisse.*

Une fois arrivé à l'adolescence, au contraire, il se croit incompris par les gens qui vivent autour de lui. Il sent le besoin de s'opposer au monde adulte: il invente des mystères, des jeux secrets que lui et ses amis sont seuls à connaître. En montrant de l'indépendance, l'adolescent arrive peu à peu à développer sa personnalité. Comme le chemin de la vie lui semble long et pénible!

L'adulte, même très âgé, n'oubliera jamais les joies simples, les plaisirs qu'il a éprouvés pendant sa jeunesse. Dans les souvenirs de son enfance, il retrouvera des forces et de l'espoir au moment où il en aura besoin. Maintenant qu'il est bien adapté au monde qui l'environne, il comprendra que rien ne peut remplacer une jeunesse heureuse. La vieillesse et la mort ne lui feront pas peur.

LES TROIS CLOCHES

par Jean Villard

Introduction

Dès 1945, la grande cantatrice Edith Piaf, accompagnée d'un groupe de chanteurs appelé «Les Compagnons de la Chanson», a rendu célèbre la chanson «Les trois cloches». Par son rythme et sa beauté, cet air est vite devenu très populaire dans le monde entier. Il a pour thème la vie d'un homme. Sa naissance, son mariage et sa mort sont célébrés à l'église au son d'une cloche. La chanson est simple, comme la vie de Jean-François Nicot, mais ce qu'elle raconte est éternel.

Préparation à la Lecture

Jean-François Nicot a mené une vie toute paisible. Il est né et il est mort dans un petit village, isolé au fond d'une vallée. C'est là aussi qu'il s'est marié avec Elise. La cloche de la vieille église sonne à chaque événement important de sa vie. Dans cette chanson divisée en trois parties, dont chacune est suivie d'un refrain, tous les vers comptent huit syllabes, sauf trois qui en comptent seize. Remarquez quels mots, quelles expressions, quelles comparaisons avec la nature donnent à ce texte sa charmante simplicité.

Vocabulaire Essentiel

1. Le village était égaré parce qu'il était isolé des autres villages.
   égaré: écarté, loin des autres

2. Par une nuit étoilée, c'est toujours l'étoile polaire qui guide le navigateur.
   étoilée: couverte d'étoiles, pleine d'étoiles

3. On entend les cris du nouveau-né.
   nouveau-né (*m.*): bébé qui vient de naître

4. Cet enfant réclame beaucoup de soins.
   réclame: demande en insistant, a besoin de

5. Quel émoi! Elle ne lui avait pas encore téléphoné.
   émoi (*m.*): trouble causé par une émotion

6. Les fleurs du pommier ont un très doux parfum.
   pommier (*m.*): arbre fruitier qui porte des pommes

7. Je suis rentré de voyage pour assister à la noce de mon frère.
   noce (*f.*): mariage, fête qui accompagne le mariage

8. L'hiver a fui, et nous sommes maintenant au printemps.
   fui: a passé rapidement

9. La chair se dessèche comme la fleur des champs.
   chair (*f.*): substance qui constitue les muscles

10. Les fruits sont meilleurs quand ils sont mûrs.
    mûrs: ayant atteint tout leur développement

11. En se desséchant, cet arbre perd de sa force.
    se desséchant: devenant sec

12. L'oiseau protège ses petits sous son aile.
    aile (*f.*): membre chez l'oiseau qui sert à voler

Les Trois Cloches

Paroles et musique de Gilles (Jean Villard)

1. — Vil - la - ge au fond de la val - lé - e, Comme é - ga - ré, pres - qu'i - gno - ré, Voi - ci, dans la nuit é - toi - lé - e, Qu'un nou - veau - né nous est don - né; Jean Fran - çois Ni - cot — il se

Village au fond de la vallée,
Loin des chemins, loin des humains,
Voici, qu'après dix-neuf années,
Cœur en émoi, le Jean-François
5   Prend pour femme la douce Elise,
Blanche comme fleur de pommier.
Devant Dieu, dans la vieille église
Ce jour ils se sont mariés.

Refrain: Tout's les cloches sonnent, sonnent!
10   Leurs voix d'échos en échos,
Merveilleusement couronnent
La noce à François Nicot.
«Un seul corps, une seule âme,»
Dit le prêtre, «et pour toujours!
15   Soyez une pure flamme qui s'élève, qui proclame
La grandeur de notre amour!»

Tout's les cloches: Toutes les cloches (L'auteur a écrit «Tout's» pour qu'on prononce ce mot en une syllabe et non en deux, comme cela est normal.)

Les trois cloches   125

Village au fond de la vallée,
Des jours, des nuits, le temps a fui;
Voici, dans la nuit étoilée,
Un cœur s'endort, François est mort

5 Car toute chair est comme l'herbe;
Elle est comme la fleur des champs:
Epis, fruits mûrs, bouquets et gerbes,
Hélas, tout va se desséchant.

Refrain: Une cloche sonne, sonne!
10 Elle chante dans le vent.
Obsédante, monotone,
Elle redit aux vivants:
«Ne tremblez pas, cœurs fidèles!
Dieu vous fera signe un jour.
15 Vous trouverez sous son aile, avec la vie éternelle,
L'éternité de l'amour!»

hélas: malheureusement (alas!)
tout va se desséchant: tout finit par se dessécher

elle redit: elle répète

Lexique

1. **aile** (*f.*): membre chez l'oiseau qui sert à voler
   André peut voler de ses propres ailes maintenant; il n'a plus besoin de ses parents.

2. **chair** (*f.*): substance qui constitue les muscles
   Je me suis coupé la chair du bras avec ce couteau.

3. **se dessécher:** devenir sec
   Les fleurs se sont desséchées parce qu'il n'a pas assez plu.

4. **égaré:** écarté, loin des autres; troublé
   Depuis qu'il a été victime d'un accident, cet homme a un air égaré.

5. **émoi** (*m.*): trouble causé par une émotion
   Elle est toute en émoi parce qu'elle part demain en voyage.

6. **épi** (*m.*): partie terminale qui contient les graines de la plante

Nous avons vu de beaux épis de blé dans les champs.

7. **étoilé:** couvert d'étoiles, plein d'étoiles
   Le drapeau des Etats-Unis est étoilé.

8. **fuir:** passer rapidement
   Vous ne resterez pas toujours jeune, le temps fuit.

9. **gerbe** (*f.*): botte d'épis, de fleurs, etc., où les têtes sont ensemble
   Après le concert, la pianiste a reçu une belle gerbe de roses rouges.

10. **joufflu:** qui a de grosses joues
    Regardez mon cousin; c'est ce garçon joufflu qui arrive.

11. **mûr:** ayant atteint tout son développement
    Malgré son jeune âge, il a l'esprit mûr.

12. **noce** (*f.*): mariage, fête qui accompagne le mariage
    Les noces de village sont toujours gaies.

13. **nouveau-né** (*m.*): bébé qui vient de naître
Les nouveau-nés restent quelques jours à l'hôpital.

14. **obsédant:** qui persiste, qui dure
Le bruit obsédant de la pluie me rend triste.

15. **pommier** (*m.*): arbre fruitier qui porte des pommes
Il y a beaucoup de pommiers dans l'état de Washington.

16. **réclamer:** demander en insistant, avoir besoin de
La petite pleure et réclame sa mère.

Questionnaire Oral

1. Où est situé le village?
2. Comment est-il?
3. A quel moment le nouveau-né nous est-il donné?
4. Comment se nomme-t-il?
5. Décrivez le nouveau-né.
6. Qu'y aura-t-il demain, à l'église?
7. Que fait la cloche?
8. Que dit sa voix au monde qui s'étonne?
9. Pour accueillir quoi, la cloche sonne-t-elle?
10. Comment est cette âme?
11. Que réclame cette flamme encore faible?
12. De quoi le village est-il loin?
13. Quel âge a Jean-François Nicot au moment de son mariage?
14. Comment s'appelle sa femme?
15. Décrivez Elise.
16. Où se sont-ils mariés?
17. Que font toutes les voix de cloches?
18. Que dit le prêtre à Jean-François et à Elise?
19. Quelle sorte de flamme leur demande-t-il d'être pour toujours?
20. Que proclamera cette flamme?
21. Qu'est-ce qui a fui?
22. Qu'est-ce qui s'endort, dans la nuit étoilée?
23. Qu'est-il arrivé à Jean-François?
24. Comment est toute chair?
25. Qu'est-ce qui va se desséchant?
26. Où la cloche chante-t-elle?
27. Comment chante-t-elle?
28. Que redit-elle aux vivants?
29. Que fera Dieu un jour?
30. Qu'est-ce qu'ils ont trouvé sous son aile?

Sujets de Discussion

1. Décrivez ce village, tel que vous pouvez l'imaginer.
2. Avez-vous vu des villages qui lui ressemblaient? Si oui, où était-ce?
3. Est-ce que là où vous habitez les cloches marquent tous les événements importants de la vie, naissance, mariage, mort?
4. Que pensez-vous des paroles du prêtre à l'église, au moment du mariage?
5. Avez-vous assisté à une noce qui était très gaie? Si oui, décrivez ce qui s'est passé.
6. Quelles impressions, quels sentiments gardez-vous de cette chanson?

Devoirs Ecrits

1. Ecrivez, à votre façon, la vie de Jean-François Nicot, telle que vous vous la représentez. Donnez des détails sur son enfance, sur son travail et sur sa famille.
2. Croyez-vous que Jean-François, qui avait dix-neuf ans, était trop jeune pour se marier? Etes-vous en faveur des mariages à un jeune âge? Justifiez votre réponse.
3. Composez un poème lyrique, qui pourrait être chanté sur un air que vous connaissez, et qui résumerait un peu votre philosophie.

L'ENFANT SOLITAIRE

par Romain Rolland

Introduction

Romain Rolland (1866–1944), qui a reçu le Prix Nobel de littérature en 1916, est surtout connu pour son chef-d'œuvre, *Jean-Christophe*, écrit de 1904 à 1912. C'est un roman en plusieurs volumes, dans lequel on suit Jean-Christophe de sa naissance jusqu'à sa mort. Le grand amour que celui-ci éprouve pour la musique l'aide à supporter toutes les difficultés de la vie. Romain Rolland a essayé, par son œuvre, de rapprocher les peuples et de créer plus de fraternité entre les hommes.

Préparation à la Lecture

Christophe est un petit garçon sensible et rêveur, doué d'une grande imagination. Il sait bien s'amuser tout seul. Une branche cassée devient une épée, une baguette de magicien et bien d'autres choses. Il peut ainsi inventer toutes sortes de jeux, au milieu de la nature. L'auteur dépeint les joies simples de Christophe en se servant d'un style sans ornement et d'un vocabulaire facile.

Vocabulaire Essentiel

1. Il a su tirer parti de ses connaissances en français.

   tirer parti de: faire une utilisation de

2. Les maisons de ce village sont entourées de haies.

   haies (*f.*): ensembles d'arbres, grands ou petits, qui entourent un champ, une maison, etc.

3. Autrefois, les chevaliers combattaient à l'épée.

   épée (*f.*): arme formée d'une lame d'acier avec une poignée (sword)

4. Au printemps, les talus sont couverts de fleurs sauvages.

   talus (*m.*): terrains qui montent un peu (slopes)

5. Le général Washington montait à cheval.

   montait à cheval: allait sur un cheval

6. C'est le chameau qui sert de monture dans le désert.

   monture (*f.*): animal sur lequel on monte

7. Il a essayé d'éviter que son cheval ne glissât.

   glissât: tombât

8. Le cavalier était élégamment habillé et il montait un cheval superbe.

   cavalier (*m.*): homme qui monte à cheval

9. Voulant aller trop vite, l'automobiliste a roulé dans le fossé.

   fossé (*m.*): creux fait en long par la nature ou par l'homme (ditch)

10. Il m'injuriait tellement que j'ai commencé à pleurer.

    injuriait: offensait par des remarques sévères

11. Le soldat guettait l'ennemi de façon à l'attaquer.

    guettait: observait pour surprendre

12. La concierge est en colère parce que le locataire ne veut pas qu'elle entre chez lui.

    colère (*f.*): vive irritation

13. Le grillon chante par les belles nuits d'été.

    grillon (*m.*): insecte sauteur (cricket)

O
N N'IMAGINE pas tout le parti qu'on pou-
vait tirer d'un simple morceau de bois, d'une branche cassée,
comme on en trouve toujours le long des haies (quand on
n'en trouve pas, on en casse). C'était la baguette des fées.
5 Longue et droite, elle devenait une lance, ou peut-être une
épée; il suffisait de la brandir pour faire surgir des armées.
Christophe en était le général, il marchait devant elles, il
leur donnait l'exemple, il montait à l'assaut des talus. Quand
la branche était flexible, elle se transformait en fouet.
10 Christophe montait à cheval, sautait des précipices. Il
arrivait que la monture glissât; et le cavalier se retrouvait au
fond du fossé, regardant d'un air penaud ses mains salies et
ses genoux écorchés. Si la baguette était petite, Christophe
se faisait chef d'orchestre; il était le chef et il était l'orchestre;
15 il dirigeait, et il chantait; ensuite il saluait les buissons, dont
le vent agitait les petites têtes vertes.

baguette des fées: petit bâton
avec lequel les fées ou les
magiciens font leurs transfor-
mations magiques

il montait à l'assaut: il allait à
l'attaque

L'enfant solitaire 129

Il était aussi magicien. Il marchait à grands pas dans les champs, en regardant le ciel, et en agitant les bras. Il commandait aux nuages. Il voulait qu'ils allassent à droite. Mais ils allaient à gauche. Alors, il les injuriait, et réitérait
5 son ordre. Il les guettait du coin de l'œil, avec un battement de cœur, observait s'il n'y en aurait pas au moins un petit qui lui obéirait; mais ils continuaient de courir tranquillement vers la gauche. Alors il tapait du pied, il les menaçait de son bâton, et il leur ordonnait avec colère de s'en aller à
10 gauche, et, en effet, cette fois, ils obéissaient parfaitement. Il était heureux et fier de son pouvoir. Il touchait les fleurs en leur enjoignant de se changer en carrosses dorés, comme on lui avait dit qu'elles faisaient dans les contes; et bien que cela n'arrivât jamais, il était persuadé que cela ne manquerait
15 pas d'arriver avec un peu de patience. Il cherchait un grillon pour en faire un cheval; il lui mettait doucement sa baguette sur le dos, et disait une formule. L'insecte se sauvait, il lui barrait le chemin. Après quelques instants, il était couché à plat ventre, près de lui, et il le regardait. Il avait oublié son
20 rôle de magicien, et s'amusait à retourner sur le dos la pauvre bête, en riant aux éclats de ses contorsions.

il tapait du pied: il frappait le sol avec son pied, plusieurs fois, en signe d'impatience et de colère

cela ne manquerait pas d'arriver: cela allait certainement se passer

il lui barrait le chemin: il l'empêchait de s'enfuir
couché à plat ventre: étendu complètement sur le ventre
retourner: turn over

Lexique

1. **brandir:** agiter en l'air
   Le cavalier s'était mis à brandir son épée.

2. **buisson** (*m.*): groupe de fleurs ou de petits arbres bien serrés
   Les enfants ont perdu la balle dans les buissons.

3. **carrosse** (*m.*): voiture de grand luxe, couverte et à quatre roues (coach)
   Les princes et les princesses ne voyagent plus en carrosse.

4. **cavalier** (*m.*): homme qui monte à cheval
   Le cheval a renversé le cavalier peu expérimenté.

5. **colère** (*f.*): vive irritation
   Sa colère ne dura pas longtemps.

6. **écorcher:** enlever la peau par un frottement violent
   Il s'est écorché les jambes en tombant.

7. **enjoindre:** ordonner, commander
   Les apôtres nous ont enjoint de suivre la loi du Christ.

8. **épée** (*f.*): arme formée d'une lame d'acier avec une poignée (sword)
   Voulez-vous que nous fassions un duel à l'épée ou au revolver?

9. **fossé** (*m.*): creux fait en long par la nature ou par l'homme (ditch)
   Le fossé qui entoure le château est rempli d'eau.

10. **glisser:** tomber
    Il faut faire attention quand on marche sur la glace; sinon, on peut glisser.

11. **grillon** (*m.*): insecte sauteur (cricket)
    Parfois les grillons se réchauffent près de la cheminée.

12. **guetter:** observer pour surprendre

Le chat guette un oiseau depuis cinq minutes.

13. **haie** (*f.*): ensemble d'arbres, grands ou petits, qui entourent un champ, une maison, etc.

En été, les haies sont fleuries.

14. **injurier:** offenser par des remarques sévères

Allez-vous laisser cet homme vous injurier sans répondre?

15. **monter à cheval:** aller sur un cheval

Elle montait à cheval avec beaucoup d'élégance.

16. **monture** (*f.*): animal sur lequel on monte

Sa monture préférée est le cheval blanc et noir dont il est si fier.

17. **nuage** (*m.*): condensation de l'humidité en suspension dans l'atmosphère

Il va pleuvoir. Le ciel est couvert de nuages.

18. **penaud:** embarrassé, confus

L'enfant qui est pris en faute a toujours l'air penaud.

19. **réitérer:** répéter

Puisque vous ne m'avez pas entendu, je vais vous réitérer mon ordre.

20. **salir:** rendre sale

J'ai sali ma robe avec du café.

21. **talus** (*m.*): terrain qui monte un peu (slope)

Il a passé la nuit endormi sur un talus.

22. **tirer parti de:** faire une utilisation de

Un homme intelligent tire parti de tout ce qu'il apprend.

Questionnaire Oral

1. Qu'est-ce qu'on n'imagine pas?
2. Où trouve-t-on toujours des branches cassées?
3. Que fait-on quand on n'en trouve pas?
4. Qu'est-ce que devenait la baguette des fées?
5. Que suffisait-il de faire pour que surgissent des armées?
6. Quand les armées avaient surgi, que faisait Christophe?
7. Que leur donnait-il?
8. A l'assaut de quoi montait-il?
9. En quoi se transformait la branche quand elle était flexible?
10. Que sautait Christophe, monté à cheval?
11. Où se retrouvait le cavalier quand la monture glissait?
12. Que regardait-il d'un air penaud?
13. Si la baguette était petite, que se faisait-il?
14. Qui était-il alors?
15. Que saluait-il ensuite?
16. Quand Christophe était aussi magicien, que faisait-il?
17. A qui commandait-il?
18. Où voulait-il que les nuages allassent?
19. Où les nuages allaient-ils en fait?
20. Quelle était alors la réaction de Christophe?
21. Qu'est-ce qu'il observait?
22. Que faisait-il quand les nuages continuaient de courir vers la gauche?
23. Où leur ordonnait-il avec colère de s'en aller?
24. De quoi était-il heureux et fier?
25. En quoi enjoignait-il aux fleurs de se changer?
26. De quoi était-il persuadé, bien que cela n'arrivât jamais?
27. Pourquoi cherchait-il un grillon?
28. Quand il en trouvait un, que faisait-il?
29. Comment était Christophe, après quelques instants?
30. A quoi s'amusait-il?

Sujets de Discussion

1. Est-ce que vous avez déjà passé des vacances à la campagne? Comment vous amusiez-vous?

2. Quel est le plus beau conte de fées que vous connaissiez? Dites pourquoi il est le plus beau.

3. A quel âge pensez-vous qu'on ait le plus d'imagination? Pourquoi?

4. Avez-vous l'impression que Christophe aimait être solitaire? Justifiez votre réponse.

5. Croyez-vous qu'un enfant doive rester solitaire ou non? Pourquoi?

6. Dans les jeux d'enfants, qu'est-ce qui peut remplacer une vraie monture?

7. Avez-vous essayé de commander aux nuages, au vent, à la pluie? Vous ont-ils obéi?

8. Quand vous étiez enfant, qu'est-ce que vous imaginiez dans vos jeux?

Devoirs Ecrits

1. Si vous aviez une baguette des fées, quels changements voudriez-vous apporter?

2. Est-ce que vous pouvez indiquer les raisons pour lesquelles vous aimez la nature?

3. Montrez les sentiments qu'éprouve Christophe dans le passage étudié. Relevez les attitudes, les gestes, les paroles qui expriment ces sentiments.

ANTIGONE

par Jean Anouilh

Introduction

Jean Anouilh, né à Bordeaux en 1910, est l'auteur dramatique français le plus représentatif de sa génération. La plupart des vingt-cinq pièces qu'il a déjà écrites ont connu un grand succès, notamment son chef-d'œuvre, *Antigone* (1944). Les thèmes de la jeunesse, de la pureté et de l'amour se retrouvent sans cesse dans son œuvre. La pureté de la jeunesse s'oppose à la société qui est immorale et corrompue. L'amour est presque toujours malheureux et impossible à atteindre. Antigone symbolise parfaitement la révolte qui va résulter devant de telles difficultés. Elle acceptera de mourir pour les principes en lesquels elle croit.

Préparation à la Lecture

Antigone est sortie pendant la nuit pour aller enterrer son frère Polynice, malgré la défense de son oncle Créon, le roi de Thèbes. En effet, Polynice ayant commis un crime d'Etat, son cadavre doit rester exposé aux yeux de tous, comme punition. Dans cette scène, Antigone rentre chez elle, enchantée d'avoir découvert la beauté de la nature, de bonne heure le matin. Sa nourrice la couvre de reproches et de soupçons. Notez l'effet qui résulte de l'opposition entre la noblesse de l'action que vient d'accomplir Antigone et les doutes de sa nourrice. Une impression de douceur, et aussi de pitié pour Antigone, naît de ce passage.

132   *Ages de la vie*

Vocabulaire Essentiel

1. Je n'oublierai jamais ma chère nourrice que j'appelais nounou.

   nourrice (*f.*): personne qui allaite (donne son lait à) un enfant; personne qui a élevé un enfant

2. Tu as pris froid parce que tu t'es découverte pendant la nuit.

   découverte: enlevé les couvertures

3. C'est moi qui lui ai envoyé un cadeau; je ne crois pas qu'il s'en doute.

   il s'en doute: il s'en rende compte, il s'en aperçoive

4. Laissez la porte entrebâillée pour que le chat puisse entrer.

   entrebâillée: entrouverte, à moitié ouverte

5. Je me suis lavé le visage; il est encore mouillé.

   mouillé: humide

6. Il fait froid dehors; alors, je vais rester dedans, dans la maison, au chaud.

   dehors: à l'extérieur

7. Elle a pris un bonbon et elle m'a dit que ce n'était pas elle. Quelle petite menteuse!

   menteuse (*f.*): qui ne dit pas la vérité

8. Travaillez bien! Donnez-vous de mal pour réussir en classe!

   donnez-vous du mal: faites des efforts, donnez-vous de la peine

9. Ma mère s'est donné du mal pour nous élever.

   élever: nourrir; former le caractère d'un enfant

10. Tu vas encore t'attifer d'une manière tout à fait bizarre aujourd'hui.

    t'attifer: te parer, t'arranger

11. Cette dame a changé de coiffure; elle a maintenant des bouclettes sur les côtés.

    bouclettes (*f.*): petites ondulations de cheveux

12. Il faut que je me repose; depuis hier je suis très lasse.

    lasse: fatiguée

13. Mon père va me battre s'il sait que je suis sortie ce soir.

    battre: frapper, donner des coups

14. C'est l'été maintenant; mettons tous les lainages dans des tiroirs.

    lainages (*m.*): vêtements de laine

15. Les classes terminées, les enfants vont filer vers la maison.

    filer: partir vite, s'échapper

16. Comme ce garçon est timide, il a tendance à baisser les yeux quand on lui parle.

    baisser: incliner vers la terre

17. L'actrice est charmante, douce et jolie.

    douce: agréable, plaisante

18. Va border Marie dans son lit pour qu'elle ne se découvre pas.

    border: bien couvrir avec les draps et les couvertures

19. Cette vieille bonne femme est toute ridée.

    ridée: qui a des rides (plis, lignes du visage)

20. Elle pleurait à grosses larmes parce que son papa l'avait punie.

    larmes (*f.*): pleurs (tears)

21. Les larmes coulent dans toutes les rides de son visage, comme dans des rigoles.

    rigoles (*f.*): petits canaux (Ici, au sens figuré: les rides du visage)

22. Je jure de t'aimer toute ma vie.

    jure: affirme par serment (swear)

Antigone entr'ouvre la porte et rentre de l'extérieur sur la pointe de ses pieds nus, ses souliers à la main. Elle reste un instant immobile à écouter.
La nourrice surgit.

5   LA NOURRICE: D'où viens-tu?

ANTIGONE: De me promener, nourrice. C'était beau. Tout était gris. Maintenant, tu ne peux pas savoir, tout est déjà rose, jaune, vert. C'est devenu une carte postale. Il faut te lever plus tôt, nourrice, si tu veux voir un monde sans
10 couleurs. (*Elle va passer.*)

LA NOURRICE: Je me lève quand il fait encore noir, je vais à ta chambre pour voir si tu ne t'es pas découverte en dormant et je ne te trouve plus dans ton lit!

ANTIGONE: Le jardin dormait encore. Je l'ai surpris, nour-
15 rice. Je l'ai vu sans qu'il s'en doute. C'est beau un jardin qui ne pense pas encore aux hommes.

LA NOURRICE: Tu es sortie. J'ai été à la porte du fond, tu l'avais laissée entrebâillée.

porte du fond: porte du jardin qui mène dehors

134   *Ages de la vie*

ANTIGONE: Dans les champs c'était tout mouillé et cela attendait. Tout attendait. Je faisais un bruit énorme toute seule sur la route et j'étais gênée parce que je savais bien que ce n'était pas moi qu'on attendait. Alors j'ai enlevé mes
5 sandales et je me suis glissée dans la campagne sans qu'elle s'en aperçoive...

LA NOURRICE: Il va falloir te laver les pieds avant de te remettre au lit.

ANTIGONE: Je ne me recoucherai pas ce matin.

10 LA NOURRICE: A quatre heures! Il n'était pas quatre heures! Je me lève pour voir si elle n'était pas découverte. Je trouve son lit froid et personne dedans.

ANTIGONE: Tu crois que si on se levait comme cela tous les matins, ce serait tous les matins, aussi beau, nourrice,
15 d'être la première fille dehors?

LA NOURRICE: La nuit! C'était la nuit! Et tu veux me faire croire que tu as été te promener, menteuse! D'où viens-tu?

ANTIGONE (a un étrange sourire): C'est vrai, c'était encore la nuit. Et il n'y avait que moi dans toute la campagne à
20 penser que c'était le matin. C'est merveilleux, nourrice. J'ai cru au jour la première aujourd'hui.

LA NOURRICE: Fais la folle! Fais la folle! Je la connais, la chanson. J'ai été fille avant toi. Et pas commode non plus, mais dure tête comme toi, non. D'où viens-tu, mauvaise?

25 ANTIGONE (soudain grave): Non. Pas mauvaise.

LA NOURRICE: Tu avais un rendez-vous, hein? Dis non, peut-être.

ANTIGONE (doucement): Oui. J'avais un rendez-vous.

LA NOURRICE (éclate): Ah! c'est du joli! c'est du propre!
30 Toi, la fille d'un roi! Donnez-vous du mal; donnez-vous du mal pour les élever! Elles sont toutes les mêmes. Tu n'étais pourtant pas comme les autres, toi, à t'attifer toujours devant la glace, à te mettre du rouge aux lèvres, à chercher à ce qu'on te remarque. Combien de fois je me suis dit: «Mon
35 Dieu, cette petite, elle n'est pas assez coquette! Toujours avec la même robe et mal peignée. Les garçons ne verront qu'Ismène avec ses bouclettes et ses rubans et ils me la laisseront sur les bras.» Hé bien, tu vois, tu étais comme ta sœur, et pire encore, hypocrite! Qui est-ce? Un voyou, hein,
40 peut-être? Un garçon que tu ne peux pas dire à ta famille: «Voilà, c'est lui que j'aime, je veux l'épouser.» C'est ça, hein, c'est ça?... Mais ça ne va pas se passer comme ça, ma petite.

Fais la folle: Agis contre la raison!
Je la connais, la chanson: Tu ne me trompes pas.
Et pas commode non plus: d'un caractère difficile
dure tête: entêtée, obstinée

c'est du joli! c'est du propre!: It's disgraceful! It's disgusting!

Ismène: sœur d'Antigone
ils me la laisseront sur les bras: aucun ne se mariera avec elle

Je ne suis que ta nourrice, et tu me traites comme une vieille bête, bon! mais ton oncle, ton oncle Créon saura. Je te le promets!

ANTIGONE (*soudain un peu lasse*): Oui, nourrice, mon
5 oncle Créon saura. Laisse-moi maintenant.

LA NOURRICE: Et tu verras ce qu'il dira quand il apprendra que tu te lèves la nuit. Et Hémon? Et ton fiancé? Car elle est fiancée! Elle est fiancée et à quatre heures du matin elle quitte son lit pour aller courir. Et ça vous répond qu'on la
10 laisse, ça voudrait qu'on ne dise rien. Tu sais ce que je devrais faire? Te battre comme lorsque tu étais petite.

ANTIGONE: Nounou, tu ne devrais pas trop crier. Tu ne devrais pas être trop méchante ce matin.

LA NOURRICE: Pas crier! Je ne dois pas crier par-dessus le
15 marché! Moi qui avais promis à ta mère... Qu'est-ce qu'elle me dirait si elle était là? «Vieille bête, oui, vieille bête. Toujours à crier, à faire le chien de garde, à leur tourner autour avec des lainages pour qu'elles ne prennent pas froid ou des laits de poule pour les rendre fortes; mais à quatre
20 heures du matin tu dors, vieille bête, tu dors, toi qui ne peux pas fermer l'œil, et tu les laisses filer, marmotte, et quand tu arrives le lit est froid!» Voilà ce qu'elle me dira ta mère, là-haut quand j'y monterai, et moi j'aurai honte, honte à en mourir si je n'étais pas déjà morte, et je ne pourrai que
25 baisser la tête et répondre: «Madame Jocaste, c'est vrai.»

ANTIGONE: Non, nourrice. Ne pleure plus. Tu pourras regarder maman bien en face, quand tu iras la retrouver. Et elle te dira: «Bonjour, nounou, merci pour la petite Antigone. Tu as bien pris soin d'elle.» Elle sait pourquoi je suis sortie
30 ce matin.

LA NOURRICE: Tu n'as pas d'amoureux?

ANTIGONE: Non, nounou.

LA NOURRICE: Tu te moques de moi, alors? Tu vois, je suis trop vieille. Tu étais ma préférée, malgré ton sale caractère.
35 Ta sœur était plus douce, mais je croyais que c'était toi qui m'aimais. Si tu m'aimais tu m'aurais dit la vérité. Pourquoi ton lit était-il froid quand je suis venue te border?

ANTIGONE: Ne pleure plus, s'il te plaît, nounou. (*Elle l'embrasse.*) Allons, ma vieille bonne pomme rouge. Ma
40 vieille pomme toute ridée. Ne laisse pas couler tes larmes dans toutes les petites rigoles, pour des bêtises comme cela — pour rien. Je n'ai pas d'autre amoureux qu'Hémon, mon

ça vous répond ... ça voudrait: La nourrice montre sa colère en employant «ça» au lieu de «elle».

Nounou: dans le langage des enfants, «nourrice»

par-dessus le marché: en plus de cela

à leur tourner autour: à m'occuper d'elles

laits (*m.*) de poule: jaune d'œuf mélangé avec du sucre dans du lait chaud

marmotte (*f.*): animal qui dort beaucoup (woodchuck); personne qui dort profondément

j'aurai honte, honte à en mourir: je sentirai une telle honte que je voudrais mourir

regarder maman bien en face: regarder maman dans les yeux, tout droit, sans avoir honte

sale caractère: caractère difficile, désagréable

fiancé, je te le jure. Garde tes larmes, garde tes larmes; tu en auras peut-être besoin encore, nounou. Quand tu pleures comme cela, je redeviens petite... Et il ne faut pas que je sois petite ce matin.

Lexique

1. **amoureux** (*m.*): personne qui aime beaucoup
   Mon amoureux m'a envoyé un beau bouquet de fleurs.

2. **s'attifer**: se parer, s'arranger
   Il faut s'habiller simplement; il ne faut pas s'attifer d'une façon exagérée.

3. **baisser**: incliner vers la terre; diminuer; mettre plus bas
   Je vais baisser la lumière dans la chambre; la clarté ne gêne.

4. **battre**: frapper, donner des coups; vaincre
   L'homme était tellement fâché qu'il a failli battre son fils.

5. **border**: bien couvrir avec les draps et les couvertures
   Dans un hôpital, on apprend à border les patients.

6. **bouclette** (*f.*): petite ondulation de cheveux
   Mon jeune frère avait de belles bouclettes, mais, bien sûr, on les lui a coupées.

7. **champ** (*m.*): étendue de terre à cultiver, pré
   On voit beaucoup de champs de blé dans la campagne française.

8. **se découvrir**: enlever ses couvertures
   Le malade s'était découvert parce qu'il avait trop chaud.

9. **dehors**: à l'extérieur
   Va dehors chercher le journal!

10. **se donner du mal**: faire des efforts, se donner de la peine
    Elle se donne beaucoup de mal pour savoir où est allée Antigone.

11. **doux, douce**: agréable, plaisant; sucré au goût
    Ce jus de fruit est trop doux pour moi.

12. **se douter de**: se rendre compte de, s'apercevoir de
    L'architecte s'est douté de son erreur quand la maison a été terminée.

13. **élever**: nourrir; former le caractère d'un enfant
    C'est une grande responsabilité que d'élever des enfants.

14. **entrebâiller**: entr'ouvrir, ouvrir à moitié
    Entrebâillez les fenêtres pour mieux voir le défilé militaire.

15. **épouser**: se marier avec
    Elle veut épouser cet homme, mais il ne l'a pas demandée en mariage.

16. **faire noir**: y avoir de l'obscurité, faire nuit
    En hiver, il fait noir très tôt dans la journée.

17. **filer**: partir vite, s'échapper
    La femme de ménage a filé sans rien dire.

18. **jurer**: affirmer par serment (swear)
    Il faut jurer de ne rien dire aux autres!

19. **là-haut**: là-bas en haut (Ici, au sens figuré: au ciel, au paradis)
    L'alpiniste veut monter là-haut sur ce pic élevé.

20. **lainage** (*m*): vêtement de laine
    Il fait froid dans les montagnes; n'oublie pas d'apporter des lainages.

21. **larme** (*f.*): pleur (tear)
Le spectacle était si émouvant que j'en avais les larmes aux yeux.

22. **las, lasse**: fatigué(e)
Il me faut un repos complet; je suis très las d'avoir tant voyagé.

23. **menteur, menteuse**: qui ne dit pas la vérité
On ne peut jamais le croire; c'est un vrai menteur!

24. **mouiller**: rendre humide
Il pleut; ainsi, l'herbe est toute mouillée.

25. **nourrice** (*f.*): personne qui allaite (donne son lait à) un enfant; personne qui a élevé un enfant
La nourrice de mon frère s'appelait Biza.

26. **pire**: plus mauvais
Cette pomme est mauvaise, mais celle-là est pire.

27. **remarquer**: faire attention à, voir, observer
On ne remarque pas cette jeune fille quand elle est dans un groupe.

28. **ridé**: qui a des rides (plis, lignes du visage)
Cette personne est si vieille qu'elle ressemble à une pomme toute ridée.

29. **rigole** (*f.*): petit canal (Ici, au sens figuré: une ride du visage)
L'eau de pluie s'écoule par les petites rigoles dans la terre.

30. **sourire** (*m.*): léger mouvement de la bouche qui n'est pas tout à fait un rire (smile)
Elle m'a fait un joli sourire; je savais qu'elle était heureuse.

31. **surgir**: apparaître brusquement
Un bateau surgit à l'horizon, un peu avant midi.

32. **voyou** (*m.*): personne qui a de mauvaises habitudes; enfant mal élevé
C'est un vrai voyou; il n'a absolument pas de manières.

Questionnaire Oral

1. D'où vient Antigone?
2. Quel temps faisait-il?
3. A quoi Antigone compare-t-elle l'aube?
4. Comment est le monde avant le lever du soleil, selon Antigone?
5. Quand la Nourrice s'est-elle levée? Pourquoi?
6. Comment le jardin était-il quand Antigone l'a surpris?
7. Est-ce qu'Antigone est sortie dans le jardin? Comment la Nourrice le sait-elle?
8. Comment les champs étaient-ils? Qu'est-ce qu'ils attendaient?
9. Qui faisait un bruit énorme sur la route?
10. Qu'est-ce qu'Antigone a fait pour continuer son chemin dans la campagne?
11. Que faut-il qu'Antigone fasse avant de se recoucher? Est-ce qu'elle veut se recoucher?
12. A quelle heure Antigone s'était-elle levée? Comment la Nourrice le sait-elle?
13. Qu'est-ce qui était si beau pour Antigone?
14. Est-ce que la Nourrice croit l'histoire d'Antigone?
15. A quoi Antigone était-elle la première à croire?
16. Qu'est-ce que la Nourrice répond à Antigone?
17. Est-ce que la Nourrice semble comprendre l'action d'Antigone? Comment l'explique-t-elle?
18. Quelle sorte de fille était la Nourrice quand elle était jeune?
19. Qu'est-ce que la Nourrice dit quand elle apprend qu'Antigone avait un rendez-vous?
20. De qui Antigone est-elle la fille?
21. Pour quoi la Nourrice s'est-elle donné du mal?

22. Pourquoi la Nourrice dit-elle qu'Antigone n'était pas assez coquette?

23. Comment était Ismène?

24. De quoi la Nourrice avait-elle peur puisqu'Antigone n'était pas coquette?

25. Qu'est-ce que Créon, l'oncle d'Antigone, saura, selon la Nourrice?

26. A qui Antigone est-elle fiancée?

27. Qu'est-ce que la Nourrice pense que Jocaste, la mère d'Antigone, lui dira?

28. Qu'est-ce que la Nourrice préparait pour Antigone et Ismène pour qu'elles ne prennent pas froid? pour les rendre fortes?

29. Malgré quoi la Nourrice préférait-elle Antigone?

30. Comment Antigone s'adresse-t-elle à sa vieille nounou?

31. Pourquoi ne veut-elle pas que sa nounou pleure trop maintenant?

Sujets de Discussion

1. Quelle atmosphère semble régner au début de la pièce?

2. Quels sont les traits de caractère suggérés chez Antigone?

3. Quels sont les traits de caractère suggérés chez la Nourrice?

4. Malgré l'antiquité du sujet, est-ce qu'on peut considérer le thème comme moderne?

5. Puisqu'Antigone insiste tellement sur le fait qu'elle était seule en face de la nature, tôt le matin, quelle leçon peut-on en tirer?

6. Faites une description physique d'Antigone, telle que vous vous la représentez.

7. Est-ce que quelqu'un qui sortirait, à quatre heures du matin, dans les rues d'une ville, aurait les mêmes impressions qu'Antigone? Justifiez votre réponse.

Devoirs Ecrits

1. Composez un dialogue, entre une personne jeune et quelqu'un de plus âgé, dans lequel vous ferez voir les différences d'âge et d'attitude par les mots et la façon de s'exprimer de chacune d'elles.

2. Etes-vous jamais sorti très tôt, avant qu'il ne fasse jour? Expliquez ce que vous avez éprouvé à ce moment-là.

3. Antigone termine la scène en disant: «Il ne faut pas que je sois petite ce matin.» Comment comprenez-vous cette déclaration énigmatique? Essayez d'imaginer pourquoi elle parle ainsi. Pensez-vous que son air de mystère vienne de sa jeunesse ou bien a-t-il une autre raison?

EXERCICES DE STRUCTURE

EN + LE PARTICIPE PRESENT (LE GERONDIF)
Répétez les phrases suivantes.
1. Il marchait à grands pas dans les champs, en regardant le ciel, et en agitant les bras.
2. Il touchait les fleurs en leur enjoignant de se changer en carrosses dorés.
3. Charles chante en travaillant.
4. Le professeur parle lentement en prononçant chaque mot très soigneusement.

Transformez les phrases suivantes.

MODELE: Charles chante quand il travaille.
Charles chante en travaillant.

5. Nous apprenons beaucoup quand nous lisons ces livres.
6. Vous vous moquez de mes défauts si vous parlez de moi.
7. Vous l'avez mentionné quand vous m'avez raconté cette histoire.
8. Vous avez salué ma sœur quand vous avez enlevé votre chapeau.
9. Vous m'insulteriez si vous injuriez mes amis.

Complétez les phrases suivantes en employant *en* + un participe présent.

MODELE: Vous apprenez beaucoup en lisant ces livres.

10. Vous m'injuriez...
11. Vous vous moquez de moi...
12. Le dentiste m'a fait mal...
13. Les ennemis nous ont attaqués...
14. Charles a ouvert la porte...

DEVOIR AU CONDITIONNEL PASSE

Répétez les phrases suivantes.
1. Tu sais ce que je devrais faire.
2. Tu ne devrais pas trop crier.
3. Tu ne devrais pas être trop méchante ce matin.
4. J'aurais dû faire mon travail.
5. Je n'aurais pas dû injurier votre ami.
6. Je devrais faire mon travail.
7. Vous ne devriez pas injurier mon ami.

Transformez les phrases suivantes.

MODELE: Je devrais faire mon travail.
J'aurais dû faire mon travail.

8. Vous devriez travailler avec plus d'acharnement.
9. Vous ne devriez pas vous moquer de mes défauts.
10. Vous devriez deviner le résultat de ce match.
11. Vous devriez lutter contre la pauvreté.
12. Vous devriez faire attention en classe.
13. Vous devriez lire le livre attentivement.

Commentez les phrases suivantes en employant *J'aurais dû* ou *Il aurait dû*.

MODELE: Vous avez reçu une mauvaise note.
J'aurais dû faire attention en classe.

14. Vous ne comprenez pas la leçon d'aujourd'hui.
15. Votre ami(e) ne veut plus sortir avec vous.

16. Votre maison a été détruite par la foudre.
17. Le cheval a renversé son cavalier qui ne savait pas bien monter.
18. Après avoir bu ce poison, le pauvre homme a été pris de contorsions.

PRONOM INDEFINI + *DE* + ADJECTIF

Répétez les phrases suivantes.
1. Ça n'a rien de drôle.
2. Je vois quelque chose de beau.
3. Je vois quelqu'un d'intéressant.
4. Je ne fais rien d'intéressant.
5. Je ne connais personne d'intéressant.

Changez les phrases suivantes en employant les mots indiqués et faites les changements nécessaires.
6. Dans ce livre, il n'y a rien d'intéressant.

_____ personne _____.
_____ il y a quelque chose ____.
_____ d'amusant.
_____ de beau.

7. Quelque chose d'amusant est arrivé hier.
Quelqu'un _____.
Rien d'amusant n'_____.
____ d'intéressant _____.
____ de sérieux _____.

Répondez aux questions suivantes en vous servant des expressions *rien, personne, quelque chose* ou *quelqu'un,* suivies d'un adjectif.

MODELE: Qu'est-ce-que vous faites?
Rien d'important.

8. Qu'est-ce que vous cherchez?
9. Qui est-ce que vous regardez?
10. Qui est-ce qui vous enseigne le français?
11. Qu'est-ce que nous lisons?
12. Qu'est-ce que vous ferez ce soir?

EN, REMPLAÇANT *DE* + NOM

Répétez les phrases suivantes.
1. Il cherchait un grillon pour en faire un cheval.
2. Christophe en était le général.
3. Le stylo est cassé. Je ne peux pas m'en servir.
4. Je lis ce livre pour en parler à mon ami.
5. J'achète ce morceau d'étoffe pour en faire une robe.
6. Vous parlez de mes défauts pour vous en moquer.
7. Vous étudiez ce livre pour en tirer le meilleur parti possible.

Changez la phrase suivante en employant les mots indiqués.

8. J'étudie ce livre pour en parler à mon ami.

Je lis _____.

_____ cet article _____.

_____ discuter avec ___.

_____ mes parents.

Répondez aux questions suivantes en employant *pour en* + infinitif.

MODELE: Pourquoi achetez-vous une lanière de cuir?
Je l'achète pour en faire un fouet.

9. Pourquoi parlez-vous des défauts de votre ami?
10. Pourquoi étudiez-vous ce sujet?
11. Pourquoi achetez-vous ce morceau d'étoffe?
12. Pourquoi prenez-vous ce morceau de bois?
13. Pourquoi cherchez-vous un grillon?
14. Pourquoi voulez-vous ce cahier?

FAIRE, LAISSER, ENTENDRE, VOIR + INFINITIF

Répétez les phrases suivantes.

1. J'entends sonner le téléphone.
2. J'entends chanter mes camarades.
3. Je laisse entrer mon ami.
4. Je vois entrer mon ami.
5. Le professeur fait chanter les élèves.

Changez la phrase suivante en employant les mots indiqués.

6. Je vois partir mes camarades.

J'entends _____.

Je laisse _____.

Je fais _____.

_____ revenir _____.

_____ amis.

Répondez aux questions suivantes.

MODELE: Est-ce que le professeur fait lire les élèves?
Oui, il les fait lire.

7. Est-ce que le professeur fait travailler les élèves?
8. Est-ce qu'il laisse parler les élèves?
9. Est-ce qu'il voit courir les élèves?
10. Est-ce qu'il entend chanter les élèves?
11. Est-ce qu'il entend chanter Paul?
12. Est-ce qu'il laisse parler sa femme?
13. Est-ce que Paul fait entrer les petits?

Changez la phrase du modèle en employant les mots indiqués.

MODELE: travailler
      Oui, je vous fais travailler.

14. écrire
15. partir
16. chanter
17. parler
18. dormir
19. souffrir

REVISION

EMPLOI DE *ON*
Répétez les phrases suivantes.
1. Le château a été brûlé. On a brûlé le château.
2. Robert a été accusé. On a accusé Robert.
3. Le chien a été tué. On a tué le chien.

Répondez aux questions suivantes.

MODELE: Est-ce que Robert sera puni?
      Oui, on le punira.

4. Est-ce que Charles sera récompensé?
5. Est-ce que la maison a été vendue?
6. Est-ce que cet homme sera respecté?
7. Ce travail a-t-il été fini à l'heure?
8. Votre réponse a-t-elle été acceptée?
9. Les criminels ont-ils été arrêtés?
10. Est-ce que vous avez été compris?

Tableau 7 • AMOUR

Entrée en Matière. *De tous les sentiments, l'amour est certainement le plus fort. On dit qu'il soulève des montagnes, qu'il opère des miracles. En tout cas, il est évident qu'il est la cause d'actions incroyables et aussi... de beaucoup d'erreurs et de bêtises. Rien n'est impossible à celui qui aime. Il se lance, sans réfléchir, dans les pires aventures. Il accepte de passer par les épreuves les plus dures pour prouver sa passion.*

De grandes œuvres ont été créées par l'amour. L'écrivain, le peintre, le musicien seraient incapables de produire leurs chefs-d'œuvre s'ils n'étaient amoureux. Leur génie créateur a besoin d'être excité par cette flamme qui les brûle.

Cependant, il n'existe pas de situation plus triste que celle où l'on aime sans être aimé en retour. L'adolescent, qui est dans ce cas, souvent trouve la vie inutile et vide, jusqu'au moment où il tombera amoureux d'une autre personne. Il s'apercevra alors que l'amour ne supporte pas l'égoïsme: il demande qu'on partage tout, les plaisirs comme les peines. On voit souvent des jeunes gens amoureux qui ne savent pas cacher leurs sentiments. Ne vous moquez pas d'eux, puisque c'est le plus beau moment de leur vie!

144

DUALISME

par Paul Géraldy

Introduction

Paul Géraldy (1885–   ) a été le poète adoré de sa génération. «Dualisme», tiré de son volume *Toi et moi* (1943), montre les qualités de son lyrisme simple et intime. Dans ce petit poème, il décrit une attitude courante chez les couples amoureux. La jeune femme, d'un point de vue typiquement féminin, considère tout naturellement ses possessions à elle comme étant les siennes. Son amoureux lui rappelle que dans un couple uni, il faut toujours partager et dire *nos* livres et non pas *mes* livres ni *tes* livres.

Préparation à la Lecture

Ce poème de douze vers mérite plusieurs lectures. Lisez-le une première fois pour comprendre les sentiments qu'il exprime; puis, pour apprécier la beauté et la simplicité de l'œuvre; enfin, pour en étudier la forme. Le ton et l'emploi de lettres majuscules pour certains mots font ressortir l'idée que c'est une conversation qu'on entend. Chaque vers compte huit syllabes, sauf le dernier. Combien en a celui-ci? Remarquez que quatre vers riment en *-oi*, quatre en *-ose* et quatre en *-ien*.

Vocabulaire Essentiel

1. Toutes les philosophies de l'antiquité ont enseigné le dualisme.

   dualisme (*m.*): caractère de tout système qui admet deux principes — la matière et l'esprit, le mal et le bien — qu'il suppose éternels

2. Ce piano m'appartient, mais ce livre appartient à mon frère.

   appartient à: est la propriété de

Chérie, explique-moi pourquoi
tu dis: «MON piano, MES roses,»
et: «TES livres, TON chien»... pourquoi
je t'entends déclarer parfois:
«c'est avec MON ARGENT A MOI
que je veux acheter ces choses.»
Ce qui m'appartient t'appartient!
Pourquoi ces mots qui nous opposent:
le tien, le mien, le mien, le tien?
Si tu m'aimais tout à fait bien,
tu dirais: «LES livres, LE chien»
et: «NOS roses.»

Lexique

1. **appartenir à:** être la propriété de

   Les trois maisons dont vous parlez m'appartiennent.

2. **dualisme** (*m.*): caractère de tout système qui admet deux principes — la matière et l'esprit, le mal et le bien — qu'il suppose éternels

   Les problèmes que pose le dualisme sont nombreux.

Questionnaire Oral

1. Qu'est-ce que l'auteur veut que sa chérie lui explique?

2. Qu'est-ce que celle-ci dit, d'après lui?

3. Que lui entend-il déclarer parfois?

4. Que veut-elle acheter avec son argent à elle?

5. Que répond l'auteur aux paroles de sa chérie?

6. Quels sont les mots qui les opposent?

7. Que dirait-elle si elle l'aimait bien?

Sujets de Discussion

1. Avez-vous l'impression que l'homme et la femme de ce poème s'aiment autant l'un que l'autre? Justifiez votre réponse.

2. Pensez-vous que *le mien* et *le tien* soient des mots qui devraient disparaître quand un homme et une femme s'aiment?

3. Pourquoi l'homme n'aime-t-il pas que sa chérie emploie des possessifs comme *mon, ma, mes*? Qu'est-ce que cela indiquerait, d'après lui?

4. Croyez-vous qu'il faut tout mettre en commun quand on aime?

Devoirs Ecrits

1. Décrivez l'homme et la femme de ce poème, tels que vous pouvez les imaginer.

2. Ecrivez un dialogue entre un homme et une femme qui s'aiment. Elle ne veut plus qu'il dise *mon, ma, mes, le mien*, mais lui insiste pour garder ce qui lui appartient. Finalement, ils se mettent en colère.

SOUVENEZ-VOUS

par Rose Vincent

Introduction

Rose Vincent, journaliste bien connue, écrit dans *Elle*, grande revue féminine. Pour elle, l'été est la saison la plus favorable aux amours. D'abord, il n'y a pas de classes; ensuite, on rencontre beaucoup de garçons, tous très agréables. L'été encourage les passions violentes, surtout si l'on est au bord de la mer. Hélas, ces amours-là durent aussi longtemps que les vacances, mais elles laisseront des souvenirs très doux.

Préparation à la Lecture

En lisant ces souvenirs de premières amours de filles, il est intéressant de noter la technique peu habituelle dont se sert l'auteur pour développer son article. Au début, à seize ans, les jeunes filles tombent vite amoureuses, mais aussi cela passe vite. Puis, peu à peu, en remontant de quatorze ans jusqu'à cinq ans, l'amour devient plus naturel et plus sincère. Des exemples bien choisis vont prouver le point de vue de l'auteur. Etes-vous d'accord avec Rose Vincent?

Vocabulaire Essentiel

1. Les enfants adorent plonger dans les vagues.
   vagues (*f.*): masses qui s'élèvent et retombent à la surface des eaux

2. Robert est son bien-aimé; elle est folle de lui.
   bien-aimé (*m.*): celui que l'on aime tendrement; chéri

3. Les fermiers ont monté leurs vieux vêtements au grenier.
   grenier (*m.*): étage supérieur d'une maison, situé sous le toit, où l'on met ce dont on ne se sert pas

4. Rose a changé trois fois de coiffure.
   coiffure (*f.*): façon de s'arranger les cheveux

5. Je vous reverrai à la rentrée de septembre.
   rentrée (*f.*): moment du retour des vacances, moment où l'on retourne en classe

6. Ils ont engagé un moniteur très compétent pour les cours de gymnastique.
   moniteur (*m.*): celui qui enseigne un sport (gymnastique, natation, athlétisme, etc.)

7. Le professeur gronde les élèves qui n'ont pas préparé leur leçon.
   gronde: réprimande plus ou moins sévèrement

8. Vous haïssiez la personne dont on a mentionné le nom.
   haïssiez: détestiez

9. Aidez-moi à tourner le matelas.
   matelas (*m.*): coussin long et plat, rempli de matière élastique, que l'on place sur le sommier d'un lit

10. Jean songeait à venir vous voir avant midi.
    songeait: avait l'intention de

11. Prenez un foulard pour sortir, car il fait assez froid.
    foulard (*m.*): morceau de tissu en soie ou en laine servant à protéger le cou ou la tête

12. Ce petit voyou passe son temps à taquiner ses camarades.
    taquiner: harceler légèrement pour ennuyer

13. Les défenseurs de la ville sont prêts à se faire hacher plutôt que de céder leur position.
    hacher: couper en petits morceaux

14. C'était impossible de soupçonner son amour pour Pierre.

    soupçonner: deviner, présumer

15. Carole trouve les enfants insupportables.

    insupportables: très désagréables; qu'on ne peut supporter

16. Il est très gentil, il m'a laissé partager son gâteau.

    partager: prendre une part de

17. Il faut préparer une tartine pour l'enfant.

    tartine (*f.*): tranche de pain recouverte de beurre et de confiture ou de miel

VOUS rappelez-vous votre premier amour? Cherchez bien. C'était un amour d'été. Pour qu'on puisse chanter «Donne-moi ta main et prends la mienne» il faut, Sheila vous le dit souvent, que l'école soit finie. Un amour
5 de vacances, un amour d'enfants qui font les fous dans les vagues en se lançant de l'eau au visage, ou cachent des signes et des messages sous de grosses pierres. Pendant la sieste, vous gardiez l'œil fixé sur la pendule, mourant d'impatience en attendant l'heure d'aller rejoindre le bien-aimé;
10 car vous aviez des rendez-vous mystérieux dans un grenier ou derrière un mur tout chaud de soleil.

Aviez-vous seize ans? A seize ans, c'est vrai, votre cœur battait pour le frère de votre amie Carole, qui avait consenti à vous apprendre le crawl; vous passiez des heures
15 devant la glace à essayer de nouvelles coiffures pour lui plaire. Votre mère aurait dû vous surveiller davantage car vous vous laissiez embrasser, confessez-le, quand vous étiez seule avec lui derrière un rocher. Mais vous saviez bien qu'il embrassait aussi d'autres filles. A la rentrée de septembre,
20 vous n'y avez plus pensé. Ce n'était qu'un flirt en vérité.

Quatorze ans, peut-être? Cette année-là, avec Carole, vous aimiez follement le moniteur de gymnastique. Il vous plaisait à toutes les deux. Que n'auriez-vous fait pour qu'il vous sourie, pour qu'il vous gronde, pour qu'il vous distingue?
25 Vous haïssiez votre rivale, Carole, mais ne pouviez la quitter car, avec elle, vous pouviez parler de «lui». Non, ce n'était pas un amour; un rêve d'amour, sans plus.

Douze ans? L'homme de votre vie, souvenez-vous, était votre cousin Jacques. Parce qu'il était grand, parce qu'il
30 avait des yeux noirs, parce qu'il montait à cheval, vous

Sheila: chanteuse française, très populaire auprès des jeunes
font les fous: s'amusent follement, avec extravagance

aurait dû: conditionnel passé de *devoir* (should have)

flirt: amour léger, sans importance (Ce mot anglais vient du français *fleuretter*, c'est-à-dire *conter fleurette, tenir des propos galants.*)

sans plus: et rien de plus

rêviez le soir qu'il venait, en armure de chevalier, vous enlever sur son grand palefroi. Vous lui écriviez des lettres brûlantes que vous cachiez sous votre matelas. Le jour où elle les a trouvées, votre mère s'est affolée. Elle avait grand
5 tort. Elle ne savait pas qu'à cet âge, l'instinct sexuel est inexistant ou plutôt en sommeil; que Jacques ne songeait qu'à vous cacher votre foulard et à vous taquiner en vous appelant Bouboule; que vous vous seriez fait hacher plutôt que de laisser soupçonner votre amour; que tout cela n'était
10 qu'imagination, besoin de secret, et désir de se croire grande en adoptant les sentiments et les paroles des grands.

Dix ans? Mais non, vous haïssiez les garçons, vous les appeliez insupportables, dégoûtants, brutaux...

Aviez-vous sept ans, l'âge où vous étiez «fiancée» avec
15 votre petit voisin, où vous jouiez au mariage drapée dans un vieux rideau? Mais non, vous cherchiez seulement à ressembler à maman.

Votre premier amour, le plus naturel, le plus sincère, c'est sans doute à cinq ans que vous l'avez vécu. Quand votre
20 intérêt pour les garçons était, disent les psychologues, à son maximum mais totalement inconscient et innocent. Quand vous étiez sûre, sans complications, d'aimer et d'être aimée, quand vous pouviez sauter au cou de votre petit compagnon, le griffer, l'embrasser encore, et à l'heure du goûter, partager
25 sa tartine.

palefroi: nom donné au Moyen Age au cheval de parade des princes et des souverains (palfrey)

Bouboule: nom donné, pour les taquiner, aux enfants un peu trop gros

vécu: passé composé de *vivre*

Lexique

1. **s'affoler:** être très inquiet, se troubler follement

   Ma mère s'est affolée quand ma sœur lui a dit qu'elle voulait partir.

2. **bien-aimé** (*m.*): celui que l'on aime tendrement; chéri

   Une femme ferait n'importe quoi pour son bien-aimé, n'est-ce pas?

3. **coiffure** (*f.*): façon de s'arranger les cheveux

   Sheila cherche la coiffure qui la rendra plus jolie.

4. **davantage:** plus, mieux

   Je crois que, des deux sœurs, c'est celle-ci que j'aime davantage.

5. **dégoûtant:** qui inspire de la répulsion

   Cet homme est dégoûtant; je n'approuve pas du tout son attitude.

6. **follement:** d'une manière folle; sans mesure

   En refusant d'accepter cette offre, vous avez agi follement.

7. **foulard** (*m.*): morceau de tissu en soie ou en laine servant à protéger le cou ou la tête

   Elle avait mis un foulard bleu sur ses cheveux.

8. **goûter** (*m.*): petit repas dans l'après-midi

   Venez partager notre goûter dans le jardin.

9. **grenier** (*m.*): partie d'un bâtiment de ferme où l'on garde le grain; étage supérieur d'une maison, situé sous le toit, où l'on met ce dont on ne se sert pas

   Tout le blé a été déjà mis au grenier.

10. **griffer:** marquer à coups de griffes (ongles de certains animaux) ou d'ongles

    Ne taquine pas le chat, car il pourrait te griffer.

11. **gronder:** réprimander plus ou moins sévèrement

    Elle l'a grondé parce qu'il l'appelait Bouboule.

12. **hacher:** couper en petits morceaux

    Chez le boucher, elle a acheté 500 grammes de viande hachée.

13. **haïr:** détester

    Vous m'aviez dit que vous haïssiez l'idée de partir.

14. **insupportable:** très désagréable; qu'on ne peut supporter

    Après deux heures, son bavardage m'a paru insupportable.

15. **matelas** (*m.*): coussin long et plat, rempli de matière élastique, que l'on place sur le sommier d'un lit

    J'ai caché un billet de dix dollars sous le matelas.

16. **moniteur** (*m.*): celui qui enseigne un sport (gymnastique, natation, athlétisme, etc.)

    Sur le stade, les moniteurs donnaient des conseils aux athlètes.

17. **partager:** donner ou prendre une part de

    Elle a partagé ses bonbons avec son ami.

18. **rentrée** (*f.*): moment du retour des vacances, moment où l'on retourne en classe

    Je vais acheter aux enfants de nouvelles chaussures pour la rentrée de septembre.

19. **songer:** avoir l'intention de

    Avez-vous songé à aller chez le dentiste?

20. **soupçonner:** deviner, présumer

    Tu ne voudrais laisser soupçonner aucun de tes projets.

21. **taquiner:** harceler légèrement pour ennuyer

    Vous ne devez pas taquiner Marie, car elle se fâchera.

22. **tartine** (*f.*): tranche de pain recouverte de beurre et de confiture ou de miel

    Jeanne veut partager sa tartine avec son petit cousin.

"By the Seashore" *par Pierre Auguste Renoir* (The Metropolitan Museum of Art, Bequest of Mrs. H. O. Havemeyer, 1929. The H. O. Havemeyer Collection)

"Boating," par Edouard Manet (The Metropolitan Museum of Art, Bequest of Mrs. H. O. Havemeyer, 1929. The H. O. Havemeyer Collection)

23. **avoir grand tort:** commettre une grande erreur

Elle avait grand tort de s'inquiéter; sa maladie n'était pas grave.

24. **vague** (*f.*): masse qui s'élève et retombe à la surface des eaux

Les vagues viennent mourir sur la plage.

Questionnaire Oral

1. Qu'y a-t-il dans l'air d'été?
2. En quelle saison est arrivé le premier amour?
3. Que faut-il pour qu'on puisse chanter «Donne-moi ta main et prends la mienne»?
4. Qui nous le dit souvent?
5. Comment les enfants font-ils les fous, quand ils sont amoureux?
6. Où cachent-ils des signes ou des messages?
7. Pendant la sieste, que faisait la jeune fille à laquelle parle l'auteur?
8. En attendant quoi, mourait-elle d'impatience?
9. Où avait-elle des rendez-vous mystérieux?
10. Pour qui battait son cœur quand elle avait seize ans?
11. A quoi avait consenti le frère de son amie Carole?
12. Pourquoi passait-elle des heures devant la glace?
13. Qu'est-ce que sa mère aurait dû faire?
14. Pourquoi aurait-elle dû la surveiller davantage?
15. Quand la jeune fille se laissait-elle embrasser?
16. Que savait-elle bien aussi?
17. Qu'est-il arrivé, à la rentrée de septembre?
18. Qui aimait-elle à l'âge de quatorze ans?
19. Etait-elle la seule à l'aimer?
20. Est-ce qu'elle aurait voulu qu'il lui sourie, qu'il la gronde, qu'il la distingue?
21. Pourquoi ne pouvait-elle quitter Carole qu'elle haïssait?
22. Etait-ce un amour?
23. Qui était l'homme de sa vie quand elle avait douze ans?
24. Comment était son cousin Jacques?
25. Que rêvait-elle le soir?
26. Où cachait-elle les lettres brûlantes qu'elle lui écrivait?
27. Qu'a fait sa mère, le jour où elle a trouvé ces lettres?
28. Pourquoi avait-elle grand tort?
29. A quoi Jacques songeait-il seulement?
30. Comment taquinait-il sa petite cousine?
31. Aurait-elle laissé soupçonner son amour?
32. Est-ce que tout cela était de l'amour?
33. Comment est-ce que la petite fille pouvait se croire grande?
34. Comment appelait-elle les garçons à dix ans?
35. A sept ans, avec qui était-elle «fiancée»?
36. A quoi jouait-elle alors?
37. Que cherchait-elle seulement?
38. A quel âge a-t-elle vécu son premier amour?
39. Comment était son intérêt pour les garçons à ce moment-là?
40. Que pouvait-elle faire à son petit compagnon?

Sujets de Discussion

1. Est-ce que, d'après vous, l'été favorise les amours? Pourquoi?
2. A quel âge pensez-vous qu'existe l'amour le plus sincère? Etes-vous d'accord avec ce que dit l'auteur?

3. Est-ce que tous les jeunes gens sont assez mûrs pour distinguer entre les flirts, les amourettes et les vrais amours?

4. Vous souvenez-vous d'un flirt de vacances? Où et quand était-ce?

5. Mademoiselle, rêvez-vous le soir qu'un chevalier sur un palefroi vient vous enlever? Sinon, est-ce quelqu'un d'autre?

6. Monsieur, avez-vous songé à enlever une jeune fille, sur un palefroi ou bien d'une autre façon?

7. Comment peut-on taquiner une personne? Donnez des exemples.

8. Est-ce qu'il vous est arrivé de vous faire hacher plutôt que de laisser soupçonner un de vos secrets? Indiquez dans quelles circonstances c'était.

Devoirs Ecrits

1. Que peut-on faire pour plaire au jeune homme ou à la jeune fille qu'on aime?

2. Est-ce que les jeunes filles françaises agissent de la même façon que les jeunes filles américaines? En quoi sont-elles semblables et en quoi diffèrent-elles?

3. Ecrivez un journal (*diary*) en commençant par cette année-ci et en remontant dans le temps. Indiquez, à chaque période de votre vie, ce que vous pensiez des personnes de l'autre sexe et les raisons pour lesquelles vous pensiez cela.

LA PROMESSE DE L'AUBE

par Romain Gary

Introduction

Romain Gary, né à Moscou en 1914 mais devenu Français, a servi la France de diverses façons. Il a été aviateur, commandant dans l'armée, puis sa longue carrière diplomatique l'a conduit aux Etats-Unis et en Amérique du Sud. Parmi ses romans, on compte *La promesse de l'aube* (1960), récit autobiographique. Notez la candeur de sa confession de jeune garçon amoureux qui, à neuf ans, se trouvait déjà subjugué par cette passion! Totalement conquis par la petite Valentine, il accomplit des exploits extraordinaires pour elle. Ce qu'il y a de plus étonnant, c'est qu'à la fin il avoue ne pas avoir retenu sa leçon: l'amour et les belles femmes n'ont cessé de l'intéresser et ainsi continuera-t-il à faire l'impossible pour se mettre dans leurs bonnes grâces. L'amour! toujours l'amour!

Préparation à la Lecture

Dans l'article précédent, on vous avait indiqué quelques réactions de jeunes filles aux premières amours. Mais elles ne sont pas les seules à ressentir cette passion violente. L'expérience personnelle de Romain Gary prouve que les garçons aussi peuvent en souffrir, même à l'âge de neuf ans.

Ce texte est facile à lire: la répétition des «je» et le ton sincère donnent une grande vérité à cet amour. Espérons que vous éviterez de commettre les mêmes excès que l'auteur!

Vocabulaire Essentiel

1. Cette passion violente faillit le tuer.

   faillit: fut sur le point de, manqua de peu de *faillir*

2. Le petit garçon jouait derrière le dépôt de bois.

   dépôt (*m.*): endroit où l'on garde du bois, du charbon, etc.

3. Tu désirais vivement la séduire.

   séduire: plaire à, conquérir

4. Ils ont dûment annoncé qu'ils arriveraient demain à la maison.

   dûment: comme il convient

5. Janek est allé voler ces pommes dans le jardin du voisin.

   voler: prendre ce qui ne vous appartient pas

6. Le martyre de cet homme a commencé quand il s'est cassé le bras.

   martyre (*m.*): tourment, grande douleur

7. On utilise des vers de terre pour la pêche.

   vers (*m.*) **de terre:** petits animaux au corps allongé et mou que l'on trouve dans la terre

8. Je me suis acheté des bottes en caoutchouc.

   caoutchouc (*m.*): substance élastique et résistante provenant de certaines plantes tropicales

9. L'éventail était à la mode en 1900.

   éventail (*m.*): objet dont on se sert pour agiter l'air autour de sa figure

10. Voulez-vous un fil de soie ou un fil de coton pour réparer votre robe?

    fil (*m.*): morceau très fin et allongé d'une matière textile

J'AVAIS déjà près de neuf ans lorsque je tombai amoureux pour la première fois. Je fus tout entier aspiré par une passion violente, totale, qui m'empoisonna complètement l'existence et faillit même me coûter la vie.

5   Elle avait huit ans et elle s'appelait Valentine. Je pourrais la décrire longuement et à perte de souffle, et si j'avais une voix, je ne cesserais de chanter sa beauté et sa douceur. C'était une brune aux yeux clairs, admirablement faite, vêtue d'une robe blanche et elle tenait une balle à la main.

10 Je l'ai vue apparaître devant moi dans le dépôt de bois, à l'endroit où commençaient les orties, qui couvraient le sol jusqu'au mur du verger voisin. Je ne puis décrire l'émoi qui s'empara de moi: tout ce que je sais, c'est que mes jambes devinrent molles et que mon cœur se mit à sauter avec une

15 telle violence que ma vue se troubla. Absolument résolu à la séduire immédiatement et pour toujours, de façon qu'il n'y eût plus jamais de place pour un autre homme dans sa vie,

aspiré: attiré violemment (sens figuré)

à perte de souffle: jusqu'au point de ne plus pouvoir respirer

les orties (*f.*): plantes sauvages dont le contact provoque une vive douleur sur la peau (nettles)

La promesse de l'aube   153

je fis comme ma mère me l'avait dit et, m'appuyant négligemment contre les bûches, je levai les yeux vers la lumière
pour la subjuguer. Mais Valentine n'était pas femme à se
laisser impressionner. Je restai là, les yeux levés vers le soleil,
5 jusqu'à ce que mon visage ruisselât de larmes, mais la cruelle,
pendant tout ce temps-là, continua à jouer avec sa balle, sans
paraître le moins du monde intéressée. Les yeux me sortaient
de la tête, tout devenait feu et flamme autour de moi, mais
Valentine ne m'accordait même pas un regard. Complète-
10 ment décontenancé par cette indifférence, alors que tant de
belles dames, dans le salon de ma mère, s'étaient dûment
extasiées devant mes yeux bleus, à demi aveugle et ayant
ainsi, du premier coup, épuisé, pour ainsi dire, mes muni-
tions, j'essuyai mes larmes et, capitulant sans conditions, je
15 lui tendis les trois pommes vertes que je venais de voler dans
le verger. Elle les accepta et m'annonça, comme en passant:
— Janek a mangé pour moi toute sa collection de timbres-
poste.

du premier coup: la première fois
que j'essayais

154   *Amour*

C'est ainsi que mon martyre commença. Au cours des jours qui suivirent, je mangeai pour Valentine plusieurs poignées de vers de terre, un grand nombre de papillons, un kilo de cerises avec les noyaux, une souris, et, pour finir, je peux dire
5 qu'à neuf ans, c'est-à-dire bien plus jeune que Casanova, je pris place parmi les plus grands amants de tous les temps, en accomplissant une prouesse amoureuse que personne, à ma connaissance, n'est jamais venu égaler. Je mangeai pour ma bien-aimée un soulier en caoutchouc.

10   Ici, je dois ouvrir une parenthèse.

     Je sais bien que, lorsqu'il s'agit de leurs exploits amoureux, les hommes ne sont que trop portés à la vantardise. A les entendre, leurs prouesses viriles ne connaissent pas de limite, et ils ne vous font grâce d'aucun détail.

15   Je ne demande donc à personne de me croire lorsque j'affirme que, pour ma bien-aimée, je consommai encore un éventail japonais, dix mètres de fil de coton, un kilo de noyaux de cerises — Valentine me mâchait, pour ainsi dire, la besogne, en mangeant la chair et en me tendant les noyaux
20 — et trois poissons rouges, que nous étions allés pêcher dans l'aquarium de son professeur de musique.

     Dieu sait ce que les femmes m'ont fait avaler dans ma vie, mais je n'ai jamais connu une nature aussi insatiable. C'était une Messaline doublée d'une Théodora de Byzance.
25 Après cette expérience, on peut dire que je connaissais tout de l'amour. Mon éducation était faite. Je n'ai fait, depuis, que continuer sur ma lancée.

Casanova: aventurier italien du XVIIIe siècle, célèbre pour ses exploits amoureux

portés à la vantardise: disposés à exagérer leurs propres mérites

A les entendre: Si on les croit

font grâce de: oublient, omettent

me mâchait... la besogne: me préparait presque entièrement ce que j'avais à faire (jeu de mots sur *mâchait* qui veut dire *écrasait avec les dents*)

Messaline: impératrice romaine qui était très débauchée. Aujourd'hui, quand on parle d'une femme débauchée, on dit: «C'est une Messaline.»

Théodora de Byzance: impératrice byzantine qui vécut au VIe siècle. Elle scandalisa la ville de Byzance (aujourd'hui Istanbul) par ses débauches; elle était énergique, ambitieuse et avide.

continuer sur ma lancée: continuer comme j'avais commencé, sans rien apprendre de plus

Lexique

1. **aveugle:** qui ne voit pas
   La dure lumière du soleil le rendait à moitié aveugle.

2. **besogne** (*f.*): travail, ouvrage, tâche
   Ce n'est pas une besogne facile, mais on arrivera bien à l'accomplir.

3. **bûche** (*f.*): morceau de bois destiné à être brûlé dans une cheminée
   Dans les villes, la bûche de Noël est souvent un gâteau en forme de bûche.

4. **caoutchouc** (*m.*): substance élastique et résistante
   Le caoutchouc est employé pour la fabrication des pneus de bicyclette et d'automobile.

5. **décontenancer:** intimider
   Les rires et les cris ont décontenancé le conférencier.

6. **dépôt** (*m.*): endroit où l'on garde du bois, du charbon, etc.

Les réserves du dépôt de bois seront renouvelées pour l'hiver.

7. **dûment:** comme il convient

Ayant dûment rendu visite au président de l'université, il est parti.

8. **égaler:** être semblable

L'un cherche toujours à égaler ce que fait l'autre.

9. **essuyer:** sécher en frottant

J'ai essuyé mes larmes afin de ne pas laisser voir que j'avais pleuré.

10. **éventail** (*m.*): objet dont on se sert pour agiter l'air autour de sa figure

Les Japonais savent bien décorer les éventails.

11. **faillir:** être sur le point de, manquer de peu de

Marie a failli venir te voir en sortant de l'école.

12. **fil** (*m.*): morceau très fin et allongé d'une matière textile

Voilà sa boîte de fils de toutes les couleurs.

13. **martyre** (*m.*): tourment, grande douleur

Il a enduré un vrai martyre pendant la traversée du désert.

14. **papillon** (*m.*): insecte ailé ayant souvent des couleurs brillantes

Les papillons des pays chauds sont particulièrement beaux.

15. **ruisseler:** couler comme un ruisseau (petite rivière)

La transpiration ruisselait sur son corps pendant qu'il travaillait au soleil.

16. **séduire:** plaire à, conquérir

Cette cantatrice a le talent de séduire un auditoire.

17. **souris** (*f.*): petit animal nuisible (mouse)

Les souris ont causé de grands dommages dans la réserve de grains, au grenier.

18. **ver** (*m.*) **de terre:** petit animal au corps allongé et mou que l'on trouve dans la terre

Ces oiseaux cherchent des vers de terre pour leurs petits.

19. **verger** (*m.*): terrain planté d'arbres fruitiers

Nous avons des pommiers et des poiriers dans notre verger, derrière la maison.

20. **vêtir:** habiller

La belle dame était vêtue d'une robe de dentelle noire.

21. **voler:** prendre ce qui ne vous appartient pas

Voler le bien d'autrui est une faute bien grave.

Questionnaire Oral

1. A quel âge l'auteur est-il tombé amoureux pour la première fois?
2. Par quoi a-t-il été tout entier aspiré?
3. Quels résultats sa passion violente a-t-elle eus?
4. Quel âge avait la petite fille dont il était tombé amoureux? Comment s'appelait-elle?
5. Que ferait-il s'il avait une voix?
6. Décrivez Valentine.
7. Que tenait-elle à la main?
8. Où l'a-t-il vue apparaître?
9. A quel endroit exactement était-ce?
10. Que couvraient les orties?
11. Qu'est-ce que l'auteur ne peut décrire?
12. Qu'est-il arrivé alors?
13. Comment son cœur s'est-il mis à sauter?
14. A quoi était-il absolument résolu?
15. Pourquoi a-t-il voulu la séduire immédiatement et pour toujours?

16. S'appuyant négligemment contre les bûches, qu'a-t-il fait?

17. Qui lui avait conseillé cela?

18. Jusqu'à quand est-il resté, les yeux levés vers le soleil?

19. Qu'est-ce que la cruelle Valentine a continué à faire?

20. Qu'est-il arrivé alors au petit garçon?

21. Quel effet l'indifférence de Valentine a-t-elle eu sur lui?

22. Devant quoi tant de belles dames s'étaient-elles extasiées, dans le salon de sa mère?

23. Qu'avait-il épuisé, du premier coup?

24. Capitulant sans conditions, que tendit-il à la petite fille?

25. Que lui a-t-elle annoncé, comme en passant?

26. Au cours des jours qui ont suivi, qu'est-ce qu'il a mangé pour elle?

27. Comment a-t-il mangé les cerises?

28. Comment a-t-il pris place, à côté de Casanova, parmi les plus grands amants de tous les temps?

29. Quelqu'un a-t-il jamais égalé cette prouesse amoureuse?

30. Lorsqu'il s'agit de leurs exploits amoureux, à quoi les hommes sont-il portés?

31. A les entendre, qu'est-ce qui ne connaît pas de limite?

32. De quoi ne vous font-ils pas grâce?

33. Qu'est-ce que le petit garçon a consommé pour sa bien-aimée?

34. Comment lui mâchait-elle la besogne?

35. Où étaient-ils allés pêcher les trois poissons rouges?

36. Qu'est-ce que l'auteur n'a jamais connu?

37. A qui compare-t-il Valentine?

38. Après cette expérience, que peut-on dire?

39. Qu'a-t-il fait depuis?

Sujets de Discussion

1. D'après vos propres souvenirs, pensez-vous qu'à neuf ans on puisse éprouver une passion violente, totale?

2. Croyez-vous que l'auteur exagère quand il nous dit tout ce qu'il a mangé pour Valentine? Justifiez votre réponse.

3. Quelle est, selon vous, la meilleure façon de subjuguer une petite fille? un petit garçon?

4. Pensez-vous que Valentine soit cruelle d'obliger le petit garçon à manger tant de choses extraordinaires? Pourquoi?

5. Qu'auriez-vous fait, si vous aviez été à la place du petit garçon? Pourquoi?

6. Avez-vous l'impression, comme l'auteur, qu'à neuf ans, vous connaissiez tout de l'amour? Qu'avez-vous appris sur l'amour depuis cet âge-là?

Devoirs Ecrits

1. Décrivez un petit garçon ou une petite fille que vous connaissiez quand vous aviez huit ou neuf ans.

2. Indiquez, sans nous faire grâce d'aucun détail, quelques-unes des prouesses que vous avez accomplies à l'âge de neuf ans.

3. Vous remarquez qu'un de vos amis, un jeune homme ou une jeune fille, éprouve une passion violente. Décrivez sa façon d'agir, les changements que vous avez notés, les signes qui permettent de voir que cette personne est amoureuse. Vous essayez de lui donner quelques conseils, mais votre ami(e) ne vous écoute pas.

La promesse de l'aube   157

EXERCICES DE STRUCTURE

VENIR DE + INFINITIF

Répétez les phrases suivantes.
1. Je lui tendis les trois pommes vertes que je venais de voler.
2. Je lui ai remis la lettre que je venais de recevoir.
3. Je n'ai pas compris ce que vous veniez de me dire.
4. J'ai reconnu le garçon que vous veniez de me montrer.
5. Je vous ai remis la lettre que je venais d'écrire.
6. Je ne comprends pas ce que vous venez de me dire.
7. Je ne connais pas la jeune fille que vous venez de me montrer.

Changez les phrases suivantes en employant les mots indiqués.
8. Connaissez-vous le livre que je viens de vous donner?
   Aimez-vous _____?
   _____ le roman _____?
   _____ expliquer?
9. Au moment où vous m'avez parlé, je venais de tomber amoureux d'une jeune fille.
   A l'instant _____.
   _____ vu, _____.
   _____ de faire la connaissance _____.
   _____ d'un jeune homme.

Répondez aux questions suivantes en employant *venir de* + infinitif.

MODÈLE: Avez-vous fait la connaissance de M. Durand?
        Oui, je viens de faire sa connaissance.

10. Etes-vous tombé amoureux de Jeanne?
11. Avez-vous eu un rendez-vous avec Jeanne?
12. Avez-vous confessé votre amour à Jeanne?
13. Avez-vous expliqué votre situation à Jeanne?

MODÈLE: Est-ce que Robert est ici?
        Oui, il vient d'arriver.

14. Est-ce que vous savez la leçon d'aujourd'hui?
15. Est-ce que vous êtes heureux?
16. Pourquoi est-ce que la classe se met à rire?
17. Pourquoi n'avez-vous pas d'argent?
18. Pourquoi Charles écrit-il des lettres brûlantes à Marie?

COMPLEMENT DU NOM INTRODUIT PAR *A*

Répétez les phrases suivantes.
1. C'était une brune aux yeux clairs.
2. C'est une jeune fille aux cheveux roux.
3. C'est un garçon aux cheveux bruns.

4. C'est une maison aux murs blancs.
5. C'est un monsieur à la barbe blanche.

Changez la phrase suivante en employant les mots indiqués.
6. Je viens de faire la connaissance d'un jeune homme aux cheveux bruns.
   _____ d'une jeune fille _____.
   _____ d'un garçon _____.
   _____ aux yeux bleus.
   _____ aux cheveux blonds.

Complétez les phrases suivantes en employant la préposition *à*.

Modele: Je voudrais faire la connaissance d'une jeune fille aux cheveux noirs.

7. Je viens de parler à...
8. Ma sœur vient de me présenter à...
9. Je n'ai jamais vu...
10. Notre professeur de français est...
11. Dans cette classe il n'y a pas de...

NE FAIRE QUE
Répétez les phrases suivantes.
1. Je n'ai fait, depuis, que continuer sur ma lancée.
2. Je n'ai fait que rire en classe.
3. Je n'ai fait qu'embrasser cette jeune fille une fois.
4. Vous n'avez fait que suivre mon conseil.
5. Je n'ai fait que regarder cette jeune fille.

Changez la phrase suivante en employant les mots indiqués.
6. Charlotte n'a fait que regarder votre lettre.
   Mon frère _____.
   _____ relire _____.
   _____ votre livre.

Répondez aux questions suivantes.

Modele: Avez-vous lu les romans de Camus?
        En effet, je ne fais que lire les romans de Camus.

7. Avez-vous préparé la leçon de français?
8. Avez-vous regardé la télévision?
9. Avez-vous écouté la radio?
10. Avez-vous écrit des lettres à Jeanne?

LES SUBJONCTIFS IRREGULIERS
Répétez les phrases suivantes.
1. Il faut que l'école soit finie.
2. Il faut que Charles sache la réponse.
3. Il faut que Jean aille chez lui.
4. Il faut que Charles fasse son travail.
5. Il faut que Jean ait de la patience.
6. Il faut que Charles puisse partir tout de suite.

Changez les phrases suivantes en employant *il faut que.*

MODELE: Je sais la vérité.
           Il faut que je sache la vérité.

7. Je fais attention en classe.
8. J'ai confiance en vous.
9. Je peux rester ici jusqu'à dix heures.
10. Je suis prêt à l'heure.
11. Je vais au cinéma avec Marie.

MODELE: Vous partez à six heures.
           Il faut que vous partiez à six heures.

12. Vous faites attention en classe.
13. Vous avez confiance en votre professeur.
14. Vous allez au théâtre avec Jean.
15. Vous pouvez rester à l'école jusqu'à quatre heures.
16. Vous savez la leçon d'aujourd'hui.
17. Vous êtes content de votre travail.

LE SUBJONCTIF APRES *POUR QUE, JUSQU'A CE QUE, DE SORTE QUE, DE FAÇON QUE*

Répétez les phrases suivantes.
1. Pour qu'on puisse chanter «Donne-moi ta main et prends la mienne», il faut que l'école soit finie.
2. Que n'auriez-vous fait pour qu'il vous sourie, pour qu'il vous gronde, pour qu'il vous distingue?
3. Je restai là jusqu'à ce que mon visage ruisselât de larmes.
4. Je resterai ici jusqu'à ce qu'il fasse beau temps.
5. Je parle à haute voix pour que chaque étudiant puisse me comprendre.
6. Je vous explique la leçon de façon que vous puissiez faire votre devoir.
7. Parlez à haute voix de sorte que je vous comprenne.

Changez la phrase suivante en employant les mots indiqués.
8. J'expliquerai ce devoir jusqu'à ce que tout le monde le comprenne.
Je répéterai _____.
_____ le subjonctif _____.
_____ pour que _____.
_____ chaque élève _____.
_____ sache.

Changez les phrases suivantes en employant *pour que, de sorte que, de façon que* ou *jusqu'à ce que.*

MODELE: J'expliquerai mes intentions parce que je veux que tout le monde me comprenne.
           J'expliquerai mes intentions jusqu'à ce que tout le monde me comprenne.

9. Je resterai ici parce que je veux que vous me compreniez.
10. J'écrirai à Jeanne parce que je veux qu'elle me comprenne.
11. Je vous donne de l'argent parce que je veux que vous puissiez aller en France.

12. Je vous parle parce que je veux que vous sachiez la vérité.
13. Je vous donne l'adresse de Jeanne parce que je veux que vous lui écriviez.
14. Je vous demande de répéter ces phrases parce que je veux que vous sachiez le subjonctif.

Répondez aux questions suivantes en employant *pour que, de sorte que, de façon que* ou *jusqu'à ce que*.

MODELE: Pourquoi le professeur parle-t-il à haute voix?
Il parle à haute voix pour que tout le monde puisse le comprendre.

15. Pourquoi le petit garçon mange-t-il un soulier en caoutchouc?
16. Pourquoi les hommes sont-ils portés à la vantardise quand ils parlent de leurs exploits amoureux?
17. Pourquoi l'auteur nous raconte-t-il tout ce que la jeune fille lui a fait avaler?
18. Pourquoi la jeune fille écrit-elle des lettres brûlantes à Jacques?
19. Pourquoi cache-t-elle ces lettres sous son matelas?
20. Pourquoi continuez-vous l'étude du français?
21. Pourquoi essayez-vous de bien prononcer ces mots?

REVISION

PRONOMS PERSONNELS CONJOINTS ET DISJOINTS
Répétez les phrases suivantes.
1. Répondez à votre professeur! Je lui réponds.
2. Répondez à cette lettre! J'y réponds.
3. Répondez à vos parents! Je leur réponds.
4. Répondez à ces questions! J'y réponds.
5. Pensez à votre promesse! J'y pense.
6. Pensez à votre ami! Je pense à lui.
7. Parlez de cette idée! J'en parle.
8. Parlez de votre ami! Je parle de lui.

Répondez aux questions suivantes.

MODELE: Est-ce que Robert parle à Charles?
Oui, il lui parle.

9. Est-ce que Charles obéit à ses parents?
10. Est-ce que Jean obéit à cet ordre?
11. Est-ce que Robert obéit à sa mère?
12. Est-ce que Jean obéit à vos ordres?
13. Est-ce que Jean songe à son avenir?
14. Est-ce que Robert songe à Marie?
15. Est-ce que Jean a besoin d'argent?
16. Est-ce que Robert a besoin de Marie?
17. Est-ce que Charles a peur de cet examen?
18. Est-ce que Charles a peur de son professeur?
19. Est-ce que ce livre est à Robert?
20. Est-ce que ces livres sont à Robert et à Jean?

Tableau 8 • TRAVAIL ET METIERS

Entrée en Matière. Chaque métier doit avoir pour but de réaliser des conditions de vie plus agréables pour l'homme. Contre les forces qui risquent de le détruire, celui-ci mène une lutte où tous les métiers vont jouer un rôle important. Le travail humain n'a de valeur qu'en fonction de son utilité sociale. Sa justification est de nous rapprocher les uns des autres, de nous aider à dominer le monde dans lequel nous vivons.

Certaines personnes s'adaptent mal à un travail trop mécanisé, trop monotone, où leurs talents ne peuvent s'exprimer. Elles ne se sentent pas aussi utiles que si elles créaient ou inventaient quelque chose de concret. Elles perdent le goût de l'ouvrage bien fait. Il semble que cette situation soit de plus en plus fréquente dans notre civilisation moderne.

L'élève qui aura fait de bonnes études pourra, grâce à ses connaissances de base et à ses habitudes de travail, exercer un métier important et, par conséquent, utile à la société. De toute façon, il n'existe pas de métier inutile, car chacun arrive à améliorer la condition de l'homme. L'important est de trouver celui pour lequel on est le mieux qualifié.

162

LES MÉTIERS

par Jean Aicard

Introduction

Jean Aicard (1848–1921) exprime des vérités très simples dans ses poèmes intimes et familiers. Il fait remarquer, dans «Les métiers» (1886), qu'il n'y a rien dont nous nous servions qui ne soit le résultat du dévouement et du travail de quelque spécialiste. Nous ne pourrions nous en passer. Le boulanger, le paysan, le maçon et le bûcheron travaillent dans la mesure de leur talent pour nous procurer le confort quotidien dont nous jouissons.

Préparation à la Lecture

Dans ce poème, divisé en quatre strophes de cinq vers chacune, Jean Aicard montre que tous les métiers sont utiles. Le paysan et le boulanger représentent tous ceux qui nous donnent à manger. Le bûcheron, le maçon et le charbonnier rendent notre vie plus facile, dans des maisons bien chaudes.

Ces vers de dix syllabes, en termes simples et sur un ton naturel, nous font comprendre pourquoi il faut «aimer les métiers» et apprécier «tout travailleur».

Vocabulaire Essentiel

1. Le métier du boulanger est de faire du pain.
   métier (*m.*): toute profession manuelle ou mécanique
2. L'Amérique produit beaucoup de blé.
   blé (*m.*): céréale avec laquelle on fait de la farine
3. Autrefois on ne labourait pas la terre avec des machines agricoles.
   labourait: ouvrait et retournait la terre pour y semer des graines
4. Les villageois préfèrent acheter une miche plutôt qu'un pain long.
   miche (*f.*): gros pain rond
5. Le bûcheron a abattu deux arbres.
   bûcheron (*m.*): homme qui coupe les arbres dans les forêts
6. Dans notre cuisine, on voit les poutres du plafond.
   poutres (*f.*): grosses pièces de bois ou de fer, employées dans certaines constructions
7. Je n'entends plus le chien; il doit dormir dans sa niche.
   niche (*f.*): petite maison où l'on met un chien
8. Souvent le charbonnier a les mains toutes noires.
   charbonnier (*m.*): celui qui fabrique ou vend du charbon
9. Elle avait dit qu'elle cuirait la viande.
   cuirait: préparerait au moyen du feu (pour qu'on puisse la manger)
10. La viande cuite sur un feu de charbon est excellente.
    charbon (*m.*): substance noire qui résulte de la combustion incomplète du bois
11. Un sot fait beaucoup de sottises.
    sot (*m.*): homme sans esprit, sans jugement
12. Il a refusé d'être charbonnier, en disant que c'était un sot métier.
    sot, sotte: indigne, ridicule, inutile
13. Du chantier naval va sortir un bateau.
    chantier (*m.*): endroit où l'on travaille, où l'on construit (bâtiment, bateau, etc.)

French Embassy Press and Information Division

Sans le paysan, aurais-tu du pain?
C'est avec le blé qu'on fait la farine;
L'homme et les enfants, tous mourraient de faim,
Si dans la vallée et sur la colline
5   On ne labourait et soir et matin.

Sans le boulanger, qui ferait la miche?
Sans le bûcheron, roi de la forêt,
Sans poutres, comment est-ce qu'on ferait
La maison du pauvre et celle du riche?
10   Même notre chien n'aurait pas sa niche.

Où dormirais-tu, dis, sans le maçon?
C'est si bon d'avoir sa chaude maison
Où l'on est à table ensemble en famille!
Qui cuirait la soupe au feu qui pétille,
15   Sans le charbonnier qui fait le charbon?

Aimez les métiers, le mien et les vôtres;
On voit bien des sots, pas de sot métier;
Toute la nature est comme un chantier
Où chaque métier sert à tous les autres,
5 Et tout travailleur sert au monde entier.

bien des sots: beaucoup de sots, de nombreux sots

Lexique

1. **blé** (*m.*): céréale avec laquelle on fait de la farine
   Il y a beaucoup de champs de blé dans le centre des Etats-Unis.

2. **bûcheron** (*m.*): homme qui coupe les arbres dans les forêts
   Aujourd'hui, les bûcherons coupent les arbres à l'aide de machines électriques.

3. **chantier** (*m.*): endroit où l'on travaille, où l'on construit (bâtiment, bateau, etc.)
   On travaille sans arrêt dans certains chantiers de construction.

4. **charbon** (*m.*): substance noire qui résulte de la combustion incomplète du bois
   En Amérique, on emploie de moins en moins de charbon pour chauffer les maisons.

5. **charbonnier** (*m.*): celui qui fabrique ou vend du charbon
   Le proverbe: «charbonnier est maître chez lui» veut dire que tout homme, même le plus humble, peut faire ce qu'il veut chez lui.

6. **cuire:** préparer la nourriture au moyen du feu (pour qu'on puisse la manger)
   A quelle heure feras-tu cuire les pommes de terre?

7. **farine** (*f.*): poudre blanche avec laquelle on fait du pain
   Le boulanger achète de la farine et il vend du pain.

8. **labourer:** ouvrir et retourner la terre pour y semer des graines
   Celui qui laboure doit avoir de la force.

9. **maçon** (*m.*): ouvrier qui travaille à tout genre de construction (en pierre, en briques, etc.)
   Le maçon construit les murs d'une maison en briques.

10. **métier** (*m.*): toute profession manuelle ou mécanique
    Si on aime son métier, on travaille bien.

11. **miche** (*f.*): gros pain rond
    Rapporte-moi une miche de la boulangerie.

12. **niche** (*f.*): petite maison où l'on met un chien
    Roger va construire une niche pour son chien.

13. **poutre** (*f.*): grosse pièce de bois ou de fer, employée dans certaines constructions
    Le toit de la maison est soutenu par de grandes poutres.

14. **sot** (*m.*): homme sans esprit, sans jugement
    Ne lui demandez pas de vous aider; c'est un sot.

15. **sot, sotte:** indigne, ridicule, inutile
    On dit souvent: «Il n'est point de sot métier, il n'est que de sottes gens.»

Questionnaire Oral

1. Est-ce qu'on aurait du pain, sans le paysan?

2. Que fait-on avec le blé?

3. Que fait-on avec la farine?

4. Si on ne labourait pas, qui mourrait de faim?

5. Où laboure-t-on?

6. Quand laboure-t-on?

7. Que fait un boulanger?

8. Qu'est-ce qu'on ne pourrait faire sans le bûcheron?

9. De quoi le bûcheron est-il le roi?

10. A quoi servent les poutres?

11. Qu'est-ce que notre chien n'aurait pas, sans le bûcheron?

12. Qu'arriverait-il, sans le maçon?

13. Qu'est-ce qui est si bon?

14. Comment est-on dans sa chaude maison?

15. Comment cuit-on la soupe?

16. Pourquoi ne pourrait-on cuire la soupe, sans le charbonnier?

17. Qu'est-ce que l'auteur nous demande d'aimer?

18. On voit bien des sots mais qu'est-ce qu'on ne voit pas?

19. Comment est toute la nature?

Sujets de Discussion

1. Quels sont les métiers que l'auteur cite? Pensez-vous que certains soient plus importants que d'autres? Lesquels?

2. Expliquez comment les métiers unissent les hommes, les uns aux autres.

3. En plus des métiers, qu'est-ce qui peut créer une solidarité entre les hommes?

4. Quel est le métier que vous aimeriez faire? Le choisiriez-vous parce qu'il vous permet d'aider les autres?

Devoirs Ecrits

1. Quel est le métier le plus noble de tous? Justifiez votre choix.

2. Expliquez, en vous servant d'exemples précis, le vieux proverbe: «Il n'est point de sot métier, il n'est que de sottes gens.» Montrez comment certains métiers peuvent paraître inutiles ou sans importance, mais sont, en réalité, utiles à tous.

LA DACTYLO

par Sacha Guitry

Introduction

Sacha Guitry (1885–1957) a écrit plus de cent vingt pièces de théâtre. Il savait divertir par les mots d'esprit et les situations comiques qu'il imaginait. Dans *La dactylo,* un monsieur, qui veut se donner des airs, joue au romancier.

Il compose des romans policiers, mais l'inspiration lui manque parfois. Son ridicule s'accorde bien avec la bêtise de la secrétaire qui ne comprend pas toujours ce qu'il dit. De plus, se laissant impressionner par l'histoire, elle agace le romancier.

Préparation à la Lecture

Dans cette scène, un écrivain, Lézignan, dicte à sa nouvelle secrétaire-dactylo le deuxième chapitre du roman qu'il est en train d'écrire. Il est évident que cette dactylo n'est pas une experte. A ses nombreuses erreurs, elle mêle des réflexions personnelles qui ennuient le romancier. D'ailleurs, celui-ci ne semble pas avoir non plus un grand talent, mais il sait où trouver les passages qu'il ne peut écrire. Remarquez les mots, les gestes et tous les détails qui rendent cette scène amusante.

Vocabulaire Essentiel

1. La dactylo a tapé le manuscrit sans faire d'erreurs.

   dactylo (*m.* ou *f.*) (abréviation de dactylographe): personne dont le métier est de se servir d'une machine à écrire

2. Si vous étiez plus courtois, vous m'auriez déjà remercié de vous avoir aidé.

   courtois: poli, qui a de bonnes manières

3. Le directeur s'est montré hautain avec son visiteur.

   hautain: fier, orgueilleux, qui garde ses distances

4. Le libraire m'a vendu *Les trois mousquetaires,* le roman d'Alexandre Dumas.

   roman (*m.*): histoire imaginaire en prose

5. Vous vous êtes trompée si vous avez dit que deux et deux faisaient cinq.

   vous vous êtes trompée: vous avez fait une faute

6. Celui qui est bon de nature possède la bonté naturelle.

   bonté (*f.*): tendance à faire le bien

7. Il eut peur, il voulut partir, mais il se reprit et resta pour lutter.

   se reprit: retrouva le contrôle de soi

8. Ma mère a porté le deuil pendant un an après la mort de mon père.

   deuil (*m.*): vêtements noirs que l'on porte après la mort d'un parent ou d'une personne qu'on a aimée

9. Il feuillette ce livre, car il n'a pas le temps de le lire.

   feuillette: lit vite et sans beaucoup d'attention

LEZIGNAN: «Le baron de Séverac était un gentilhomme courtois mais hautain... on sentait... » Non, pas «on sentait»... «Sa physionomie respirait la bonté et toute sa personne imposait le respect.» Un point. «Il était grand,» virgule, 5 «mince et alerte.» Un point. Relisez, mademoiselle, je vous prie.

LA DACTYLO (*lisant*): «Le baron de Séverac était un gentilhomme courtain mais hautois... »

LEZIGNAN: Qu'est-ce que c'est que ça?

10 LA DACTYLO: C'est le deuxième chapitre de votre roman, monsieur.

respirait la bonté: exprimait vivement la bonté

Sacha Guitry

LEZIGNAN: Non... mais ça... qu'est-ce que ça veut dire? (*Il lit par-dessus l'épaule de la dactylo.*) «était un gentil-homme courtain mais hautois.»

LA DACTYLO: Ce sont peut-être de vieux mots français...

5 LEZIGNAN: Mais non — c'est vous qui vous êtes trompée. Je vous ai dit: «courtois mais hautain» et vous avez écrit: «courtain mais hautois».

LA DACTYLO: Ah! c'est donc ça!... Je corrigerai après. Je continue. «On sentait, non, pas on sentait, sa physionomie... »

10 LEZIGNAN: Mais non, mais non, mais non... il ne faut pas écrire les corrections que je fais en dictant. «Courtois mais hautain.» Un point. «Sa physionomie respirait... » Continuez.

LA DACTYLO: «Sa physionomie respirait la bonté et toute sa personne imposait le respect. Il était grand, mince et inerte... »

LEZIGNAN: Non, pas «inerte» — «alerte».

5 LA DACTYLO: Je corrigerai après.

LEZIGNAN: Bon. Est-ce qu'il y a longtemps que vous faites ce métier-là? (*Elle dactylographie cette question.*) Mais non, n'écrivez pas ça, mademoiselle — c'est une question que je vous pose.

10 LA DACTYLO: Oh! Pardon. Il y a un mois, monsieur.

LEZIGNAN: Tout s'explique alors. Continuons. «Lorsque Victor Boulot,» virgule, «le banquier véreux,» virgule, «se trouva en face du baron il perdit un instant sa contenance,» virgule, «mais vite il se reprit et,» virgule, «avant que le
15 gentilhomme ait eu le temps de parer le coup... » (*La dactylographe a cessé d'écrire. Elle écoute.*) virgule, «Boulot l'infâme lui tira à bout portant trois balles de revolver... »

LA DACTYLO (*pousse un cri strident*): Ah!

LEZIGNAN: Mademoiselle, je vous en supplie, perdez l'ha-
20 bitude de crier ainsi!

LA DACTYLO: Je m'étais attachée au baron de Séverac...

LEZIGNAN: Portez son deuil, mais ne criez pas. Voyons... (*Il feuillette des livres.*) J'avais mis de côté une description d'enterrement qui était très bien. Vous ne vous en souvenez
25 pas, mademoiselle?

LA DACTYLO: Est-ce que ce n'était pas dans un volume de Zola?

LEZIGNAN: Non, non... c'était, il me semble, dans un conte de Maupassant. Attendez... je crois que je le tiens... Oui,
30 voilà. Oui, ce n'est pas la peine d'essayer de faire mieux que ça, allez. (*Le valet de chambre de Lézignan, Victor, paraît et présente à son maître une carte sur un plateau.*) Ah! Zut... Vous avez dit à M. Blondel que j'étais là?

VICTOR: Oui, monsieur.

35 LEZIGNAN: Vous avez eu tort. Lui avez-vous dit au moins que j'étais en train de travailler?

VICTOR: Oui, monsieur.

LEZIGNAN: Et alors?

VICTOR: Il m'a dit de passer quand même sa carte à
40 monsieur.

LEZIGNAN: Ah! Zut de zut de zut... c'est assommant. Prenez ce que je viens de vous dicter, mademoiselle, et

véreux: malhonnête, corrompu

il perdit sa contenance: il perdit le contrôle de soi, son sang-froid

parer le coup: éviter, empêcher qu'il lui tire dessus avec son revolver

tira à bout portant: tira avec l'extrémité du revolver touchant le baron de Séverac

m'étais attachée à: éprouvais de l'affection pour

avais mis de côté: avais conservé en la mettant à une certaine place

Zola, Emile (1840–1902): romancier français, auteur de très nombreux ouvrages; il a souvent décrit des scènes tristes

Maupassant, Guy de (1850–1893): romancier français, surtout célèbre pour ses contes; il était maître dans l'art de la description.

Zut: exclamation familière exprimant l'irritation, le mécontentement, etc.

corrigez-le dans la salle à manger, puis copiez-moi ces deux
pages et demie... de là... à là...

    La dactylo: Bien, monsieur.

    Lezignan: Appelez-moi donc «maître», d'ailleurs, voulez-
5 vous.

    La dactylo: Maître?

    Lezignan: Oui.

    La dactylo: Bien, monsieur.

«maître»: titre donné par respect à un écrivain, à un artiste important

Lexique

1. **assommant**: fatigant, très ennuyeux
   Le conférencier qui parlait des chameaux et des dromadaires était assommant.

2. **bonté** (*f.*): tendance à faire le bien
   C'est une femme de grande bonté; elle pense toujours à faire le bien.

3. **courtois**: poli, qui a de bonnes manières
   Nous aimons l'inviter, car il est toujours courtois.

4. **dactylo** (*m.* ou *f.*) (abréviation de dactylographe): personne dont le métier est de se servir d'une machine à écrire
   Pour être bonne secrétaire, il faut être bonne dactylo.

5. **dactylographier**: taper à la machine
   Elle dactylographie les lettres qu'on lui dicte.

6. **deuil** (*m.*): vêtements noirs que l'on porte après la mort d'un parent ou d'une personne qu'on a aimée
   Un parent de notre voisin a dû mourir puisque celui-ci est en deuil.

7. **enterrement** (*m.*): action de mettre en terre un mort
   Pendant tout l'enterrement, le cimetière était plein de gens.

8. **feuilleter**: lire vite et sans beaucoup d'attention
   On feuillette des revues en attendant son tour chez le coiffeur.

9. **hautain**: fier, orgueilleux, qui garde ses distances
   Le regard hautain de ce monsieur me déplaît.

10. **infâme** (*m.* ou *f.*): personne dont l'attitude est honteuse, vile
    Cet infâme a laissé mourir de faim sa femme et ses enfants.

11. **par-dessus**: plus haut que, au-dessus de
    Le soleil brille par-dessus les toits.

12. **plateau** (*m.*): large plat de métal, de bois, de cristal, etc.
    La bonne a mis des assiettes et des tasses sur le plateau.

13. **se reprendre**: retrouver le contrôle de soi
    Quand il m'a parlé, je me suis mis en colère, puis j'ai décidé de me reprendre.

14. **roman** (*m.*): histoire imaginaire en prose
    Un romancier est celui qui écrit des romans.

15. **strident**: aigu, désagréable
    Ils ont effrayé les animaux en poussant des cris stridents.

16. **se tromper**: faire une faute
    Je me suis trompé; c'est vous qui avez raison.

Questionnaire Oral

1. Qu'est-ce que le romancier Lézignan est en train de faire au commencement de la scène?

2. Qui était le baron de Séverac?

3. Quels sont les deux adjectifs qui décrivent ce gentilhomme?

4. Comment était sa physionomie?

5. Qu'est-ce que toute sa personne imposait?

6. Donnez la description physique du baron de Séverac.

7. Qu'est-ce que le romancier demande à la dactylo?

8. Que dit celle-ci en relisant?

9. Quelle question pose le romancier quand il entend ces erreurs?

10. Que lui répond la dactylo?

11. Quand Lézignan insiste, que dit-elle?

12. Qui s'est trompé?

13. Quand la dactylo pense-t-elle corriger la faute?

14. Pourquoi le romancier répète-t-il trois fois «mais non»?

15. Par quel mot remplace-t-elle «alerte»?

16. Quelle question Lézignan lui pose-t-il, après la troisième erreur?

17. En entendant cette question, qu'est-ce qu'elle commence à faire?

18. Y a-t-il longtemps qu'elle est dactylo?

19. Quelle est la réaction de Lézignan à sa réponse?

20. Qui était Victor Boulot?

21. Lorsqu'il s'est trouvé en face du baron, quelle a été son attitude?

22. Qu'a-t-il fait avant que le gentilhomme ait eu le temps de parer le coup?

23. Pourquoi la dactylo a-t-elle cessé d'écrire?

24. Pourquoi a-t-elle poussé un cri strident?

25. Qu'est-ce que Lézignan lui demande de faire, plutôt que de crier?

26. Qu'avait-il mis de côté?

27. Où la dactylo pense-t-elle qu'il y avait la description d'un enterrement?

28. Où le romancier la trouve-t-il?

29. Qu'est-ce qu'il va en faire?

30. Pourquoi le valet de chambre, Victor, paraît-il à ce moment-là?

31. De qui était la carte sur le plateau?

32. Qu'est-ce que Lézignan aurait voulu que Victor dise à M. Blondel?

33. Comment s'aperçoit-on qu'il n'est pas content de recevoir M. Blondel?

34. Que demande-t-il à la dactylo de faire?

35. Comment lui demande-t-il de l'appeler?

Sujets de Discussion

1. Comment pourrait-on expliquer que Lézignan ait accepté une dactylo avec si peu d'expérience?

2. Essayez d'imaginer qui était le baron de Séverac et pourquoi Victor Boulot l'a tué.

3. Que pensez-vous de la dactylo? Aimeriez-vous qu'elle travaille pour vous?

4. Est-ce que vous vous attachez tellement à des personnages de roman que vous criez ou pleurez quand il leur arrive un malheur? Donnez des exemples précis.

5. Pourquoi n'est-ce pas bien, de la part de Lézignan, de copier les deux pages et demie de la description d'un enterrement, faite par Maupassant? Les lecteurs s'en apercevront-ils?

6. Aimeriez-vous être écrivain? Si oui, quel genre (roman, poésie, etc.) vous intéresserait le plus?

Devoirs Ecrits

1. D'après ce texte, comment vous représentez-vous le romancier Lézignan? Quelle impres-

sion vous fait-il? Que peut-on dire du talent de Lézignan comme écrivain, à en juger par son style?

2. Imaginez un dialogue dans lequel Lézignan reproche à sa dactylo de faire trop d'erreurs. Celle-ci trouve toutes sortes d'excuses pour se justifier. A la fin, il lui dit qu'il ne veut plus la garder et qu'elle doit partir.

3. Savez-vous taper à la machine? Pourquoi est-ce que cela est important? Quels sont les usages que vous faites, ou que vous pourriez faire, de vos talents de dactylo?

LE TRAVAIL

par André Siegfried

Introduction

André Siegfried (1875–1959), longtemps professeur à l'Institut d'Etudes Politiques à Paris et au Collège de France, élu membre de l'Académie française en 1944, analyse ici l'idée du travail tel qu'un Français le conçoit. Dans «Le travail», tiré de *L'âme des peuples* (1954), Siegfried dit que ce qui est à distinguer dans la conception du travail en France, c'est l'esprit de création, l'honneur de l'ouvrage bien fait et l'application de la personnalité dans l'œuvre. Par contre, en grand sociologue, il fait remarquer que le Français ne veut pas mettre ses idées en pratique, ni développer son travail. Cela ne l'intéresse pas: il le laisse aux autres.

Préparation à la Lecture

Dans tous les pays industrialisés, les ouvriers craignent les changements causés par la technique moderne, le travail à la chaîne et l'automation. Ici, André Siegfried nous expose spécialement le problème de l'ouvrier français qui, en raison de sa conception unique du travail, souffre davantage de cette situation. Il lui est difficile de se soumettre à la discipline des machines, de s'habituer à un travail «où la personnalité ne tient aucune place».

Vous apprendrez quelle a été l'influence de cette conception du travail sur le rôle que la France a joué dans l'histoire des inventions. Vous comprendrez l'importance qu'a le point d'honneur pour l'ouvrier français.

Vocabulaire Essentiel

1. Il est tard; il faut se mettre à l'ouvrage.

   ouvrage (*m.*): travail, œuvre

2. Le maçon avait laissé son outil dans la cour.

   outil (*m.*): instrument qu'utilise un ouvrier ou un artisan pour faire son travail

3. L'ouvrier rentrera de l'usine à cinq heures de l'après-midi.

   ouvrier (*m.*): personne qui fait un travail manuel

4. Ce fabricant de meubles est le meilleur artisan de la ville.

   artisan (*m.*): homme qui exerce un métier manuel nécessitant des qualités artistiques

5. Le bûcheron s'est arrêté parce que sa tâche est terminée.

   tâche (*f.*): ouvrage, travail à faire dans une certaine limite de temps

6. Le peintre recule d'un pas pour admirer son portrait.

   recule: marche en arrière

7. Mon être est ce qui fait de moi une personne.

   être (*m.*): existence, essence

8. Le métier de la mère de Péguy consistait à rempailler des chaises.

   rempailler: garnir d'une nouvelle paille (straw, cane) le siège des chaises, etc.

9. C'est le propre des poissons que de nager.

   propre (*m.*): qualité particulière, caractère spécial

10. C'est moi qui ai eu cette idée, mais ce sont eux qui en récoltent les résultats.

    récoltent: recueillent

11. Un grand écrivain peut exprimer des idées de génie en un raccourci.

raccourci (*m.*): analyse courte, abrégée

12. Le sol chimique est une terre dans laquelle on a mis des produits chimiques pour la rendre plus productive.

    sol (*m*): terre

13. Mû par le désir de réussir, il travaille beaucoup.

    mû (mouvoir): poussé, animé

14. Quel homme remarquable! Il faut admirer son entrain.

    entrain (*m.*): ardeur, activité, enthousiasme

15. C'est par nécessité que cet artisan besogne de longues heures.

    besogne: fait le travail imposé par son métier

16. Votre remarque ne convient plus après ce qu'a dit votre père.

    convient: est à sa place

IL Y A une conception proprement française du travail. C'est une conception traditionnelle, issue du plus vieux terroir national. Elle consiste essentiellement dans l'honneur de l'ouvrage bien fait, dans la collaboration intel-
5 ligente de l'esprit et de l'outil, dans le désir instinctif de produire avec personnalité. On sait que l'ouvrier de chez nous aime mettre sa signature sur ce qu'il fait. C'est un geste charmant que celui du vieil artisan qui, sa tâche accomplie, recule d'un pas pour la contempler et, comme le Père éternel
10 au septième jour, se sent fier de la réalisation accomplie. Les pages essentielles à cet égard ont été écrites par Péguy. Je le cite:

«Nous croira-t-on, nous avons connu des ouvriers qui avaient envie de travailler. Nous avons connu des ouvriers
15 qui, le matin, ne pensaient qu'à travailler. Ils se levaient le matin, et à quelle heure! et ils chantaient à l'idée qu'ils partaient travailler. A onze heures ils chantaient en allant à la soupe... Travailler était leur joie même, et la racine profonde

à cet égard: sous ce rapport, sur ce point
Péguy, Charles (1873–1914): écrivain français dont l'œuvre révèle une intelligence à la recherche d'un idéal
nous croira-t-on: serait-ce possible; imaginez!
aller à la soupe: aller déjeuner

de leur être, et la raison de leur être. Il y avait un honneur incroyable du travail, le plus beau de tous les honneurs, le plus chrétien, le seul peut-être qui se tienne debout. Nous avons connu cette piété de l'ouvrage bien fait poussée, main-
5 tenue jusqu'à ses plus extrêmes exigences. J'ai vu toute mon enfance rempailler des chaises exactement du même esprit et du même cœur, et de la même main, que ce peuple avait taillé ses cathédrales. Ces ouvriers ne servaient pas. Ils tra-vaillaient. Ils avaient un honneur absolu, comme c'est le
10 propre de l'honneur.»[1]

Le Français se passionne pour la création, pour l'invention, et puis, souvent, il se désintéresse ensuite de l'application. Il sème et ce sont d'autres qui récoltent. C'est ce qui explique qu'on trouve la France au commencement de beaucoup de

se tienne debout: soit valable, ait du mérite

exigences: ce qu'une personne réclame à une autre; besoins; nécessités

taillé ses cathédrales: bâti ses cathédrales

[1] Péguy, *La France,* Nouvelle Revue Française

choses, l'automobile, l'avion par exemple, mais qu'elle ne soit pas toujours là quand on partage les profits. Jean Cocteau l'a dit, dans un raccourci pénétrant: «La France, indifférente, avait des semences plein ses poches et les laissait tomber négligemment derrière elle. D'autres peuples venaient ramasser ces semences, les emportaient dans leur pays pour les planter dans quelque sol chimique, où elles produisaient des fleurs énormes et sans parfum...»

Malheureusement, dans l'application telle qu'elle se pratique désormais, nos qualités se perdent. Qu'il soit ouvrier, artiste, intellectuel, le Français, nous le disions, est mû surtout dans son effort par le point d'honneur. Or, ce qu'on demande surtout maintenant au travailleur, c'est de l'endurance, de la conscience et, s'il s'agit de la chaîne d'assemblage, la capacité de résister à l'ennui du labeur monotone, automatique et anonyme. Dans ce genre de travail, où la personnalité ne tient aucune place, le Français témoigne de peu de génie, et comment s'en étonner? Il montre également peu d'entrain, parfois même de conscience, dans le travail fait pour les autres... Il ne travaille vraiment bien que pour lui-même ou lorsqu'il se passionne pour une œuvre à laquelle il se sent associé: il n'est point alors de limite à son efficacité, mais ce n'est point par intérêt ou par conscience, ne nous y trompons pas, c'est par point d'honneur qu'il besogne. On voit, dans ces conditions, combien sont dangereuses pour nous les tendances d'une civilisation qui devient de plus en plus une technique appliquée, dans laquelle le travail et même l'invention sont devenus collectifs, dans laquelle surtout le travail individuel ne convient plus.

Cocteau, Jean (1889–1963): écrivain français, membre de l'Académie française. Son œuvre comprend tous les genres — le roman, la poésie, le théâtre et le cinéma.

semences: idées en germe, les bases de la culture

plein ses poches: en grande quantité, en abondance

désormais: à partir de ce moment, à l'avenir

la chaîne d'assemblage: travail à la chaîne où la pièce passe successivement devant plusieurs ouvriers

génie: talent, goût

une technique appliquée: un ensemble de procédés et de méthodes dirigé avec attention, une science

Lexique

1. **artisan** (m.): homme qui exerce un métier manuel nécessitant des qualités artistiques
   Ce sont les artisans de la vieille France qui nous ont laissé de si beaux meubles.

2. **besogner:** faire du travail imposé par son métier
   Il a du courage; il besogne du matin au soir.

3. **chimique:** relatif à la chimie
   Pour avoir un sol fertile, il faut employer des produits chimiques.

4. **convenir:** être à sa place
   Votre façon de parler ne convient pas dans ce milieu.

5. **efficacité** (f.): caractère de ce qui donne des résultats

L'efficacité de vos ouvriers semble diminuer ce mois-ci.

6. **entrain** (*m.*): ardeur, activité, enthousiasme
Ces musiciens montrent un entrain fou!

7. **être** (*m.*): existence, essence
La philosophie essaie de définir notre être.

8. **issu de**: sorti de, provenant de
Les malheurs, issus de la guerre, vont s'amplifier.

9. **mouvoir**: pousser, animer
Elle était mue par la pitié.

10. **outil** (*m.*): instrument qu'utilise un ouvrier ou un artisan pour faire son travail
Un mauvais ouvrier dit toujours qu'il a de mauvais outils.

11. **ouvrage** (*m*): travail, œuvre
Cet artisan cherche de l'ouvrage depuis six mois.

12. **ouvrier** (*m.*): personne qui fait un travail manuel
Ici, les ouvriers et les ouvrières gagnent le même salaire.

13. **piété** (*f.*): dévotion religieuse
Saint François d'Assise avait une grande piété d'âme.

14. **propre** (*m.*): qualité particulière, caractère spécial
Les animaux ne parlent pas, mais c'est le propre de l'homme que de parler.

15. **raccourci** (*m.*): analyse courte, abrégée
Dans un raccourci, on exprime beaucoup en peu de mots.

16. **récolter**: recueillir
Un proverbe dit: «qui sème le vent récolte la tempête.»

17. **reculer**: marcher en arrière
Les soldats reculaient devant la poussée de l'ennemi.

18. **rempailler**: garnir d'une nouvelle paille (straw, cane) le siège des chaises, etc.

Ma tante a donné deux fauteuils à rempailler.

19. **sol** (*m.*): terre
La propriété qu'il veut me vendre a un sol fertile.

20. **tâche** (*f.*): ouvrage, travail à faire dans une certaine limite de temps
Nous savons que ce n'est pas une tâche facile, mais vous en êtes capable.

21. **terroir** (*m.*): terrain cultivé
Le terroir de Bourgogne permet d'obtenir d'excellents vins.

Questionnaire Oral

1. Comment est la conception proprement française du travail?

2. D'où est-elle issue?

3. Dans quoi consiste-t-elle essentiellement?

4. Dans la collaboration intelligente de quoi consiste-t-elle aussi?

5. Quel désir instinctif ont les Français?

6. Où l'ouvrier français aime-t-il mettre sa signature?

7. Sa tâche accomplie, quel geste charmant a le vieil artisan?

8. Comme qui se sent-il fier de la réalisation accomplie?

9. Pourquoi Siegfried cite-t-il Péguy?

10. Qui Péguy a-t-il connu?

11. A quoi ces ouvriers pensaient-ils le matin?

12. Pourquoi chantaient-ils?

13. Que faisaient-ils à onze heures?

14. Qu'est-ce que travailler était pour eux?

15. Comment était l'honneur incroyable du travail?

16. Etait-il le seul qui se tienne debout?

17. Quelle piété Péguy a-t-il connue?

18. Jusqu'où cette piété était-elle poussée, maintenue?

19. Qu'est-ce que Péguy a vu toute son enfance?

20. Comment sa mère rempaillait-elle des chaises?

21. Est-ce que ces ouvriers servaient?

22. Quelle sorte d'honneur avaient-ils?

23. Pour quoi le Français se passionne-t-il?

24. De quoi, souvent, se désintéresse-t-il ensuite?

25. Qu'est-ce que le fait qu'il sème et que d'autres récoltent explique-t-il?

26. Mais qu'arrive-t-il quand on partage les profits?

27. Qu'a dit Jean Cocteau, dans un raccourci pénétrant?

28. Qu'est-ce que la France faisait avec ses semences?

29. Qui venait ramasser ces semences?

30. Pourquoi ces autres peuples les emportaient-ils dans leur pays?

31. Que faisaient-elles dans ce sol chimique?

32. Où les qualités des Français se perdent-elles?

33. Par quoi le Français est-il mû?

34. Que demande-t-on surtout maintenant au travailleur?

35. S'il s'agit de la chaîne d'assemblage, que lui demande-t-on?

36. Pourquoi le Français témoigne-t-il de peu de génie, dans ce genre de travail?

37. Quand travaille-t-il vraiment bien?

38. Est-ce que c'est par intérêt ou par conscience qu'il besogne?

39. Dans ces conditions, quelles tendances sont dangereuses pour les Français?

40. Qu'est-ce qui ne convient plus dans cette civilisation?

Sujets de Discussion

1. Que pensez-vous de la conception française du travail? Est-ce que votre propre conception du travail lui ressemble?

2. Est-il nécessaire de produire avec personnalité? Pourquoi?

3. Connaissez-vous des gens qui mettent leur point d'honneur à bien travailler?

4. Peut-on parler, avec Péguy, d'une piété de l'ouvrage bien fait? Est-ce la même piété que celle que l'on trouve dans la religion?

5. Quelles difficultés ont rencontrées les gens qui ont taillé les cathédrales?

6. Est-ce que c'est bien de se désintéresser de l'application? Justifiez votre réponse.

7. Connaissez-vous des idées qui, mises en pratique, ont donné de grands résultats?

8. Pourquoi le Français témoigne-t-il de peu de génie quand il travaille à la chaîne?

Devoirs Ecrits

1. Quelles qualités doit montrer l'ouvrier d'aujourd'hui?

2. Vous avez une conversation avec un ami et vous discutez de la façon dont vous concevez le travail. Vous parlez des satisfactions que vous attendez du travail, de la signification qu'il a et qu'il aura dans votre vie, de sa valeur.

3. Expliquez les tendances de la civilisation actuelle.

La grandeur d'un métier est, peut-être, avant tout, d'unir les hommes:
il n'est qu'un luxe véritable, et c'est celui des relations humaines.

Antoine de Saint-Exupéry

EXERCICES DE STRUCTURE

LE CONDITIONNEL
Répétez les phrases suivantes.
1. Sans le boulanger, qui ferait la miche?
2. Sans le paysan, aurais-tu du pain?
3. Sans le professeur, qui comprendrait la leçon?
4. Sans le charbonnier, qui ferait le charbon?
5. Qui construirait la maison sans le maçon?

Changez la phrase suivante en employant les mots indiqués.
6. Qui comprendrait la leçon sans explication?
   _____ étudierait _____?
   _____ ce livre _____?
   _____ intérêt?
   _____ lirait _____?
   _____ cet article _____?

Répondez aux questions suivantes.

MODELE: Qui comprendrait la leçon?
         Nous la comprendrions.

7. Qui étudierait ce livre?
8. Qui cuirait la soupe?
9. Qui lirait cet article?
10. Qui mourrait de faim?
11. Qui copierait ces pages?

Complétez les phrases suivantes.

MODELE: Nous perdrions l'habitude de travailler, mais vous ne la perdriez pas.

12. Nous comprendrions la leçon,...
13. Nous étudierions ce livre,...
14. Nous mourrions de faim,...
15. Nous aurions du pain,...
16. Nous nous tromperions,...

Faites des phrases qui contiennent les expressions suivantes.

MODELE: comprendre la leçon
         Mes amis ne comprendraient pas la leçon.

17. faire la farine
18. cuire la soupe
19. respirer la bonté
20. partager les profits
21. servir au monde entier

PRONOMS POSSESSIFS
Répétez les phrases suivantes.
1. Aimez les métiers, le mien et le vôtre.
2. Je n'aime pas mon métier, mais vous aimez le vôtre.
3. Je n'aime pas ma maison, mais Charles aime la sienne.
4. Jeanne n'aime pas son nom, mais Charlotte aime le sien.

Changez la phrase suivante en employant les mots indiqués et faites les changements nécessaires.
5. Charles n'aime pas son métier, mais il y a longtemps que Robert aime le sien.

_____ sa maison, _____ .
_____ son travail, _____ .
_____ son pays, _____ .
_____ ses études, _____ .

Développez les phrases suivantes.

MODELE: J'aime mon métier.
        Je sais que vous aimez votre métier, mais je n'aime pas le mien.

6. J'aime mon travail.
7. J'aime mon école.
8. J'aime mon devoir.

9. J'aime mes parents.
10. J'aime mes études.

Complétez les phrases suivantes.

MODELE: Tous les élèves aiment leur travail, mais je n'aime pas le mien.

11. Toutes les jeunes filles font leur devoir,...
12. Tous les étudiants comprennent leur leçon,...
13. Toute la classe prépare sa leçon,...

14. Tout le monde apprend sa leçon,...
15. Tous les étudiants écrivent leur devoir,...

Faites des phrases qui contiennent les expressions suivantes.

MODELE: faire leur travail
        Tous mes amis font leur travail, mais Charles ne ferait jamais le sien.

16. comprendre sa leçon
17. aimer son métier
18. corriger son devoir

19. perdre son argent
20. avoir sa niche

PHRASES CONDITIONNELLES

Répétez les phrases suivantes.
1. Tous mourraient de faim si dans la vallée on ne labourait et soir et matin.
2. Tous sauraient la réponse s'ils faisaient attention en classe.
3. Si les élèves faisaient attention, ils sauraient tous la réponse.
4. Si mes amis faisaient attention, ils sauraient tous la réponse.
5. Si nous ne mangions pas, nous mourrions tous de faim.
6. Si vous ne buviez pas, vous mourriez tous de soif.
7. Si vous n'étudiiez pas, vous n'apprendriez rien.

Changez la phrase suivante en employant les mots indiqués.
8. Si nous savions la vérité, nous partirions tout de suite.

_____ recevions la lettre, _____ .
_____ comprenions la réponse, _____ .
_____ étions prêts, _____ .
_____ avions envie de travailler, _____ .

Transformez les phrases suivantes.

Modele:　Si nous savions la vérité, nous partirions tout de suite.
　　　　　　Si mes amis savaient la vérité, ils partiraient tout de suite.

9.　Si vous receviez cette lettre, vous partiriez tout de suite.
　　Si vos amis...
10.　Si vous étiez prêts, vous partiriez.
　　Si Charles...
11.　Si vous essayiez de faire mieux, vous y réussiriez.
　　Si nous...
12.　Si vous aviez envie de travailler, vous aimeriez votre métier.
　　Si vos amis...
13.　Si nous ne mangions rien, nous mourrions de faim.
　　Si Robert...

Modele:　Si mon ami comprenait la vérité, il répondrait tout de suite.
　　　　　　Si mon ami avait compris la vérité, il aurait répondu tout de suite.

14.　Si l'élève savait la leçon, il répondrait à toutes les questions.
15.　Si les ouvriers aimaient leur travail, ils chanteraient à l'idée de travailler.
16.　Si j'avais du charbon, je cuirais la soupe.
17.　Si j'avais moins de travail, je dormirais la nuit.
18.　Si j'avais du blé, j'en ferais de la farine.

Faites une «chaîne» de phrases avec *si* en vous servant des expressions suivantes.

Modele:　aimer son travail, gagner plus d'argent
　　　　　　Si j'aimais mon travail, je gagnerais plus d'argent.
　　　　　　Si je gagnais plus d'argent, je...

19.　gagner plus d'argent, être heureux
20.　être heureux, se tenir debout
21.　se tenir debout, imposer du respect
22.　imposer du respect, être content
23.　être content, aimer son métier
24.　aimer son métier, se sentir fier

LA VOIX PASSIVE

Répétez les phrases suivantes.
1.　Les pages essentielles ont été écrites par Péguy.
2.　Le Français est mû par le point d'honneur.
3.　Ce livre est préparé par un groupe de professeurs.
4.　Ce livre a été préparé par un groupe de professeurs.
5.　Ce livre sera préparé par un groupe de professeurs.
6.　Ce soldat a été tué par un autre soldat.

Changez la phrase suivante en employant les mots indiqués.
7.　Charles a été reçu par ses amis.
　　_____ trompé _____.
　　_____ ennemis.
　　_____ tué _____.
　　_____ sera _____.

Transformez les phrases suivantes.

MODELE: Ce livre est écrit par un Français.
   Ce livre a été écrit par un Français.

MODELE: Ce livre est écrit par un Français.
   Ce livre sera écrit par un Français.

8. Ce Français est mû par le point d'honneur.
9. Cette jeune fille est punie par sa mère.
10. Ce jeune homme est accusé par ses amis.
11. La question est considérée par les délégués.
12. Le dîner est servi par le garçon.

13. Ce Français est mû par le point d'honneur.
14. Cette jeune fille est punie par sa mère.
15. Ce jeune homme est accusé par ses amis.
16. La question est considérée par les délégués.
17. Le dîner est servi par le garçon.

Complétez les phrases suivantes.

MODELE: J'ai été abandonné par mes amis, mais Charles n'a pas été abandonné par les siens.

18. J'ai été accusé par mes copains,...
19. J'ai été puni par mes parents,...

20. J'ai été trompé par mes amis,...
21. J'ai été reçu par ma cousine,...

Faites des phrases en employant les verbes suivants à la voix passive.

22. punir
23. accuser
24. attaquer

25. tuer
26. recevoir
27. casser

REVISION

EMPLOI DE *EN*

Répétez les phrases suivantes.

1. Parlez-vous de mon livre? Oui, j'en parle.
2. Lisez-vous des romans français? Oui, j'en lis de temps en temps.
3. Avez-vous des amis français? Oui, j'en ai.
4. Lisez-vous beaucoup de romans français? Oui, j'en lis beaucoup.
5. Avez-vous beaucoup d'amis français? Oui, j'en ai beaucoup.
6. Avez-vous trois amis français? Oui, j'en ai trois.
7. Comprenez-vous l'action de ce roman? Oui, j'en comprends l'action.

Répondez aux questions suivantes.

MODELE: Avez-vous des amis?
   Oui, j'en ai.

8. Avez-vous peur de cette décision?
9. Avez-vous besoin de mon aide?
10. Etes-vous sûr de votre réponse?
11. Ecrivez-vous des poèmes?
12. Avez-vous de l'argent?
13. Connaissez-vous des Italiens?

14. Connaissez-vous beaucoup de Français?
15. Avez-vous deux amis français?
16. Connaissez-vous trois Françaises?
17. Aimez-vous le style de ce roman?
18. Comprenez-vous le but de cet exercice?
19. Avez-vous jamais vu de telles fleurs?

Henri Matisse

Tableau 9 • ARTS

Entrée en Matière.   *On juge un pays d'après l'importance de ses activités artistiques et la valeur de ses artistes. Plus le talent et le renom de ceux-ci sont grands, plus la société où ils vivent est admirée. L'artiste — c'est vrai surtout pour le peintre et l'écrivain — a pour mission de nous révéler la beauté qui nous entoure et que nous ne pourrions voir sans son aide. Ses tableaux, ses écrits, ses œuvres en général, nous permettent de mieux comprendre le sens et le but de notre vie.*

La vocation de l'artiste le pousse sur une voie très difficile: il ne trouve pas toujours des conditions de travail favorables. Il est incompris du reste des gens qui craignent son originalité. Il passe parfois pour dangereux, justement à cause de ses différences.

Dans certains cas, il est impossible de distinguer les vrais artistes, pour qui seul l'art compte, des faux artistes, c'est-à-dire ceux qui ne pensent qu'à l'argent et au succès facile. Pour ceux-ci, une gloire rapide justifie toutes sortes d'actions malhonnêtes.

L'art n'a de valeur que s'il nous apprend à apprécier la beauté sous ses diverses formes. Pour atteindre ce but, l'artiste a choisi, comme instruments principaux, la vérité et la liberté: ainsi devient-il solidaire de tous les hommes.

"Still Life: Apples on Pink Tablecloth" *par Henri Matisse* (National Gallery of Art, Washington, D.C., Chester Dale Collection)

"Self Portrait" *par Paul Gaugin* (National Gallery of Art, Washington, D.C., Chester Dale Collection)

NAISSANCE D'UN MAITRE

par André Maurois

Introduction

Né en 1885, André Maurois, membre de l'Académie française, se distingue surtout par ses dons de biographe et d'auteur de nouvelles. Nous voyons dans «Naissance d'un maître» comme il sait bien conter une histoire. Avec lui, nous entrons dans le monde des arts où les artistes, peintres, musiciens, romanciers éprouvent parfois beaucoup de difficultés à se faire connaître et admirer du public. Maurois présente une interprétation spirituelle du problème. Le romancier Paul-Emile Glaise va donner à son ami, le peintre Pierre Douche, le secret de la réussite: il faut se faire remarquer. Il faut parler fort, dire des choses mystérieuses. Le peintre décide d'essayer cette méthode, en se déclarant fondateur de «l'Ecole idéo-analytique»! Lorsqu'on lui demandera d'expliquer un tableau, il répondra simplement: «Avez-vous jamais regardé un fleuve?» Rien de plus!

Préparation à la Lecture

Dans le conte suivant, Maurois présente un peintre qui, comme beaucoup de jeunes artistes, trouve que la vie n'est pas facile. Il est sur le point d'abandonner complètement son métier quand un de ses amis, un romancier assez imaginatif et original, vient à son aide.

Dans la première partie du conte, vous verrez le jeune peintre à son travail. Vous comprendrez pourquoi il est découragé par les difficultés qu'il rencontre. Vous verrez quelles sont les solutions que son ami lui propose pour réussir.

Vocabulaire Essentiel

1. Il essaie de peindre la jolie couleur de l'aubergine.
   aubergine (*f.*): légume de forme allongée et de couleur violette (eggplant)

2. «L'atelier du peintre» est un tableau de Courbet qui se trouve au Louvre.
   atelier (*m.*): salle de travail d'un peintre, d'un sculpteur, etc.

3. Les toiles de Gauguin évoquent les pays exotiques où il a vécu.
   toiles (*f.*): tableaux, œuvres de peintres

4. Fonde ce club, et j'en serai membre tout de suite.
   fonde: crée, organise

5. Ne mélange pas tous tes livres avec les miens.
   mélange: mêle, mets ensemble sans ordre

6. Nie la grande qualité de cette création, nie-la si tu en as le courage.
   nie: déclare que quelque chose n'existe pas

7. Elle est abonnée à plusieurs revues de mode et à un journal politique.
   abonnée: qui reçoit régulièrement des revues ou des journaux qui ont été payés d'avance

8. Il méprisait les tableaux des peintres impressionnistes.
   méprisait: considérait comme étant sans valeur

9. D'après vos tableaux, on voit que vous avez une sensibilité très vive.

sensibilité (*f.*): faculté de sentir, d'être ému

10. Seuls les badauds se laisseront prendre par ces promesses ridicules.

badauds (*m.*): personnes un peu sottes qui croient tout ce qu'on leur dit

11. Les faiseurs obtiennent souvent des succès qui auraient dû aller aux gens honnêtes.

faiseurs (*m.*): personnes qui agissent d'une façon malhonnête pour réussir

12. De nombreux peintres ont essayé d'imiter la manière de Picasso.

manière (*f.*): procédé, style particulier à un artiste

13. Chaque fois que cet esthète parle, il dit une sottise.

sottise (*f.*): acte ou parole indiquant un manque de jugement

14. Il a peint un bouquet de tulipes jaunes sur un fond bleu.

fond (*m.*): arrière-plan d'un tableau (partie d'un tableau qui semble être la plus lointaine)

15. Tu ne réussiras pas, même avec ton bagout, car tu n'as aucun talent.

bagout (*m.*): facilité de parole permettant d'impressionner ceux qui écoutent

16. Nous jouirons de la présence de nos cousins pendant une semaine.

jouirons de: prendrons un grand plaisir à

LE PEINTRE Pierre Douche achevait une nature morte, fleurs dans un pot de pharmacie, aubergines dans une assiette, quand le romancier Paul-Emile Glaise entra dans l'atelier. Glaise contempla pendant quelques
5 minutes son ami qui travaillait, puis dit fortement: «Non.»

L'autre, surpris, leva la tête et s'arrêta de polir une aubergine. «Non, reprit Glaise, crescendo, non, tu n'arriveras jamais. Tu as du métier, tu as du talent, tu es honnête. Mais ta peinture est plate, mon bonhomme. Ça n'éclate pas, ça ne
10 gueule pas. Dans un salon de cinq mille toiles, rien n'arrête devant les tiennes le promeneur endormi... Non, Pierre Douche, tu n'arriveras jamais. Et c'est dommage.

—Pourquoi? soupira l'honnête Douche. Je fais ce que je vois; je n'en demande pas plus.

15 —Il s'agit bien de cela! tu as une femme, mon bonhomme, une femme et trois enfants. Le lait vaut dix-huit sous le litre, et les œufs coûtent un franc pièce. Il y a plus de tableaux que d'acheteurs, et plus d'imbéciles que de connaisseurs. Or quel est le moyen, Pierre Douche, de sortir de la foule
20 inconnue?

crescendo (terme de musique): en augmentant le volume du son (Ici, au sens figuré: en parlant plus fort)

ça ne gueule pas (expression populaire): cela ne crie pas, c'est-à-dire la peinture n'attire pas l'attention, ne fait pas impression

c'est dommage: c'est regrettable, c'est malheureux

Il s'agit bien de cela: Il ne s'agit pas du tout de cela! Il n'est pas du tout question de cela!

sous (*m.*): Un sou est la vingtième partie d'un franc (équivaut à cinq centimes). Aujourd'hui, on n'emploie plus le terme de sou mais de centime qui est la centième partie du franc.

—Le travail?

—Sois sérieux. Le seul moyen, Pierre Douche, de réveiller
les imbéciles, c'est de faire des choses énormes. Annonce que
tu vas peindre au Pôle Nord. Promène-toi vêtu en roi
5 égyptien. Fonde une école. Mélange dans un chapeau des
mots savants: extériorisation dynamique, et compose des
manifestes. Nie le mouvement, ou le repos; le blanc, ou le
noir; le cercle, ou le carré. Invente la peinture néo-homérique,
qui ne connaîtra que le rouge et le jaune; la peinture
10 cylindrique, la peinture octaédrique, la peinture à quatre
dimensions... »

À ce moment, un parfum étrange et doux annonça l'entrée
de Mme Kosnevska. C'était une belle Polonaise dont Pierre
Douche admirait la grâce. Abonnée à des revues coûteuses
15 qui reproduisaient à grands frais des chefs-d'œuvre d'enfants
de trois ans, elle n'y trouvait pas le nom de l'honnête Douche
et méprisait sa peinture. S'allongeant sur un divan, elle
regarda la toile commencée, secoua ses cheveux blonds, et
sourit avec un peu de dépit:

Sois sérieux: Ne dis pas de sottises. Ne plaisante pas.

la peinture néo-homérique: terme qui ne signifie rien, puisque la peinture homérique (du temps d'Homère, ancien poète grec) n'a jamais existé
octaédrique: à huit dimensions

à grands frais: en dépensant beaucoup d'argent

Naissance d'un maître   185

«J'ai été hier, dit-elle, de son accent roulant et chantant, voir une exposition d'art nègre de la bonne époque. Ah! la sensibilité, le modelé, la force de ça!»

Le peintre retourna pour elle un portrait dont il était
5 content.

«Gentil,» dit-elle, du bout des lèvres, et, roulante, chantante, parfumée, disparut.

Pierre Douche jeta sa palette dans un coin et se laissa tomber sur le divan: «Je vais, dit-il, me faire inspecteur d'as-
10 surances, employé de banque, agent de police. La peinture est le dernier des métiers. Le succès, fait par des badauds, ne va qu'à des faiseurs. Au lieu de respecter les maîtres, les critiques encouragent les barbares. J'en ai assez, je renonce.»

Paul-Emile, ayant écouté, alluma une cigarette et réfléchit
15 assez longuement.

«Veux-tu, dit-il enfin, donner aux snobs et aux faux artistes la dure leçon qu'ils méritent? Te sens-tu capable d'annoncer en grand mystère et sérieux à la Kosnevska, et à quelques autres esthètes, que tu prépares depuis dix ans un renouvelle-
20 ment de ta manière?

—Moi? dit l'honnête Douche étonné.

—Ecoute... Je vais annoncer au monde, en deux articles bien placés, que tu fondes l'Ecole idéo-analytique. Jusqu'à toi, les portraitistes, dans leur ignorance, ont étudié le visage
25 humain. Sottise! Non, ce qui fait vraiment l'homme, ce sont les idées qu'il évoque en nous. Ainsi le portrait d'un colonel, c'est un fond bleu et or que barrent cinq énormes galons, un cheval dans un coin, des croix dans l'autre. Le portrait d'un industriel, c'est une cheminée d'usine, un poing fermé sur
30 une table. Comprends-tu, Pierre Douche, ce que tu apportes au monde, et peux-tu peindre en un mois vingt portraits idéo-analytiques?»

Le peintre sourit tristement.

«En une heure, dit-il, et ce qui est triste, Glaise, c'est que
35 cela pourrait réussir.

—Essayons.

—Je manque de bagout.

—Alors, mon bonhomme, à toute demande d'explication, tu prendras un temps, tu lanceras une bouffée de pipe au
40 nez du questionneur, et tu diras ces simples mots: «Avez-vous jamais regardé un fleuve?»

—Et qu'est-ce que cela veut dire?

accent roulant: prononciation où certaines lettres, surtout le *R*, vibrent fortement
de la bonne époque: au moment où le niveau le plus haut est atteint
modelé: façon dont le relief des formes est réalisé en peinture ou en sculpture
du bout des lèvres: avec mépris, avec dédain

la Kosnevska: On emploie l'article défini devant les noms d'actrices ou de cantatrices célèbres. Ici, l'article *la* est employé pour montrer un certain mépris.

l'Ecole idéo-analytique (mot inventé par l'auteur): Ecole où l'on peint, non pas le sujet lui-même, mais les idées qu'il évoque.

tu prendras un temps: tu attendras un moment

—Rien, dit Glaise; aussi le trouveront-ils très beau, et quand ils t'auront découvert, expliqué, exalté, nous raconterons l'aventure et jouirons de leur confusion.»

Lexique

1. **abonné** (*m.*): qui reçoit régulièrement des revues ou des journaux qui ont été payés d'avance

   Pour bien se rendre compte de la situation mondiale, il faut être abonné à plus d'un journal.

2. **atelier** (*m.*): salle de travail d'un peintre, d'un sculpteur, etc.

   Il y a beaucoup d'ateliers de peintres à Greenwich Village.

3. **aubergine** (*f.*): légume de forme allongée et de couleur violette (eggplant)

   Ma sœur a rapporté du marché de belles aubergines.

4. **badaud** (*m.*): personne un peu sotte, qui croit tout ce qu'on lui dit; promeneur

   Quel badaud! il a cru les histoires que lui a racontées le journaliste.

5. **bagout** (*m.*): facilité de parole permettant d'impressionner ceux qui écoutent

   Ce faiseur croit que le bagout lui servira plus que le talent.

6. **barrer**: rayer

   Cinq traits d'argent barrent le fond du tableau.

7. **bouffée** (*f.*): air qui sort de la bouche

   Quand on lui parle, il vous envoie des bouffées de cigarette à la figure.

8. **dépit** (*m.*): irritation

   Les représentants des Nations Unies ont éprouvé un vif dépit en apprenant que les combats continuaient.

9. **esthète** (*m.* ou *f.*): personne qui affecte le genre artiste

   Elle s'imagine avoir de l'importance; elle a pris des airs d'esthète.

10. **faiseur** (*m.*): personne qui agit d'une façon malhonnête pour réussir

    Ne vous laissez pas prendre aux compliments de ces faiseurs.

11. **fond** (*m.*): arrière-plan d'un tableau (partie d'un tableau qui semble être la plus lointaine)

    Cet artiste insiste pour peindre des aubergines sur un fond rouge et des pommes sur un fond azur.

12. **fonder**: créer, organiser

    Leur médecin a fondé une clinique pour soigner les malades.

13. **galon** (*m.*): ruban de laine, d'or ou d'argent qui indique le grade des militaires

    Cet officier vient d'être nommé colonel; il a bien mérité son cinquième galon.

14. **jouir de**: prendre un grand plaisir à; profiter de

    Pendant notre absence, les enfants ont joui d'une complète liberté.

15. **manière** (*f.*): procédé, style particulier à un artiste

    Il me semble reconnaître dans sa peinture la manière de Renoir.

16. **mélanger**: mêler, mettre ensemble sans ordre

    Toutes ses chaussettes sont mélangées dans le tiroir.

17. **mépriser**: considérer comme étant sans valeur

    Il méprise les conseils que sa famille lui a donnés.

18. **nature morte** (*f.*): tableau qui représente des objets inanimés (fleurs, fruits, etc.) ou des animaux morts

   Au Musée d'Art Moderne, les critiques ont apprécié une nature morte représentant du gibier étendu sur une table.

19. **nier**: déclarer que quelque chose n'existe pas, déclarer que quelque chose est faux Quel philosophe nie l'existence de Dieu?

20. **plat**: sans attrait, sans intérêt

   L'interprétation qu'il donne de ce concerto est plate; elle n'éveille aucune émotion.

21. **polir**: rendre brillant par une action mécanique

   Le peintre était occupé à polir l'aubergine afin de lui donner l'aspect du réel.

22. **Polonais** (*m.*): habitant ou natif de Pologne

   Le compositeur Chopin était le fils d'un Français et d'une Polonaise.

23. **promeneur** (*m.*): celui qui se promène, qui visite en se promenant

   Au salon d'exposition, nous nous trouvions parmi une centaine de promeneurs.

24. **salon** (*m.*): établissement où l'on expose des peintures

   C'était un salon immense puisqu'il contenait cinq mille toiles.

25. **secouer**: agiter fortement d'un côté et de l'autre

   Les paysans ont secoué les arbres pour en faire tomber les fruits.

26. **sensibilité** (*f.*): faculté de sentir, d'être ému

   Malgré sa sensibilité, il ne réussira jamais à devenir un grand peintre.

27. **sottise** (*f.*): acte ou parole indiquant un manque de jugement

   Elle a fait des déclarations empreintes de la plus grande sottise.

28. **soupirer**: exprimer avec regret ou tristesse «Mes vacances sont terminées,» soupira-t-elle.

29. **toile** (*f.*): tableau, œuvre de peintre

   L'atelier du peintre est rempli de toiles qu'il va exposer.

30. **usine** (*f.*): établissement, fabrique où l'on produit des objets de manufacture

   L'industriel qui dirige cette usine a exalté le système capitaliste.

31. **valoir**: avoir un certain prix, coûter

   Le lait est cher, il vaut dix-huit sous le litre.

Questionnaire Oral

1. Quand le romancier Glaise est entré dans l'atelier, qu'est-ce que le peintre Pierre Douche achevait-il?

2. Que représentait cette nature morte?

3. Qu'est-ce que Glaise a fait pendant quelques minutes?

4. Qu'a-t-il dit ensuite?

5. Quelle a été la réaction du peintre?

6. Qu'est-ce que Glaise a repris, crescendo?

7. Qu'est-ce que le peintre a, d'après Glaise?

8. Pour quelles raisons Douche n'arrivera-t-il jamais?

9. Qu'est-ce qui se passerait dans un salon de cinq mille toiles?

10. Quelle a été la réponse de Douche?

11. Combien vaut le lait et combien coûtent les œufs?

12. Y a-t-il plus de tableaux que d'acheteurs et plus d'imbéciles que de connaisseurs?

13. Quel est le moyen, selon Pierre Douche, de sortir de la foule inconnue?

14. Quel est ce moyen, selon Glaise?

15. Que conseille-t-il au peintre d'annoncer?

16. Comment lui conseille-t-il de se promener?

17. Que devrait-il fonder et composer?

18. Qu'est-ce qu'il faudrait qu'il nie?

19. Quels genres de peinture lui demande-t-il d'inventer?

20. Que savons-nous de Mme Kosnevska?

21. Que reproduisaient les revues coûteuses auxquelles elle était abonnée?

22. Pourquoi méprisait-elle la peinture de Douche?

23. Qu'a-t-elle été voir hier?

24. Qu'a-t-elle dit, du bout des lèvres, quand le peintre a retourné pour elle un portrait?

25. Quand il est découragé, à quels métiers pense Douche?

26. A qui va le succès, d'après lui?

27. Qu'est-ce que Glaise lui demande s'il est capable d'annoncer, en grand mystère?

28. Qu'est-ce que le romancier va lui-même annoncer au monde?

29. Qu'est-ce qui fait vraiment l'homme, d'après lui?

30. Comment représenterait-il un colonel?

31. Comment ferait-il le portrait d'un industriel?

32. Que lui demande-t-il de peindre en un mois?

33. Combien de temps Douche mettrait-il pour peindre ces vingt portraits?

34. De quoi le peintre manque-t-il pour que cela réussisse?

35. Comment doit-il répondre à toute demande d'explication?

36. Qu'est-ce que veut dire «Avez-vous jamais regardé un fleuve?»

37. Que feront Glaise et Douche quand le peintre aura été découvert, expliqué, exalté?

Sujets de Discussion

1. Décrivez l'atelier de Pierre Douche tel que vous vous le représentez. Essayez de donner des détails.

2. Est-il vrai que, pour réussir en peinture, il faut «faire des choses énormes»?

3. Si vous étiez peintre, comment représenteriez-vous un colonel? un industriel? un professeur?

4. Essayez de trouver des phrases, ayant aussi peu de sens que: «Avez-vous jamais regardé un fleuve?»

5. Pourquoi Pierre Douche, quand il est particulièrement découragé, pense-t-il spécialement aux trois métiers suivants: inspecteur d'assurances, employé de banque, agent de police? Quel rapport voyez-vous entre ces trois emplois?

6. Quand vous regardez un tableau, pour quelles raisons l'aimez-vous ou ne l'aimez-vous pas? Comment faites-vous pour apprécier la valeur d'un tableau?

Devoirs Ecrits

1. Analysez le caractère de Pierre Douche, en montrant quelles sont ses qualités et quelles sont ses faiblesses. Notez ces points en opposant son caractère à celui du romancier Glaise.

2. Connaissez-vous des peintres qui agissent de façon étrange, curieuse? Comment sont-ils habillés et que font-ils? En connaissez-vous aussi qui ne se font pas remarquer mais qui ont du génie? Faites des comparaisons.

3. Quelles sont les écoles de peinture que vous connaissez? Laquelle préférez-vous? Pourquoi?

NAISSANCE D'UN MAITRE (SUITE)

par André Maurois

Introduction

Deux mois plus tard, Pierre Douche obtient un triomphe avec ses tableaux, tous préparés selon sa nouvelle méthode. Les critiques, les belles dames du monde, telle Madame Kosnevska, tous ceux qui auparavant ne lui avaient prêté aucune attention, sont maintenant en admiration devant son œuvre. Chaque fois qu'on lui demande le secret de sa réussite, il dit: «Avez-vous jamais regardé un fleuve?» Les marchands de tableaux lui promettent des gains énormes. Arrive alors la grande surprise: Pierre Douche a si bien trompé le public qu'il est maintenant tout à fait prisonnier de sa nouvelle méthode! Qui a raison? Où est la vérité?

Préparation à la Lecture

Pour avoir suivi les conseils de son ami, le jeune peintre est lancé. Et avec quel succès! Même le romancier trouve étonnante une réussite aussi rapide, mais ce qui le frappe encore plus, c'est le changement dans le caractère du peintre. En lisant la dernière partie de «Naissance d'un maître», cherchez les raisons de ces changements et notez les réactions du romancier. Remarquez aussi comment, pour produire un effet comique, Maurois répète certains mots. Quel vocabulaire spécial emploie-t-il?

Vocabulaire Essentiel

1. Le vernissage de cette exposition a révélé des œuvres de grand talent.
   vernissage (*m.*): présentation par le peintre de ses tableaux à ses amis et aux critiques d'art, le jour précédant l'ouverture officielle de l'exposition

2. Remontez le col de votre veste; il fait froid.
   col (*m.*): partie d'un vêtement qui entoure le cou

3. Quelle lâcheté! il a frappé un jeune enfant parce qu'il criait trop fort.
   lâcheté (*f.*): action basse, indigne

4. Il m'a tirée par la manche; j'ai bien été obligée de le suivre.
   manche (*f.*): partie d'un vêtement qui couvre les bras

5. Son voisin l'entraîna vers la fenêtre pour lui montrer les promeneurs.
   entraîna: emmena, tira avec lui

6. Méfie-toi de ton voisin, c'est un malin.
   malin (*m.*): personne habile qui sait manœuvrer pour défendre ses intérêts

7. Le succès de cette exposition aidera au lancement de sa nouvelle manière.
   lancement (*m.*): action de faire connaître

8. Le bruit s'éloignait, faisant place au silence.
   s'éloignait: s'en allait, partait

9. Elle doit être d'une stupidité insondable pour dire tant de sottises.
   insondable: infinie, sans limite

10. Sa douleur dépasse tout ce qu'on peut imaginer.
    dépasse: va au-delà de

11. En réalisant cette charge, le romancier s'est moqué des faiseurs.

charge (*f.*): plaisanterie, mystification

12. Il parcourut des yeux tous les portraits.

parcourut: examina, regarda rapidement

13. S'il a refusé de venir vous voir, c'est par orgueil.

orgueil (*m.*): sentiment qui fait croire qu'on est supérieur aux autres; estime excessive de soi-même

DEUX MOIS plus tard, le vernissage de l'Exposition Douche s'achevait en triomphe. Chantante, roulante, parfumée, la belle Mme Kosnevska ne quittait plus son nouveau grand homme.

5 «Ah! répétait-elle, la sensibilité; le modelé, la force de ça! Quelle intelligence! Quelle révélation! Et comment, cher, êtes-vous parvenu à ces synthèses étonnantes?»

Le peintre prit un temps, lança une forte bouffée de pipe, et dit: «Avez-vous jamais, chère madame, regardé un 10 fleuve?»...

En pardessus à col de lapin, le jeune et brillant Lévy-Cœur discutait au milieu d'un groupe: «Très fort! disait-il, très fort! Pour moi, je répète depuis longtemps qu'il n'est pas de lâcheté pire que de peindre d'après un modèle. Mais, 15 dites-moi, Douche, la révélation: D'où vient-elle? De mes articles?»

Pierre Douche prit un temps considérable, lui souffla au nez une bouffée triomphante, et dit: «Avez-vous jamais, monsieur, regardé un fleuve?»

20 «Admirable! approuva l'autre, admirable!»

A ce moment, un célèbre marchand de tableaux, ayant achevé le tour de l'atelier, prit le peintre par la manche et l'entraîna dans un coin.

«Douche, mon ami, dit-il, vous êtes un malin. On peut 25 faire un lancement de ceci. Réservez-moi votre production. Ne changez pas de manière avant que je ne vous le dise, et je vous achète cinquante tableaux par an... Ça va?»

Douche, enigmatique, fuma sans répondre.

Lentement, l'atelier se vida. Paul-Emile Glaise alla fermer 30 la porte derrière le dernier visiteur. On entendait dans

l'escalier un murmure admiratif qui s'éloignait. Puis, resté
seul avec le peintre, le romancier mit joyeusement ses mains
dans ses poches et partit d'un éclat de rire formidable.
Douche le regarda avec surprise.

5   «Eh bien! mon bonhomme, dit Glaise, crois-tu que nous
les avons eus? As-tu entendu le petit au col de lapin! Et la
belle Polonaise? Et les trois jolies jeunes filles qui répétaient:
«Si neuf, si neuf!» Ah! Pierre Douche, je croyais la bêtise
humaine insondable, mais ceci dépasse mes espérances.»

10   Il fut repris d'une crise de rire invincible. Le peintre
fronça le sourcil, et, comme des hoquets convulsifs agitaient
l'autre, dit brusquement:

   «Imbécile!»

   «Imbécile! cria le romancier furieux. Quand je viens de
15 réussir la plus belle charge que depuis Bixiou... »

   Le peintre parcourut des yeux avec orgueil les vingt portraits analytiques et dit avec la force que donne la certitude:

   «Oui, Glaise, tu es un imbécile. Il y a quelque chose dans
cette peinture... »

nous les avons eus (expression
familière): nous les avons
dupés, trompés

crise de rire: rire prolongé et fort
qu'on ne peut contrôler
fronça le sourcil: contracta la
partie au-dessus de l'œil, en
signe de mécontentement

Bixiou: personnage bohème du
romancier Balzac, célèbre
pour ses plaisanteries

Le romancier contempla son ami avec une stupeur infinie.

«Celle-là est forte! hurla-t-il. Douche, souviens-toi. Qui t'a suggéré cette manière nouvelle?»

Alors Pierre Douche prit un temps, et tirant de sa pipe
5 une énorme bouffée:

«As-tu jamais, dit-il, regardé un fleuve?... »

«Celle-là est forte!: Cela est incroyable! Tu te moques de moi!

Lexique

1. **charge** (*f.*): plaisanterie, mystification
   A l'université, quelques étudiants ont été les auteurs d'une charge spirituelle.

2. **col** (*m.*): partie d'un vêtement qui entoure le cou
   Ce col est fait de fourrure de lapin.

3. **dépasser:** aller au-delà de
   Les voyageurs dépassent la ville de Poitiers, en route vers Toulouse.

4. **s'éloigner:** s'en aller, partir
   Je l'ai vu s'éloigner de la maison, les mains dans les poches.

5. **énigmatique:** qui dissimule ses pensées
   Pendant sa conférence, l'orateur est resté énigmatique.

6. **entraîner:** emmener, tirer avec soi
   Il a entraîné sa sœur vers la sortie pour échapper à cette foule.

7. **insondable:** dont on ne peut atteindre le fond par la sonde (sounding, boring); infini, sans limite
   La mer est insondable à cet endroit-là.

8. **lâcheté** (*f.*): manque de courage, couardise; action basse, indigne
   Au moment du danger, personne ne doit montrer de lâcheté.

9. **lancement** (*m.*): action de faire commencer, de faire connaître
   Avec toute la publicité qu'on a faite, le lancement de cette pâte dentifrice doit réussir.

10. **lapin** (*m.*): petit animal qu'on élève pour sa viande ou pour sa peau (fourrure) (rabbit)
    Nous avons mangé du lapin pour dîner.

11. **malin, maligne** (*m.* et *f.*): personne habile qui sait manœuvrer pour défendre ses intérêts
    Cet industriel est un malin; il vient d'ouvrir deux nouvelles usines.

12. **manche** (*f.*): partie d'un vêtement qui couvre les bras
    L'agent de police a attrapé un des badauds par la manche de la chemise.

13. **orgueil** (*m.*): sentiment qui fait croire qu'on est supérieur aux autres; estime excessive de soi-même.
    L'auteur a trop d'orgueil pour consentir à cet arrangement.

14. **parcourir:** examiner, regarder rapidement; visiter dans tous les sens
    En parcourant la salle du regard, j'ai aperçu le journaliste.

15. **parvenir à:** arriver à, atteindre
    Le peintre parvient à obtenir des résultats incroyables.

16. **synthèse** (*f.*): reconstitution d'un ensemble avec ses divers éléments
    Mélangez vos couleurs et vous pourrez obtenir cette synthèse.

17. **vernissage** (*m.*): présentation par le peintre de ses tableaux à ses amis et aux critiques d'art, le jour précédant l'ouverture officielle de l'exposition

Je n'ai pu assister à votre vernissage, mais j'irai demain voir votre exposition.

18. **se vider:** devenir vide

La pluie est tombée, et les rues se sont vidées.

Questionnaire Oral

1. Comment s'est achevé le vernissage de l'Exposition Douche?

2. A quel moment s'achevait-il ainsi?

3. Qui est-ce que la belle Mme Kosnevska ne quittait plus?

4. Que répétait-elle?

5. Quelle question a-t-elle posée au peintre?

6. Est-ce qu'il a répondu tout de suite?

7. Qu'a-t-il dit après avoir lancé une forte bouffée de pipe?

8. Où le jeune et brillant Lévy-Cœur discutait-il?

9. Que répète-t-il depuis longtemps?

10. Quelle question pose-t-il ensuite à Douche?

11. Est-ce que cette fois le peintre répond immédiatement?

12. Que dit-il à Lévy-Cœur?

13. Qui a entraîné le peintre dans un coin?

14. Qu'est-ce qu'il lui a dit?

15. Veut-il que Douche change de manière?

16. Si celui-ci ne change pas de manière, qu'est-ce que ce marchand va lui acheter?

17. L'atelier s'étant vidé, qu'est-ce que Paul-Emile Glaise a fait?

18. Qu'est-ce qu'on entendait dans l'escalier?

19. Resté seul avec le peintre, qu'est-ce que le romancier a fait?

20. Quand celui-ci est parti d'un éclat de rire formidable, quelle a été la réaction de Douche?

21. Qu'est-ce que Glaise lui a dit alors?

22. Que répétaient les trois jolies jeunes filles?

23. Qu'est-ce que Glaise pensait de la bêtise humaine?

24. Pourquoi le peintre a-t-il froncé le sourcil?

25. Qu'est-ce que Glaise a dit qu'il venait de réussir?

26. Qu'est-ce que le peintre a parcouru des yeux avec orgueil?

27. Qu'a-t-il dit avec la force que donne la certitude?

28. Comment Glaise a-t-il contemplé son ami?

29. Qu'est-ce qu'il a hurlé?

30. Que lui a répondu Pierre Douche?

Sujets de Discussion

1. Quel a été le changement d'attitude de Mme Kosnevska envers Douche? Comment l'expliquez-vous?

2. Pensez-vous que ce soit une grande lâcheté que de peindre d'après un modèle? Justifiez votre réponse.

3. Connaissez-vous des exemples de charge, de mystification qui soient comiques? Citez-en quelques-uns.

4. Qu'est-ce que vous pensez des épithètes «sensibilité», «modelé», «force» qu'emploie la belle Polonaise?

5. On dit que Lévy-Cœur est jeune et brillant. Comment croyez-vous qu'il soit en train d'impressionner son auditoire?

6. Pourquoi le marchand de tableaux dit-il: «Ne changez pas de manière avant que je ne vous le dise.»?

7. Qu'est-ce que Glaise veut dire par: «ceci dépasse mes espérances»?

8. Que pensez-vous de la fin de ce conte? Est-ce qu'il vous surprend?

9. Selon vous, est-ce que Douche taquine Glaise, ou bien a-t-il été vraiment converti à la nouvelle méthode?

10. Est-ce que l'opinion que vous aviez de Douche a changé maintenant? Comment?

Devoirs Ecrits

1. Quelle impression avez-vous des gens qui entourent Douche? Décrivez-les.

2. Douche a fait vingt portraits en deux mois. Le marchand de tableaux voudrait lui acheter cinquante tableaux par an. Est-ce qu'une production aussi forte peut être d'un niveau élevé? Qu'en pensez-vous?

3. Etudiez le rôle qu'a joué le romancier Glaise dans ce conte «Naissance d'un maître». Pourquoi a-t-il agi comme il l'a fait? Quelles conclusions pouvez-vous tirer de cette histoire?

LE ROLE DE L'ECRIVAIN

par Albert Camus

Introduction

Albert Camus, né en Algérie en 1913, est mort dans un accident de voiture en 1960. Après des études de philosophie, il a fait du journalisme, notamment dans la Résistance pendant la deuxième guerre mondiale. On compte parmi ses œuvres des romans, des récits, des essais et des pièces de théâtre. En 1957, il a reçu le Prix Nobel de littérature. «Le rôle de l'écrivain» est tiré du *Discours de Suède,* qu'il a lu, à Stockholm, au moment de la réception de ce prix-là. Notez dans ce discours l'aspect très classique de son style. Ses idées sont clairement exprimées; Camus ne veut pas se séparer du monde. S'il possède le don de bien écrire, il veut en faire usage pour communiquer avec tous les êtres humains. Il affirme, par cette déclaration, une croyance en la fraternité humaine. Il a besoin de connaître ses frères pour bien écrire, pour toujours exprimer la vérité.

Préparation à la Lecture

L'auteur explique d'abord ce que son art signifie pour lui personnellement, et puis la vraie signification, la vraie fonction de l'art de l'écrivain en général. Selon Camus, un écrivain ne peut pas se séparer de la société où il se trouve; c'est son devoir de la comprendre, non pas de la juger. Après l'avoir comprise, il doit présenter «une image privilégiée» des sentiments qu'il y trouve. Mais son rôle n'aura aucune valeur ni aucun mérite s'il ne s'engage pas au service de la vérité et de la liberté.

Vocabulaire Essentiel

1. Sachez placer votre devoir au-dessus de tout.
   au-dessus de: plus haut que

2. Ce livre est trop difficile; il dépasse mon niveau.
   niveau (*m.*): degré intellectuel

3. Ecouter de la musique est une réjouissance incomparable.

réjouissance (*f.*): divertissement, amusement, plaisir

4. Il ne faut pas vous laisser émouvoir par ces histoires.

émouvoir: toucher; provoquer l'émotion de

5. Le condamné a supporté ses souffrances avec courage.

souffrances (*f.*): épreuves, douleurs physiques ou morales

6. Son métier de concierge la soumet à des devoirs envers ses locataires.

soumet à: oblige à

7. La lecture de ces romans lui nourrira l'esprit.

nourrira: alimentera

8. Ce n'est pas en avouant ma faiblesse que je réussirai.

avouant: reconnaissant comme vraie; admettant l'existence de

9. La volonté de l'homme se forge dans les souffrances.

se forge: se forme, se crée

10. L'acteur de théâtre a besoin d'un aller retour continuel avec son public.

aller retour (*m.*): échange, communion

11. L'autobus s'est arrêté à mi-chemin entre les deux villes.

à mi-chemin: à distance égale entre **un** point et un autre

12. Lorsqu'on a l'habitude de regarder la télévision, il est difficile de s'en passer.

se passer de: se priver de, renoncer à

13. L'écrivain exprime les pensées de la communauté à laquelle il appartient.

communauté (*f.*): personnes vivant ensemble et possédant les mêmes **intérêts** (ville, pays, etc.)

14. Avez-vous pris un parti en ce qui concerne la maison que vous vouliez acheter?

parti (*m.*): décision

15. Ils subissent les traitements les plus sévères.

subissent: sont soumis à

16. Privé de son fusil, Eric ne peut aller à la chasse.

privé de: à qui on a enlevé ou refusé la possession de

17. La moindre marque d'affection suffit à la remplir de joie.

suffit à: est assez pour

18. Le rôle de l'écrivain est de faire retentir le silence de ceux qu'on empêche de s'exprimer.

retentir: rendre un son éclatant, avoir des répercussions

19. Tu ne retrouveras plus de pareille chance.

pareille: si grande, si importante

JE NE PUIS vivre personnellement sans mon art. Mais je n'ai jamais placé cet art au-dessus de tout. S'il m'est nécessaire au contraire, c'est qu'il ne se sépare de personne et me permet de vivre, tel que je suis, au niveau
5 de tous. L'art n'est pas à mes yeux une réjouissance solitaire.

puis: peux

Albert Camus

French Embassy Press and Information Division

Il est un moyen d'émouvoir le plus grand nombre d'hommes
en leur offrant une image privilégiée des souffrances et des
joies communes. Il oblige donc l'artiste à ne pas s'isoler; il le
soumet à la vérité la plus humble et la plus universelle. Et
5 celui qui, souvent, a choisi son destin d'artiste parce qu'il se
sentait différent, apprend bien vite qu'il ne nourrira son art,
et sa différence, qu'en avouant sa ressemblance avec tous.
L'artiste se forge dans cet aller retour perpétuel de lui aux
autres, à mi-chemin de la beauté dont il ne peut se passer et
10 de la communauté à laquelle il ne peut s'arracher. C'est
pourquoi les vrais artistes ne méprisent rien; ils s'obligent à
comprendre au lieu de juger. Et, s'ils ont un parti à prendre
en ce monde, ce ne peut être que celui d'une société où,

Le rôle de l'écrivain   197

selon le grand mot de Nietzsche, ne règnera plus le juge, mais le créateur, qu'il soit travailleur ou intellectuel.

Le rôle de l'écrivain, du même coup, ne se sépare pas de devoirs difficiles. Par définition, il ne peut se mettre au-
5 jourd'hui au service de ceux qui font l'histoire: il est au service de ceux qui la subissent. Ou, sinon, le voici seul et privé de son art. Toutes les armées de la tyrannie avec leurs millions d'hommes ne l'enlèveront pas à la solitude, même et surtout s'il consent à prendre leur pas. Mais le silence d'un
10 prisonnier inconnu, abandonné aux humiliations à l'autre bout du monde, suffit à retirer l'écrivain de l'exil, chaque fois, du moins, qu'il parvient, au milieu des privilèges de la liberté, à ne pas oublier ce silence et à le faire retentir par les moyens de l'art.

15 Aucun de nous n'est assez grand pour une pareille voca-
tion. Mais, dans toutes les circonstances de sa vie, obscur ou provisoirement célèbre, jeté dans les fers de la tyrannie ou libre pour un temps de s'exprimer, l'écrivain peut retrouver le sentiment d'une communauté vivante qui le justifiera, à la
20 seule condition qu'il accepte, autant qu'il peut, les deux charges qui font la grandeur de son métier: le service de la vérité et celui de la liberté.

Nietzsche (1844–1900): philo-sophe allemand qui fonda sa morale sur des notions comme celles de l'énergie vitale et de la volonté de puissance. L'art était, pour lui, la justification de l'univers.

prendre leur pas: fall in line

retirer l'écrivain de l'exil: faire sortir l'écrivain de sa solitude

Lexique

1. **aller retour** (*m.*): échange, communion
   Dans la salle de classe, il est indispensable qu'il existe un aller retour entre le profes-seur et ses élèves.

2. **au-dessus de:** plus haut que
   Ne mettez pas vos problèmes personnels au-dessus de toute autre considération.

3. **avouer:** reconnaître comme vrai; admettre l'existence de
   Il n'a pas avoué sa faute, mais je suis sûr qu'il l'a commise.

4. **communauté** (*f.*): personnes vivant en-semble et possédant les mêmes intérêts (ville, pays, etc.)
   Notre communauté n'est pas favorable à la vie artistique.

5. **du même coup:** en même temps, de la même façon
   Je ferai ce voyage pour conclure une affaire et du même coup je verrai mon père qui habite cette ville.

6. **émouvoir:** toucher; provoquer l'émotion de
   Ses récits sont propres à émouvoir les plus froids.

7. **fers** (*m.*): chaînes
   Saint Vincent de Paul visitait les prison-niers gémissant dans les fers.

8. **se forger:** se former, se créer
   Un champion sportif se forge par un en-traînement intensif.

9. **s'isoler:** rester loin des autres
   Il n'est pas bon de s'isoler; l'homme est fait pour vivre en société.

10. **à mi-chemin:** à distance égale entre un point et un autre

Dans sa traversée de l'Atlantique, le bateau était arrivé exactement à mi-chemin.

11. **niveau** (*m.*): degré intellectuel

Son niveau d'intelligence n'est pas des plus élevés.

12. **nourrir:** alimenter

Il nourrit la conversation en parlant de ses voyages.

13. **pareil, pareille:** si grand(e), si important(e)

Une vocation pareille demande du dévouement et du courage.

14. **parti** (*m.*): côté, décision

N'étant pas assez bien renseigné, je refuse de prendre un parti dans cette discussion.

15. **se passer de:** se priver de, renoncer à

Son séjour en Suisse est devenu une habitude dont il ne peut plus se passer.

16. **priver de:** enlever ou refuser la possession de

Ses parents l'ont privé de la voiture dont il se servait depuis deux mois.

17. **provisoirement:** temporairement, pendant un certain temps

Comme sa maison a brûlé, il va provisoirement vivre à l'hôtel.

18. **réjouissance** (*f.*): divertissement, amusement, plaisir

La plus grande réjouissance pour ce garçon est d'aller au cirque.

19. **retentir:** rendre un son éclatant, avoir des répercussions

Sa réputation va retentir pendant longtemps dans le monde entier.

20. **sinon:** autrement, sans quoi

Apportez-moi ce texte ce soir même; sinon, ce sera trop tard.

21. **souffrance** (*f.*): épreuve, douleur physique ou morale

Ils ont partagé bien des jours de souffrance.

22. **soumettre à:** obliger à

Dans cette école, les élèves sont soumis aux règlements les plus stricts.

23. **subir:** être soumis à

Ceux qui subissent l'histoire sont ceux qui en supportent les conséquences.

24. **suffire à:** être assez pour

Le moindre appel suffit à la faire accourir.

Questionnaire Oral

1. Sans quoi Camus ne peut-il vivre personnellement?

2. Est-ce qu'il a placé son art au-dessus de tout?

3. Pourquoi son art lui est-il nécessaire?

4. Comment cet art lui permet-il de vivre?

5. Qu'est-ce que l'art n'est pas, à ses yeux?

6. Comment est-il un moyen d'émouvoir le plus grand nombre d'hommes?

7. A quoi oblige-t-il donc l'artiste?

8. A quoi le soumet-il?

9. Pourquoi certains ont-ils choisi un destin d'artiste?

10. Qu'est-ce que celui qui a choisi ce destin apprend bien vite?

11. Comment l'artiste nourrira-t-il son art et sa différence?

12. Dans quoi se forge l'artiste?

13. De quoi ne peut-il se passer?

14. A quoi ne peut-il s'arracher?

15. Quels sont les deux éléments entre lesquels il est à mi-chemin?

16. Est-ce que les vrais artistes méprisent quelque chose?

17. A quoi s'obligent-ils?

18. S'ils ont un parti à prendre en ce monde, lequel sera-t-il?

19. Qui régnera dans cette société, selon le grand mot de Nietzsche?

20. De quoi le rôle de l'écrivain ne se sépare-t-il pas?

21. Au service de qui ne peut-il se mettre aujourd'hui?

22. Au service de qui est-il donc?

23. S'il se met au service de ceux qui font l'histoire, quel en sera le résultat?

24. Qui ne l'enlèvera pas à la solitude?

25. Qu'est-ce que le silence d'un prisonnier inconnu suffit à faire?

26. Comment est-il, ce prisonnier inconnu?

27. Est-ce que le silence de ce prisonnier inconnu suffit toujours à retirer l'écrivain de l'exil?

28. Que doit faire cet écrivain, au milieu des privilèges de la liberté?

29. Quelqu'un parmi nous est-il assez grand pour une pareille vocation?

30. Quelles sont les quatre circonstances de la vie que Camus envisage pour l'écrivain?

31. Quelle est la seule condition à laquelle l'écrivain peut retrouver le sentiment d'une communauté vivante?

32. Quelles sont les deux charges qui font la grandeur de son métier?

Sujets de Discussion

1. Comment l'artiste peut-il vivre dans la communauté sans sacrifier son individualité?

2. D'après vous, est-ce que l'art est une réjouissance solitaire ou non?

3. A vos yeux, quels sont les devoirs de l'artiste, spécialement de l'écrivain?

4. Quel rôle la beauté et la communauté peuvent-elles jouer dans la vie de l'artiste?

5. D'après vous, qui doit régner dans la société? Est-ce que l'artiste y a sa place?

6. Quels résultats va avoir sur l'écrivain le silence d'un prisonnier inconnu?

Devoirs Ecrits

1. Quelle importance la vérité et la liberté ont-elles pour l'artiste, et surtout pour l'écrivain?

2. Quelles sont les personnes qui font l'histoire? Donnez quelques exemples précis. Pourquoi l'artiste ne peut-il se mettre au service de ces personnes-là?

3. Dans un pays où existe la tyrannie, on a jeté en prison un homme. Vous êtes écrivain et vous voulez intervenir en faveur de ce prisonnier inconnu. Qu'allez-vous écrire ou faire pour arriver à aider ce prisonnier?

LE ROMANCIER ET SES PERSONNAGES

Il faut beaucoup pardonner au romancier, pour les périls auxquels il s'expose. Car écrire des romans n'est pas de tout repos. Je me souviens de ce titre d'un livre: *L'homme qui a perdu son moi.* Eh bien, c'est la personnalité même du romancier, c'est son «moi» qui à chaque instant est en jeu. De même que le radiologue est menacé dans sa chair, le romancier l'est dans l'unité de sa personne.

François Mauriac

EXERCICES DE STRUCTURE

LE PRESENT AVEC *DEPUIS*

Répétez les phrases suivantes.
1. Tu le prépares depuis dix ans.
2. Je le répète depuis longtemps.
3. Je répète ces idées depuis longtemps.
4. J'étudie le français depuis trois ans.
5. Je pense à cet article depuis deux semaines.

Changez la phrase suivante en employant les mots indiqués.
6. Cet auteur prépare ce roman depuis plus de dix ans.

Cet écrivain _____.

_____ ces articles _____.

_____ cinq mois.

Répondez aux questions suivantes.

MODELE: Depuis combien de temps préparez-vous ce livre?
        Je le prépare depuis dix ans.

7. Depuis combien de temps admirez-vous la peinture moderne?
8. Depuis combien de temps lisez-vous les romans de Camus?
9. Depuis combien de temps connaissez-vous le nom d'André Maurois?
10. Depuis combien de temps aimez-vous la peinture analytique?
11. Depuis combien de temps pouvez-vous vous passer de bonbons?
12. Depuis combien de temps pouvez-vous vous passer de sucre?

Changez la phrase suivante en employant les mots indiqués.
13. Je parle français depuis deux ans.

_____ une heure.

_____ un an.

_____ trois semaines.

Je parle français depuis trois semaines.

_____ plus de quinze ans.

_____ quatre ans.

_____ six mois.

LE FUTUR PARFAIT APRES *QUAND, AUSSITOT QUE, DES QUE*

Répétez les phrases suivantes.
1. Quand ils t'auront découvert, nous raconterons l'aventure et jouirons de leur confusion.
2. Je partirai aussitôt que j'aurai mangé.
3. Je sortirai dès que j'aurai fini mon travail.
4. Je ferai mon travail quand j'aurai terminé la lecture de ce roman.

Changez la phrase suivante en employant les mots indiqués.
5. Dès que vous aurez compris la leçon, vous pourrez partir.

Aussitôt que _____.

_____ fini _____.

_____ le devoir, _____.

_____ devrez _____.

_____ sortir.

Répondez aux questions suivantes en employant des phrases de votre invention.

MODELE: Quand partirez-vous?
     Je partirai aussitôt que j'aurai fini mon devoir.

6. Quand comprendrez-vous cet article?
7. Quand apprécierez-vous la peinture moderne?
8. Quand peindrez-vous mon portrait?
9. Quand changerez-vous de manière?
10. Quand arriverez-vous?

NE PAS + INFINITIF

Répétez les phrases suivantes.
1. Il oblige l'artiste à ne pas s'isoler.
2. Il parvient à ne pas oublier ce silence.
3. Je vous prie de ne pas oublier votre travail.
4. Je vous prie de ne pas faire de bruit.
5. Je regrette de ne pas savoir la réponse.
6. Vous réussissez à ne pas me comprendre.

Changez la phrase suivante en employant les mots indiqués.
7. Mes parents m'ont demandé de ne plus aller en ville.
   Mes professeurs _____.
   _____ prié _____.
   _____ ne jamais _____.
   _____ retourner ___.
   _____ en Italie.

Répondez aux ordres suivants.

MODELE: Ne partez pas!
     Vous me demandez de ne pas partir.

8. N'achetez pas ces tableaux!
9. N'admirez pas la peinture moderne!
10. Ne craignez rien!
11. Ne peignez pas de portraits!
12. N'écrivez pas de romans modernes!

Complétez les phrases suivantes en employant des infinitifs à la forme négative.

MODELE: J'apprends à...
     J'apprends à ne pas oublier mon travail.

13. Je réussis à...
14. Je vous demande de...
15. Je persiste à...
16. Je parviens à...
17. Je prétends...
18. J'espère...

AVANT QUE, A MOINS QUE + NE + LE SUBJONCTIF

Répétez les phrases suivantes.
1. Ne changez pas de manière avant que je ne vous le dise.
2. Ne partez pas avant que votre ami ne vous dise la vérité.
3. Ne partez pas à moins que votre ami ne vous dise la vérité.

Changez la phrase suivante en employant les mots indiqués.
4. Je ne partirai pas avant que vous ne me disiez la vérité.

_____ sortirai _____ .

_____ à moins que _____ .

_____ m'appreniez _____ .

_____ ce poème.

Complétez les phrases suivantes en employant des subordonnées qui commencent par *à moins que* ou par *avant que*.

MODELE: Je ne partirai pas avant que mon professeur ne me le permette.
        Je ne sortirai pas à moins que mes parents ne me le permettent.

 5. Je ne comprendrai pas cette leçon...
 6. Je n'aurai pas d'argent...
 7. Je répéterai cette faute...
 8. J'oublierai mon devoir...
 9. Je resterai ici...
10. J'arriverai à l'heure...

INVERSION APRES AUSSI, PEUT-ETRE, SANS DOUTE

Répétez les phrases suivantes.
1. Qu'est-ce que cela veut dire? Rien, dit Glaise, aussi le trouveront-ils très beau.
2. Ce livre est bien écrit. Peut-être le trouverez-vous intéressant.
3. Ce roman n'est pas très intéressant. Sans doute le trouverez-vous ennuyeux.
4. Jacques travaille le jour et la nuit. Aussi sait-il toujours la réponse exacte.

Changez les phrases suivantes en employant les mots indiqués.
5. Charles travaille beaucoup; sans doute réussira-t-il à apprendre par cœur ce poème.

_____ aussi _____ .

_____ peut-être _____ .

_____ la leçon.

_____ le livre.

6. Charles ne sait rien. Peut-être n'a-t-il pas appris sa leçon.

_____ comprend _____ .

_____ Sans doute _____ .

_____ préparé _____ .

_____ son devoir.

Complétez les phrases suivantes en employant des phrases qui commencent par *peut-être*.

MODELE: Charles a lu dix fois ce livre.
Peut-être le trouve-t-il intéressant.

7. Charles sort avec Jeanne presque chaque semaine.
8. Charles a acheté dix romans français.
9. Charles ne veut pas sortir avec Marie.
10. Charles ne veut pas étudier l'histoire.
11. Charles ne veut pas apprendre l'algèbre.
12. Charles passe des heures à regarder la photographie de Jeanne.

REVISION

FORMATION DU PASSE COMPOSE

Répétez les phrases suivantes.
1. Charles lit ce roman aujourd'hui, et Robert l'a lu hier.
2. Robert arrive aujourd'hui, et Jean est arrivé hier.
3. Jean se trompe, et Robert s'est trompé hier.

Complétez les phrases suivantes.

MODELE: Jean apprendra la leçon. Et vous?
Je l'ai déjà apprise.

4. Robert finira le travail. Et votre ami?
5. Jean parlera à Marie. Et vos amis?
6. Charles partira à six heures. Et vous?
7. Jean retournera à New York aujourd'hui. Et votre frère?
8. Mon ami sortira de la salle. Et votre oncle?
9. Jean montera dans le train. Et vos enfants?
10. Charles écrira son devoir. Et vous?
11. Robert va au théâtre à six heures. Et votre sœur?
12. Charles se réveillera. Et votre fils?
13. Je me raserai à cinq heures. Et vous?
14. Nous nous coucherons à neuf heures. Et vous?
15. Je me rappellerai mon devoir. Et vous?

*Tapisserie de Lurçat
numéro 1*

Tableau 10 • FANTAISIE

Entrée en Matière. *Un grain de fantaisie peut souvent opérer des miracles. Il est rare que les Français résistent au plaisir d'en mêler à leur vie. On dit qu'ils sont réalistes et qu'ils ont les pieds sur terre, mais, chez eux, la fantaisie apparaît partout: dans leurs actions, dans leurs poèmes, dans leurs écoles parfois, comme nous le verrons dans un des extraits choisis.*

Les gens qui se croient importants ou supérieurs évitent de s'en servir. Ils ont peur de perdre leur dignité et de provoquer les rires. Ils oublient que c'est le moyen le plus efficace de supprimer la routine et la monotonie. Quel élève ne souhaite, à la fin d'une longue journée de travail, voir le professeur plaisanter et distraire ceux qui s'ennuient?

D'ailleurs, le rêve s'ajoute à la fantaisie pour nous faire découvrir un monde, bien différent du monde réel, où les animaux et les enfants sont libres. Les cages et les salles de classe ont disparu. Des surprises nous attendent au coin des bois ou des rues. Un fantôme vient de temps en temps nous rappeler que quelques grains de fantaisie peuvent transformer notre existence.

POUR FAIRE LE PORTRAIT D'UN OISEAU

par Jacques Prévert

Introduction

Jacques Prévert (1900–   ) explique comment peindre le portrait d'un oiseau. Ce portrait ne sera bon que si l'oiseau paraît vraiment vivant. Dans ce poème, tiré de *Paroles* (1949), on comprend qu'il faut donc peindre avec la même imagination et le même art que ceux dont fait preuve l'auteur. Avec la simplicité naïve d'un enfant, Prévert s'imagine être dans le monde de l'oiseau. Il voit une forêt, des arbres, du feuillage vert; il sent le vent frais, le soleil, la chaleur de l'été. L'oiseau se place tout naturellement dans le cadre idéal que lui donne le poème. Comme l'auteur, il refuse toute contrainte.

Préparation à la Lecture

Ce qui vous frappera immédiatement en lisant ce poème, c'est le manque de ponctuation et de rimes. Les vers n'ont pas le même nombre de syllabes: la forme est parfaitement libre. Quel rapport y a-t-il entre la forme de ce poème et le sujet qu'il traite? Comment est-ce que ce vocabulaire si simple contribue à l'effet total?

Vocabulaire Essentiel

1. Pour peindre les lignes du visage, il a utilisé un pinceau très fin.

    pinceau (*m.*): instrument fait de poils au bout d'un manche et qui sert à peindre

2. L'oiseau ne peut pas s'envoler à cause des barreaux.

    barreaux (*m.*): petites barres en bois ou en métal qui servent à fermer une cage, une prison, etc.

3. La fraîcheur de la température est surprenante pour un mois d'août.

    fraîcheur (*f.*): qualité de ce qui est un peu froid

4. La poussière s'accumule sur les meubles.

    poussière (*f.*): terre en poudre très fine

Peindre d'abord une cage
avec une porte ouverte
peindre ensuite
quelque chose de joli
quelque chose de simple
quelque chose de beau
quelque chose d'utile
pour l'oiseau

5

placer ensuite la toile contre un arbre
dans un jardin
dans un bois
ou dans une forêt
se cacher derrière l'arbre
sans rien dire
sans bouger...
Parfois l'oiseau arrive vite
mais il peut aussi bien mettre de longues années   **mettre:** passer
avant de se décider
Ne pas se décourager
attendre
attendre s'il le faut pendant des années   **s'il le faut:** si c'est nécessaire

❉   ❉   ❉

Quand l'oiseau arrive
s'il arrive
observer le plus profond silence
attendre que l'oiseau entre dans la cage
et quand il est entré
fermer doucement la porte avec le pinceau
puis

Pour faire le portrait d'un oiseau   207

effacer un à un tous les barreaux
en ayant soin de ne toucher aucune des plumes de l'oiseau
Faire ensuite le portrait de l'arbre
en choisissant la plus belle de ses branches
5   pour l'oiseau
peindre aussi le vert feuillage et la fraîcheur du vent
la poussière du soleil
et le bruit des bêtes de l'herbe dans la chaleur de l'été
et puis attendre que l'oiseau se décide à chanter
10   Si l'oiseau ne chante pas
c'est mauvais signe
signe que le tableau est mauvais
mais s'il chante c'est bon signe
signe que vous pouvez signer
15   alors vous arrachez tout doucement
une des plumes de l'oiseau
et vous écrivez votre nom dans un coin du tableau.

Lexique

1. **aussi bien**: également, de même
   Charles vient me voir et Jacques aussi bien.

2. **barreau** (*m.*): petite barre en bois ou en métal qui sert à fermer une cage, une prison, etc.
   Le prisonnier voit le ciel à travers les barreaux.

3. **chaleur** (*f.*): température élevée
   Il régnait une douce chaleur dans le salon.

4. **feuillage** (*m.*): toutes les feuilles d'un arbre
   Le feuillage de ce chêne donne beaucoup d'ombre.

5. **fraîcheur** (*f.*): qualité de ce qui est un peu froid
   La fraîcheur du soir m'a obligé à mettre un pardessus.

6. **parfois**: quelquefois, de temps en temps
   Parfois, mes anciens élèves viennent me voir.

7. **pinceau** (*m.*): instrument fait de poils au bout d'un manche et qui sert à peindre
   Pouvez-vous m'apporter des pinceaux pour repeindre ma maison?

8. **poussière** (*f.*): terre en poudre très fine
   Il y avait beaucoup de poussière sur la route; notre voiture en est toute couverte.

Questionnaire Oral

1. Pour faire le portrait d'un oiseau, que faut-il peindre d'abord?
2. Comment sera la porte de la cage?
3. Que faut-il peindre ensuite?
4. Pour qui doit-on faire cela?
5. Où doit-on alors placer la toile?
6. Où doit se trouver cet arbre?
7. Où se cacher ensuite?
8. Est-ce que l'oiseau arrive vite?
9. Combien de temps peut-il mettre parfois avant de se décider?
10. Que faire dans ce cas-là?
11. Que doit-on observer, si l'oiseau arrive?
12. Qu'est-ce qu'il faut attendre?

13. Que fait-on quand l'oiseau est entré dans la cage?

14. Comment faut-il effacer un à un tous les barreaux?

15. Quel portrait fait-on ensuite?

16. Qu'est-ce qu'on choisit pour l'oiseau?

17. Que peint-on aussi?

18. Que faut-il peindre du vent et du soleil?

19. Quel bruit peindra-t-on aussi?

20. Qu'est-ce qu'on doit attendre à ce moment-là?

21. Qu'est-ce que c'est, si l'oiseau ne chante pas?

22. Quel signe est-ce, s'il chante?

23. Quand peut-on signer le tableau?

24. Qu'arrachez-vous tout doucement?

25. Où écrivez-vous votre nom?

Sujets de Discussion

1. Comment feriez-vous le portrait d'un oiseau? Lequel choisiriez-vous et où le mettriez-vous?

2. Est-ce que vous pouvez vous représenter l'oiseau dont Prévert a fait le portrait? Pourquoi?

3. Pourquoi faut-il parfois attendre de longues années avant que l'oiseau n'arrive?

4. Est-ce que les adjectifs *joli, simple, beau, utile* conviennent bien à l'oiseau? Justifiez votre réponse.

5. Est-ce que vous croyez qu'un oiseau doive rester dans une cage? Comment peut-on faire pour qu'il garde sa liberté?

6. Quelle signification voyez-vous dans la fin du poème?

Devoirs Ecrits

1. Quelles impressions le poète veut-il nous donner?

2. Vous avez des instructions à donner à quelques-uns de vos camarades. Vous leur expliquez ou bien un nouveau jeu ou bien le fonctionnement d'une machine qu'ils ne connaissent pas. Donnez ces instructions en étant aussi simple que possible et, surtout, en employant l'infinitif.

LA MAISON

par André Maurois

Introduction

Dans un petit volume de contes *Pour piano seul*, André Maurois (1885–   ), dont nous avons déjà étudié un texte, «Naissance d'un maître», nous entretient de fantômes. «La maison» est l'histoire d'une dame qui faisait toutes les nuits le même rêve. Elle se trouvait toujours à la campagne où elle se promenait. A la fin de chaque promenade, elle apercevait toujours une belle maison bâtie de pierres blanches. Sa curiosité piquée, elle sonnait pour y entrer et pour la visiter. Mais elle se réveillait toujours au moment de sonner, sans avoir jamais vu l'intérieur de la maison. Une fois réveillée, elle restait hantée par l'impression de cette maison. Elle essaya donc d'en trouver une semblable. Un jour enfin, elle découvrit le château de ses rêves. Nous vous laissons la surprise de ce qu'elle a appris!

Préparation à la Lecture

Le conte suivant est un de ces écrits que l'on veut lire sans interruption pour en connaître plus vite la fin. Remarquez que l'auteur raconte le rêve de la dame en employant l'imparfait. Ensuite, il se sert du passé simple pour relater les voyages de celle-ci; enfin, il passe au présent pour donner plus de force et de réalité au dénouement. Ce texte peut se comparer à un petit film en raison de la qualité et de la précision de ses descriptions.

Vocabulaire Essentiel

1. La mer entourait l'île de tous côtés.
   entourait: était autour de

2. Il y avait quelques jolies fleurs dans le pré.
   pré (*m.*): petite prairie

3. Le vent faisait balancer la cime du grand arbre.
   cime (*f.*): sommet, le plus haut point

4. Marie était attirée par la beauté de Georges.
   attirée: poussée vers

5. Les anémones, qu'on n'avait pas mises dans l'eau, se fanaient.
   se fanaient: séchaient, flétrissaient, mouraient

6. L'auto débouchait sur la place de la Concorde.
   débouchait: sortait

7. Il faut bien s'occuper de la pelouse pour qu'elle reste fraîche et verte.
   pelouse (*f.*): terrain couvert d'herbe

8. Cette pelouse vient d'être tondue.
   tondue: coupée très court

9. Le jardinier tond les gazons depuis six heures ce matin.
   gazons (*m.*): pelouses dont l'herbe est très courte et serrée

10. Le toit d'une maison empêche la pluie d'y entrer.
    toit (*m.*): couverture supérieure d'une maison

11. Elle est venue jusqu'au perron pour me dire adieu.
    perron (*m.*): devant de la porte d'entrée

12. Son père éprouve beaucoup de chagrin à la voir si malheureuse.
    éprouve: sent, ressent

13. Le jardin et le bord de la mer sont parmi les lieux que je préfère.
    lieux (*m.*): endroits, localités

14. L'herbe et de petites fleurs rouges formaient un tapis magnifique.
    tapis (*m.*): couverture que l'on pose par terre dans les maisons (Ici, au sens figuré: l'herbe et les fleurs)

15. J'ai vite monté les marches pour arriver à mon appartement.
    marches (*f.*): degrés d'un escalier

16. Ce sont les propriétaires du cinéma qui arrivent.
    propriétaires (*m.* ou *f.*): personnes qui possèdent quelque chose

17. Tu voudrais louer une petite villa au bord de la mer.
    louer: avoir l'usage d'un domicile contre un paiement

18. Edgar Allan Poe a écrit beaucoup d'histoires de revenants.
    revenants (*m.*): fantômes

19. Les soldats ont mis l'ennemi en fuite.
    mis en fuite: causé le départ précipité de

I L Y A deux ans, dit-elle, quand je fus si
malade, je remarquai que je faisais toutes les nuits le même
rêve. Je me promenais dans la campagne; j'apercevais de
loin une maison blanche, basse et longue, qu'entourait un
5 bosquet de tilleuls. A gauche de la maison, un pré bordé de
peupliers rompait agréablement la symétrie du décor, et la
cime de ces arbres, que l'on voyait de loin, se balançait
au-dessus des tilleuls.

Dans mon rêve, j'étais attirée par cette maison et j'allais
10 vers elle. Une barrière peinte en blanc fermait l'entrée.
Ensuite on suivait une allée dont la courbe avait beaucoup
de grâce. Cette allée était bordée d'arbres sous lesquels je
trouvais les fleurs du printemps: des primevères, des pervenches et des anémones, qui se fanaient dès que je les cueillais.
15 Quand on débouchait de cette allée, on se trouvait à quelques pas de la maison. Devant celle-ci s'étendait une grande
pelouse, tondue comme les gazons anglais et presque nue.
Seule y courait une bande de fleurs violettes.

des primevères: petites fleurs de
couleurs variées qui fleurissent
tôt au printemps (primroses)
des pervenches: petites fleurs
bleues (periwinkles)

La maison, bâtie de pierres blanches, portait un toit d'ardoises. La porte, une porte de chêne clair aux panneaux sculptés, était au sommet d'un petit perron. Je souhaitais visiter cette maison, mais personne ne répondait à mes
5 appels. J'étais profondément désappointée, je sonnais, je criais, et enfin je me réveillais.

Tel était mon rêve et il se répéta, pendant de longs mois, avec une précision et une fidélité telles que je finis par penser que j'avais certainement, dans mon enfance, vu ce
10 parc et ce château. Pourtant je ne pouvais, à l'état de veille, en retrouver le souvenir, et cette recherche devint pour moi une obsession si forte qu'un été, ayant appris à conduire moi-même une petite voiture, je décidai de passer mes vacances sur les routes de France, à la recherche de la
15 maison de mon rêve.

Je ne vous raconterai pas mes voyages. J'explorai la Normandie, la Touraine, le Poitou, je ne trouvai rien et n'en fus pas étonnée. En octobre je rentrai à Paris et, pendant tout l'hiver, continuai à rêver de la maison blanche. Au printemps
20 dernier, je recommençai mes promenades aux environs de Paris. Un jour, comme je traversais une vallée voisine de l'Isle-Adam, je sentis tout d'un coup un choc agréable, cette émotion curieuse que l'on éprouve losqu'on reconnaît, après une longue absence, des personnes ou des lieux que l'on a
25 aimés.

Bien que je ne fusse jamais venue dans cette région, je connaissais parfaitement le paysage qui s'étendait à ma droite. Des cimes de peupliers dominaient une masse de tilleuls. A travers le feuillage encore léger de ceux-ci, on
30 devinait une maison. Alors, je sus que j'avais trouvé le château de mes rêves. Je n'ignorais pas que, cent mètres plus loin, un chemin étroit couperait la route. Le chemin était là. Je le pris. Il me conduisit devant une barrière blanche.

35 De là partait l'allée que j'avais si souvent suivie. Sous les arbres, j'admirai le tapis aux couleurs douces que formaient les pervenches, les primevères et les anémones. Lorsque je débouchai de la voûte des tilleuls, je vis la pelouse verte et le petit perron, au sommet duquel était la porte de chêne
40 clair. Je sortis de ma voiture, montai rapidement les marches et sonnai.

J'avais grand-peur que personne ne répondît, mais, presque tout de suite, un domestique parut. C'était un homme

à l'état de veille: au moment où l'on ne dort pas

la Touraine: province appelée «le jardin de la France», au sud-ouest de Paris

le Poitou: province au sud-ouest de Paris

aux environs de: dans le voisinage de, autour de

l'Isle-Adam: petite ville du département de Seine-et-Oise, tout près de Paris

au visage triste, fort vieux et v<u>êtu</u> d'un veston noir. En me voyant, il parut très surpris et me regarda avec attention, sans parler.

«Je vais, lui dis-je, vous demander une faveur un peu
5 étrange. Je ne connais pas les propriétaires de cette maison, mais je serais heureuse s'ils pouvaient m'<u>au</u>toriser à la visiter.

—Le château est à <u>louer</u>, madame, dit-il, comme à regret, et je suis ici pour le faire visiter.

—A louer? dis-je. Quel<u>le</u> chance inespérée!... Comment les
10 propriétaires eux-mêmes n'habitent-ils pas une maison si belle?

—Les propriétaires l'habitaient, madame. Ils l'ont quittée depuis que la maison est hantée.

—Hantée? dis-je. Voilà qui ne m'arrêtera guère. Je ne
15 savais pas que, dans les provinces françaises, on croyait encore <u>aux revenants</u>...

—Je n'y croirais pas, madame, dit-il sérieusement, si je n'avais moi-même si souvent rencontré dans le parc, la nuit, le fantôme qui a mis mes <u>maîtres</u> en fuite.
20 —Quelle histoire! dis-je en essayant de sourire.

—Une histoire, dit <u>le vieillard</u> d'un air de reproche, dont vous au moins, madame, ne devriez pas rire, puisque ce fantôme, c'est vous.»

Lexique

1. **allée** (f.): chemin, en général bordé d'arbres ou de fleurs
   Il y a une petite allée dans les bois qui mène jusqu'au lac.

2. **ardoise** (f.): pierre un peu bleue qui sert à couvrir les maisons (slate)
   Les toits d'ardoises se voient souvent en Bretagne.

3. **attirer**: pousser vers, amener à
   Si l'on est aimable, on saura attirer des amis vers soi.

4. **se balancer**: osciller, se mouvoir d'un côté et de l'autre
   Les enfants aiment se balancer sur la balançoire attachée à l'arbre.

5. **chance** (f.): occasion inattendue, événement heureux
   J'ai eu beaucoup de chance; j'ai gagné à la loterie.

6. **cime** (f.): sommet, le plus haut point
   La maison était cachée par la cime des grands arbres.

7. **courbe** (f.): ligne en forme d'arc
   La courbe de la route m'empêchait de voir le jardin.

8. **cueillir**: ramasser, rassembler
   Allez cueillir des fleurs pour en faire un bouquet.

9. **déboucher**: sortir
   L'allée dans les bois débouchait près de la grand-route.

10. **entourer:** être autour de, placer autour de
Le propriétaire a entouré sa maison d'un haut mur.

11. **éprouver:** sentir, ressentir
Antigone a éprouvé une grande douleur à la mort de son frère.

12. **étonner:** surprendre
Il a été très étonné de la voir.

13. **étroit:** qui n'est pas large
Les soldats devaient marcher à la file parce que le chemin était étroit.

14. **se faner:** sécher, flétrir, mourir
De même que les roses se fanent, beauté et jeunesse le font aussi.

15. **gazon** (*m.*): pelouse dont l'herbe est très courte et serrée
On ne peut pas marcher sur les beaux gazons dans le parc.

16. **avoir grand-peur:** avoir très peur, être très inquiet
J'ai grand-peur qu'il ne pleuve avant que nous rentrions.

17. **inespéré:** inattendu, qu'on n'espérait pas
J'ai enfin pu faire mon voyage en France! Quelle joie inespérée!

18. **lieu** (*m.*): endroit, localité
Les lieux de Paris que je préfère sont le bois de Boulogne et le palais du Louvre.

19. **louer:** avoir ou laisser à quelqu'un l'usage d'un domicile contre un paiement
Le propriétaire a loué sa maison à un gentil couple.

20. **marche** (*f.*): degré d'un escalier
On compte beaucoup de marches pour atteindre le haut de la Statue de la Liberté.

21. **mettre en fuite:** causer le départ précipité de
Le gros chien a mis en fuite le cheval.

22. **panneau** (*m.*): carré ou surface dans un ouvrage qui est orné, sculpté ou travaillé
Cette grande porte est décorée de douze panneaux en bronze représentant la vie du Christ.

23. **pelouse** (*f.*): terrain couvert d'herbe
Les enfants aiment bien jouer au ballon sur la pelouse.

24. **perron** (*m.*): devant de la porte d'entrée
De loin, je voyais mon fils qui m'attendait sur le perron.

25. **peuplier** (*m.*): arbre (poplar)
Des peupliers bordaient la prairie.

26. **pré** (*m.*): petite prairie
Les prés et les bois abondent en Normandie.

27. **propriétaire** (*m.* ou *f.*): personne qui possède quelque chose
Est-ce que le fantôme ressemble au propriétaire de la maison?

28. **recherche** (*f.*): action pour trouver
Le locataire était à la recherche de son chat, perdu depuis deux jours.

29. **revenant** (*m.*): fantôme
Je ne crois pas aux revenants parce que je n'en ai jamais aperçu.

30. **tapis** (*m.*): couverture que l'on pose par terre dans les maisons (Ici, au sens figuré: l'herbe et les fleurs)
Avez-vous vu les beaux tapis orientaux qu'il a chez lui?

31. **tilleul** (*m.*): arbre dont les fleurs donnent une infusion (linden)
Ma mère me préparait souvent une infusion de tilleul.

32. **toit** (*m.*): couverture supérieure de la maison
Le toit d'un édifice protège contre les éléments.

33. **tondre:** couper très court
Il faut tondre le poil du mouton pour obtenir de la laine.

Questionnaire Oral

1. Dans quel état la dame était-elle, il y a deux ans?

2. Qu'est-ce qu'elle faisait toutes les nuits?

3. Où se promenait-elle?

4. Comment était la maison qu'elle voyait?

5. De quoi la maison était-elle entourée?

6. Qu'est-ce qu'il y avait à gauche de la maison?

7. Qu'est-ce qui se balançait au-dessus des tilleuls?

8. Qu'est-ce qui fermait l'entrée de la maison?

9. De quoi était bordée l'allée qui menait à la maison?

10. Qu'est-ce qui se passait dès qu'elle cueillait des fleurs?

11. Qu'est-ce qu'il y avait juste devant la maison?

12. Où se trouvait la bande de fleurs violettes?

13. Comment était le toit de la maison?

14. Comment en était la porte et où était-elle?

15. Est-ce que la dame avait rêvé seulement une fois de cette maison?

16. Quand la dame a-t-elle décidé d'aller à la recherche de la maison? Comment y est-elle allée?

17. Où est-elle allée pour trouver la maison?

18. Qu'a-t-elle fait au mois d'octobre?

19. Dans quelle région s'est-elle promenée au printemps?

20. Pourquoi a-t-elle senti un choc agréable, une émotion curieuse?

21. Avait-elle jamais visité cette région?

22. Comment a-t-elle su que la maison de ses rêves était tout près?

23. Qui répondit à la porte quand elle sonna?

24. Quelle était l'allure de ce monsieur?

25. Qu'est-ce que la dame veut faire?

26. Pourquoi le monsieur est-il dans la maison?

27. Pourquoi les propriétaires ont-ils quitté la maison?

28. A quoi est-ce qu'on croit encore dans les provinces françaises?

29. Qui le monsieur a-t-il rencontré dans le parc, la nuit?

30. Qui est la dame de l'histoire?

Sujets de Discussion

1. Montrez pourquoi cette histoire est bien menée.

2. Pourquoi, à l'état de veille, la dame ne pouvait-elle jamais reconstruire l'image de la maison?

3. Croyez-vous que la dame ait déjà visité la maison ou est-ce qu'il s'agit d'un souvenir extra-sensoriel?

4. Indiquez quelle est votre réaction à la fin de l'histoire.

5. Comment une maison à Paris se comparerait-elle à une telle maison? Pourquoi une personne habitant Paris serait-elle attirée par cette maison blanche?

Devoirs Ecrits

1. Avez-vous jamais vu une maison comme celle-ci? Y avez-vous fait un séjour? Comparez-la à votre propre maison.

2. Quelle est la condition d'une personne à l'état de veille? Qu'est-ce qui se passe quand elle s'endort?

3. Essayez de raconter un rêve que vous avez fait. Choisissez avec soin vos mots pour créer un air de mystère. Cherchez à lui donner une fin imprévue.

INTERMEZZO

par Jean Giraudoux

Introduction

Jean Giraudoux (1882–1944), malgré une longue carrière diplomatique, a publié nouvelles, romans et pièces de théâtre. Toute son œuvre est imprégnée de poésie, bien qu'il n'ait jamais écrit de vers. Dans la pièce *Intermezzo* (1933), des choses étranges se passent dans la petite ville où Mademoiselle Isabelle est institutrice. Elle voit partout le beau et, comme Giraudoux lui-même, elle rêve à un monde où régneraient la pureté, la générosité et l'amitié.

La vie pour elle est une poésie, une chanson. On lui envoie un inspecteur, fonctionnaire sérieux et raisonnable, qui doit examiner ses méthodes d'enseignement peu orthodoxes. Ici vous verrez à quel point le pompeux inspecteur est confondu par la gracieuse Isabelle et les élèves de l'école du grand air!

Préparation à la Lecture

Cette scène est rendue comique par un ton gai et un dialogue quelquefois frivole. Isabelle et ses élèves vont vous présenter une nouvelle méthode d'enseignement, et vous ferez la connaissance d'un inspecteur bien surpris de ce qu'il voit et de ce qu'il entend. Faites attention au portrait que l'auteur fait de cet inspecteur. Tâchez de comprendre l'influence qu'a la nature pour Giraudoux et sa façon de concevoir l'enseignement. Certains personnages, comme le maire, le droguiste et le contrôleur, ajoutent au comique de la scène.

Vocabulaire Essentiel

1. Les bruits les plus fantaisistes courent sur cette actrice de cinéma.
   bruits (*m.*): rapports, nouvelles

2. Malgré ses erreurs, il n'a pas reçu de sanction de la part du directeur.
   sanction (*f.*): punition par acte officiel

3. Il est bon pour les enfants de jouer au grand air.
   grand air (*m.*): extérieur, dehors

4. «Pas de chuchotements en classe!» dit la maîtresse.
   chuchotements (*m.*): murmures

5. Cette petite fille bavarde trop.
   bavarde: parle beaucoup

6. La bonne balayera le parquet pour enlever la poussière.
   balayera: passera le balai (sweep)

7. Il aime cligner des yeux pour attirer notre attention.
   cligner: fermer et ouvrir un œil rapidement pour faire un signe à quelqu'un

8. Il a été pris de fou rire et ne pouvait s'arrêter.
   fou rire (*m.*): rire incontrôlable

9. Sa robe fait ressortir la beauté de ses yeux.
   ressortir: mettre en relief, souligner

10. Luce n'est ni grande ni petite; elle est de taille moyenne.
    taille (*f.*): mesure, grandeur, dimension

11. L'abeille prend le suc des fleurs pour en faire du miel.
    abeille (*f.*): insecte qui produit le miel

12. La chenille est la larve du papillon.
    chenille (*f.*): petit insecte dangereux pour les arbres fruitiers (caterpillar)

13. On ne peut pas la croire; elle dit un mensonge.

mensonge (*m.*): contraire de la vérité

14. Les enfants aiment beaucoup grimper aux arbres.

grimper: monter en se servant des pieds et des mains

15. A l'annonce du désastre, la reine a éclaté en sanglots.

sanglots (*m.*): sobs

16. Le merle est un oiseau assez docile.

merle (*m.*): oiseau noir qui siffle bien (blackbird)

17. Je vous préviens qu'il ne faut pas aller dans la rue!

préviens: informe, avertis

18. Les rats sont des rongeurs qu'il est difficile d'exterminer.

rongeurs (*m.*): animaux qui rongent (rodents)

19. S'ils s'avisent de venir chez moi à l'heure du dîner, téléphonez-moi!

s'avisent: décident

20. La cliente voulait effleurer de ses doigts le joli tissu.

effleurer: toucher légèrement

21. Veille à ne pas tomber, Michel!

veille à: fais attention à, prends garde à; surveille

22. Les taupes voient très mal.

taupes (*f.*): petits animaux noirs qui vivent sous terre (moles)

23. J'écraserai le biscuit dans ma main.

écraserai: aplatirai par pression

24. Les écureuils sautent d'arbre en arbre.

écureuils (*m.*): petits animaux rongeurs, en général gris ou roux, qui vivent dans les arbres (squirrels)

25. Elle garde le téléphone à portée de main pour pouvoir répondre sans délai.

portée (*f.*): distance à laquelle on peut toucher, entendre, voir quelque chose

26. Je romps le pain avec les mains parce que je n'ai pas de couteau.

romps: casse, brise, mets en morceaux

27. Cette femme a une très jolie nuque.

nuque (*f.*): partie postérieure du cou

28. L'institutrice ne sait pas pourquoi les élèves s'esclaffent.

s'esclaffent: rient très fort

29. Elles ne se parlent plus; il y a eu des froissements entre elles.

froissements (*m.*): blessures, offenses légères

30. Son amour-propre l'empêche de faire un travail médiocre.

amour-propre (*m.*): sentiment de dignité, de fierté personnelle; amour de soi

31. Les puces sautent avec une vitesse extraordinaire.

puces (*f.*): petits insectes désagréables (fleas)

32. L'écureuil a grimpé jusqu'au faîte de l'arbre.

faîte (*m.*): sommet, cime

33. Les enfants détestent manger les épinards.

épinards (*m.*): légume à feuilles vertes (spinach)

34. Irène est effrontée; elle se moque de ses parents.

effrontée: impudente

35. Depuis son plus jeune âge, il a été dissimulé.

dissimulé: habitué à cacher ses sentiments

36. Elles sont entêtées! elles ne veulent pas s'endormir!

entêtées: opiniâtres, obstinées

ISABELLE: Vous m'avez demandée, Monsieur l'Inspecteur?

L'INSPECTEUR: Mademoiselle, les bruits les plus fâcheux courent sur votre enseignement. Je vais voir immédiatement s'ils sont fondés et envisager la sanction.

5 ISABELLE: Je ne vous comprends pas, Monsieur l'Inspecteur.

L'INSPECTEUR: Il suffit! Que l'examen commence... Entrez, les élèves... (*Elles rient.*) Pourquoi rient-elles ainsi?

ISABELLE: C'est que vous dites: entrez, et qu'il n'y a pas
10 de porte, Monsieur l'Inspecteur.

L'INSPECTEUR: Cette pédagogie de grand air est stupide... Le vocabulaire des Inspecteurs y perd la moitié de sa force... (*Chuchotements*) Silence, là-bas... La première qui bavarde balayera la classe, le champ, veux-je dire, la campagne...
15 (*Rires...*) Mademoiselle, vos élèves sont insupportables!

LE MAIRE: Elles sont très gentilles, Monsieur l'Inspecteur, regardez-les.

L'INSPECTEUR: Elles n'ont pas à être gentilles. Avec leur gentillesse, il n'en est pas une qui ne prétende avoir sa
20 manière spéciale de sourire ou de cligner. J'entends que l'ensemble des élèves montre au maître le même visage sévère et uniforme qu'un jeu de dominos.

LE DROGUISTE: Vous n'y arriverez pas, Monsieur l'Inspecteur.

25 L'INSPECTEUR: Et pourquoi?

LE DROGUISTE: Parce qu'elles sont gaies.

L'INSPECTEUR: Elles n'ont pas à être gaies. Vous avez au programme le certificat d'études et non de fou rire. Elles sont gaies parce que leur maîtresse ne les punit pas assez.

30 ISABELLE: Comment les punirais-je? Avec ces écoles de plein ciel, il ne subsiste presque aucun motif de punir. Tout ce qui est faute dans une classe devient une initiative et une intelligence au milieu de la nature. Punir une élève qui regarde au plafond? Regardez-le, ce plafond?

35 LE CONTROLEUR: En effet. Regardons-le.

L'INSPECTEUR: Le plafond dans l'enseignement doit être compris de façon à faire ressortir la taille de l'adulte vis-à-vis de la taille de l'enfant. Un maître qui adopte le plein air avoue qu'il est plus petit que l'arbre, moins corpulent que
40 le bœuf, moins mobile que l'abeille, et sacrifie la meilleure preuve de sa dignité. (*Rires...*) Qu'y a-t-il encore?

le certificat d'études: diplôme accordé après l'examen qui termine les études primaires, généralement après six ans de classes

de plein ciel: dehors, directement sous le ciel

LE MAIRE: C'est une chenille qui monte sur vous, Monsieur l'Inspecteur!

L'INSPECTEUR: Elle arrive bien... Tant pis pour elle!

ISABELLE: Oh! Monsieur l'Inspecteur... Ne la tuez pas.
5 C'est la «collata azurea». Elle remplit sa mission de chenille!

L'INSPECTEUR: Mensonge. La mission de la «collata azurea» n'a jamais été de grimper sur les Inspecteurs. (*Sanglots*) Qu'ont-elles maintenant? Elles pleurent?

LUCE: Parce que vous avez tué la «collata azurea»!

10 L'INSPECTEUR: Si c'était un merle qui emportât la «collata azurea», elles trouveraient son exploit superbe, évidemment, elles s'extasieraient.

LUCE: C'est que la chenille est la nourriture du merle!

LE CONTROLEUR: Très juste. La chenille en tant qu'aliment
15 perd toute sympathie.

L'INSPECTEUR: Ainsi, voilà où votre enseignement mène vos élèves, Mademoiselle, à ce qu'elles désirent voir un Inspecteur manger les chenilles qu'il tue! Eh bien, non, elles seront déçues. Je tuerai mes chenilles sans les manger, et je
20 préviens tous vos camarades de classe habituels, mes petites,

«collata azurea»: chenille qui appartient à la famille des chenilles bleues

insectes, reptiles et rongeurs, qu'ils ne s'avisent pas d'effleurer mon cou ou d'entrer dans mes chaussettes, sinon je les tuerai!... Toi, la brune, veille à tes taupes, car j'écraserai les taupes, et toi, la rousse, si un de tes écureuils passe à ma
5 portée, je lui romps sa nuque d'écureuil, de ces mains, aussi vrai que, quand je serai mort, je serai mort... (*Elles s'esclaffent...*)

    LES PETITES FILLES: Pff...

    L'INSPECTEUR: Qu'ont-elles à s'esclaffer?

10   ISABELLE: C'est l'idée que quand vous serez mort, vous serez mort, Monsieur l'Inspecteur...

    LE MAIRE: Si nous commencions l'examen?

    L'INSPECTEUR: Appelez la première. (*Mouvements*) Pourquoi ces mouvements?

15   ISABELLE: C'est qu'il n'y a pas de première, Monsieur l'Inspecteur, ni de seconde, ni de troisième. Vous ne pensez pas que j'irais leur infliger des froissements d'amour-propre. Il y a la plus grande, la plus bavarde, mais elles sont toutes premières.

20   L'INSPECTEUR: Ou toutes dernières, plus vraisemblablement. Toi, là-bas, commence! En quoi es-tu la plus forte?

    GILBERTE: En botanique, Monsieur l'Inspecteur.

    L'INSPECTEUR: En botanique? Explique-moi la différence entre les monocotylédons et les dicotylédons?

25   GILBERTE: J'ai dit en botanique, Monsieur l'Inspecteur.

    L'INSPECTEUR: Ecoutez-la! Sait-elle seulement ce qu'est un arbre?

    GILBERTE: C'est justement ce qu'elle sait le mieux, Monsieur l'Inspecteur.

30   ISABELLE: Si tu le sais, dis-le, Gilberte. Ces messieurs t'écoutent.

    GILBERTE: L'arbre est le frère non mobile des hommes. Dans son langage, les assassins s'appellent les bûcherons, les croque-morts, les charbonniers, les puces, les pic-verts.

35   IRENE: Par ses branches, les saisons nous font des signes toujours exacts. Par ses racines les morts soufflent jusqu'à son faîte leurs désirs, leurs rêves.

    VIOLA: Et ce sont les fleurs dont toutes plantes se couvrent au printemps.

40   L'INSPECTEUR: Oui, surtout les épinards... De sorte, ma petite, si je te comprends bien, que les racines sont le vrai feuillage, et le feuillage, les racines.

les **monocotylédons**: plantes à une feuille de graine
les **dicotylédons**: plantes à deux feuilles de graine

les **croque-morts** (expression familière): undertakers
le **pic-vert** ou **pivert**: oiseau bleu et vert qui pique sans cesse sur le tronc des arbres avec son bec

GILBERTE: Exactement.

L'INSPECTEUR: Zéro!... (*Elle rit.*) Pourquoi cette joie, petite effrontée? *impudent*

ISABELLE: C'est que dans ma notation, j'ai adopté le zéro comme meilleure note, à cause de sa ressemblance avec l'infini.

LE CONTROLEUR: Intéressant.

L'INSPECTEUR: Monsieur le Maire, vraiment, je suffoque...

LE MAIRE: Peut-être qu'en histoire elles seront plus fortes.

L'INSPECTEUR: En histoire? Mais vous ne voyez donc pas à quoi tend cette éducation? A rien moins qu'à soustraire ces jeunes esprits au filet de vérité que notre magnifique dix-neuvième siècle a tendu sur notre pays. En histoire! Mais ce sera comme en calcul ou en géographie? Et vous allez le voir! Toi, qu'est-ce qui règne entre la France et l'Allemagne?

filet de vérité: thread of truth

IRENE: L'amitié éternelle. La paix.

L'INSPECTEUR: C'est trop peu dire. Toi, qu'est-ce qu'un angle droit?

LUCE: Il n'y a pas d'angle droit. L'angle droit n'existe pas dans la nature. Le seul angle à peu près droit s'obtient en prolongeant par une ligne imaginaire le nez grec jusqu'au sol grec.

L'INSPECTEUR: Naturellement! Toi, combien font deux et deux?

DAISY: Quatre, Monsieur l'Inspecteur.

L'INSPECTEUR: Vous voyez, Monsieur le Maire... Ah! pardon! Ces petites imbéciles me font perdre la tête. D'ailleurs, au fait, d'où vient que, pour elles aussi, deux et deux font quatre? Par quelle aberration nouvelle, quel raffinement de sadisme, cette femme a-t-elle imaginé cette fausse table de multiplication absolument conforme à la vraie!... Je suis sûr que son quatre est un faux quatre, un cinq dévergondé et dissimulé. Deux et deux font cinq, n'est-ce pas, ma petite?

d'où vient que: pourquoi

DAISY: Non, Monsieur l'Inspecteur, quatre.

L'INSPECTEUR: Et entêtées, avec cela!

bull-headed, stubborn

Lexique

1. **abeille** (*f.*): insecte qui produit le miel
   La vie de l'abeille est très bien organisée.

2. **aliment** (*m.*): nourriture, ce qui se mange
   Le pain sert comme aliment de base.

3. **amour-propre** (*m.*): sentiment de dignité, de fierté personnelle; amour de soi
   Il a été blessé dans son amour-propre parce qu'on n'a pas accepté l'idée qu'il croyait excellente.

4. **s'aviser:** décider

   Ne t'avise pas de rentrer après minuit!

5. **balayer:** passer le balai (sweep)

   La femme de ménage va balayer la maison pour qu'elle soit propre.

6. **bavarder:** parler beaucoup

   Ce n'est pas en bavardant que vous ferez des progrès.

7. **bruit** (*m.*): rapport, nouvelle

   Les bruits de la rue empêchent d'entendre la maîtresse.

8. **brune** (*f.*): fille aux cheveux bruns

   On dit que les hommes préfèrent les blondes aux brunes.

9. **chenille** (*f.*): petit insecte dangereux pour les arbres fruitiers (caterpillar)

   Au printemps, beaucoup de chenilles grimpent sur les arbres.

10. **chuchotement** (*m.*): murmure, mot à voix basse

    Le conférencier entendait des chuchotements dans la salle.

11. **cligner:** fermer et ouvrir un œil rapidement pour faire un signe à quelqu'un

    J'ai cligné de l'œil pour qu'elle sache que je la comprenais.

12. **dissimulé:** habitué à cacher ses sentiments

    On ne sait jamais ce qu'elle pense; elle est dissimulée.

13. **écraser:** aplatir ou mettre en morceaux par pression

    Le meuble a été complètement écrasé par la voiture.

14. **écureuil** (*m.*): petit animal rongeur, en général gris ou roux, qui vit dans les arbres (squirrel)

    Les écureuils aiment bien les noix.

15. **effleurer:** toucher légèrement

    Une douce brise m'effleurait le visage.

16. **effronté:** impudent

    Elle n'a ni tact ni modération; c'est une effrontée!

17. **entêté:** opiniâtre, obstiné

    Il ne veut pas changer d'avis; il est aussi entêté que son frère.

18. **épinards** (*m.*): légume à feuilles vertes (spinach)

    Les épinards frais sont très bons avec des œufs durs.

19. **s'esclaffer:** rire très fort

    Tout d'un coup, ils se sont esclaffés.

20. **s'extasier:** manifester son admiration

    Le public s'extasiait devant l'œuvre de ce nouvel artiste.

21. **fâcheux:** pénible, défavorable

    Il a fait de très fâcheux commentaires.

22. **faîte** (*m.*): sommet, cime

    Il a inspecté la maison depuis le faîte jusqu'à la base.

23. **froissement** (*m.*): blessure, offense légère

    Les froissements d'opinions peuvent créer des difficultés.

24. **grand air** (*m.*): extérieur, dehors; plein air

    Le dimanche, j'essaie d'aller au grand air.

25. **grimper:** monter en se servant des pieds et des mains

    Les singes (monkeys) grimpent très bien aux arbres.

26. **mener:** conduire, amener

    Il mène les enfants au parc tous les jours.

27. **mensonge** (*m.*): contraire de la vérité

    Ses flatteries ne sont que de purs mensonges.

28. **merle** (*m.*): oiseau noir qui siffle bien (blackbird)

    Le merle chantait sur le toit de la maison.

29. **moitié** (*f.*): demie, une de deux parties égales

    Cinq est la moitié de dix.

30. **nourriture** (*f.*): aliment; substance avec laquelle on se maintient en vie
Tout ce qu'il avait comme nourriture, c'était du pain.

31. **nuque** (*f.*): partie postérieure du cou
Il s'est cassé la nuque dans l'accident de voiture.

32. **pédagogie** (*f.*): instruction, enseignement
L'Amérique doit beaucoup à la pédagogie de Dewey.

33. **portée** (*f.*): distance à laquelle on peut toucher, entendre, voir quelque chose
Ce diplôme est à ma portée, si je travaille un peu plus.

34. **prévenir**: informer, avertir
Il faut le prévenir du danger, avant qu'il ne soit trop tard.

35. **puce** (*f.*): petit insecte désagréable (flea)
A Paris, tu trouveras de tout au Marché aux Puces.

36. **ressortir**: mettre en relief, souligner
Le chef doit faire ressortir son autorité s'il veut être obéi.

37. **fou rire** (*m.*): rire incontrôlable
Le comédien a provoqué le fou rire dans la salle.

38. **rompre**: casser, briser, mettre en morceaux
Le bruit de la mer rompait le silence avec une singulière régularité.

39. **rongeur** (*m.*): animal qui ronge (rodent)
Les rongeurs ont envahi ma propriété à la campagne.

40. **rousse** (*f.*): jeune fille aux cheveux roux
Le vert foncé lui va bien parce qu'elle est rousse.

41. **sanction** (*f.*): punition ou récompense par acte officiel; approbation ou désapprobation
Le criminel a été condamné à mort par la sanction du juge.

42. **sanglot** (*m.*): sob
J'étais si fatiguée et si nerveuse que j'ai éclaté en sanglots.

43. **taille** (*f.*): mesure, grandeur, dimension
Elle porte une très petite taille de robes.

44. **tant pis**: c'est regrettable
Il n'est pas venu à temps pour le gâteau; tant pis pour lui.

45. **taupe** (*f.*): petit animal noir qui vit sous terre (mole)
Parfois, on distingue facilement des trous de taupes dans les prés.

46. **veiller à**: faire attention à, prendre garde à; surveiller
Si tu t'en vas, veille à ne pas prendre froid!

47. **vérité** (*f.*): ce qui est vrai, certain
On dit que la vérité sort de la bouche des enfants.

Questionnaire Oral

1. Qu'est-ce que l'Inspecteur dit à Isabelle sur son enseignement?

2. Qu'est-ce que l'Inspecteur va voir?

3. Pourquoi les élèves rient-elles quand l'Inspecteur dit: «Entrez... »?

4. Où la classe se passe-t-elle? Qu'est-ce que l'Inspecteur pense de cela?

5. Qui balayera la classe?

6. Qu'est-ce que l'Inspecteur pense des élèves? Et le Maire?

7. Est-ce que l'Inspecteur veut que chacune des élèves ait sa manière spéciale de sourire ou de cligner?

8. Quel visage l'Inspecteur voudrait-il que celles-ci lui présentent?

9. Pourquoi ne pourront-elles pas être sévères?

10. Quel diplôme ces élèves préparent-elles?

11. Pourquoi sont-elles gaies, selon l'Inspecteur?

12. Pourquoi Isabelle ne peut-elle pas les punir?

13. Comment une faute est-elle interprétée à l'école de plein ciel?

14. Quel est le plafond de cette école?

15. Qu'est-ce qu'il doit faire ressortir, selon l'Inspecteur?

16. Qu'avoue un maître qui adopte le plein air? Qu'est-ce que ce maître sacrifie?

17. Qu'est-ce que l'Inspecteur fait de la chenille qui grimpe sur lui?

18. Pourquoi les élèves pleurent-elles?

19. Quelle aurait été la réaction des élèves si un merle avait emporté la «collata azurea»?

20. Que représente la chenille pour Luce?

21. Dans quelle condition la chenille perd-elle la sympathie des élèves?

22. Quels sont les camarades de classe habituels des élèves?

23. Qu'est-ce que l'Inspecteur va faire de la taupe de la petite brune? de l'écureuil de la rousse?

24. Pourquoi les élèves rient-elles quand l'Inspecteur dit: «Je serai mort»?

25. Pourquoi n'y a-t-il ni première, ni seconde, ni troisième dans la classe?

26. Comment les élèves sont-elles classées?

27. Qu'est-ce que l'Inspecteur demande à celle qui se dit forte en botanique?

28. Comment Gilberte définit-elle un arbre?

29. Comment s'appellent les assassins dans le langage des arbres? et les croque-morts? et les puces?

30. Par quel moyen l'arbre nous parle-t-il des saisons?

31. Que font les morts par les racines des arbres?

32. Comment se voient sur les plantes les désirs et les rêves des morts?

33. Que représente la note «zéro» pour l'institutrice Isabelle?

34. Quel est le résultat de toute cette éducation, selon l'Inspecteur?

35. Qu'est-ce qui règne entre la France et l'Allemagne, d'après Irène?

36. Comment s'obtient le seul angle à peu près droit qui existe dans la nature, selon Luce?

37. Quelle est la réaction de l'Inspecteur à la réponse de Daisy?

Sujets de Discussion

1. Qu'est-ce que l'Inspecteur veut dire par: «le vocabulaire des Inspecteurs perd la moitié de sa force» quand il faut l'employer dans une école au grand air?

2. Avez-vous déjà vu une école comme celle où enseigne Mlle Isabelle?

3. Aimeriez-vous avoir Mlle Isabelle comme institutrice? Justifiez votre réponse.

4. Quels résultats Isabelle espère-t-elle obtenir en cultivant chez ses élèves la gentillesse et la gaieté?

5. Comment les fautes peuvent-elles devenir une preuve d'initiative et d'intelligence au milieu de la nature?

6. Est-ce que les élèves croient que, quand l'Inspecteur sera mort, il sera vraiment mort? Pourquoi?

7. Qu'est-ce que Giraudoux pense de la grandeur de l'homme? Etes-vous d'accord?

Devoirs Ecrits

1. Quel portrait Giraudoux peint-il de l'Inspecteur?

2. Composez une scène de classe dans laquelle le professeur pose beaucoup de questions et ne reçoit que des réponses sottes ou, au contraire, précoces.

3. En quoi se résume la méthode d'instruction d'Isabelle?

EXERCICES DE STRUCTURE

SANS + INFINITIF, *AVANT DE* + INFINITIF

Répétez les phrases suivantes.

1. Il se cache derrière l'arbre sans rien dire, sans bouger.
2. Il est parti sans parler à ses parents.
3. Il est parti sans rien dire.
4. Il est parti sans regarder personne.

Changez la phrase suivante en employant les mots indiqués.

5. Vous ne réussirez pas sans étudier ce livre.
   _____ comprendre ___.
   _____ rien comprendre.
   _____ comprendre personne.

Combinez les phrases suivantes.

MODÈLE: Charles est parti et il n'a regardé personne.
        Charles est parti sans regarder personne.

6. Le professeur est parti et il n'a parlé à aucun étudiant.
7. Jean a réussi et il n'a même pas regardé ses livres.
8. Charles a du succès, mais il ne fait rien.
9. Vous ne réussirez pas si vous ne faites pas votre travail.
10. Paul a reçu un cadeau, mais il n'en a parlé à personne.
11. J'ai lu ce livre et je n'y ai rien compris.

Répétez les phrases suivantes.

12. On ne parle pas avant de se décider.
13. J'ai parlé à Jeanne avant de partir.
14. Vous agissez souvent avant de penser.
15. Regardez avant de vous asseoir.
16. Charles est parti avant de nous écrire.

Changez la phrase suivante en employant les mots indiqués.

17. Pourquoi êtes-vous parti avant de faire la connaissance de mes amis?
    _____ de nous écrire?
    _____ de faire votre devoir?
    _____ de vous décider?
    _____ de nous écouter?

Combinez les phrases suivantes.

MODÈLE: Charles est parti et puis il a écrit à son ami.
        Charles est parti avant d'écrire à son ami.

18. Charles a compris le devoir et puis il l'a expliqué à ses camarades.
19. Charles a appris par cœur ce poème et puis il l'a récité en classe.
20. Charles a appris le français et puis il est parti pour Paris.

21. Vous apprendrez le français et puis vous irez en France.
22. Nous apprendrons le français et puis nous étudierons la littérature.

PRONOMS COMPLEMENTS D'OBJET AVEC L'IMPERATIF

Répétez les phrases suivantes.

1. Regardez-le, ce plafond!
2. Regardons-le!
3. Ne la tirez pas!
4. Ecoutez-la!
5. Dis-le!

Transformez les phrases suivantes.

MODELE: Pourquoi est-ce que nous ne lisons pas ce livre?
        Lisons-le!

6. Pourquoi est-ce que nous ne regardons pas ce film?
7. Pourquoi est-ce que nous n'obéissons pas à nos parents?
8. Pourquoi est-ce que nous ne parlons pas à notre ami?
9. Pourquoi est-ce que nous ne pensons pas à notre travail?
10. Pourquoi est-ce que nous ne parlons pas de notre travail?
11. Pourquoi est-ce que nous n'envoyons pas ces lettres à nos amis?

Changez les phrases suivantes.

MODELES: Dites à votre ami d'étudier la leçon.
        Etudiez-la!
        Dites à votre ami de ne pas regarder ce tableau.
        Ne le regardez pas.

12. Dites à votre voisin de se lever.
13. Dites à votre voisin de ne pas s'endormir.
14. Dites à votre voisin de chercher son livre.
15. Dites à votre voisin de ne pas parler à son ami.
16. Dites à votre voisin d'obéir au professeur.
17. Dites à votre voisin de ne plus parler de l'examen de français.

STRUCTURES DIVERSES

Reprenez les phrases suivantes en employant l'imparfait.

MODELE: Je voudrais que nous commencions l'examen.
        Si nous commencions l'examen?

1. Je voudrais que nous fassions attention.
2. Je voudrais que nous apprenions cette leçon.
3. Je voudrais que nous finissions ce livre.
4. Je voudrais que nous soyons contents.
5. Je voudrais que nous sortions de la salle.

Reprenez les phrases suivantes.

MODELE: Il n'y a pas une seule élève qui ne prétende avoir sa manière spéciale de sourire.
        Il n'en est pas une qui ne prétende avoir sa manière spéciale de sourire.

6. Il n'y a pas un seul élève qui ne sache la réponse.
7. Il n'y a pas un seul élève qui ne puisse comprendre cette phrase.
8. Il n'y a pas un seul élève qui ne fasse son devoir.
9. Il n'y a pas un seul élève qui n'apprenne cette leçon.
10. Il n'y a pas un seul élève qui ne reçoive de mauvaises notes.

MODELE: J'ordonne que l'examen commence.
  Que l'examen commence!

11. Je voudrais que l'on fasse attention.
12. Je voudrais que l'on me réponde.
13. Je voudrais que les étudiants fassent leur travail.
14. J'ordonne que l'on punisse cet élève.
15. Je veux que cet examen soit très difficile.
16. Je voudrais que ces étudiants ne soient pas déçus.

LANGUE ECRITE ET LANGUE PARLEE

Dans le conte «La maison», mettez au style familier les trois paragraphes qui commencent par *Bien que je ne fusse* et qui finissent par *sans parler*. Vous changerez tous les passés simples, tous les imparfaits du subjonctif et tous les plus-que-parfaits du subjonctif.

REVISION

EMPLOI DU PRESENT ET DE L'IMPARFAIT AVEC *IL Y A (AVAIT)... QUE, DEPUIS, DEPUIS QUAND, VOICI... QUE, VOILA... QUE*

Répétez les phrases suivantes.
1. Je suis ici depuis cinq minutes.
2. Depuis quand êtes-vous malade?
3. Il y a trois jours que je suis malade.
4. Voilà trois jours que je suis malade.
5. J'étais malade depuis trois jours quand on a décidé d'envoyer chercher le médecin.

Répondez aux questions suivantes en employant *il y a (avait)... que, depuis, voici... que* ou *voilà... que.*

MODELE: Depuis quand êtes-vous ici?
  Je suis ici depuis deux minutes.

6. Depuis quand étiez-vous à Paris quand je suis arrivé?
7. Depuis combien de temps lisez-vous ce roman?
8. Depuis quand étudiez-vous le français?
9. Depuis quand parlez-vous français?
10. Depuis quand aimez-vous parler français?
11. Depuis quand parliez-vous anglais quand vous avez commencé l'étude du français?
12. Depuis quand demeuriez-vous ici quand vous êtes entré dans cette école?
13. Depuis combien de temps faisons-nous cet exercice?
14. Depuis quand répondez-vous à ces questions?

Tableau 11 • NATURE

Entrée en Matière. *Aux temps anciens, la nature effrayait les hommes par ses mystères et par ses violences. Des peuples vénéraient les astres, comme le soleil ou la lune, ainsi que les forces naturelles. Aujourd'hui, nous sommes arrivés à maîtriser ces forces et à les utiliser pour nos besoins.*

Notre peur devant la nature a disparu, mais non pas notre admiration devant les spectacles grandioses qu'elle nous offre. Aucune palette de peintre ne pourrait rendre ses couleurs. Le vent, les vagues de la mer, les tempêtes en montagne, combinent des symphonies qu'aucun orchestre ne saurait interpréter. Il n'est personne qui puisse rester insensible à cette majesté et à cet éblouissement.

Cependant, de tous les aspects de la nature, ce sont ceux que transforment les souvenirs de la jeunesse que nous aimons particulièrement. Par la pensée, nous y revenons sans cesse comme vers un refuge que nous voudrions garder inchangé, tel qu'il était autrefois. Hélas! l'envahissement de la civilisation réduit les espaces où la nature garde son état sauvage et sa beauté. Chacun devrait faire tout son possible pour la protéger.

DÉCOUVERTE DE LA MER

par Pierre Loti

Introduction

Pierre Loti (1850–1923), membre de l'Académie française, a été officier de marine pendant quarante-deux ans. Il est donc naturel que son œuvre comprenne beaucoup de romans sur la mer et les voyages. Dans *Le roman d'un enfant* (1890), il rappelle ses souvenirs de jeunesse. Le passage, «Découverte de la mer», tiré de ce livre, nous montre à quel point la mer l'a attiré, dès son plus jeune âge. Elle a toujours exercé sur lui une fascination irrésistible.

Préparation à la Lecture

La mer! Il a entendu le mot, mais il ne sait pas ce que c'est; il ne la connaît pas. Et puis, tout à coup un soir, tout seul, le voilà devant «ces grandes étendues vertes et profondes». Quels sentiments éprouve cet enfant en voyant la mer pour la première fois? Loti nous en fait un récit fort descriptif, dans lequel il retrouve ses émotions d'enfant.

Vocabulaire Essentiel

1. Loti était tout enfant lors de sa première rencontre avec la mer.
   lors de: au moment de

2. Le marin a suivi le sentier à travers les dunes pour parvenir au bord de la mer.
   sentier (*m.*): petit chemin étroit

3. La perspective d'entreprendre seule ce long voyage m'effrayait.
   effrayait: faisait peur, inspirait de la crainte

4. J'aime regarder la mer au crépuscule.
   crépuscule (*m.*): moment entre le coucher du soleil et le début de la nuit

5. Entends-tu quelque chose de bruissant sous les arbres?
   bruissant: émettant des sons confus

6. La mer formait une vaste étendue grise, sans limite.
   étendue (*f.*): surface

7. Beaucoup de personnes ont le vertige en se trouvant à une grande hauteur.
   vertige (*m.*): sentiment de perdre l'équilibre

8. J'ai éprouvé de la frayeur en voyant le serpent.
   frayeur (*f.*): grande peur, terreur

9. Elle était bouleversée par cette terrible nouvelle.
   bouleversée: troublée par une violente émotion

10. Tu étais étreint d'une telle émotion que tu n'arrivais pas à parler.
    étreint: oppressé

JE VOUDRAIS essayer de dire maintenant l'impression que la mer m'a causée, lors de notre première entrevue, — qui fut un bref et lugubre tête-à-tête...

French Embassy Press and Information Division

J'étais arrivé le soir, avec mes parents, dans un village de la côte saintongeaise, dans une maison de pêcheurs louée pour la saison des bains. Je savais que nous étions venus là pour une chose qui s'appelait la mer, mais je ne l'avais pas 5 encore vue (une ligne de dunes me la cachait, à cause de ma très petite taille) et j'étais dans une extrême impatience de la connaître. Après le dîner donc, à la tombée de la nuit, je m'échappai seul dehors. L'air vif, âpre, sentait je ne sais quoi d'inconnu, et un bruit singulier, à la fois faible et immense, 10 se faisait derrière les petites montagnes de sable auxquelles un sentier conduisait.

Tout m'effrayait, ce bout de sentier inconnu, ce crépuscule tombant d'un ciel couvert, et aussi la solitude de ce coin de village...

15 Puis, tout à coup, je m'arrêtai glacé, frissonnant de peur. Devant moi, quelque chose apparaissait, quelque chose de sombre et de bruissant qui avait surgi de tous les côtés en

saintongeaise: de la région de Saintonge, au sud-ouest de Paris. La côte est baignée par l'océan Atlantique. C'est là que Pierre Loti est né, dans la ville de Rochefort.

saison des bains: En France, pendant «les grandes vacances» d'été, beaucoup de familles se rendent sur les plages pour prendre des bains de mer. C'est «la saison des bains».

même temps et qui semblait ne pas finir; une étendue en mouvement qui me donnait le vertige mortel... Évidemment c'était ça; pas une minute d'hésitation, ni même d'étonnement que ce fût ainsi, non, rien que de l'épouvante; je reconnaissais et je tremblais. C'était d'un vert obscur presque noir; ça semblait instable, perfide, engloutissant; ça remuait et ça se démenait partout à la fois, avec un air de méchanceté sinistre. Au-dessus, s'étendait un ciel tout d'une pièce, d'un gris foncé, comme un manteau lourd...

Nous restâmes un moment l'un devant l'autre, moi fasciné par elle. Dès cette première entrevue sans doute, j'avais l'insaisissable pressentiment qu'elle finirait un jour par me prendre, malgré toutes mes hésitations, malgré toutes les volontés qui essayeraient de me retenir... Ce que j'éprouvais en sa présence était non seulement de la frayeur, mais surtout une tristesse sans nom, une impression de solitude désolée, d'abandon, d'exil... Et je repartis en courant, la figure très bouleversée, je pense, et les cheveux tourmentés par le vent, avec une hâte extrême d'arriver auprès de ma mère, de l'embrasser, de me serrer contre elle; de me faire consoler de mille angoisses anticipées, qui m'avaient étreint le cœur à la vue de ces grandes étendues vertes et profondes.

Lexique

1. **angoisse** (*f.*): inquiétude profonde, anxiété
   J'ai été prise d'une angoisse invincible quand il est parti.

2. **âpre**: rugueux; qui n'est pas doux
   Ces citrons sont mauvais; ils ont un goût âpre.

3. **bouleverser**: troubler par une violente émotion; mettre en désordre
   En se levant, il a bouleversé tout ce qu'il y avait sur la table.

4. **bruire**: émettre des sons confus
   Les branches s'agitaient en bruissant sous l'action du vent.

5. **crépuscule** (*m.*): moment entre le coucher du soleil et le début de la nuit
   Dans les pays tempérés, le crépuscule est long, mais il est très court dans les pays tropicaux.

6. **se démener**: s'agiter vivement; se donner beaucoup de peine
   Pierre se démène pour échapper à ses camarades qui le poursuivent.

7. **effrayer**: faire peur, inspirer de la crainte
   La vue de cette immensité mouvante a effrayé l'enfant.

8. **engloutir**: absorber rapidement, submerger
   Les maisons sur la côte ont été englouties par la mer.

9. **étendue** (*f.*): surface
   La plaine recouverte de neige semblait une étendue infinie.

10. **étreindre:** serrer fortement, oppresser
J'ai couru à mon père, et il m'a étreint dans ses bras.

11. **foncé:** sombre (en parlant d'une couleur)
Une des invitées portait un manteau vert foncé.

12. **frayeur** (*f.*): grande peur, terreur
La mer en furie m'inspire une frayeur insurmontable.

13. **lors de:** au moment de
Lors de notre mariage, nous habitions la Bretagne.

14. **lugubre:** qui inspire ou exprime de la tristesse
Etais-tu impressionné par l'atmosphère lugubre qui régnait en ces lieux?

15. **sentier** (*m.*): petit chemin étroit
Prenez le sentier à travers les bois pour aller à la maison de pêcheurs.

16. **vertige** (*m.*): sentiment de perdre l'équilibre
Du haut de la Tour Eiffel, on éprouve souvent le vertige.

Questionnaire Oral

1. Qu'est-ce que Pierre Loti voudrait essayer de dire?

2. Comment a été sa première entrevue avec la mer?

3. Où se trouvaient l'auteur et ses parents?

4. Quelle sorte de maison ses parents avaient-ils louée?

5. Qu'est-ce qui lui cachait la mer, ce soir-là?

6. A cette époque Loti était-il grand?

7. Pourquoi était-il impatient?

8. Qu'est-ce que Loti a fait après dîner?

9. Comment était l'air, ce soir-là?

10. Comment était le bruit qu'il entendait?

11. Qu'est-ce qui conduisait aux petites montagnes de sable?

12. Qu'est-ce que c'était que ces petites montagnes de sable?

13. Qu'est-ce qui effrayait l'enfant?

14. Comment était le ciel au crépuscule?

15. Qu'est-ce qui régnait dans le village?

16. Comment était l'enfant quand il s'est arrêté?

17. De quoi frissonnait-il?

18. Qu'est-ce qui est apparu devant lui?

19. D'où la mer avait-elle surgi, et comment?

20. Qu'est-ce qui lui donnait le vertige mortel?

21. Quelles sont les deux sensations que le petit n'a pas reconnues?

22. Quelle était la sensation qui l'a envahi?

23. De quelle couleur lui paraissait la mer?

24. Comment lui semblait-elle?

25. Qu'est-ce que ça faisait partout à la fois?

26. Comment était le ciel au-dessus de la mer?

27. Qu'est-ce qui fascinait l'enfant?

28. De quoi l'enfant a-t-il eu l'insaisissable pressentiment?

29. Quels sentiments éprouvait-il en face de la mer?

30. Comment l'enfant est-il reparti?

31. Comment étaient sa figure et ses cheveux?

32. Vers qui courait-il? Qui voulait-il embrasser?

33. Qu'est-ce qu'il voulait de sa mère?

Sujets de Discussion

1. Quelles phrases dans le texte indiquent que Loti a personnifié la mer?

2. Si l'air était vif et âpre, croyez-vous qu'il ait fait très chaud?

3. Qu'est-ce que Loti veut dire par: «j'avais l'insaisissable pressentiment qu'elle finirait un jour par me prendre»?

4. Pourquoi Loti ressentait-il de la tristesse et de la solitude à la vue de la mer?

5. Avez-vous déjà vu la mer? En quelle saison? Dans quelles circonstances?

6. Quel phénomène de la nature vous a fait peur? Donnez quelques détails.

7. Décrivez, à votre façon, le rôle que la mer jouera dans la vie de Loti.

Devoirs Ecrits

1. En un paragraphe, tâchez de justifier la peur que l'enfant a éprouvée lors de sa première rencontre avec la mer.

2. En suivant le plan de Loti, racontez votre première rencontre avec la mer ou avec la neige; ou bien décrivez une tempête à laquelle vous avez assisté.

3. Résumez le plus succinctement possible ce récit, en employant quelques-unes des expressions utilisées par l'auteur.

COULEURS, NATURE, MUSIQUE

par André Gide

Introduction

André Gide (1869–1951), Prix Nobel de littérature en 1947, s'est beaucoup préoccupé de vérité. Cette vérité, il la cherchait partout: dans l'examen de conscience, chez les autres, dans la nature. Dans *La symphonie pastorale* (1919), dont vous lirez l'extrait, «Couleurs, Nature, Musique», il traite d'un pasteur protestant qui élève une jeune fille aveugle. Il est difficile pour lui d'expliquer à celle-ci les couleurs, sans l'aide de la vue.

Préparation à la Lecture

Gertrude était une jeune fille aveugle. Le pasteur qui l'a adoptée a tâché de lui faire mener une vie normale, malgré son infirmité.

Il a trouvé qu'un des enseignements les plus difficiles à lui donner était celui des couleurs. Comment faire comprendre à une aveugle ce que c'est que les couleurs, et le fait qu'elles peuvent avoir des variations? Dans ce texte de Gide, vous apprendrez la solution qu'a trouvée le pasteur et les réactions de Gertrude. Quelles connaissances profondes devait avoir l'auteur pour pouvoir dépeindre de tels sentiments?

Vocabulaire Essentiel

1. Le clair de lune inondait le jardin de sa douce clarté.

   clarté (*f.*): état de ce qui est clair, lumineux

2. Je me rendais compte du danger, mais j'ai continué.

je me rendais compte de: je m'apercevais de, je comprenais

3. Dans les bleus, ce peintre préfère la nuance la plus claire.

   nuance (*f.*): degré, différence dans une couleur

4. Elle a grand mal à suivre ce programme-là.

   mal (*m.*): difficulté, peine

5. Gertrude écoutait attentivement les sonorités des instruments à vent.

   sonorités (*f.*): résonances des sons

6. L'ensemble des cuivres dans cet orchestre est excellent.

   cuivres (instruments à cuivre) (*m.*): instruments à vent tels que cors, trompettes, trombones et saxophones.

MAIS JE crois inutile de noter ici tous les échelons premiers de cette instruction qui, sans doute, se retrouvent dans l'instruction de tous les aveugles. C'est ainsi que, pour chacun d'eux, je pense, la question des couleurs a
5 plongé chaque maître dans un même embarras. (Et à ce sujet je fus appelé à remarquer qu'il n'est nulle part question de couleurs dans l'Evangile.) Je ne sais comment s'y sont pris les autres; pour ma part je commençai par lui nommer les couleurs du prisme dans l'ordre où l'arc-en-ciel nous les
10 présente; mais aussitôt s'établit une confusion dans son esprit entre couleur et clarté; et je me rendais compte que son imagination ne parvenait à faire aucune distinction entre la qualité de la nuance et ce que les peintres appellent, je crois, «la valeur». Elle avait le plus grand mal à comprendre
15 que chaque couleur à son tour pût être plus ou moins foncée, et qu'elles pussent à l'infini se mélanger entre elles. Rien ne l'intriguait davantage et elle revenait sans cesse là-dessus.

Cependant il me fut donné de l'emmener à Neuchâtel où je pus lui faire entendre un concert. Le rôle de chaque
20 instrument dans la symphonie me permit de revenir sur cette question des couleurs. Je fis remarquer à Gertrude les sonorités différentes des cuivres, des instruments à cordes et des bois, et que chacun d'eux à sa manière est susceptible d'offrir, avec plus ou moins d'intensité, toute l'échelle des
25 sons, des plus graves aux plus aigus. Je l'invitai à se représenter de même, dans la nature, les colorations rouges et orangées analogues aux sonorités des cors et des trombones, les jaunes et les verts à celles des violons, des violoncelles et des basses; les violets et les bleus rappelés ici par les flûtes,

l'Evangile (*m.*): enseignement de Jésus-Christ ou bien le livre qui contient la doctrine de Jésus-Christ

Neuchâtel: ville de Suisse située sur le lac du même nom

les clarinettes et les hautbois. Une sorte de ravissement
intérieur vint dès lors remplacer ses doutes:

—Que cela doit être beau! répétait-elle.

Puis, tout à coup:

5 —Mais alors: le blanc? Je ne comprends plus à quoi ressemble le blanc...

Et il m'apparut aussitôt combien ma comparaison était
précaire.

—Le blanc, essayai-je pourtant de lui dire, est la limite
10 aiguë où tous les tons se confondent, comme le noir en est la
limite sombre.

Mais ceci ne me satisfit pas plus qu'elle, qui me fit aussitôt
remarquer que les bois, les cuivres et les violons restent distincts les uns des autres dans le plus grave aussi bien que
15 dans le plus aigu. Que de fois, comme alors, je dus demeurer
d'abord silencieux, perplexe et cherchant à quelle comparaison je pourrais faire appel.

—Eh bien! lui dis-je enfin, représente-toi le blanc comme
quelque chose de tout pur, quelque chose où il n'y a plus
20 aucune couleur, mais seulement de la lumière; le noir, au
contraire, comme chargé de couleur, jusqu'à en être tout
obscurci...

Couleurs, nature, musique   235

Lexique

1. **arc-en-ciel** (*m.*): phénomène lumineux en forme d'arc qui apparaît parfois dans le ciel (rainbow)

   Es-tu sortie de la maison pour admirer l'arc-en-ciel?

2. **charger**: rendre lourd

   Le pommier est chargé de fruits.

3. **clarté** (*f.*): état de ce qui est clair, lumineux

   La clarté de la lampe me fait mal aux yeux.

4. **cor** (*m.*): instrument de musique (French horn)

   Le cor a un son très émouvant, très noble, presque majestueux.

5. **instrument** (*m.*) **à cordes**: instrument de l'orchestre tel que violon, violoncelle, contrebasse

   L'orchestre était composé uniquement d'instruments à cordes.

6. **instrument** (*m.*) **à cuivre**: instrument à vent tel que cor, trompette, trombone, saxophone

   Mon frère occupe une place dans les instruments à cuivre de l'orchestre: il joue du saxophone.

7. **échelon** (*m.*): barreau transversal d'une échelle; degré d'une série

   Nous progressons lentement d'un échelon à l'autre dans ce programme.

8. **échelle** (*f.*): succession de sons musicaux

   Le professeur de musique nous a fait entendre toute l'échelle des sons.

9. **hautbois** (*m.*): instrument de musique (oboe)

   De tous les instruments à vent, je préfère le hautbois.

10. **mal** (*m.*): difficulté, peine, douleur physique

    J'ai mal au dos chaque fois que je fais de la gymnastique.

11. **mélanger**: réunir, mêler

    Le peintre doit mélanger du jaune et du bleu pour obtenir du vert.

12. **nuance** (*f.*): degré, différence dans une couleur; différence légère entre deux choses du même genre

    Il est difficile de comprendre toutes les nuances de ces deux philosophies.

13. **obscurcir**: rendre obscur

    En tirant les rideaux, il a obscurci le salon.

14. **précaire**: qui n'est pas stable; incertain

    Ce financier est dans une situation précaire.

15. **s'y prendre**: agir de cette façon; commencer à

    L'artisan s'y prend avec adresse pour faire ce travail difficile.

16. **se rendre compte de**: s'apercevoir de, comprendre

    Le trésorier se rend compte des difficultés de l'entreprise.

17. **sonorité** (*f.*): résonance des sons

    La sonorité de cet instrument est remarquable.

18. **susceptible de**: capable de

    Jeanne est susceptible de faire de grands progrès en musique.

19. **ton** (*m.*): degré; inflexion de la voix d'un instrument

    Elle m'a parlé d'un ton si bas que j'entendais à peine ses paroles.

Questionnaire Oral

1. Par quelle question chaque maître qui instruit les aveugles se trouve-t-il embarrassé?

2. De quoi n'est-il question nulle part dans l'Evangile?

3. Est-ce que le pasteur sait comment s'y sont pris les autres maîtres pour instruire les aveugles?

4. Comment le pasteur a-t-il commencé à lui enseigner les couleurs?

5. Quelle confusion s'établit dans l'esprit de l'aveugle?

6. Quelle distinction ne parvenait-elle pas à faire?

7. Qu'est-ce qu'elle avait le plus grand mal à comprendre?

8. Qu'est-ce que les couleurs font à l'infini?

9. Est-ce que l'histoire des couleurs intriguait l'aveugle?

10. Sur quoi revenait-elle sans cesse?

11. Pourquoi le pasteur et Gertrude sont-ils allés à Neuchâtel?

12. Qu'est-ce qui a permis au pasteur de revenir sur la question des couleurs?

13. Quelles sont les trois classes d'instruments de l'orchestre?

14. De quoi ces instruments sont-ils capables?

15. A quoi le pasteur compare-t-il les colorations rouges et orangées?

16. A quoi compare-t-il les colorations jaunes et vertes?

17. A quoi compare-t-il les violets et les bleus?

18. Qu'est-ce qui a remplacé les doutes de l'aveugle?

19. Qu'est-ce qu'elle répétait tout le temps?

20. Quelle couleur ne comprend-elle pas encore?

21. Qu'est-ce que le pasteur pensait de sa comparaison?

22. Quelle est la limite aiguë où tous les tons se confondent?

23. Quelle est la limite sombre des tons?

24. Qu'est-ce qui reste distinct, dans le plus grave comme dans le plus aigu?

25. Pourquoi le pasteur reste-t-il silencieux et perplexe si souvent?

26. Comment le pasteur définit-il le blanc?

27. Comment définit-il le noir?

Sujets de Discussion

1. Quels sont les premiers échelons dans l'instruction des aveugles?

2. Y aurait-il une raison pour laquelle on ne parle pas de couleurs dans l'Evangile?

3. Quelles sont les couleurs dans l'ordre où l'arc-en-ciel nous les présente?

4. Nommez quelques instruments de l'orchestre, en indiquant à quelle catégorie ils appartiennent.

5. Quel genre de musique préférez-vous, la musique classique ou la musique populaire?

6. Jouez-vous d'un instrument? Aimez-vous vous y exercer? Etes-vous assez fort pour jouer dans un orchestre?

7. Nommez quelques morceaux de musique qui vous suggèrent des couleurs.

Devoirs Ecrits

1. Expliquez comment le maître de Gertrude, en se servant d'une symphonie, lui a fait comprendre ce que sont les couleurs avec leurs nuances et leurs valeurs.

2. Résumez l'explication du blanc et du noir.

3. Fermez les yeux pendant quelques minutes et imaginez que vous soyez aveugle. Quelles sont vos impressions après quelques instants? De quoi êtes-vous surtout conscient? Qu'est-ce que vous avez grande envie de faire? Rapportez cette expérience en un paragraphe.

ICEBERGS

Icebergs, sans garde-fou, sans ceinture, où de vieux cormorans abattus et les âmes des matelots morts récemment viennent s'accouder aux nuits enchanteresses de l'hyperboréal.

Icebergs, Icebergs, cathédrales sans religion de l'hiver éternel, enrobés dans la calotte glaciaire de la planète Terre.

Combien hauts, combien purs sont tes bords enfantés par le froid.

Icebergs, Icebergs, dos du Nord-Atlantique, augustes Bouddhas gelés sur des mers incontemplées, Phares scintillants de la Mort sans issue, le cri éperdu du silence dure des siècles.

Icebergs, Icebergs, Solitaires sans besoin, des pays bouchés, distants, et libres de vermine. Parents des îles, parents des sources, comme je vous vois, comme vous m'êtes familiers.

Henri Michaux

LES BOIS DE MONTIGNY

par Gabrielle Colette

Introduction

Gabrielle Colette (1873–1954), la plus célèbre romancière française de notre siècle, adorait la nature. Son œuvre respire cette même passion. Dans *Claudine à l'école* (1930), d'où est tiré ce texte, «Les bois de Montigny», Colette fait décrire par Claudine, petite jeune fille qui apparaît souvent dans ses livres, la campagne autour de Montigny. On s'aperçoit bien que Claudine ressemble comme une sœur à Colette elle-même, qui s'est toujours sentie près de la nature. Vous lirez ici les raisons pour lesquelles Colette admire la campagne. Elle aime tendrement animaux, forêts, collines et vallées, qu'elle voit à sa manière.

Préparation à la Lecture

Ici, Claudine nous donne d'abord la description officielle de Montigny-en-Fresnois, sa petite ville natale; ensuite, elle nous indique la façon dont elle-même voit cette ville ou plutôt ce village. Il n'y a aucune ressemblance entre ces deux descriptions. Remarquez comment, par le choix des mots, par l'attention accordée aux détails, elle nous fait sentir «le charme, le délice de ce pays».

Vocabulaire Essentiel

1. Regardez le moineau dans ce jardin.

   moineau (*m.*): petit oiseau à plumage brun (sparrow)

2. Le bois s'étage sur la colline.

   s'étage: est disposé par rangs superposés

3. Le mur s'effrite en divers endroits.

   s'effrite: se désagrège, tombe en petits morceaux

4. Les fermiers s'occupent de petites cultures.

   cultures (*f.*): parties de terrain cultivé

5. Les pelouses sont d'un beau vert velouté.

   velouté: qui a l'aspect du velours; doux à toucher

6. J'ai suivi un sentier broussailleux pour arriver près du lac.

   broussailleux: couvert de plantes avec des épines

7. Il a tué deux chevreuils à la chasse.

   chevreuils (*m.*): animaux ruminants qui vivent dans les forêts (roe-deer)

8. On chasse les faisans seulement à une certaine époque de l'année.

   faisans (*m.*): oiseaux aux plumes de couleurs brillantes

9. Les sangliers sont des animaux puissants et dangereux.

   sangliers (*m.*): porcs sauvages (wild boar)

10. Les sapinières des Vosges sont très belles.

    sapinières (*f.*): bois de sapins

11. Il y a un étang dans la propriété de ma tante; nous y faisons du canotage.

    étang (*m.*): pièce d'eau stagnante

12. Ce tilleul a été déraciné pendant l'orage.

    déraciné: arraché de terre

13. Il est défendu d'allumer des feux dans les bois.

    défendu: interdit, prohibé

14. Ils ont éprouvé du chagrin en quittant Bordeaux.

    chagrin (*m.*): grande affliction, peine profonde

JE M'APPELLE Claudine, j'habite Montigny; j'y suis née en 1884; probablement je n'y mourrai pas. Mon *Manuel de géographie départementale* s'exprime ainsi: «Montigny-en-Fresnois, jolie petite ville de 1.950 habitants,
5 construite en amphithéâtre sur la Thaize; on y admire une tour sarrasine bien conservée... » moi, ça ne me dit rien du tout, ces descriptions-là! D'abord, il n'y a pas de Thaize; je sais bien qu'elle est censée traverser des prés au-dessous du passage à niveau; mais en aucune saison vous n'y trouverez
10 de quoi laver les pattes d'un moineau. Montigny construit «en amphithéâtre»? Non, je ne le vois pas ainsi; à ma manière, c'est des maisons qui dégringolent, depuis le haut de la colline jusqu'en bas de la vallée; ça s'étage en escalier

la Thaize: petite rivière qui coule à Montigny-en-Fresnois

sarrasine: construite par les Sarrasins, peuple d'Afrique du Nord, qui a envahi l'Europe au Moyen Age

Les bois de Montigny 239

French Government Tourist Office

au-dessous d'un gros château, rebâti sous Louis XV et déjà
plus délabré que la tour sarrasine, basse, toute gainée de
lierre, qui s'effrite par en haut un petit peu chaque jour.
C'est un village, et pas une ville: les rues, grâce au ciel, ne
5 sont pas pavées; les averses y roulent en petits torrents, secs
au bout de deux heures; c'est un village, pas très joli même,
et que pourtant j'adore.

    Le charme, le délice de ce pays fait de collines et de
vallées si étroites que quelques-unes sont des ravins, c'est
10 les bois, les bois profonds et envahisseurs, qui moutonnent et
ondulent jusque là-bas, aussi loin qu'on peut voir... Des prés
verts les trouent par places, de petites cultures aussi, pas
grand'chose, les bois superbes dévorant tout. De sorte que
cette belle contrée est affreusement pauvre, avec ses quel-
15 ques fermes disséminées, peu nombreuses, juste ce qu'il faut
de toits rouges pour faire valoir le vert velouté des bois.

gainée de: entourée de

moutonnent: ressemblent à un
troupeau de moutons

par places: à certains endroits

Chers bois! Je les connais tous; je les ai battus si souvent. Il y a les bois-taillis, des arbustes qui vous agrippent méchamment la figure au passage, ceux-là sont pleins de soleil, de fraises, de muguet, et aussi de serpents... ce n'était 5 pas dangereux, mais quelles terreurs! Tant pis, je finis toujours par y retourner seule ou avec des camarades; plutôt seule, parce que ces petites grandes filles m'agacent, ça a peur de se déchirer aux ronces, ça a peur des petites bêtes, des chenilles velues et des araignées des bruyères, si jolies, 10 rondes et roses comme des perles, ça crie, c'est fatigué, — insupportables enfin.

Et puis il y a mes préférés, les grands bois qui ont seize et vingt ans, ça me saigne le cœur d'en voir couper un; pas broussailleux, ceux-là, des arbres comme des colonnes, des 15 sentiers étroits où il fait presque nuit à midi, où la voix et les pas sonnent d'une façon inquiétante. Dieu, que je les aime! Je m'y sens tellement seule, les yeux perdus loin entre les arbres, dans le jour vert et mystérieux, à la fois délicieusement tranquille et un peu anxieuse, à cause de l'obscurité 20 vague... Pas de petites bêtes, dans ces grands bois ni de hautes herbes, un sol battu, tour à tour sec, sonore, ou mou à cause des sources; des lapins à derrière blanc les traversent; des chevreuils peureux dont on ne fait que deviner le passage, tant ils courent vite; de grands faisans lourds, 25 rouges, dorés; des sangliers (je n'en ai pas vu); des loups — j'en ai entendu un, au commencement de l'hiver...

Et les sapinières! peu profondes, elles, et peu mystérieuses, je les aime pour leur odeur, pour les bruyères roses et violettes qui poussent dessous, et pour leur chant sous le vent. 30 Avant d'y arriver, on traverse des futaies serrées, et, tout à coup, on a la surprise délicieuse de déboucher au bord d'un étang, un étang lisse et profond, enclos de tous côtés par les bois, si loin de toutes choses! Les sapins poussent dans une espèce d'île au milieu; il faut passer bravement à cheval sur 35 un tronc déraciné qui rejoint les deux rives. Sous les sapins, on allume du feu, même en été, parce que c'est défendu; on y cuit n'importe quoi, une pomme, une poire, une pomme de terre volée dans un champ, du pain bis faute d'autre chose; ça sent la fumée amère et la résine, c'est abominable, 40 c'est exquis.

J'ai vécu dans ces bois dix années de vagabondages éperdus, de conquêtes et de découvertes; le jour où il me faudra les quitter j'aurai un gros chagrin.

battus: parcourus
bois-taillis (m.): copses

me saigne le cœur: me rend très triste

futaies (f.): forêts dont on exploite les arbres

Lexique

1. **agripper**: accrocher, saisir avec force
   Dans les bois, on trouve des arbustes épineux qui vous agrippent de partout.

2. **arbuste** (*m.*): petit arbre
   Le jardinier a planté une rangée d'arbustes derrière la maison.

3. **broussailleux**: couvert de plantes avec des épines
   Nous avons marché toute la matinée sur un terrain broussailleux.

4. **bruyère** (*f.*): jolie plante à fleurs roses ou violettes (heather)
   Il y a beaucoup de bruyères en Ecosse et aussi en Bretagne.

5. **censé**: supposé, considéré comme
   La rivière est censée traverser les prés, mais, comme elle est à sec la plupart du temps, on ne la voit pas.

6. **chagrin** (*m.*): grande affliction, peine profonde
   Sa défaite au tennis lui a causé un grand chagrin.

7. **chevreuil** (*m.*): animal ruminant qui vit dans les forêts (roe-deer)
   Le chevreuil est un animal agile, à la course rapide.

8. **contrée** (*f.*): étendue de pays
   La vallée de la Loire est la contrée des beaux châteaux.

9. **culture** (*f.*): partie de terrain cultivé
   Cette province est une contrée de petites cultures.

10. **défendre**: interdire, prohiber
    Le steward a défendu de fumer dans l'avion.

11. **dégringoler**: descendre précipitamment, rouler de haut en bas
    Les enfants s'amusent à dégringoler du haut en bas de la colline.

12. **délabré**: en mauvais état, détérioré
    Nous allons vendre le château; il est trop délabré pour y vivre.

13. **déraciner**: arracher de terre
    J'ai déraciné cet arbuste pour le replanter ailleurs.

14. **s'effriter**: se désagréger, tomber en petits morceaux
    Le plafond s'effrite; il faudra le refaire.

15. **s'étager**: être disposé par rangs superposés
    Les prés s'étagent tout le long de la vallée.

16. **étang** (*m.*): pièce d'eau stagnante
    Beaucoup de roseaux poussent au bord de l'étang.

17. **faisan** (*m.*): oiseau aux plumes de couleurs brillantes
    La viande de faisan est savoureuse.

18. **lisse**: sans ride, sans aspérités, uni
    Par temps calme, l'eau de l'étang est parfaitement lisse.

19. **moineau** (*m.*): petit oiseau à plumage brun (sparrow)
    Les moineaux ont mangé les graines dans les champs.

20. **pain bis** (*m.*): pain fait avec de la farine complète (whole wheat bread)
    Ma mère achète toujours du pain bis au lieu de pain blanc.

21. **passage** (*m.*) **à niveau**: endroit où une ligne de chemin de fer traverse une route
    Plusieurs voitures étaient arrêtées au passage à niveau.

22. **sanglier** (*m.*): porc sauvage (wild boar)
    Dans certaines forêts, on organise des battues pour chasser le sanglier.

24. **sapinière** (*f.*): bois de sapins
    Nous avons choisi cet arbre de Noël dans une sapinière.

25. **faire valoir:** rehausser, faire ressortir

Les toits rouges font valoir la blancheur de la maison et le vert des pelouses.

26. **velouté:** qui a l'aspect du velours; doux à toucher

La peau des pêches est veloutée.

Questionnaire Oral

1. Où habite Claudine?
2. Est-ce qu'elle va finir ses jours dans cette petite ville?
3. Combien d'habitants a Montigny-en-Fresnois?
4. Comment est-elle construite? Sur quelle rivière se trouve-t-elle?
5. Qu'est-ce qu'on admire dans la petite ville, d'après le *Manuel de géographie départementale?*
6. Quelle est la réaction de Claudine à la description dans le *Manuel?*
7. Par où la Thaize est-elle censée passer?
8. Pourquoi Claudine dit-elle qu'on ne trouvera pas de quoi laver les pattes d'un moineau dans la Thaize?
9. Comment la petite ville est-elle construite, d'après Claudine?
10. Comment voit-elle la tour sarrasine?
11. Qu'est-ce qu'elle décrit comme étant «basse, gainée de lierre, s'effritant»?
12. Comment sont les rues?
13. Qu'est-ce qui fait le charme et le délice de ce pays?
14. Qu'est-ce qui ondule et moutonne aussi loin qu'on peut voir?
15. Qu'est-ce qui troue les bois par places?
16. Est-ce que la contrée est riche? Pourquoi?
17. Qu'est-ce qui fait valoir le vert velouté des bois?

18. Qu'est-ce que Claudine trouve dans ses chers bois?
19. Qu'est-ce qui agrippe méchamment la figure au passage?
20. Est-ce que les bois étaient dangereux?
21. Pourquoi les autres petites filles agacent-elles Claudine?
22. Quels sont ses bois préférés?
23. Comment sont ces bois?
24. Qu'est-ce qui sonne d'une façon inquiétante dans les grands bois?
25. Comment se sent Claudine quand elle y est?
26. Comment est le sol dans les grands bois?
27. Quels sont les animaux que l'on y trouve?
28. Pourquoi Claudine aime-t-elle les sapinières?
29. Où poussent les sapins?
30. Comment y arrive-t-on?
31. Qu'est-ce qu'on fait sous les sapins?
32. Combien de temps Claudine a-t-elle vécu dans ces bois?
33. Qu'est-ce qu'elle aura le jour où il lui faudra les quitter?

Sujets de Discussion

1. Quelle peut être la raison pour laquelle Claudine dit qu'elle ne mourra pas dans son petit village?
2. En quoi Colette se montre-t-elle réaliste dans sa description de Montigny et des environs?
3. Quel est le rôle de la nature dans la vie de Colette, d'après ce texte?
4. Citez quelques images qui évoquent les couleurs et les parfums.
5. Pourquoi fait-il presque nuit à midi dans les grands bois?

6. Quelle impression donne, en général, un étang ou un petit lac au milieu des bois?

Devoirs Ecrits

1. Faites une description de Montigny en indiquant les différences entre ce qu'indique l'auteur du *Manuel de géographie* et ce que dit Claudine.

2. Résumez la description des trois sortes de bois qu'on trouve dans cette région.

3. Racontez une journée agréable que vous avez passée dans les bois. Dites si vous étiez seul(e) ou avec des amis; ce que vous avez fait; ce que vous avez vu. Terminez par l'impression de bonheur que vous a laissée cette journée.

DANS LA FORET SANS HEURES

Dans la forêt sans heures
On abat un grand arbre.
Un vide vertical
Tremble en forme de fût
Près du tronc étendu.

Cherchez, cherchez oiseaux,
La place de vos nids
Dans ce haut souvenir
Tant qu'il murmure encore.

Jules Supervielle

EXERCICES DE STRUCTURE

L'ARTICLE PARTITIF: *DE* + ADJECTIF AU PLURIEL + NOM; PLACE DE L'ADJECTIF

Répétez les expressions suivantes.
1. des prés verts
2. de petites cultures
3. des arbustes
4. de hautes herbes
5. des sangliers
6. de grands faisans lourds
7. des futaies serrées

Répondez aux questions suivantes.

MODELES: Est-ce que vos parents sont jeunes?
Oui, j'ai de jeunes parents.
Est-ce que vos amis sont intelligents?
Oui, j'ai des amis intelligents.

8. Est-ce que vos idées sont nouvelles?
9. Est-ce que vos amis sont riches?
10. Est-ce que vos idées sont intéressantes?
11. Est-ce que vos enfants sont petits?

12. Est-ce que vos parents sont vieux?
13. Est-ce que vos enfants sont beaux?

14. Est-ce que vos notes sont bonnes?
15. Est-ce que vos frères sont paresseux?

Répondez aux questions suivantes.

MODELE: Est-ce que vous avez des amis?
Oui, j'ai de bons amis.

16. Est-ce que vous connaissez des Français?
17. Est-ce que vous lisez des livres?
18. Est-ce que vous écrivez des lettres?

19. Est-ce que vous avez des enfants?
20. Est-ce que vous lisez des romans?

EN AVEC DES ADJECTIFS NUMERAUX

Répétez les phrases suivantes.
1. Des loups? J'en ai entendu un.
2. Avez-vous lu des romans? J'en ai lu trois.
3. Avez-vous regardé des tableaux? J'en ai regardé cinquante.
4. Avez-vous vu des tigres? J'en ai vu un.

Répondez aux questions suivantes.

MODELE: Est-ce que Charles a trouvé des amis?
Il en a trouvé trois.

5. Est-ce que vous avez trouvé de bons amis?
6. Est-ce que vous avez lu des livres intéressants?
7. Est-ce que vous avez reçu de nouveaux livres?

8. Est-ce que vous avez vu de beaux tableaux?
9. Avez-vous choisi des romans français?
10. Charles a-t-il acheté de jolies petites peintures?

Répondez aux questions suivantes en employant j'en ai... un (deux, trois, beaucoup, etc.).

MODELE: Vous avez des livres français?
Oui, j'en ai acheté un.

11. Vous connaissez les romans de Gide?
12. Vous connaissez les peintures de Rubens?
13. Vous connaissez les contes de Maupassant?
14. Vous connaissez beaucoup de films français?
15. Comprenez-vous toutes les règles de grammaire?
16. Connaissez-vous beaucoup de chansons françaises?

NE APRES CRAINDRE, AVOIR PEUR, EMPECHER, NIER

Répétez les phrases suivantes.
1. Les gens m'amusent qui craignent que la France ne devienne un village.
2. Je crains que vous n'arriviez en retard.
3. J'ai peur que vous n'arriviez en retard.
4. Empêchez que votre ami n'arrive en retard.
5. Prenez garde que votre ami n'arrive en retard.
6. Je ne nie pas que votre ami n'ait raison.

Changez la phrase suivante en employant les expressions indiquées.
7. Je crains que votre ami ne me trompe.

    Vous avez peur _____.
    Empêchez _____.
    Prenez garde _____.
    Vous ne niez pas _____.

A LA FOIS

Répétez les phrases suivantes.
1. Un bruit singulier, à la fois faible et immense, se faisait derrière les petites montagnes.
2. Je m'y sentais tellement seule mais, à la fois, délicieusement tranquille et un peu anxieuse.
3. Comment peut-on être à la fois intelligent et stupide?
4. Cet homme est à la fois conservateur et socialiste.
5. On ne peut pas être à la fois soldat et civil.

Répondez aux questions suivantes en employant *à la fois*.

MODELE: Pourquoi Charles a-t-il tant de succès?
           C'est qu'il est à la fois intelligent et appliqué au travail.

6. Pourquoi aimez-vous le français?
7. Pourquoi Charles aime-t-il Catherine?
8. Pourquoi Charles n'a-t-il pas de succès?
9. Pourquoi Charles a-t-il peur du professeur de français?
10. Pourquoi Charles a-t-il du mal à comprendre le français?

A CAUSE DE, PARCE QUE

Répétez les phrases suivantes.
1. Une ligne de dunes me la cachait à cause de ma très petite taille.
2. Je m'y sens tellement seule à cause de l'obscurité vague.
3. ... un sol battu, tour à tour sec, sonore, ou mou à cause des sources.
4. Je ne pouvais rien voir parce que j'étais trop petit.
5. Je ne pouvais rien voir à cause de ma petite taille.
6. Charles n'a jamais de succès parce qu'il est stupide.
7. Charles n'a jamais de succès à cause de sa stupidité.

Remplacez *parce que* par *à cause de* et faites les changements nécessaires.

MODELE: Vincent réussit toujours parce qu'il est intelligent.
           Vincent réussit toujours à cause de son intelligence.

8. J'avais peur de la mer parce qu'elle était si vaste.
9. Tout le monde admire Jeanne parce qu'elle est belle et intelligente.
10. J'avais soif parce qu'il faisait chaud.
11. Charles n'apprend rien parce qu'il est à la fois stupide et paresseux.
12. Je pardonne à Robert parce qu'il est jeune.

"The Cliff at Etretat" *par Claude Monet* (The Metropolitan Museum of Art, Bequest of William Church Osborn, 1951)

"Ville d'Avray" par Jean-Baptiste Corot (National Gallery of Art, Washington, D.C., Gift of Count Cecil Pecci-Blund)

FAIRE + INFINITIF

Répétez les phrases suivantes.
1. Je pus lui faire entendre un concert.
2. Je fis remarquer à Gertrude les sonorités différentes des cuivres.
3. Elle me fait remarquer que les bois, les cuivres et les violons restaient distincts les uns des autres.
4. Je fais entendre un concert à mon fils. Je lui fais entendre un concert.
5. Je fais remarquer les couleurs à mes étudiants. Je leur fais remarquer les couleurs.
6. Le professeur fait apprendre la leçon aux étudiants. Il leur fait apprendre la leçon.
7. Le professeur fait étudier la leçon aux étudiants. Il la leur fait étudier.

Changez la phrase suivante en employant les mots indiqués.
8. Louis a fait comprendre la vérité à sa femme.

   Robert _____.
   _____ voir _____.
   _____ la beauté de la nature _____.
   _____ à sa fiancée.

Répondez aux questions suivantes.

MODELE: Est-ce que le professeur a fait écrire ce devoir à ses étudiants?
         Oui, il le leur a fait écrire.

9. Est-ce que votre père fait dire la vérité à tous ses enfants?
10. Est-ce que votre professeur fait écrire la leçon à ses étudiants?
11. Est-ce que vos parents vous ont fait étudier l'algèbre?
12. Est-ce que votre professeur vous fait remarquer les difficultés du français?
13. Votre professeur fait-il apprendre les phrases servant de modèle à ses étudiants?
14. Votre professeur vous a-t-il fait comprendre la grammaire française?

REVISION

PRONOMS INTERROGATIFS

Répétez les phrases suivantes.
1. Charles a cherché son ami.
2. Qui a cherché son ami?
3. Qui est-ce que Charles a cherché?
4. Paul a trouvé son roman.
5. Qui a trouvé son roman?
6. Paul, qu'a-t-il trouvé?
7. Charles a regardé le livre.
8. Qui a regardé le livre?
9. Qu'est-ce que Charles a regardé?
10. Jean a étudié la leçon.

11. Qui a étudié la leçon?
12. Qu'est-ce que Jean a étudié?
13. Charles pense à son ami.
14. Qui pense à son ami?
15. A qui Charles pense-t-il?
16. Marie a peur de cet examen.
17. Qui a peur de cet examen?
18. De quoi Marie a-t-elle peur?

Posez des questions sur les sujets et sur les compléments des phrases suivantes.

MODÈLE: Charles parle à Robert.
　　　　　Qui parle à Robert? A qui Charles parle-t-il?

19. Robert a fini son devoir.
20. Le professeur est très mécontent du devoir de Robert.
21. Robert a parlé de son devoir à son ami Charles.
22. Charles a expliqué ce devoir à Robert.
23. Robert n'a pas compris l'explication de Charles.
24. Robert a demandé une explication au professeur.
25. Robert a écouté le professeur.
26. L'explication du professeur a aidé les étudiants.
27. Robert a compris l'explication du professeur.

French Embassy Press and Information Division

Tableau 12 • ESPRIT FRANÇAIS

Entrée en Matière. *En analysant l'esprit français, on s'aperçoit vite de la place importante qu'y tiennent l'intelligence et la clarté. Ce sont ces qualités essentielles de l'esprit humain qui permettent à l'homme de comprendre, de juger, de discuter. En effet, les Français aiment beaucoup discuter et critiquer, mais ils tâchent de le faire avec intelligence et clarté. Ils sont persuadés que de la discussion va sortir la vérité.*

Leurs origines et leurs traditions diverses les ont rendus individualistes: ils considèrent tout conformisme comme suspect. Ils veulent juger par eux-mêmes et refusent de se laisser influencer par l'opinion des autres. Il est rare que deux Français arrivent à se mettre d'accord quand ils discutent. Une phrase qui revient souvent dans leurs conversations est: «Oui, vous avez raison, mais... ».

L'esprit français s'est formé peu à peu par la synthèse des valeurs et des idées apportées par les différents peuples qui sont venus habiter en France. Malgré cette diversité et ce mélange, est né un sentiment d'unité nationale qui a résisté à de nombreuses crises. Les Français éprouvent beaucoup de fierté quand ils pensent à leur pays, à sa longue histoire et à son avenir plein de promesses.

LETTRE AUX AMERICAINS

par Jean Cocteau

Introduction

Jean Cocteau (1892–1963), qui était membre de l'Académie française, a essayé tous les genres. En plus de nombreux romans, pièces de théâtre, scénarios pour cinéma et poèmes, il a aussi écrit des essais comme cette «Lettre aux Américains» (1949). Ici, il souligne un des traits les plus saillants du Français: l'esprit de contradiction. On doit admettre des désavantages à cet esprit, qui est querelleur, indiscipliné et même anarchique. Cocteau explique cependant que c'est cette dispute même qui amène un échange de points de vue. De là naissent toutes les grandes idées.

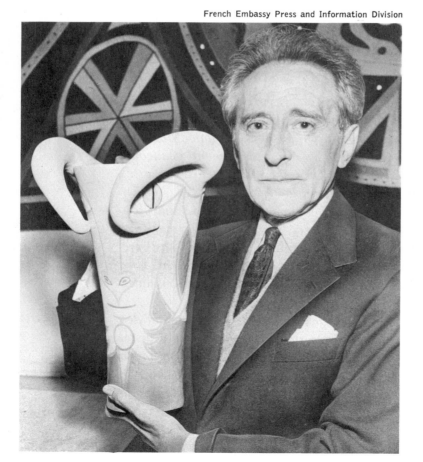

Jean Cocteau

Préparation à la Lecture

Cocteau dépeint d'abord dans cette «lettre» le désordre qui semble exister en France aux yeux des étrangers. Il comprend parfaitement les réactions naturelles devant une «étonnante indiscipline». En expliquant les avantages d'une telle attitude, il prouve que la France ne serait pas la France sans cet «esprit de contradiction», source de nombreuses richesses intellectuelles.

Vocabulaire Essentiel

1. Le kiosque de la fleuriste est fermé ce matin.

   kiosque (*m.*): abri établi sur les trottoirs ou dans les parcs, pour la vente de journaux, de fleurs, de petits articles

2. Je n'ai aucune certitude; j'agis dans la brume.

   brume (*f.*): brouillard épais empêchant de voir clair

3. Le lait bout dans la casserole.

   bout (bouillir): est en ébullition

4. L'eau bouillante produit des bulles qui montent à la surface.

   bulles (*f.*): globules d'air ou de gaz

5. La cathédrale de Chartres est une merveille comme on n'en voit nulle part ailleurs.

   nulle part ailleurs: en aucun autre endroit

6. La foule était enthousiasmée par le discours de l'orateur.

   foule (*f.*): multitude de personnes

7. Au spectacle, hier soir, les siffleurs ont été nombreux.

   siffleurs (*m.*): en France, ceux qui sifflent en signe de désapprobation

8. Tu as visité tous les châteaux de la Loire, Chenonceaux, Chambord, Blois, et ainsi de suite.

   et ainsi de suite: et cela continue ainsi

LA FRANCE est perpétuellement en lutte contre elle-même. Voilà ce qui me frappe. La grande tradition française est une tradition d'anarchie. C'est de toutes la plus solide. Le désordre permet à la France de vivre comme
5 l'ordre est indispensable à d'autres peuples. Les gens m'amusent qui craignent que la France ne devienne un village. Elle l'a toujours été. Elle le sera toujours. Elle l'était sous Louis XIV.

Un village avec son café du Commerce, son kiosque à jour-
10 naux et son bureau de tabac où chacun discute et dispute.

C'est de cette dispute perpétuelle que naît le feu qui lui vaut sa douce lumière intense dont Guillaume Apollinaire disait que l'œil la scrute sans fatigue jusqu'au fond.

Du dehors cela consterne et imite une brume confuse.
15 L'étranger ne voit que groupes qui s'opposent, que personnalités qui se contredisent, qu'individus qui s'insultent. Mais

son café du Commerce: café traditionnel qui se trouve dans chaque village français
qui lui vaut: qui lui donne
Guillaume Apollinaire: poète français de l'école surréaliste (1880–1918)

se rend-on bien compte que c'est une eau qui bout et qu'il nous en arrive des bulles dont l'irisation ne se constate nulle part ailleurs?

    Chacun pense chez nous. Même la bêtise pense. Tout le
5 monde occupe la scène. Peu de monde occupe la salle et il est rare que notre public ne décrète pas qu'il pourrait faire bien mieux que nous. Mais cette étonnante indiscipline offre des avantages. La France actuellement est un des seuls pays où la foule puisse faire le succès d'une pièce parce que les
10 journalistes la condamnent. Personne ne croit personne et j'ose dire que l'esprit de contradiction porté à cet extrême pousse la foule à prendre le contrepied des conseils qu'on lui donne et à applaudir contre les siffleurs.

    J'ai souvent écrit que l'esprit de création n'est autre que
15 l'esprit de contradiction sous la forme la plus haute. En effet, une grande œuvre s'oppose à l'œuvre précédente et la contredit — ce qui n'empêche pas cette œuvre précédente de vivre, de respirer, de prendre racine et de fleurir à ses dates. Et ainsi de suite. Il faudrait se rappeler sans cesse ce pro-
20 verbe hébreu: «L'équilibre engendre l'inertie. C'est du déséquilibre que naissent les échanges.»

irisation (f.): iridescence
se constate: apparaît, existe

salle: salle de théâtre

prendre racine: commencer à se développer

Lexique

1. **et ainsi de suite:** et cela continue ainsi
   Ils viennent le matin, repartent le soir, reviennent le lendemain, et ainsi de suite.

2. **bouillir:** être en ébullition
   Ne faites pas bouillir la soupe avant que le cuisinier n'arrive.

3. **brume** (f.): brouillard épais empêchant de voir clair
   Le marin n'y voit rien parce qu'il y a trop de brume.

4. **bulle** (f.): globule d'air ou de gaz
   L'enfant joue à faire des bulles de savon.

5. **prendre le contrepied:** faire ou dire le contraire
   Pour irriter son frère, il prend le contrepied de ce qu'il dit.

6. **décréter:** ordonner, décider avec autorité
   L'état de siège a été décrété dans la ville.

7. **engendrer:** créer, produire
   L'optimisme engendre la bonne humeur.

8. **foule** (f.): multitude de personnes
   Les réactions de la foule ne sont pas toujours faciles à prévoir.

9. **hébreu** (m.): qui se rapporte aux Hébreux; langue parlée en Israël
   Avant d'aller en Israël, il a étudié l'hébreu pour faire plaisir à ses amis hébreux et pour mieux profiter de sa visite.

10. **kiosque** (m.): abri établi sur les trottoirs ou dans les parcs, pour la vente de journaux, de fleurs, de petits articles
    J'achète *Le Monde* au kiosque qui se trouve au coin de la rue.

11. **lutte** (*f.*): combat, opposition

La vie dans le désert est une lutte perpétuelle.

12. **nulle part ailleurs**: en aucun autre endroit

Vous ne trouverez nulle part ailleurs un luxe aussi grand.

13. **scène** (*f.*): partie d'un théâtre où se jouent les pièces

L'acteur principal n'est pas encore entré en scène.

14. **scruter**: examiner de très près

Nous avons scruté le ciel pour voir si l'avion arrivait.

15. **siffleur** (*m.*): en France, celui qui siffle en signe de désapprobation

Les siffleurs dans la salle s'étaient levés avant la fin de l'acte.

Questionnaire Oral

1. Contre qui la France est-elle perpétuellement en lutte?

2. Qu'est-ce qui frappe particulièrement l'auteur?

3. Quelle est la grande tradition française?

4. Quelle est la plus solide des traditions françaises?

5. Qu'est-ce qui permet à la France de vivre?

6. Qu'est-ce qui est indispensable à d'autres peuples?

7. Quels sont les gens qui amusent Cocteau?

8. Qu'est-ce que la France a toujours été, même sous Louis XIV?

9. Qu'est-ce qu'il y a dans chaque village français?

10. Que font tous les Français de ces villages?

11. De quoi est né le feu de l'esprit français?

12. Quel est le résultat de ce feu?

13. Qu'est-ce que Guillaume Apollinaire disait de la douce lumière qui vient de France?

14. Qu'est-ce qui consterne les gens du dehors? Pourquoi sont-ils consternés?

15. Qu'est-ce que l'étranger voit quand il observe des Français?

16. A quoi Cocteau compare-t-il la dispute perpétuelle des Français?

17. Qu'est-ce qui provient de cette eau qui bout?

18. Qui pense en France?

19. Qui occupe la scène? Qui occupe la salle?

20. Qu'est-ce que le public français décrète très souvent?

21. Qu'offre cette étonnante indiscipline?

22. Qu'est-ce que la foule en France est capable de faire?

23. Quel est l'esprit qui domine chez les Français? A quoi pousse-t-il la foule?

24. Qu'est-ce que Cocteau pense de l'esprit de création?

25. Qu'est-ce qui arrive quand une grande œuvre vient s'opposer à l'œuvre précédente?

26. Que fait l'équilibre, selon le proverbe hébreu?

27. Que fait le déséquilibre, selon ce même proverbe?

Sujets de Discussion

1. Qu'est-ce que Cocteau veut dire par: «La grande tradition française est une tradition d'anarchie»?

2. Est-ce que, d'après vous, on pourrait déclarer qu'il existe une grande tradition américaine? Quelle serait cette tradition?

3. Que représentent «le feu» qui naît de la dispute et «la douce lumière» qui en provient?

4. Que signifie la phrase: «l'œil la scrute sans fatigue jusqu'au fond»?

5. Quel est le sens de la métaphore dans l'image des bulles et de l'irisation?

6. Qu'est-ce que cela veut dire qu'en France «tout le monde occupe la scène; peu de monde occupe la salle»?

Devoirs Ecrits

1. Comment la France peut-elle être un petit village?

2. Donnez vos impressions personnelles de la France et des Français. Parlez du caractère national. Evitez des propos catégoriques et aussi les idées de quelqu'un d'autre (par exemple, de votre professeur). Indiquez que votre analyse est tout à fait personnelle par des phrases comme: «à mon avis», «j'ai l'impression que... », etc. Si vous avez fait la connaissance d'un Français, indiquez-le.

L'UNITE NATIONALE

par André Siegfried

Introduction

André Siegfried (1875–1959), dont nous avons déjà étudié un texte, nous trace le profil psychologique du Français dans un extrait de *L'âme des peuples* (1954) intitulé «L'unité nationale». Il entreprend une étude scientifique pour établir une analyse précise de l'esprit français. Cette force, qui réside chez chaque individu de nationalité française, provient de l'heureux mélange des peuples divers qui se sont unis en France pour former la nation française.

Préparation à la Lecture

Siegfried aussi, comme Cocteau, donne beaucoup d'importance à l'individualisme français. Dans cet essai, il éclaircit la façon dont la diversité a pu contribuer au caractère français. Il explique comment la force de la nation se trouve dans l'individu. Faites attention aux méthodes d'analyse employées par l'auteur pour développer sa thèse.

Vocabulaire Essentiel

1. Il faut fondre certains éléments pour fabriquer du nylon.

   fondre: amalgamer, combiner plusieurs éléments en un tout

2. Ce sont des projets pour l'avenir.

   avenir (*m.*): temps futur

3. Jacques Cartier était un explorateur hardi.

   hardi: audacieux

4. Le mélange des races germanique et latine donne des métis.

   métis (*m.*): hommes nés du croisement de races différentes

5. Les apports de la civilisation européenne ont beaucoup influencé les Etats-Unis.

   apports (*m.*): ce qui est apporté

6. Jean-Christophe avait un don pour la musique.

   don (*m.*): aptitude à une chose

7. Ce voyou cherche toujours à éviter le travail; il ne m'inspire que du mépris.

mépris (*m.*): manque d'estime, manque de
respect

8. L'idée a suscité un courant d'enthousiasme.
suscité: provoqué, fait naître

9. Les Celtes avaient un genre de vie différent.
genre (*m.*): façon, mode

LE CARACTERE unique de la psychologie
française provient justement de cette diversité, que les
siècles ont fini par fondre en une nouvelle unité. Il s'agit du
reste d'un ensemble contradictoire, orienté à la fois vers
5 l'Orient et l'Occident, vers le passé et vers l'avenir, vers la
tradition et vers le progrès. Pas de pays plus hardi dans ses
conceptions, pas de pays plus routinier dans ses habitudes:
avec la France, selon le point de vue, il y a toujours quelque
chose à critiquer, mais aussi toujours quelque chose à admirer.
10 Il n'est pas plus simple de nous situer ethniquement. Il n'y
a pas de race française, à tel point que l'expression, quand on
l'emploie, ne signifie rien. Il y a des Germains dans le Nord,
des Celtes (ou si l'on veut des Alpins) dans le plateau central et dans l'Ouest, des Méditerranéens dans le Sud. Nous
15 sommes, comme le disait Seignobos, une race de métis, mais
on sait qu'une sélection trop grande ne développe pas l'intelligence et que tous les mélanges ne donnent pas de mauvais
résultats. Le peuple français paraît s'être plutôt enrichi de
ces apports variés; nous devons aux Latins notre lucidité
20 intellectuelle, notre don d'expression; aux Celtes notre esprit
artistique, notre individualisme poussé à l'occasion jusqu'à
l'anarchie; aux Germains ce que nous avons de génie orga-
nisateur et constructif.
Mais ces différents caractères se sont fondus dans une
25 synthèse à laquelle d'autres peuples, les Allemands par
exemple, n'ont jamais réussi à procéder. L'unité nationale à
laquelle nous sommes parvenus n'est pas fondée sur la race.
Les origines ethniques peuvent être distinctes, mais, à la
différence de l'Angleterre ou de l'Allemagne, il n'est aucune
30 des races qui ait dominé les autres; tous les Français, qu'ils
se rattachent au tronc germain, alpin ou méditerranéen, se

du reste: moreover

Germains ... Sud: peuplades diverses qui sont venues habiter
en France à des époques différentes
Seignobos, Charles: célèbre his-
torien français (1854–1942)

à l'occasion: dans certains cas

considèrent comme étant Français au même degré, sans
aucune inégalité résultant du sang qui coule dans leurs
veines (en dirais-je autant de l'Anglo-Saxon britannique à
l'égard du Celte... sans parler du mépris où le nazi d'hier
5 tenait le Slave?) L'unité nationale provient bien davantage
de l'adaptation séculaire au sol, au climat, d'une tradition
historique ayant suscité et consolidé soit un genre de vie,
soit une culture. C'est social plus que politique, la force de la
nation n'étant pas dans l'Etat, mais dans la famille et surtout
10 l'individu. En France, le civisme est médiocre, mais le
ciment social a une solidité de roc.

Lexique

1. **apport** (*m.*): ce qui est apporté
   L'apport d'éléments nationaux différents a
   fait des Etats-Unis un grand pays.

2. **avenir** (*m.*): temps futur
   L'avenir nous réserve parfois des surprises.

3. **civisme** (*m.*): loyauté du citoyen envers
   son pays
   Il est bon d'enseigner le civisme aux enfants.

4. **don** (*m.*): aptitude à une chose; cadeau
   Il a fait don de sa collection de tableaux
   au musée du Louvre.

5. **fondre, se fondre**: amalgamer, s'amalgamer, combiner plusieurs éléments en un
   tout
   Beaucoup de nationalités se sont fondues
   pour former le peuple américain.

6. **genre** (*m.*): façon, mode
   Elle mène le genre de vie qui lui plaît.

7. **hardi**: audacieux
   Chaque année, des alpinistes trop hardis
   se perdent dans les Alpes.

8. **mépris** (*m.*): manque d'estime, manque de
   respect

Ce genre de conduite nous inspire un
mépris profond.

9. **métis** (*m.*), **métisse** (*f.*): personne née du
   croisement de races différentes
   Le métis mexicain était accompagné de
   deux métisses africaines.

10. **provenir**: résulter, dériver
    La nouvelle de cet événement provenait
    de sources sûres.

11. **routinier**: qui fait toujours la même chose
    C'est un vieillard routinier; on ne peut pas
    changer ses habitudes.

12. **séculaire**: âgé d'un ou de plusieurs siècles
    La France est un vieux pays imprégné de
    traditions séculaires.

13. **susciter**: provoquer, faire naître
    L'énergie du nouveau directeur a suscité
    une grande activité dans tous les bureaux
    du ministère.

Questionnaire Oral

1. D'où provient le caractère unique de la
   psychologie française?

2. Qu'est-ce que les siècles ont fini par fondre
   en une nouvelle unité?

3. Quelle sorte d'ensemble cette diversité a-t-elle donné?

4. Vers quoi cet ensemble est-il orienté?

5. Comment la France est-elle dans ses conceptions?

6. Comment est-elle dans ses habitudes?

7. Est-ce que tout est à admirer en France?

8. Pourquoi n'est-il pas simple de situer les Français ethniquement?

9. Quel peuple s'est établi dans le Nord de la France?

10. Où domine l'influence des Celtes et des Alpins?

11. Où habitent les Méditerranéens?

12. Que disait Seignobos de la race française?

13. Quel est le résultat d'une sélection trop grande?

14. Quel est l'avantage des mélanges?

15. De quels apports la France s'est-elle enrichie?

16. A qui les Français doivent-ils leur lucidité intellectuelle?

17. A qui doivent-ils leur don d'expression?

18. A qui doivent-ils leur esprit artistique?

19. D'où provient l'individualisme français?

20. A quoi est-ce qu'il tend parfois?

21. Qu'est-ce que les Français doivent aux Germains?

22. Dans quoi se sont fondus ces différents caractères?

23. A quoi les Allemands n'ont-ils jamais réussi?

24. Y-a-t-il une race qui ait dominé en France?

25. Comment les Français se considèrent-ils?

26. Est-ce que l'Anglo-Saxon britannique se sent l'égal du Celte?

27. Quelle était l'attitude du nazi d'hier envers le Slave?

28. D'où provient cette unité nationale dont parle Siegfried?

29. Selon Siegfried, en quoi réside la force de la nation?

30. Qu'est-ce qui est médiocre en France? Qu'est-ce qui a une solidité de roc?

Sujets de Discussion

1. Quelles sont les méthodes d'analyse qu'emploie Siegfried pour définir la psychologie française? Sont-elles scientifiques? Justifiez votre réponse.

2. Comment le Français regarde-t-il à la fois vers le passé et vers l'avenir, vers la tradition et vers le progrès?

3. Pourquoi et comment le Français est-il à la fois hardi dans ses conceptions mais routinier dans ses habitudes?

4. Comment le Français montre-t-il son individualisme?

5. Pensez-vous que l'unité nationale ait été réalisée aux Etats-Unis, malgré la diversité ethnique?

6. Expliquez comment la force d'une nation peut être surtout dans l'individu.

Devoirs Ecrits

1. Comment le Français montre-t-il son individualisme (a) dans le monde et (b) chez lui?

2. Donnez quelques manifestations de l'esprit artistique chez les Français.

3. Voyez-vous des différences entre la conception américaine et l'idée française de «l'unité nationale»? Expliquez-les dans une lettre à un ami français.

LA GRANDEUR DE LA FRANCE

par Charles de Gaulle

Introduction

Dans les volumes de ses *Mémoires de guerre,* le général Charles de Gaulle (1890–   ) élu président de la Cinquième République française en 1958, nous décrit l'histoire contemporaine. «La grandeur de la France» est un texte extrait du premier volume, *L'appel,* où il discute les événements des années 1940 à 1942. Nous connaissons l'amour du Général pour la patrie. Pour beaucoup de Français, c'est l'homme de la destinée, celui qui a sauvé la France au moment du danger, en 1940. Ces lignes indiquent le respect qu'il ressent pour l'histoire qui l'a rendu conscient de la grandeur de son pays.

Préparation à la Lecture

On entend souvent parler de «la grandeur de la France». A quoi est due cette grandeur? Pourquoi les Français sentent-ils une vraie passion pour leur patrie? Dans cet extrait, Charles de Gaulle exprime les sentiments qu'il éprouve pour la France. Il explique comment se sont formés chez lui ces idées et ces sentiments si forts. Vous remarquerez une certaine harmonie entre le style et le thème de ces pages.

Vocabulaire Essentiel

1. Le côté affectif de sa personnalité lui permet de mieux comprendre cela.

   affectif: qui concerne le sentiment, l'émotion

2. Elle s'est complètement vouée à l'éducation de ses enfants.

   vouée: consacrée

3. Jeanne d'Arc a mené une vie montrant des qualités exemplaires.

   exemplaires: qui servent d'exemple, qui servent de leçon

4. S'il advient une catastrophe, ce sera grave.

   advient: arrive par accident

5. A moins d'anomalie, la victoire de notre équipe est certaine.

   anomalie (*f.*): irrégularité, ce qui est anormal

6. Cet accident est imputable à une négligence du conducteur.

   imputable: qui doit être attribué

7. Ce juge occupe un rang élevé dans la magistrature.

   rang (*m.*): position, place

8. Je doute qu'il réussisse, car il me semble viser trop haut.

   viser: diriger ses efforts vers, chercher à atteindre

9. Par fierté, il refusera d'abandonner ce projet.

   fierté (*f.*): noblesse de sentiment

10. Les compagnies aériennes assurent de nombreux vols chaque jour entre Paris et New York.

    vols (*m.*): déplacements dans l'air

11. En écoutant les propos de mes parents, j'ai compris qu'ils avaient raison.

propos (*m.*): phrases échangées au cours d'une conversation

12. Ton père a été blessé pendant la dernière guerre, au cours du débarquement en Normandie en 1944.

blessé: souffrant de contusions

La grandeur de la France   259

TOUTE ma vie, je me suis fait une certaine
idée de la France. Le sentiment me l'inspire aussi bien que
la raison. Ce qu'il y a, en moi, d'affectif imagine naturellement la France, telle la princesse des contes ou la madonne
5 aux fresques des murs, comme vouée à une destinée émi-
nente et exceptionnelle. J'ai d'instinct l'impression que la
Providence l'a créée pour des succès achevés ou des malheurs exemplaires. S'il advient que la médiocrité marque,
pourtant, ses faits et gestes, j'en éprouve la sensation d'une
10 absurde anomalie, imputable aux fautes des Français, non
au génie de la patrie. Mais aussi, le côté positif de mon
esprit me convainc que la France n'est réellement elle-même
qu'au premier rang; que, seules, de vastes entreprises sont
susceptibles de compenser les ferments de dispersion que
15 son peuple porte en lui-même; que notre pays, tel qu'il est,
parmi les autres, tels qu'ils sont, doit, sous peine de danger
mortel, viser haut et se tenir droit. Bref, à mon sens, la
France ne peut être la France sans la grandeur.

    Cette foi a grandi en même temps que moi dans le milieu
20 où je suis né. Mon père, homme de pensée, de culture, de
tradition, était imprégné du sentiment de la dignité de la
France. Il m'en a découvert l'Histoire. Ma mère portait à la
patrie une passion intransigeante à l'égal de sa piété religieuse. Mes trois frères, ma sœur, moi-même, avions pour
25 seconde nature une certaine fierté anxieuse au sujet de notre
pays. Petit Lillois de Paris, rien ne me frappait davantage
que les symboles de nos gloires: nuit descendant sur Notre-
Dame, majesté du soir à Versailles, Arc de Triomphe dans
le soleil, drapeaux conquis frissonnant à la voûte des Inva-
30 lides. Rien ne me faisait plus d'effet que la manifestation de
nos réussites nationales: enthousiasme du peuple au passage
du Tsar de Russie, revue de Longchamp, merveilles de l'exposition, premiers vols de nos aviateurs. Rien ne m'attristait
plus profondément que nos faiblesses et nos erreurs révélées
35 à mon enfance par les visages et les propos; abandon de
Fachoda, affaire Dreyfus, conflits sociaux, discordes religieuses. Rien ne m'émouvait autant que le récit de nos
malheurs passés: rappel par mon père de la vaine sortie du
Bourget et de Stains, où il avait été blessé; évocation par ma
40 mère de son désespoir de petite fille à la vue de ses parents
en larmes: «Bazaine a capitulé.»

Lillois: habitant de Lille, ville du nord de la France. Le général de Gaulle est Lillois.

enthousiasme ... aviateurs: évé-nements importants de l'his-toire de France vers la fin du dix-neuvième siècle
abandon ... religieuses: événe-ments qui ont affecté ou divisé les Français
vaine sortie du Bourget et de Stains: en 1870, au moment où Paris était assiégé par les Allemands
«Bazaine a capitulé»: Bazaine, maréchal de France, capitula à Metz, devant les Allemands, en 1870.

Lexique

1. **advenir:** arriver par accident
   Pensez-vous qu'un tel désastre puisse advenir deux fois de suite?

2. **affectif:** qui concerne le sentiment, l'émotion
   Le caractère affectif de sa nature le rend sensible aux malheurs des autres.

3. **anomalie** (*f.*): irrégularité, ce qui est anormal
   S'il assistait au concert, ce serait une vraie anomalie.

4. **attrister:** rendre triste
   La mauvaise santé de sa fille l'attriste.

5. **blesser:** infliger des contusions
   Le chasseur a blessé le sanglier après l'avoir poursuivi pendant trois heures.

6. **conquérir:** prendre de force par les armes
   Les armées de Napoléon ont conquis une grande partie de l'Europe.

7. **conte** (*m.*): récit d'aventures imaginaires, anecdote
   Ma grand-mère nous racontait les plus beaux contes de son pays.

8. **désespoir** (*m.*): perte de l'espérance, chagrin profond
   La mort du président plongea la nation dans le plus profond désespoir.

9. **exemplaire:** qui sert d'exemple, qui sert de leçon
   Ce héros a prouvé une valeur exemplaire.

10. **fierté** (*f.*): noblesse de sentiment
    C'est la fierté qui la pousse à ne pas accepter d'aide financière.

11. **fresque** (*f.*): peinture murale
    Les fresques de la Chapelle Sixtine comptent parmi les grandes œuvres de Michel-Ange.

12. **imputable:** qui doit être attribué
    Sa faute est imputable à sa faiblesse de caractère.

13. **intransigeant:** qui ne cède pas, qui ne fait pas de concessions
    Tu l'as trouvé intransigeant dans ses convictions.

14. **milieu** (*m.*): entourage, sphère intellectuelle ou sociale
    Il appartient à un milieu plutôt modeste.

15. **propos** (*m.*): phrase échangée au cours d'une conversation
    Nous étions entre amis et nous échangions de joyeux propos.

16. **rang** (*m.*): position, place
    Ce petit pays occupe un rang secondaire.

17. **réussite** (*f.*): succès, résultat favorable
    Cet architecte a connu beaucoup de réussite dans tout ce qu'il a construit.

18. **viser:** diriger ses efforts vers, chercher à atteindre
    Plus on est ambitieux, plus on vise haut.

19. **vol** (*m.*): déplacement dans l'air
    La fillette suivait du regard le vol léger des papillons.

20. **vouer:** consacrer
    L'acteur a voué tous ses efforts au succès de la pièce.

Questionnaire Oral

1. Qu'est-ce que de Gaulle pense de la France?

2. Est-ce que son point de vue est inspiré seulement par le sentiment?

3. Quel côté chez de Gaulle imagine la France comme la princesse des contes?

4. Quelle autre image se fait-il de la France?

5. Selon lui, à quoi la France est-elle vouée?

6. Quelle impression a-t-il?

7. Qu'est-ce qui doit être attribué aux fautes des Français?

8. Quelle est la sensation que de Gaulle éprouve à cet égard?

9. Croit-il que le génie français soit capable de médiocrité?

10. De quoi est-ce que le côté positif de son esprit le convainc?

11. Qu'est-ce qui est susceptible de compenser les ferments de dispersion chez les Français?

12. Qu'est-ce que la France doit faire, en fin de compte?

13. Quelle est la condition nécessaire à la France pour être la France?

14. Comment cette foi en la France a-t-elle grandi chez de Gaulle?

15. Comment décrit-il son père?

16. De quoi son père était-il imprégné?

17. Qui lui a appris l'histoire de France?

18. Quel était le point de vue de sa mère vis-à-vis de la patrie?

19. Combien d'enfants y avait-il dans sa famille?

20. Quel était leur sentiment pour la patrie?

21. Où de Gaulle est-il né?

22. Quand lui plaisait-il de regarder Notre-Dame? Versailles? l'Arc de Triomphe?

23. Qu'est-ce qui le frappait aux Invalides?

24. Indiquez quelques-unes des manifestations des réussites nationales de la France.

A TOUS LES FRANCAIS
La France a perdu une bataille!
Mais la France n'a pas perdu la guerre!

Des gouvernants de rencontre ont pu capituler, cédant à la panique, oubliant l'honneur, livrant le pays à la servitude. Cependant, rien n'est perdu!

Rien n'est perdu, parce que cette guerre est une guerre mondiale. Dans l'univers libre, des forces immenses n'ont pas encore donné. Un jour, ces forces écraseront l'ennemi. Il faut que la France, ce jour-là, soit présente à la victoire. Alors, elle retrouvera sa liberté et sa grandeur. Tel est mon but, mon seul but!

Voilà pourquoi je convie tous les Français, où qu'ils se trouvent, à s'unir à moi dans l'action, dans le sacrifice et dans l'espérance.

Notre patrie est en péril de mort.
Luttons tous pour la sauver!
VIVE LA FRANCE!

Général de Gaulle
Quartier-Général
4, Carlton Gardens,
London, S.W.1

25. Citez quelques-unes de ses faiblesses et de ses erreurs.

26. Qu'est-ce qui émouvait le plus le Général?

27. Où son père avait-il été blessé?

28. Pour quelle raison les parents de sa mère étaient-ils en larmes?

Sujets de Discussion

1. Quels peuvent être les avantages d'un sentiment national aussi fort que celui qui inspire de Gaulle?

2. Avec quels personnages historiques de n'importe quel pays pouvez-vous comparer le général de Gaulle?

3. Quelle remarque vous fait penser que celui-ci croit que la France a une mission d'inspiration divine?

4. Quels sentiments son texte peut-il invoquer chez ceux qui l'écoutent?

5. Quels sont les monuments ou les événements historiques qui vous rendent fier de votre pays?

6. Quel sens donnez-vous à la phrase de de Gaulle: «Bref, à mon sens, la France ne peut être la France sans la grandeur.»

Devoirs Ecrits

1. Préparez une allocution patriotique, comme un discours d'une minute, que vous prononceriez à la télévision américaine, le 4 juillet.

2. En un paragraphe, défendez votre pays devant un étranger qui ne le comprend pas. Admettez quelques fautes, mais cherchez les qualités nationales qui méritent d'être reconnues.

3. Ecrivez une courte biographie de Charles de Gaulle. Il sera nécessaire de faire des recherches, mais ne copiez pas; exprimez, à votre façon, tout ce que vous trouverez.

EXERCICES DE STRUCTURE

QUELQUE CHOSE A + INFINITIF

Répétez les phrases suivantes.

1. Il y a toujours quelque chose à critiquer mais aussi toujours quelque chose à admirer.
2. Il y a quelque chose à admirer.
3. Il n'y a rien à critiquer.
4. Je cherche quelque chose à critiquer.
5. Je n'y ai rien trouvé à admirer.

Changez la phrase suivante en employant les mots indiqués.

6. Dans votre devoir j'ai trouvé beaucoup de choses à critiquer.

_____ travail _____.

_____ cherché _____.

_____ quelque chose _____.

_____ à admirer.

Répondez aux questions suivantes.

MODELE: Avez-vous trouvé quelque chose à critiquer?
Non, je n'ai rien trouvé à critiquer.

7. Avez-vous trouvé quelque chose à lire?
8. Avez-vous trouvé quelque chose à étudier?
9. Avez-vous cherché quelque chose à apprendre?
10. Avez-vous trouvé quelque chose à me reprocher?
11. Avez-vous quelque chose à me dire?
12. Avez-vous quelque chose à me cacher?

Répondez aux questions suivantes en vous servant des mots entre parenthèses.

MODELE: Savez-vous quelque chose d'intéressant? (raconter)
Non, je ne sais rien d'intéressant, mais j'ai quelque chose à vous raconter.

13. Savez-vous quelque chose de nouveau? (dire)
14. Savez-vous quelque chose de différent? (raconter)
15. Savez-vous quelque chose de remarquable? (communiquer)
16. Savez-vous quelque chose d'extraordinaire? (cacher)

NE COMME NEGATIF SANS PAS

Répétez les phrases suivantes.
1. La France ne peut être la France sans la grandeur.
2. La France ne cesse d'être la France.
3. Il ne saurait être français.
4. Il n'ose être français.

Changez la phrase suivante en employant les mots indiqués.
5. Je ne peux dire la vérité.

Je n'ose _____.

Je ne saurais _____.

Je ne puis _____.

Je n'ai cessé de _____.

PERSONNE, CHACUN

Répétez les phrases suivantes.
1. Chacun discute et dispute.
2. Chacun pense chez nous.
3. Personne ne croit personne.
4. Chacun sait la vérité. Personne ne sait la vérité.
5. Chacun dira la vérité. Personne ne dira la vérité.

Commentez les phrases suivantes.

MODELE: Personne ne sait la vérité.
Au contraire, chacun de nous sait la vérité.

6. Personne ne parle français.
7. Personne ne comprend la France.
8. Personne ne lira ce livre.
9. Personne n'apprendra le français.
10. Personne ne fera son devoir.

LE SUBJONCTIF DANS LES PROPOSITIONS RELATIVES

Répétez les phrases suivantes.
1. Il n'est aucune des races qui ait dominé les autres.
2. Il n'y a aucune personne qui puisse me comprendre.
3. Il n'y a personne qui puisse m'aider.
4. Il n'y a rien qui soit impossible.
5. Il n'y a pas d'homme qui fasse son devoir.

Changez la phrase suivante en employant les mots indiqués et faites les changements nécessaires.
6. Je ne trouve rien qui puisse vous aider.
    _____ personne _____.   _____ aucun homme _____.
    _____ aucune chose _____.   _____ pas d'hommes _____.

Complétez les phrases suivantes.

MODELE: Je suis sûr qu'il y a des étudiants qui ont fait leur devoir.
             Non, il n'y a pas d'étudiants qui aient fait leur devoir.

7. Il y a des étudiants qui ont appris la leçon.
8. Il y a des étudiants qui ont préparé leur leçon.
9. Il y a des étudiants qui ont aidé leurs camarades.
10. Il y a des Français qui se sont opposés à l'unité nationale.
11. Il y a des Français qui ont essayé de dominer les autres.

STRUCTURES DIVERSES

Reprenez les phrases suivantes.

MODELE: Il est question d'un ensemble contradictoire.
             Il s'agit d'un ensemble contradictoire.

1. Il est question de notre avenir.
2. Il est question de la composition ethnique de la France.
3. Je ne sais pas ce dont il est question.
4. Il était question de la grandeur de la France.

Changez les phrases suivantes en employant *se rendre bien compte (de)*.

MODELE: Mais est-ce que l'on sait que c'est une eau qui bout?
             Mais se rend-on bien compte que c'est une eau qui bout?

5. Je sais que la France est un pays hardi dans ses conceptions.
6. Nous savons la vérité sur la question de la race française.
7. Vous savez que la sélection trop grande ne développe pas l'intelligence.
8. Savez-vous que les Français doivent aux Latins leur don d'expression?
9. Vous devriez savoir que l'unité française n'est pas fondée sur la race.

VERBE ET INFINITIF

Répétez les phrases suivantes.

1. Charles préfère parler français, mais sa sœur aime parler allemand.
2. Charles aide sa sœur à parler français, mais elle ne réussit pas à le comprendre.
3. Charles essaie d'apprendre l'allemand, mais il a peur (craint) de le parler.

Changez les phrases suivantes en employant les mots indiqués.

4. Jeanne aime jouer du piano.

——— va ———.
——— ose ———.
——— commence ———.
——— réussit ———.
——— décide ———.
——— essaie ———.

5. Jean veut aller en France.

——— désire ———.
——— espère ———.
——— doit ———.
——— consent ———.
——— continue ———.
——— refuse ———.
——— regrette ———.

DISTINCTIONS DE VOCABULAIRE: *AN, ANNEE; JOUR, JOURNEE; MATIN, MATINEE; NOUVEAU, NEUF; ATTENDRE, S'ATTENDRE A*

Répétez les phrases suivantes.

1. Charles vient de passer deux ans en France. Robert a passé cette année-ci à Londres.
2. Mon nouveau professeur a une nouvelle auto. Sa nouvelle auto n'est pas une voiture neuve.
3. J'ai attendu mon ami pendant deux heures. Mais il n'est pas arrivé. Je ne m'étais pas attendu à cela.

Répondez aux questions suivantes en employant les mots entre parenthèses.

MODELE: Combien de temps avez-vous passé à Londres? (ans)
　　　　 J'y ai passé deux ans.

4. Quand est-ce que Charles est arrivé? (matin)
5. Combien de temps avez-vous travaillé hier? (matinée)
6. Combien de temps est-ce que vous travaillerez demain? (matinée)
7. Quel cours de français est-ce que vous suivez? (année)
8. Depuis quand étudiez-vous le français? (an)
9. Combien de temps est-ce que vous passerez à dormir? (journée)
10. Quelle sorte de voiture avez-vous achetée? (neuf)
11. Qui est cette jeune fille? (nouveau)
12. Depuis quand êtes-vous ici? (attendre)
13. Est-ce que cette question vous surprend? (s'attendre)
14. C'est la robe que vous avez portée hier, n'est-ce pas? (nouveau)
15. Pourquoi restez-vous ici? (attendre)
16. Pourquoi est-ce que cette table ne coûte que cinq dollars? (neuf)
17. Pourquoi Robert a-t-il échoué à cet examen? (s'attendre)

French Embassy Press and Information Division

Tableau 13 • PAYS

Entrée en Matière. *Quand le mot* pays *prend le sens de province, de région, de village où nous sommes nés, nous lui attachons des sentiments d'affection et d'amour que renforcent nos souvenirs. Nous savons que, chaque fois que nous y reviendrons, la terre, le ciel, le paysage et les coutumes des habitants n'auront pas changé. Nous y serons accueillis avec le même plaisir; nous nous y sentirons vraiment chez nous.*

Le Français aime tellement son pays qu'il le quitte avec regret quand il doit le faire. Il émigre rarement, mais lorsqu'il décide de partir, il sait qu'il retournera finir ses jours dans sa ville ou son village natals. S'il s'en va, c'est bien souvent pour aller à Paris qui deviendra alors, comme nous l'avons déjà vu, son pays d'adoption.

L'amour que les Français ressentent pour leur pays explique leur caractère sédentaire: puisque celui-ci est si beau, pourquoi iraient-ils vivre ailleurs? Le Nord et le Midi possèdent également leur attrait et leur charme. Le Midi est le pays du soleil, de la vie heureuse, du vin qui délie les langues et qui fait chanter, surtout si la récolte est bonne. Le Nord est peuplé de gens calmes, sérieux, travailleurs, qui boivent plutôt de la bière ou du cidre que du vin.

Cependant, ces différences sont secondaires, car de l'attachement au pays natal naissent l'amour pour le pays tout entier et le sentiment d'unité nationale.

LE RETOUR DU TROUPEAU

par Alphonse Daudet

Introduction

Alphonse Daudet (1840–1897) est né dans le Midi, à Nîmes. Il aime raconter les souvenirs de son pays et les impressions de ses habitants. «Le retour du troupeau» est tiré des *Lettres de mon moulin* (1869), recueil de descriptions de la Provence. C'est un des trésors classiques de la littérature française. Tout un monde végétal et animal s'éveille à nos yeux. Le troupeau joue le rôle principal, car c'est lui, le lien entre l'homme et la nature. Dans les régions près des montagnes comme les Alpes et les Pyrénées, où vivent beaucoup de troupeaux, cette scène se répète fréquemment. Elle fait bien partie des aspects du pays français.

Préparation à la Lecture

En Amérique, Thoreau a fait des descriptions célèbres de la Nouvelle-Angleterre et Mark Twain du Sud des Etats-Unis. Des auteurs français aussi ont décrit leur «pays». Parmi eux, nous pouvons placer Alphonse Daudet qui a donné de vivants tableaux de sa belle Provence. Dans «Le retour du troupeau», il nous fait partager l'émotion qui accompagne la rentrée au mas des bergers, suivis des moutons et des chiens, qui ont tous passé l'été dans les Alpes.

Vocabulaire Essentiel

1. S'occuper du bétail est un travail exigeant.
   bétail (*m.*): animaux de ferme, tels que bœufs, chevaux, moutons

2. Nous avons acheté un petit mas près d'Arles.
   mas (*m.*): ferme, maison de campagne (dialecte provençal)

3. On préparait les bergeries pour le retour des moutons.
   bergeries (*f.*): lieux où l'on enferme les moutons

4. On couvre de paille le sol des bergeries.
   paille (*f.*): tiges de blé séchées et sans leurs grains

5. Dans le troupeau, j'avais remarqué deux énormes béliers.
   béliers (*m.*): moutons mâles

6. Les moutons qui rentraient au mas étaient conduits par des bergers.
   bergers (*m.*): hommes qui gardent les moutons

7. Le bétail avançait vers la ferme en piétinant.
   piétinant: remuant vivement et constamment les pieds ou les pattes

8. Les paons possèdent un plumage magnifique.
   paons (*m.*): beaux oiseaux originaires d'Asie (peacocks)

9. Le poulailler était devenu trop petit pour toutes les poules du mas.
   poulailler (*m.*): petite maison où l'on abrite les poules

10. Le chien avait mis la basse-cour en émoi.
    basse-cour (*f.*): partie d'une ferme où l'on élève les poules, les canards, les pigeons

11. En hiver, les moutons ont une longue laine.

laine (*f.*): poil du mouton

12. Les animaux revenant des montagnes retrouvent leur crèche avec plaisir.

crèche (*f.*): endroit dans une ferme où l'on met la nourriture des bestiaux

13. Les bergers sont affairés maintenant que le troupeau est rentré de la montagne.

affairés: très occupés, ayant beaucoup de travail

14. On monte l'eau du puits à l'aide d'un seau attaché à une corde.

seau (*m.*): récipient dans lequel on porte de l'eau

15. Fermez la porte et poussez bien le loquet!

loquet (*m.*): barre servant à fermer certaines portes

16. Attablés dans la salle à manger, Pierre et Jean buvaient.

attablés: assis à table

IL FAUT vous dire qu'en Provence c'est l'usage, quand viennent les chaleurs, d'envoyer le bétail dans les Alpes. Bêtes et gens passent cinq ou six mois là-haut, logés à la belle étoile, dans l'herbe jusqu'au ventre, puis, au
5 premier frisson de l'automne, on redescend au mas et l'on revient brouter bourgeoisement les petites collines grises que parfume le romarin.

romarin (*m.*): plante aromatique (rosemary)

Donc, hier soir, les troupeaux rentraient. Depuis le matin le portail attendait, ouvert à deux battants; les bergeries
10 étaient pleines de paille fraîche. D'heure en heure on se disait: «Maintenant, ils sont à Eyguières, maintenant au Paradou.» Puis, tout à coup vers le soir, un grand cri: «Les voilà!» et là-bas, au lointain, nous voyons le troupeau s'avancer dans une gloire de poussière. Toute la route semble
15 marcher avec lui. Les vieux béliers viennent d'abord, la corne en avant, l'air sauvage; derrière eux, le gros des moutons, les mères un peu lasses, leurs nourrissons dans les pattes; les mules à pompons rouges portant dans les paniers les agnelets d'un jour qu'elles bercent en marchant; puis, les
20 chiens tout suants avec des langues jusqu'à terre, et deux grands coquins de bergers drapés dans des manteaux de cadis roux qui leur tombent sur les talons comme des chapes.

à deux battants: complètement

Eyguières: petite ville près d'Arles
Paradou: village de Provence

gloire (*f.*): nuage

le gros: la plus grosse partie

agnelets (*m.*): agneaux nouveau-nés
bercent: balancent

cadis roux (*m.*): étoffe teinte de couleur rousse

Tout cela défile devant nous, joyeusement, et s'engouffre sous le portail en piétinant avec un bruit d'averse... Il faut
25 voir quel émoi dans la maison. En haut de leurs perchoirs, les gros paons vert et or, à crêtes de tulle, ont reconnu les arrivants et les accueillent par un formidable coup de

perchoirs (*m.*): perches
crêtes (*f.*): crests

trompette. Le poulailler qui s'endormait se réveille en sursaut. Tout le monde est sur pied, pigeons, canards, dindons,
pintades. La basse-cour est comme folle; les poules parlent
de passer la nuit!... On dirait que chaque mouton a rapporté
5 dans sa laine, avec un parfum d'Alpe sauvage, un peu de cet
air vif des montagnes qui grise et qui fait danser.

 C'est au milieu de tout ce train que le troupeau gagne son
gîte. Rien de charmant comme cette installation. Les vieux
béliers s'attendrissent en regardant leur crèche; les agneaux,
10 les tout-petits, ceux qui sont nés dans le voyage et n'ont
jamais vu la ferme, regardent autour d'eux avec étonnement.

 Mais le plus touchant encore, ce sont les chiens, ces braves
chiens de berger tout affairés après leurs bêtes et ne voyant
qu'elles dans le mas. Le chien de garde a beau les appeler
15 du fond de sa niche; le seau du puits, tout plein d'eau
fraîche, a beau leur faire signe; ils ne veulent rien voir, rien
entendre, avant que le bétail soit rentré, le gros loquet
poussé sur la petite porte à claire-voie, et les bergers attablés
dans la salle basse.

dindons (*m.*): turkeys
pintades (*f.*): guinea hens
passer la nuit: rester éveillées
 toute la nuit

gagne: arrive à

porte (*f.*) **à claire-voie:** porte
 faite de planchettes espacées

Lexique

1. **affairé:** très occupé, ayant beaucoup de travail
   Il est tout affairé; il n'a pas le temps de me recevoir.

2. **agneau** (*m.*): petit de la brebis, qui est la femelle du bélier
   L'agneau nouveau-né est le symbole de l'innocence.

3. **s'attabler:** s'asseoir à table
   Il est midi; il faut s'attabler pour le repas.

4. **averse** (*f.*): pluie subite qui tombe violemment
   Nous avons été surpris par une averse et nous sommes trempés.

5. **basse-cour** (*f.*): partie d'une ferme où l'on élève les poules, les canards, les pigeons
   La fermière nettoie la basse-cour.

6. **bélier** (*m.*): mouton mâle
   Le bélier protège la brebis et l'agneau.

7. **berger** (*m.*): homme qui garde les moutons
   Le berger accompagnera le troupeau dans les montagnes.

8. **bergerie** (*f.*): lieu où l'on enferme les moutons
   Le fermier a réparé le toit de la bergerie.

9. **bétail** (*m.*): animaux de ferme, tels que bœufs, chevaux, moutons
   Tout le bétail est resté dans les champs pendant la nuit.

10. **bourgeoisement:** calmement
    Les bœufs avançaient bourgeoisement le long du chemin.

11. **brouter:** manger de l'herbe
    Regarde les brebis en train de brouter dans le pré.

12. **chape** (*f.*): espèce de longue cape
    Les manteaux des bergers ressemblent à des chapes.

13. **coquin** (*m.*): personne qui aime faire des plaisanteries
    Ces coquins d'étudiants ne pensent qu'à s'amuser.

14. **crèche** (*f.*): endroit dans une ferme où l'on met la nourriture des bestiaux
    Les vaches se précipitent vers la crèche pour manger.

15. **s'engouffrer:** pénétrer avec violence
    Ils couraient tous pour aller s'engouffrer dans la bergerie.

16. **à la belle étoile:** en plein air, la nuit
    Les scouts vont camper à la belle étoile.

17. **gîte** (*m.*): abri, demeure
    J'ai une petite maison de campagne en Bretagne; c'est mon gîte préféré.

18. **griser:** exciter; monter à la tête
    Je suis grisée par le champagne.

19. **laine** (*f.*): poil du mouton; étoffe faite de ce poil
    Ma sœur a acheté un manteau de laine pour l'hiver.

20. **loquet** (*m.*): barre servant à fermer certaines portes
    Avant de se coucher, il faudrait pousser tous les loquets.

21. **mas** (*m.*): ferme, maison de campagne (dialecte provençal)
    Mon grand-père a toujours vécu dans son mas en Provence.

22. **nourrisson** (*m.*): bébé ou jeune animal qui prend encore le lait de sa mère
    Les brebis avançaient, suivies de leurs nourrissons.

23. **paille** (*f.*): tiges de blé séchées et sans leurs grains
    Dans un coin de sa cellule, le prisonnier couchait sur de la paille.

24. **paon** (*m.*): bel oiseau originaire d'Asie (peacock)

Le paon fait la roue pour montrer sa belle queue multicolore.

25. **piétiner:** remuer vivement et constamment les pieds ou les pattes

La foule piétinait vers la sortie de l'amphi-théâtre.

26. **portail** (*m.*): porte principale d'un édifice

Le portail de Notre-Dame de Paris est magnifique.

27. **poulailler** (*m.*): petite maison où l'on abrite les poules

Je suis allée chercher les œufs au pou-lailler.

28. **puits** (*m.*): trou profond d'où l'on tire de l'eau

Voulez-vous goûter l'eau de ce puits?

29. **seau** (*m.*): récipient dans lequel on porte de l'eau

La bonne prend de l'eau d'un seau pour laver le plancher.

30. **suer:** transpirer (perspire)

Le bûcheron était tout suant après avoir abattu l'arbre.

31. **train** (*m.*): bruit, animation

«Arrêtez ce train!» a crié la mère aux enfants qui s'amusaient.

32. **tulle** (*m.*): tissu très léger et transparent

Alphonse Daudet compare la crête légère des paons à un morceau de tulle.

Questionnaire Oral

1. En Provence, où envoie-t-on le bétail quand viennent les chaleurs?

2. Combien de temps bêtes et gens passent-ils là-haut? Comment sont-ils logés?

3. Jusqu'où arrive l'herbe?

4. Quand est-ce que le bétail redescend au mas?

5. Qu'est-ce que les bêtes font une fois descendues?

6. Qu'est-ce qui parfume les petites collines grises?

7. En quelle saison les troupeaux rentrent-ils au mas?

8. Comment le portail attendait-il depuis le matin?

9. Expliquez ce qu'il y avait à l'intérieur des bergeries?

10. Que se disait-on d'heure en heure?

11. Quand le troupeau est-il revenu?

12. Comment le troupeau s'avance-t-il?

13. Qui mène le troupeau?

14. Comment sont les vieux béliers?

15. Qui vient derrière eux?

16. Où sont les nourrissons?

17. Que portent les mules dans les paniers?

18. Comment sont les chiens?

19. Comment sont habillés les deux bergers?

20. De quelle façon tout cela défile-t-il?

21. Comment le troupeau s'engouffre-t-il sous le portail?

22. Qu'est-ce qui se trouve sur les perchoirs?

23. Comment les paons accueillent-ils l'arrivée du troupeau?

24. Comment se réveille le poulailler?

25. Quels sont les animaux de la basse-cour?

26. Qu'est-ce que chaque mouton semble avoir rapporté avec lui?

27. Vers où le troupeau s'achemine-t-il?

28. A quel moment les vieux béliers s'atten-drissent-ils?

29. Qu'est-ce que font les agneaux?

30. Comment sont les chiens de berger?

31. Qu'est-ce que fait le seau du puits?

32. Pourquoi les chiens ne veulent-ils pas s'ar-rêter tout de suite pour se rafraîchir?

Sujets de Discussion

1. Pourquoi le bétail ne reste-t-il pas dans les montagnes pendant l'hiver?

2. Pourquoi le village fait-il une si grande fête au retour du troupeau?

3. Quelle est la hiérarchie des animaux du troupeau, d'après leur ordre de marche?

4. Décrivez les réactions des béliers, des moutons et des agnelets, en rentrant à la crèche.

5. Quelles sont les qualités des chiens de berger que souligne Daudet dans ce morceau?

6. Quelles sont les fonctions d'un berger?

7. Indiquez les expressions qui montrent que l'auteur traite les animaux comme des personnes.

8. Aimeriez-vous vivre dans une ferme? Que feriez-vous pour aider le fermier?

Devoirs Ecrits

1. Résumez, en un paragraphe, comment les différents animaux de la basse-cour manifestent leur joie à l'arrivée du troupeau.

2. Décrivez les chiens qui accompagnent les moutons et indiquez comment ils accomplissent leur devoir.

3. Aimez-vous les animaux? Aimeriez-vous vous occuper d'eux, comme fermier ou peut-être comme employé dans un jardin zoologique? Ce ne serait pas un travail très facile, ni rémunérateur, bien sûr, mais y aurait-il des satisfactions, des récompenses?

LE SANG DE NOS VIGNES

de France-Illustration

Introduction

Comme le titre l'indique, le précieux jus de raisin, qui nous donne du bon vin, représente le sang des vignes. Les vins de France apportent la vie au pays, tout comme le sang de nos veines nous donne la santé. La viniculture joue un rôle très important en France. Cet article, «Le sang de nos vignes», tiré de *France-Illustration*, belle revue française, nous expose les procédés de modernisation existant dans une des plus anciennes cultures françaises. Il ne faut pas toutefois que cette modernisation se fasse aux dépens de la qualité dans une industrie pleine de traditions.

Préparation à la Lecture

Tout le monde connaît le renom des vins de France, mais peu de gens savent en quoi consiste l'art de faire le vin. Dans cet article, on nous donne une idée de tout le procédé — vendanges, conditions des travaux, progrès récents. On nous fait participer aux appréhensions et aux inquiétudes du vinificateur. L'artisanat, dans une des plus vieilles activités françaises, garde souvent toute sa valeur.

Vocabulaire Essentiel

1. Le soleil a brillé pendant toutes les vendanges.

   vendanges (*f.*): temps de la récolte du raisin; raisin récolté

2. Cette musique évoque de beaux souvenirs de vacances.

   évoque: rappelle à la mémoire

3. Le boucher observe le repos dominical; sa boutique reste fermée le dimanche.

   dominical: relatif au dimanche

4. Je n'avais jamais songé que ce travail serait si long.

   songé: pensé

5. Nous irons ensemble faire la cueillette des cerises.

   cueillette (*f.*): récolte de fruits (raisins, pommes, etc.)

6. Les vignobles du Midi de la France donnent du travail à plus d'un vigneron.

   vigneron (*m.*): celui qui cultive la vigne

7. Dans ce vignoble, on cueille de belles grappes de raisin.

   grappes (*f.*): groupes de fruits poussant ensemble

8. Il soigne ses pommiers au printemps afin d'avoir une bonne récolte en automne.

   soigne: s'occupe avec attention de

9. Il se donne beaucoup de peine pour réussir dans ses études.

   peine (*f.*): travail fait avec effort

10. L'escalade de la montagne a été très pénible.

    pénible: difficile, qui cause de la fatigue

11. Vous semblez redouter d'aller chez le dentiste.

    redouter: craindre, avoir peur

12. Plusieurs expériences de ce savant ont confirmé le succès de l'empirisme.

13. Il décrira sa démarche avec fierté.

    démarche (*f.*): travail

14. Pasteur, l'illustre chimiste français, a été un bienfaiteur de l'humanité.

    chimiste (*m.*): personne qui s'occupe de l'étude ou de la pratique de la chimie

15. Avec le jus de raisin, nous faisons du vin.

    jus(*m.*): liquide obtenu par l'écrasement de fruits

16. Les Français font grand usage d'eau minérale comme breuvage.

    breuvage (*m.*): liquide servant de boisson

17. Les crus de Bordeaux et de Bourgogne sont connus du monde entier.

    crus (*m.*): vignobles; vins obtenus de ces vignobles

18. Les épreuves ont confirmé la solidité de cette machine.

    épreuves (*f.*): expériences, essais

19. L'état d'esprit actuel est difficile à analyser.

    actuel: présent, contemporain

20. Les dictons «Mieux vaut tard que jamais» et «Rira bien qui rira le dernier» s'appliquent souvent à propos.

    dictons (*m.*): expressions qui sont devenues des proverbes

empirisme (*m.*): méthode résultant de l'expérience seule

VENDANGES, ce mot a une sonorité de fête. Il évoque des journées joyeuses, pleines d'allégresse. A travers les âges, le tableau de ces journées n'a guère changé et le souvenir des scènes bucoliques chantées par les poètes revit

bucoliques: pastorales

5 avec une parfaite fraîcheur dans les gestes des vendangeurs et des vendangeuses d'aujourd'hui. Jeunes et vieux rient,

French Embassy Press and Information Division

chantent, s'interpellent, et le travail s'accomplit dans la bonne
humeur, surtout quand le soleil veut bien être de la partie.

    Pourtant, si le scénario ne varie que peu, les conditions des
travaux ont bien changé. Aujourd'hui, les tracteurs rem-
placent les chevaux à peu près partout. Et dans les grandes
exploitations où une main-d'œuvre occasionnelle vient pour
quelque temps renforcer le personnel sédentaire, on observe
le repos dominical et la journée de huit heures. Evidemment,
on n'aurait point songé autrefois que la cueillette pût s'interrompre.

    Et pourtant, si ces journées de vendanges sont des jours de
fête, ce n'est pas sans quelque appréhension que le vigneron
voit les voitures rentrer dans la cour et leur chargement
précipité dans le pressoir. Recevra-t-il le prix de ses efforts?
La vigne tiendra-t-elle ses promesses? Que sera le vin qui
va sortir des grappes? L'année sera-t-elle une «grande»
année dont on se disputera les bouteilles?

être de la partie: briller

«grande» année: année où le vin
est de très bonne qualité

Le sang de nos vignes   275

Car la vigne est bien souvent décevante pour lui qui la soigne. Les années se suivent et ne sont point toutes «grandes». Et c'est en vain parfois que l'homme s'est évertué, n'omettant rien de ce qui peut contribuer à préparer de

5 bonnes vendanges. Sa peine est inutile si le soleil et la pluie ne s'accordent pour dispenser, et dans de justes proportions, leurs bienfaits alternés et non moins nécessaires les uns que les autres.

Jusqu'à la dernière minute il lui faut craindre. Jusqu'à la

10 dernière minute il faut espérer le rayon qui donnera la dernière couche d'or ou le nuage qui viendra gonfler un grain un peu maigre.

Travail délicat que celui de la vigne et travail pénible! Tout est à redouter, tout est sujet d'inquiétude: les intem-

15 péries, les maladies, les insectes. Il faut multiplier les sulfa-tages, il faut lutter de vitesse avec la redoutable «pourriture grise» qui, le matin, a attaqué un grain et le soir a corrompu la grappe entière.

L'empirisme ne règle plus seulement aujourd'hui la dé-

20 marche du vigneron. La science lui apporte son aide. Main-tenant il est devenu quelque peu chimiste. Oh! non point pour adultérer le jus de la vigne et en faire un breuvage qui devrait plus au laboratoire qu'à l'arbre de Noé, mais bien au contraire pour parvenir à la meilleure qualité. Tous les

25 grands crus sont soumis, dans ce dessein, à maintes épreuves. Avant de vendanger, le vinificateur actuel — et c'est souvent le propriétaire lui-même qui opère selon des méthodes éprouvées — procède à des prélèvements sur les différents cépages dont le vignoble est planté. Ces cépages, il con-

30 viendra de les mélanger dans des proportions soigneusement déterminées pour que chacun d'eux apporte ses meilleurs éléments au résultat final. Il faut rechercher le sucre et l'acidité, apprécier le moment exact de la maturité. Pendant que les vendanges se déroulent, le moût est analysé. Ainsi,

35 l'art de faire le vin s'enrichit de toutes les protections que peut lui apporter la science.

Assurément, cette assistance scientifique est fort utile, et l'on ne saurait plus s'en passer. Mais il ne faut pas oublier pourtant que l'expérience du vigneron reste sans doute la

40 plus précieuse garantie de cette qualité qui assure le renom des vins de France. Que de sagesse emmagasinée dans les dictons où se reflète cette expérience! Certes, nous l'avons

sulfatages (*m.*): applications of copper sulphate to protect the vines

«pourriture grise»: maladie de la vigne

l'arbre de Noé: la vigne (sens figuré)

maintes: plusieurs

cépages (*m.*): plants de vigne

moût (*m.*): vin doux qui n'a pas encore fermenté

dit, les conditions de la culture se sont, en plus d'un endroit, modifiées, et l'industrialisation est venue. Pourtant c'est encore, on peut le dire, le caractère relativement artisanal qui maintient la qualité. Il y a là comme un reflet de cet

5 individualisme qu'on reproche souvent aux Français et qui, en ce cas, il faut l'avouer, a du bon.

Lexique

1. **actuel:** présent, contemporain
   Les conditions de vie actuelles sont plus faciles que celles d'autrefois.

2. **allégresse** (f.): gaieté, joie qui se manifeste
   C'est l'allégresse des jours de fête!

3. **bienfait** (m.): générosité, faveur, avantage
   Les bienfaits de la science profitent à tous.

4. **breuvage** (m.): liquide servant de boisson
   Elle m'a préparé un breuvage pour soigner mon rhume.

5. **certes:** assurément, certainement
   Ton travail me surprend certes par sa grande perfection.

6. **chimiste** (m.): personne qui s'occupe de l'étude ou de la pratique de la chimie
   Les chimistes ont contribué à la préparation de la bombe atomique.

7. **couche** (f.): couverture, revêtement
   J'ai mis une deuxième couche de peinture sur les murs du salon.

8. **cru** (m.): vignoble; vin obtenu de ce vignoble
   Les experts peuvent identifier les divers crus seulement en les goûtant.

9. **cueillette** (f.): récolte de fruits (raisins, pommes, etc.)
   L'automne est la saison de la cueillette des prunes.

10. **démarche** (f.): travail, tentative pour obtenir un résultat; façon de marcher
    Les démarches qu'il a faites pour devenir président n'ont pas réussi.

11. **se dérouler:** avoir lieu, progresser
    Les événements se déroulent avec rapidité en période de crise.

12. **dicton** (m.): expression qui est devenue un proverbe
    Le dicton «Qui trop étreint, mal embrasse» veut dire que celui qui s'efforce trop ne réussit pas.

13. **dominical:** relatif au dimanche
    Les sports dominicaux s'arrêteront à partir du mois prochain.

14. **emmagasiner:** accumuler, amasser
    Le ravitaillement a été emmagasiné en prévision de la saison des pluies.

15. **empirisme** (m.): méthode résultant de l'expérience seule
    Les philosophes de l'empirisme nous apprennent la valeur de l'expérience.

16. **épreuve** (f.): expérience, essai; malheur; compétition
    La mort de mon père a été une vraie épreuve pour nous tous.

17. **s'évertuer:** faire beaucoup d'efforts, s'efforcer
    Jacques s'est évertué à finir tous ses devoirs.

18. **évoquer:** rappeler à la mémoire
    La révolution de 1789 évoque de grands événements.

19. **gonfler:** distendre, devenir gros; remplir
    Le raisin mûrit, les grains gonflent.

Le sang de nos vignes 277

20. **grappe** (*f.*): groupe de fruits poussant ensemble

Le vigneron portait sur le dos un panier plein de grappes de raisin.

21. **intempérie** (*f.*): mauvais temps

Ils ont passé l'hiver sur la côte de Normandie, malgré les intempéries.

22. **jus** (*m.*): liquide obtenu par l'écrasement de fruits

Le jus de citron me paraît trop acide.

23. **main-d'œuvre** (*f.*): ensemble des travailleurs nécessaires pour accomplir une besogne

La main-d'œuvre est chère ici; les salaires ont été relevés.

24. **peine** (*f.*): travail fait avec effort; tristesse, chagrin

Elle pleure parce qu'elle a beaucoup de peine.

25. **pénible:** difficile, qui cause de la fatigue

Sa convalescence devint très pénible après une semaine.

26. **prélèvement** (*m.*): certaine quantité prise d'un tout en vue de l'analyser

Le prélèvement fait par le chimiste a indiqué l'acidité du vin.

27. **pressoir** (*m.*): machine qui extrait le jus de certains fruits

Les grains de raisin sont passés au pressoir.

28. **redouter:** craindre, avoir peur

Les rhumatisants redoutent les changements de saison.

29. **sagesse** (*f.*): qualité d'une personne intelligente et juste

Je le respecte beaucoup en raison de sa grande sagesse.

30. **soigner:** s'occuper avec attention de; s'efforcer de rendre la santé à

Le médecin m'a bien soigné et je suis guéri de cette pénible maladie.

31. **songer:** penser

Il songe aux beaux jours de son enfance.

32. **vendange** (*f.*): temps de la récolte du raisin; raisin récolté

Le propriétaire fait apporter la vendange au pressoir.

33. **vigneron** (*m.*): celui qui cultive la vigne

Ce vigneron travaille pour mon frère depuis dix ans.

34. **vinificateur** (*m.*): celui qui transforme le jus de raisin en vin

Le vinificateur surveille avec beaucoup de soin le choix des cépages et les mélanges à faire.

Questionnaire Oral

1. Quelle sonorité le mot *vendanges* a-t-il?

2. Qu'est-ce que le mot *vendanges* évoque?

3. Est-ce que le tableau des vendanges a changé à travers les âges?

4. Qu'est-ce qui revit avec une parfaite fraîcheur?

5. Dans quoi revit ce souvenir?

6. Comment le travail des vendanges s'accomplit-il?

7. Qu'est-ce qu'il faut pour que ce travail s'accomplisse dans la bonne humeur?

8. Qu'est-ce qui a cependant bien changé aujourd'hui dans les vendanges?

9. Qu'est-ce qui remplace les chevaux?

10. Qui vient renforcer le personnel sédentaire dans les grandes exploitations?

11. Qu'est-ce qu'on y observe?

12. Etait-ce ainsi autrefois?

13. Le vigneron est-il sûr de recevoir le prix de ses efforts aujourd'hui?

14. Qu'est-ce qu'on met dans le pressoir?

15. Est-ce qu'on est toujours sûr du vin qui va sortir des grappes?

16. Quand est-ce qu'on se disputera les bouteilles?

17. Pour qui la vigne est-elle bien souvent décevante?

"Landscape with *Viaduct*" *par Paul Cézanne* (The Metropolitan Museum of Art, Bequest of Mrs. H. O. Havemeyer, 1929. The H. O. Havemeyer Collection)

"Henri Lebasque" *par Georges Rouault* (The Metropolitan Museum of Art, Purchase, 1951, Joseph Pulitzer Bequest; Museum of Modern Art, Purchase Fund)

18. Comment l'homme s'est-il parfois évertué?

19. Dans quel cas sa peine est-elle inutile?

20. Comment doivent être les bienfaits du soleil et de la pluie?

21. Qu'est-ce que doit espérer le vigneron jusqu'à la dernière minute?

22. Qu'est-ce que fera le nuage?

23. Qu'est-ce qui est à redouter et qui est un sujet d'inquiétude?

24. Comment faut-il lutter contre la «pourriture grise»?

25. Pourquoi faut-il se presser de lutter contre cette «pourriture»?

26. Qu'est-ce qui aide le vigneron de nos jours?

27. Pourquoi le vigneron est-il maintenant devenu quelque peu chimiste?

28. A quoi tous les grands crus sont-ils soumis?

29. Que fait le vinificateur avant de vendanger?

30. Qu'est-ce qu'il conviendra de faire des cépages?

31. Que faut-il rechercher et apprécier?

32. Qu'est-ce qu'on analyse pendant les vendanges?

33. Quelle est la plus précieuse garantie de la qualité des vins français?

34. Pourtant quel est le caractère qui maintient la qualité de ces vins?

35. Quel est le reflet qu'on y voit?

Sujets de Discussion

1. Comment expliquez-vous le titre de cet essai?

2. Quelles sont les personnes qui participent aux vendanges?

3. Pourquoi l'empirisme ne suffisait-il pas autrefois dans la culture des vignes?

4. Quelle serait l'attitude d'un Français vis-à-vis d'un vin préparé dans un laboratoire?

5. Pourquoi est-ce le propriétaire lui-même qui souvent se charge des prélèvements sur les différents cépages?

6. Quels dictons français connaissez-vous? Quel est leur équivalent en anglais?

7. Est-ce qu'on produit du vin dans certaines régions des Etats-Unis? Où est-ce?

8. Pourquoi le mot *vendanges* évoque-t-il des journées joyeuses?

Devoirs Ecrits

1. Discutez les différences entre les vendanges d'autrefois et celles d'aujourd'hui. Comment le vinificateur a-t-il profité des progrès de la science?

2. Quel rôle l'individualisme français joue-t-il dans l'art de faire le vin?

3. Y a-t-il un produit américain dont nous puissions être fiers et auquel nous attachions un sentiment spécial? Est-ce que les produits américains, en général, jouissent d'une bonne réputation?

PAYSAGE FRANÇAIS

La rivière sans se dépêcher
Arrive au fond de la vallée

Assez large pour qu'un pont
La traverse d'un seul bond

Le clocher par-dessus la ville
Annonce une heure tranquille

Le dîner sera bientôt prêt
Tout le monde l'attend, au frais,

On entend les gens qui causent
Les jardins sont pleins de roses

La rose propage et propose
L'ombre rouge à l'ombre rose

La campagne fait le pain
La colline fait le vin

C'est une sainte besogne
Le vin, c'est le vin de Bourgogne!

Ce citoyen fort et farouche
Porte son verre à sa bouche

Mais la poule pousse affairée
Sa poulaille au poulailler

Tout le monde a fait son devoir
En voilà jusqu'à ce soir.

Le soleil dit:
Il est midi.

Paul Claudel

LA TERRE FRANÇAISE

par André Gide

Introduction

La France est un pays aux visages multiples. Dans «La terre française», essai tiré d'un volume de critique littéraire, *Prétextes* (1903),

André Gide, célèbre pour son style classique, nous explique que la France montre de la diversité dans ses paysages. Elle présente plusieurs aspects: en Normandie, de verdoyants pacages; dans le Midi, des jardins ensoleillés; en Savoie, les Alpes couvertes de neige; sur la Manche, des plages glauques. On ne remarque aucun excès mais plutôt une juste mesure dans la variété de la topographie française. Malgré ces éléments de diversité, la France offre un aspect «classique» et harmonieux.

Préparation à la Lecture

En contrastant deux régions de France, André Gide, qui est né à Paris d'une mère normande et d'un père originaire du Midi, nous fait comprendre pourquoi il se sent «plus Français» que s'il était d'un seul «morceau de France». Il examine le caractère de chacune des deux régions et aussi ce qui fait leur attrait. Il a su voir les qualités les plus profondes de la Normandie et du Midi. Nous allons sentir comme l'équilibre va résulter de ces oppositions.

Vocabulaire Essentiel

1. Il fait moins froid dans le Midi de la France que dans le Nord.

   Midi (*m.*): ensemble des régions formant le Sud de la France

2. C'est un Méridional; il n'a jamais vu de neige.

   Méridional (*m.*): habitant du Midi

3. Dans son jardin, le paysan vient de planter deux amandiers.

   amandier (*m.*): arbre dont le fruit est l'amande

4. Une roche énorme nous barrait le passage.

   roche (*f.*): masse de pierre

5. L'air est embaumé pas les orangers en fleurs.

   embaumé: qui est parfumé, qui sent bon

6. L'enfant chassait les cigales dans le champ.

   cigales (*f.*): insectes (cicadas)

7. La qualité principale du granite est sa dureté.

   dureté (*f.*): solidité, fermeté

8. Le berger cherchait les moutons perdus dans les landes.

   landes (*f.*): végétations de certaines régions humides

9. Ils ont emmené le troupeau vers les pacages des Alpes.

   pacages (*m.*): pâturages

I L EST d'autres terres plus belles et que je crois que j'eusse préférées. Mais de celles-ci je suis né... Entre la Normandie et le Midi je ne voudrais ni ne pourrais choisir, et me sent d'autant plus Français que je ne suis pas d'un seul morceau de France, que je ne peux penser et sentir spécialement en Normand ou en Méridional, en catholique ou en protestant, mais en Français, et que, né à Paris, je comprends à la fois l'Oc et l'Oïl, l'épais jargon normand, le parler chantant du Midi, que je garde à la fois le goût du vin, le goût du cidre, l'amour des bois profonds, celui de la garrigue, du pommier blanc et du blanc amandier...

Du bord des bois normands, j'évoque une roche brûlante — un air tout embaumé, tournoyant de soleil et roulant à la

Normand (*m.*): habitant ou natif de Normandie

l'Oc (*m.*): dialecte du Sud de la France
l'Oïl (*m.*): dialecte du Nord de la France
garrigue (*f.*): végétation des pays méditerranéens

fois confondus les parfums des thyms, des lavandes et le
chant strident des cigales. J'évoque à mes pieds, car la roche
est abrupte, dans l'étroite vallée qui fuit, un moulin, des
laveuses, une eau plus fraîche encore d'avoir été plus désirée.
5 J'évoque un peu plus loin la roche de nouveau, mais moins
abrupte, plus clémente, des enclos, des jardins, puis des toits,
une petite ville riante: Uzès. C'est là qu'est né mon père et
que je suis venu tout enfant.

On y venait de Nîmes en voiture; on traversait au pont
10 Saint-Nicolas le Gardon. Ses bords au mois de mai se couvrent d'asphodèles comme les bords de l'Anapo. Là vivent
des dieux de la Grèce. Le Pont du Gard est tout auprès.

Plus tard je connus Arles, Avignon, Vaucluse... Terre
presque latine, de rire grave, de poésie lucide et de belle
15 sévérité. Nulle mollesse ici. La ville naît du roc et garde ses
tons chauds. Dans la dureté de ce roc l'âme antique reste
fixée; inscrite dans la chair vive et dure de la race, elle fait
la beauté des femmes, l'éclat de leur rire, la gravité de leur
démarche, la sévérité de leurs yeux; elle fait la fierté des

Uzès: petite ville dans le Midi de
la France

Nîmes: ville importante du Midi
de la France
le Gardon: petite rivière
asphodèles (*m.*): plantes à fleurs
blanches
l'Anapo: petit fleuve de Sicile
Le Pont du Gard: bel aqueduc
romain qui franchit le Gard,
rivière du Midi
Arles: ville située sur le Rhône
Vaucluse: département dans le
Midi de la France

hommes, cette assurance un peu facile de ceux qui, s'étant déjà dits dans le passé, n'ont plus qu'à se redire sans effort et ne trouvent plus rien de bien neuf à chercher; — j'entends cette âme encore dans le cri micacé des cigales, je la respire
5 avec les aromates, je la vois dans le feuillage aigu des chênes verts, dans les rameaux grêles des oliviers...

micacé: qui est de la nature du mica, minéral brillant

Disons encore: il y a des landes plus âpres que celles de Bretagne; des pacages plus verts que ceux de Normandie; des rocs plus chauds que ceux de la campagne d'Arles; des
10 plages plus glauques que nos plages de la Manche, plus azurées que celles de notre Midi — mais la France a cela tout *à la fois*. Et le génie français n'est, pour cela même, ni tout landes, ni tout cultures, ni tout forêts, ni tout ombre ni tout lumière — mais organisé et tient en harmonieux équi-
15 libre ces divers éléments proposés. C'est ce qui fait de la terre française la plus classique des terres; de même que les éléments si divers: ionien, dorien, béotien, attique, firent la classique terre grecque.

la Manche: the English Channel

ionien, dorien, béotien, attique: de différentes provinces de Grèce

Lexique

1. **amandier** (*m.*): arbre dont le fruit est l'amande
   On a cueilli trente kilos d'amandes sur les branches de cet amandier.

2. **aromate** (*m.*): substance parfumée
   En cuisine, on emploie des aromates pour faire ressortir le goût des aliments.

3. **cigale** (*f.*): insecte (cicada)
   La cigale a chanté tout l'été pendant que la fourmi travaillait.

4. **dureté** (*f.*): solidité, fermeté
   Tu élèves tes enfants avec trop de dureté.

5. **embaumer**: être parfumé, sentir bon
   Mes tiroirs sont tout embaumés d'eau de Cologne.

6. **enclos** (*m.*): espace entouré d'une barrière
   Construisez un enclos derrière la maison pour les jeux des enfants.

7. **épais**: fort, profond, dense
   Malgré son accent très épais, on pouvait bien le comprendre.

8. **glauque**: couleur vert bleuâtre
   La mer est souvent glauque sur les côtes de la Manche.

9. **grêle**: mince, maigre
   Ce pauvre petit enfant est si faible et si grêle!

10. **lande** (*f.*): végétation de certaines régions humides
    Dans les landes de Bretagne, il pousse de jolies fleurs.

11. **lavande** (*f.*): plante de la région méditerranéenne
    Les fleurs de la lavande sont très odorantes.

12. **laveuse** (*f.*): femme qui lave du linge
    Les laveuses travaillent à genoux au bord de la rivière.

13. **Méridional** (*m.*): habitant du Midi

L'acteur Fernandel est un Méridional très connu.

14. **Midi** (*m.*): ensemble des régions formant le Sud de la France

Marseille se trouve dans le Midi de la France.

15. **moulin** (*m.*): bâtiment où sont installées des machines pour écraser le grain

Le vent fait tourner les ailes du moulin.

16. **pacage** (*m.*): pâturage

Les vaches broutent l'herbe dans les riches pacages de Normandie.

17. **roche** (*f.*): masse de pierre

Dans le Midi, la végétation est souvent pauvre parce qu'il y a beaucoup de roches.

18. **thym** (*m.*): plante odoriférante

Le thym donne bon goût aux sauces.

19. **tournoyer**: tourner en faisant plusieurs tours

Je regarde les feuilles qui tombent en tournoyant.

Questionnaire Oral

1. Est-ce que Gide considère la Normandie et le Midi comme les plus belles terres de France?

2. Pourquoi préfère-t-il la Normandie et le Midi?

3. Pourquoi ne veut-il pas choisir entre l'une et l'autre?

4. Pourquoi ne peut-il penser et sentir exclusivement en Normand ou en Méridional? en catholique ou en protestant?

5. Où Gide est-il né?

6. Qu'est-ce que c'est que la langue d'Oc? que la langue d'Oïl?

7. Quels sont les deux parlers qu'il comprend et connaît?

8. Avec quelle région associe-t-il le goût du vin?

9. Avec quelle région associe-t-il le goût du cidre?

10. Dans quelle région voit-on des bois profonds?

11. Quelle est la région du pommier blanc? et celle de l'amandier blanc?

12. Qu'est-ce que Gide évoque du bord des bois normands?

13. Quelle est la région des thyms, des lavandes et des cigales?

14. Qu'évoque-t-il dans l'étroite vallée du Midi?

15. Qu'est-ce qu'il y a dans la petite ville d'Uzès?

16. Qui est né à Uzès?

17. De quoi se couvrent les bords du Gardon au mois de mai?

18. Aux bords de quelle autre rivière ressemblent-ils?

19. Pourquoi Gide dit-il que des dieux de la Grèce vivent dans cette région?

20. Quel est le caractère de cette région-là?

21. Qu'est-ce qui reste fixé dans la dureté du roc du Midi?

22. Qu'est-ce qui fait la beauté des femmes du Midi?

23. En quoi consiste leur beauté?

24. Quels sont les traits de caractère des hommes du Midi?

25. Où est-ce que Gide entend encore l'âme de cette région?

26. Avec quoi la respire-t-il?

27. Où la voit-il?

28. Qu'est-ce que l'auteur dit des landes de Bretagne? des pacages de Normandie?

29. Y a-t-il des rocs plus chauds que ceux de la campagne d'Arles?

30. Comment sont les plages de la Manche? et celles du Midi?

31. En quoi consiste le génie français?

32. Qu'est-ce que ce génie tient en harmonieux équilibre?

33. Pourquoi la terre française est-elle la plus classique des terres?

34. Qu'est-ce que les éléments ionien, dorien, béotien et attique ont fait?

Sujets de Discussion

1. Quels sont les avantages, pour Gide, d'être né Parisien, de parents de provinces différentes?

2. Quels sont les caractères importants de la province de Normandie?

3. Quels sont les caractères importants du Midi?

4. Quelle est la différence principale de tempérament entre le Normand et le Provençal?

5. Comment s'opposent les climats normand et provençal?

6. Pensez-vous que la région où vous êtes né(e) soit la plus belle de tout le pays?

7. Considérez-vous que c'est un avantage pour une personne d'avoir des parents nés dans des régions différentes? Pourquoi?

Devoirs Ecrits

1. Résumez les contrastes établis par Gide entre la Normandie et le Midi.

2. Comparez le génie français, tel que Gide le présente, et le génie américain, tel que vous le comprenez.

3. Quelle est la différence de tempérament principale entre les gens du Nord-Est des Etats-Unis et les gens du Sud? Si vous avez des amis des deux régions, faites des comparaisons précises.

EXERCICES DE STRUCTURE

L'IMPARFAIT AVEC *DEPUIS*

Répétez les phrases suivantes.
1. Depuis le matin le portail attendait.
2. J'attendais depuis huit heures quand vous êtes arrivé.
3. Notre professeur parlait français depuis sa jeunesse.
4. Quand vous êtes arrivé à Paris, j'y étais déjà depuis avril.

Changez la phrase suivante en employant les mots indiqués.
5. A l'heure de votre arrivée, j'étudiais le vocabulaire depuis dix heures du matin.
   Au moment _____.
   _____ départ, _____.
   _____ la grammaire _____.
   _____ huit heures _____.
   _____ du soir.

Répondez aux questions suivantes en employant les expressions entre parenthèses.

MODELE: Depuis quand attendiez-vous le train? (deux heures)
        Je l'attendais depuis deux heures.

6. Depuis quand parliez-vous français? (mon séjour en France)
7. Depuis quand connaissiez-vous ce jeune homme? (ma jeunesse)

8. Depuis quand étudiiez-vous votre leçon? (sept heures du matin)
9. Depuis quand faisiez-vous vos devoirs? (l'après-midi)
10. Depuis quand mangiez-vous? (midi)

Répondez aux questions suivantes en vous servant de l'imparfait suivi de *depuis*.

MODELE: Que faisiez-vous quand je suis entré dans la salle?
Je regardais la télévision depuis trois heures de l'après-midi.

11. Que faisiez-vous quand vous avez reçu ma lettre?
12. Que faisiez-vous quand votre ami est arrivé?
13. Que faisiez-vous quand vous avez appris cette nouvelle?
14. Que faisiez-vous quand votre ami vous a téléphoné?
15. Que faisait le professeur quand M. Lapointe est entré dans la salle?

D'AUTANT PLUS... QUE
Répétez les phrases suivantes.
1. Je me sens d'autant plus Français que je ne suis pas d'un seul morceau de France.
2. Le succès de Robert est d'autant plus remarquable qu'il n'est pas trop intelligent.
3. La victoire de Georges est d'autant plus surprenante que ses ennemis sont plus forts que lui.

Changez la phrase suivante en employant les mots indiqués.
4. La mort de mon ami m'a d'autant plus bouleversé qu'elle était tout à fait inattendue.
L'arrivée _____.
_____ de mon maître _____.
_____ surpris _____.

Combinez les phrases suivantes.

MODELE: Charles préfère rester en France. Il aime la vie française.
Charles préfère d'autant plus rester en France qu'il aime la vie française.

5. Pierre aime parler à Charlotte. Elle est très belle.
6. Arthur préfère passer ses vacances en France. Il parle français.
7. Jacques se sent Français. Sa grand-mère était française.
8. Charles se croit intelligent. Il reçoit de bonnes notes.
9. Jean se sent fier. Il est le premier de la classe.

COMPARATIF: *CELUI (CELLE) DE*
Répétez les phrases suivantes.
1. Il y a des landes plus âpres que celles de Bretagne.
2. Il y a des pacages plus verts que ceux de Normandie.
3. Il y a des rocs plus chauds que ceux de la campagne d'Arles.
4. Il y a des plages plus glauques que nos plages de la Manche.
5. Il y a des plages plus azurées que celles de notre Midi.
6. Ces livres sont plus intéressants que ceux de votre ami.
7. Ces livres sont plus chers que ceux de votre ami.

8. Vos réponses sont meilleures que celles de votre ami.
9. Il y a des romans plus intéressants que ceux de cet auteur.

Changez la phrase suivante en employant les mots indiqués et faites les changements nécessaires.
10. Il n'y a pas de paysages plus beaux que ceux de France.

_____ montagnes _____.
_____ églises _____.
_____ lacs _____.
_____ fleuves _____.
_____ villes _____.

Répondez aux questions suivantes.

MODÈLE: Est-ce que les livres de cet auteur sont les plus intéressants?
        Oui, il n'y a pas de livres plus intéressants que ceux de cet auteur.

11. Est-ce que les professeurs de notre école sont les meilleurs?
12. Est-ce que les élèves de notre classe sont les plus intelligents?
13. Est-ce que la grammaire de la langue française est la plus difficile?
14. Est-ce que la littérature française est la plus belle?
15. Est-ce que l'histoire de France est la plus intéressante?
16. Est-ce que les vins de France sont les meilleurs?

AVOIR BEAU

Répétez les phrases suivantes.
1. Le chien de garde a beau les appeler du fond de sa niche.
2. Le seau du puits a beau leur faire signe.
3. C'est en vain parfois que l'homme s'est évertué.
4. Le professeur a beau parler parce que les élèves ne l'écoutent pas.
5. C'est en vain que le professeur parle parce que les élèves ne l'écoutent pas.

Reprenez les phrases suivantes.

MODÈLE: C'est en vain que Maurice essaie de me convaincre.
        Maurice a beau essayer de me convaincre.

6. C'est en vain que nous suivons un cours de mathématiques.
7. C'est en vain que mon professeur de mathématiques m'explique l'algèbre.
8. C'est en vain que je fais mes devoirs.
9. C'est en vain que mes parents me disent de faire attention en classe.
10. C'est en vain que je fais attention en classe.
11. C'est en vain que mes amis essaient de m'aider.

S'EN PASSER

Répétez les phrases suivantes.
1. Cette assistance scientifique est fort utile, et l'on ne saurait plus s'en passer.
2. Je ne peux pas me passer de votre aide.
3. Comme je suis un régime (diet), je dois me passer de chocolat.
4. Charles aime tant le pain qu'il ne peut plus s'en passer.

Reprenez les expressions suivantes en employant *avoir beau* et *se passer de*.

Modèle: Simone ne réussit pas à faire son travail sans mon aide.
Simone a beau essayer de se passer de mon aide.

5. Jeanne ne réussit pas à apprendre sa leçon sans son livre de français.
6. Charles ne réussit pas à comprendre la leçon sans dictionnaire.
7. André ne réussit pas à arriver à l'heure sans l'auto de son frère.
8. Marcel ne réussit pas à être heureux sans argent.
9. Armand ne réussit pas à être heureux sans ses amis.

NOM ET ADJECTIF + *QUE CELUI DE*

Répétez les phrases suivantes.
1. Travail délicat que celui de la vigne et travail pénible!
2. Romans intéressants que ceux de Victor Hugo!
3. Idées suprenantes que celles de votre ami!

Reprenez les phrases suivantes.

Modèle: Les idées de votre ami sont intéressantes.
Idées intéressantes que celles de votre ami!

4. Le travail de la vigne est délicat.
5. Les vins de France sont délicieux.
6. Les plages du Midi sont azurées.
7. Les landes de Bretagne sont âpres.
8. Les rocs de la campagne d'Arles sont chauds.
9. L'ours du cirque est beau.

REVISION

L'INFINITIF PASSE

Répétez les phrases suivantes.
1. Robert est parti avant de parler à Jean mais après avoir fini son travail.
2. Nous avons appris le français avant d'apprendre l'italien mais après avoir appris le latin.
3. Nous avons parlé à Jean avant de partir mais après être sortis de la salle.
4. J'ai parlé à Jean avant de me raser mais après m'être habillé.

Transformez les phrases suivantes.

Modèle: J'ai parlé à Robert et puis je suis parti.
Je suis parti après avoir parlé à Robert.

5. Je me suis levé et puis je me suis habillé.
6. Nous avons lu le roman et puis nous sommes allés en classe.
7. Nous sommes sortis de la salle et puis nous avons rencontré Jeanne.
8. Vous vous êtes bien amusés et puis vous êtes rentrés chez vous.
9. Charles a fait son travail et puis il s'est couché.
10. Mes amis ont fini le repas et puis ils se sont reposés.
11. Jean a fini la lecture du roman et puis il est allé au théâtre.
12. Charles s'est réveillé et puis il s'est levé.

French Embassy Press and Information Division

Tableau 14 • AVENTURE

Entrée en Matière. *Quand il pratique un sport, l'homme lutte contre d'autres hommes, soit qu'il fasse partie d'une équipe, soit qu'il essaye de battre un record ou d'être le premier. L'aventure, au contraire, va le mettre en opposition contre la nature et ses dangers. Il fait l'ascension de montagnes pour atteindre des sommets que personne avant lui n'avait atteints. Il plonge dans la mer à des profondeurs très grandes ou bien dans des endroits dangereux pour étudier la vie sous-marine. Il pénètre dans les régions les plus reculées de la terre, comme par exemple le Sahara, à la découverte de secrets archéologiques.*

Souvent l'aventure entraîne l'homme dans des luttes où sa vie est en danger. Qu'est-ce qui le pousse ainsi à se surpasser? C'est pour se prouver à lui-même ce dont il est capable. Il est fier de montrer sa résistance physique, son courage, sa supériorité. Mais quoi de plus stupide que de courir des dangers inutiles? Il ne faut pas que l'homme risque sa vie pour rien. Les plus grandes qualités, dans ce cas, seraient sans valeur. L'aventure doit avoir pour but d'augmenter nos connaissances, de nous aider à percer les mystères du monde qui nous entoure. A ce moment-là, l'aventure retrouve tout son sens et toute sa noblesse.

ANNAPURNA

par Maurice Herzog

Introduction

En 1950, une équipe d'alpinistes français est partie à la conquête de l'Annapurna, un des sommets de l'Himalaya, en Asie. Ce pic de 8075 mètres de haut a été atteint après des mois de préparations et d'efforts. Dans son livre *Annapurna*, le chef de l'expédition, Maurice Herzog (1919–   ) raconte cette aventure, rendue encore plus difficile par des conditions climatiques très dures. Ce groupe courageux a vaincu les dangers et la peur. Herzog a eu les doigts des pieds et des mains amputés à cause du gel, mais la victoire a récompensé les souffrances de l'équipe entière.

Préparation à la Lecture

Nous assistons au moment le plus émouvant de l'ascension de l'Annapurna. Lachenal et Herzog, laissant le reste de l'équipe plus bas, approchent du sommet. Ils sont arrivés aux dernières limites de leur énergie, mais une volonté surhumaine les pousse à continuer dans ce «domaine fantastique», ce «monde d'une radieuse beauté». Tout est oublié devant la joie d'avoir remporté une victoire sur la montagne et sur eux-mêmes. La peur et le découragement font place au bonheur d'avoir gagné.

Vocabulaire Essentiel

1. L'ascension de la montagne se révéla épuisante pour les deux hommes.

   épuisante: fatigante à l'extrême

2. Elle part toujours après moi, mais elle me rattrape en chemin parce qu'elle marche vite.

   rattrape: rejoint

3. Le blessé souffre beaucoup et se plaint sans cesse.

   se plaint: se lamente, exprime son mécontentement

4. Lachenal sent que ses pieds, qui deviennent insensibles, risquent de geler.

   geler: être blessé par un grand froid

5. Malgré le mavais temps et la fatigue, nous avons pu atteindre la première arête avant le coucher du soleil.

   arête (*f.*): intersection de deux côtés d'une montagne

6. Les skieurs avançaient à des vitesses vertigineuses.

   vertigineuses: qui donnent le vertige

7. Après des efforts incroyables, nous avons touché au but.

   but (*m.*): résultat voulu

8. Ta peur a été dissipée par leur dernière déclaration.

   dissipée: supprimée

9. Je restais en admiration devant ce spectacle insolite.

   insolite: inhabituel, contraire à l'usage

10. Au sommet des hautes montagnes, l'atmosphère est souvent ouatée.

    ouatée: rendue épaisse par les nuages

11. Nous nous hissons à la force des poignets jusqu'au sommet du pic.

    nous nous hissons: nous nous élevons

12. Ne recommence pas; sinon je te gifle.

    gifle: donne un coup sur la joue

L'arrivée au sommet (3 juin 1950)

LA MARCHE est épuisante. Chaque pas est une victoire de la volonté. Le soleil nous rattrape. Pour saluer son arrivée, nous faisons un arrêt, parmi tant d'autres,

5 Lachenal se plaint de plus en plus de ses pieds.

—Je ne sens plus rien..., gémit-il, ça commence à geler.

Il défait à nouveau sa chaussure.

Je finis par être inquiet: je me rends très bien compte du danger que nous courons et je sais par expérience combien

10 le gel arrive sournoisement et vite si on ne se surveille de très près. Mon camarade ne s'y trompe pas non plus:

—On risque de se geler les pieds!... Crois-tu que cela vaille la peine?

Je suis anxieux. Responsable, je dois penser et prévoir pour

15 les autres. Sans doute le danger est réel. L'Annapurna justifie-t-elle de tels risques? Telle est la question que je me pose et qui me trouble...

Lachenal m'apparaît comme un fantôme, il vit pour lui seul. Moi, pour moi. Les efforts — effets bizarres — nous

20 coûtent moins qu'en bas. Est-ce l'espoir qui nous donne des ailes? Même à travers les lunettes la neige est aveuglante, le soleil tape directement sur la glace. Nous dominons des arêtes vertigineuses qui filent vers l'abîme.

En bas, tout là-bas, les glaciers sont minuscules. Les som-

25 mets qui nous étaient familiers jaillissent, hauts dans le ciel, comme des flèches.

Brusquement Lachenal me saisit:

—Si je retourne, qu'est-ce que tu fais?

En un éclair, un monde d'images défile dans ma tête: les

30 journées de marche sous la chaleur torride, les rudes escalades... l'héroïsme quotidien de mes camarades pour installer, aménager les camps... A présent, nous touchons au but! Et il faudrait renoncer?

C'est impossible.

35 Mon être tout entier refuse. Je suis décidé, absolument décidé!

Aujourd'hui nous consacrons un idéal. Rien n'est assez grand.

French Embassy Press and Information Division

La voix sonne clair:

—Je continuerai seul.

J'irai seul.

S'il veut redescendre, je ne peux pas le retenir. Il doit
5 choisir en pleine liberté.

Mon camarade avait besoin que cette volonté s'affirmât.
Il n'est pas le moins de monde découragé; la prudence seule,
la présence du risque lui ont dicté ces paroles. Sans hésiter,
il choisit:

10 —Alors je te suis!

Les dés sont jetés.

L'angoisse est dissipée. Mes responsabilités sont prises.
Rien ne nous empêchera plus d'aller jusqu'en haut.

Ces quelques mots échangés avec Lachenal modifient la
15 situation psychologique. Nous sommes frères.

Je me sens précipité dans quelque chose de neuf, d'insolite...

Avec la neige qui brille au soleil et saupoudre le moindre
rocher, le décor est d'une radieuse beauté qui me touche
20 infiniment. La transparence absolue est inhabituelle. Je suis
dans un univers de cristal. Les sons s'entendent mal. L'atmosphère est ouatée.

Les dés sont jetés: La décision
est prise.

Une joie m'étreint; je ne peux la définir. Tout ceci est tellement nouveau et tellement extraordinaire!

Une coupure immense me sépare du monde. J'évolue dans un domaine différent: désertique, sans vie, desséché. Un
5 domaine fantastique où la présence de l'homme n'est pas prévue, ni peut-être souhaitée. Nous bravons un interdit, nous passons outre à un refus, et pourtant c'est sans aucune crainte que nous nous élevons...

Le ciel est toujours d'un bleu de saphir. A grand-peine,
10 nous tirons vers la droite et évitons les rochers, préférant, à cause de nos crampons, utiliser les parties neigeuses. Nous ne tardons pas à prendre pied dans le couloir terminal. Il est très incliné... nous marquons un temps d'hésitation.

Nous restera-t-il assez de force pour surmonter ce dernier
15 obstacle?...

Nous allons l'un derrière l'autre, nous arrêtant à chaque pas. Couchés sur nos piolets, nous essayons de rétablir notre respiration et de calmer les coups de notre cœur qui bat à tout rompre.
20 Maintenant, nous sentons que nous y sommes. Nulle difficulté ne peut nous arrêter. Inutile de nous consulter du regard: chacun ne lirait dans les yeux de l'autre qu'une ferme détermination. Un petit détour sur la gauche, encore quelques pas... L'arête sommitale se rapproche insensible-
25 ment. Quelques blocs rocheux à éviter. Nous nous hissons comme nous pouvons. Est-ce possible?

Mais oui! Un vent brutal nous gifle.

Nous sommes sur l'Annapurna.

8075 mètres.
30 Notre cœur déborde d'une joie immense...

nous passons outre: nous ne tenons pas compte de

piolets (m.): ice axes

à tout rompre: avec une grande violence

Lexique

1. **aménager:** arranger, disposer avec ordre
   Nous avons dû aménager plusieurs camps pour les étapes.

2. **arête** (f.): intersection de deux côtés d'une montagne
   Arrivés à l'arête supérieure, nous nous sommes reposés.

3. **but** (m.): résultat voulu
   Son but est de faire partie de l'équipe de football.

4. **coupure** (f.): séparation profonde
   Une coupure isolait le petit village français du reste du monde.

5. **déborder:** être trop plein

La rivière déborde à cause de la fonte des neiges.

6. **défaire:** dénouer, détacher
Elle défait les lacets de ses chaussures.

7. **défiler:** passer à la file, l'un après l'autre
Les souvenirs défilent dans la mémoire.

8. **dissiper:** supprimer, faire disparaître
Le vent a dissipé les nuages.

9. **épuisant:** fatigant à l'extrême
Ce travail devient absolument épuisant à cause de la chaleur.

10. **escalade** (*f.*): action de monter en grimpant
L'escalade de cette montagne nous a coûté de grands efforts.

11. **espoir** (*m.*): sentiment de confiance
Tu as bon espoir de recevoir sa visite cette année.

12. **gel** (*m.*): temps où il gèle
Pendant le gel, toutes les plantes ont été détruites.

13. **geler:** être blessé par un grand froid; transformer en glace
Le froid a gelé la surface de l'étang.

14. **gémir:** exprimer sa douleur d'une voix plaintive
Il a passé une heure à gémir à cause de son mal aux dents.

15. **gifler:** donner un coup sur la joue
La maman a giflé le petit garçon parce qu'il avait été méchant.

16. **se hisser:** s'élever
Les prisonniers se hissent le long du mur à l'aide d'une corde.

17. **inquiet:** troublé par la crainte ou par l'appréhension
La situation paraît grave, et je suis inquiet pour mes compagnons.

18. **insolite:** inhabituel, contraire à l'usage
Son allure insolite attira mon attention.

19. **interdit** (*m.*): défense absolue
Un interdit empêche tout voyage dans cette région.

20. **ouaté:** rendu épais par les nuages; enveloppé d'une espèce de coton
J'ai fait mettre une doublure ouatée à mon manteau.

21. **se plaindre:** se lamenter, exprimer son mécontentement
Sa fille est toujours mécontente et se plaint de tout.

22. **rattraper:** rejoindre; attraper de nouveau
Les écoliers rattrapent la balle que je leur lance.

23. **retenir:** arrêter, empêcher de tomber
Il voulait partir tout de suite; je n'ai pas pu le retenir.

24. **saupoudrer:** couvrir de poudre
Il faut saupoudrer le gâteau de sucre avant de le servir.

25. **sommitale:** qui se trouve au sommet
L'équipe a atteint l'arête sommitale avant la nuit.

26. **sournoisement:** avec dissimulation, en se cachant
L'ennemi a sournoisement préparé son attaque.

27. **se surveiller:** exercer un contrôle sur soi-même
Le boxeur se surveille afin d'éviter toute imprudence.

28. **vertigineux:** qui donne le vertige
Il est monté à des hauteurs vertigineuses.

29. **volonté** (*f.*): faculté de se déterminer à agir; pouvoir de détermination
Le vigneron a réussi dans sa tâche à force de volonté.

Questionnaire Oral

1. Comment est la marche?

2. Qu'est-ce que chaque pas constitue?

3. Qu'est-ce qu'ils saluent? Pourquoi s'arrêtent-ils?

4. Qui se plaint de plus en plus de ses pieds? Qu'est-ce qui leur arrive?

5. Pourquoi Lachenal défait-il ses souliers?

6. Qu'est-ce qui arrive sournoisement et vite sans qu'on s'en rende compte?

7. Pourquoi Herzog doit-il penser et prévoir pour les autres?

8. Quelle est la question qu'il se pose et qui le trouble?

9. Comment paraît Lachenal? Pour qui vit-il? Pour qui vit Herzog?

10. Qu'est-ce qui les encourage?

11. Comment est la neige, même à travers les lunettes?

12. Qu'est-ce qui tape directement sur la glace?

13. Que font ces arêtes vertigineuses qu'ils dominent?

14. Comment paraissent les glaciers en bas, tout là-bas?

15. Comment jaillissent les sommets?

16. Qu'est-ce que Lachenal veut faire?

17. A quoi pense Herzog quand Lachenal lui parle?

18. Qui avait besoin que la volonté de Herzog s'affirme?

19. Est-ce que Lachenal est vraiment découragé?

20. Qu'est-ce qui lui a dicté ces paroles?

21. Que font les quelques mots échangés avec Lachenal?

22. Comment est le décor sous la neige? et l'atmosphère? Pourquoi?

23. Quelle est la réaction des deux hommes dans ce nouveau domaine?

24. Décrivez ce domaine.

25. Qu'est-ce qu'ils évitent pendant la montée et quelles parties utilisent-ils de préférence?

26. Sur quoi les deux hommes s'appuient-ils, se couchent-ils pour monter?

27. Qu'est-ce qu'ils essayent de rétablir? et de calmer?

28. Qu'est-ce que chacun lirait dans les yeux de l'autre?

29. Comment savent-ils qu'ils sont arrivés au sommet?

30. Quelle est leur réaction à ce moment-là?

Sujets de Discussion

1. Quelles sont les difficultés que Herzog et ses compagnons ont eu à vaincre?

2. Pourquoi Herzog ne veut-il pas renoncer à la montée quand il voit que cela devient de plus en plus difficile?

3. Qu'est-ce qui pousse les alpinistes à faire une telle escalade?

4. Quel est le sentiment qui fait l'union dans ce petit groupe d'alpinistes?

5. Comment est-ce que le paysage sous la neige diffère à cette altitude?

6. Quelle est la valeur d'une telle aventure?

7. Comparez diverses sortes de courage comme celui du soldat, de l'alpiniste, de l'aviateur, par exemple.

Devoirs Ecrits

1. Faites un résumé de cette histoire.

2. Aimez-vous faire du ski? Faites-en de la publicité; pour la brochure d'une station d'hiver, écrivez un paragraphe où vous louerez les joies de ce sport.

3. Pourquoi y a-t-il tant de personnes qui font de l'alpinisme malgré les dangers?

GROS PLANS DE REQUINS

par Jacques-Yves Cousteau

Introduction

Jacques-Yves Cousteau (1910–   ), officier de la Marine française, et son équipe «d'hommes-poissons» ont effectué des milliers de plongées sous-marines. Ils ont publié plusieurs livres sur leurs aventures et leurs découvertes. Dans *Le monde du silence* (1953), Cousteau et Frédéric Dumas nous rappellent quelques-unes d'entre elles. Si ces hommes descendent à de grandes profondeurs, dans des eaux dangereuses, c'est dans un but scientifique. Leurs aventures passionnantes permettent de mieux connaître les animaux qui peuplent les mers. Peut-être un jour l'homme aussi arrivera-t-il à vivre sous l'eau pendant de longues périodes.

Préparation à la Lecture

Il faut de l'imagination pour se mettre à la place de ces plongeurs et se rendre compte des dangers qu'ils ont pu courir. Dans cet océan hostile, où la mort est possible à chaque moment, ils descendent sans aucune protection. Au milieu des requins, pendant quelques semaines, ils vont essayer de découvrir les mystères de la faune sous-marine. Notez la leçon de courage tranquille que nous donne cette équipe: la science exige que l'on s'expose à certains risques.

Vocabulaire Essentiel

1. Les requins mangeurs d'hommes sont de couleur blanchâtre.

   requins (*m.*): poissons de grande taille appelés aussi *squales* (sharks)

2. Le canot est agité par la houle.

   houle (*f.*): longue ondulation de la mer

3. Le vent souffle très fort et la mer enfle.

   enfle: se gonfle, grossit

4. Le bateau s'est jeté sur un récif pendant la tempête.

   récif (*m.*): chaîne de rochers près des côtes

5. Les thons se pêchent le long des côtes du pays basque.

   thons (*m.*): poissons de mer (tuna)

6. Ce sac est lourd comme s'il était rempli de plomb.

   plomb (*m.*): métal très dense, d'un gris bleuté (lead)

7. Le secrétaire a agréé ma candidature pour ce poste.

   agréé: accepté, approuvé

8. Le chat lâche le moineau qu'il avait attrapé.

   lâche: laisse tomber, laisse échapper

9. Ils avaient peur et ils ont agi comme des lâches.

   lâches: couards, sans courage

10. Nous donnons aux pigeons des miettes de pain.

    miettes (*f.*): très petits morceaux

11. Je suis partagé entre le désir de me coucher et celui d'aller au cinéma.

    partagé: dans l'hésitation entre deux alternatives

12. Il ne faut pas déranger votre programme pour me faire plaisir.

    déranger: changer l'ordre, altérer

13. Cet athlète court si vite qu'il peut distancer un cheval.

    distancer: dépasser, laisser derrière soi

14. Elle a une jolie main aux doigts effilés.

    effilés: minces, fins, allongés

15. La trajectoire de la fusée interplanétaire passera au-dessus des Etats-Unis.

    trajectoire (*f.*): parcours d'un objet (projectile) de son point de départ à son point d'arrivée

16. L'officier a appris la nouvelle sans sourciller.

    sourciller: montrer de la surprise; remuer les sourcils en signe de surprise ou de colère

17. Le poisson rouge frétille dans l'aquarium.

    frétille: s'agite par des mouvements vifs

18. Les plongeurs faisant une exploration sous-marine portent un poignard à la ceinture.

    poignard (*m.*): arme courte (dagger)

19. Au moment où il allait dégainer, le requin se retourna et s'éloigna.

    dégainer: tirer de la gaine (étui dans lequel on met un poignard, une épée)

20. Je l'ai vu prendre son élan avant de franchir le fossé d'un seul bond.

    élan (*m.*): mouvement pour se précipiter en avant

21. Les chevaliers du Moyen Age employaient un bouclier pour se protéger des coups d'épée.

    bouclier (*m.*): arme défensive (shield)

22. Le requin se retourne et fonce sur le plongeur.

    fonce: se précipite avec force

23. Cousteau a vu le requin ouvrir sa gueule en face de lui.

    gueule (*f.*): bouche des animaux

24. Je suis sorti indemne de la bataille.

    indemne: sans mal, sans dommage

25. Le coureur a salué le public de la piste.

    piste (*f.*): chemin tracé, réservé aux automobilistes, aux cyclistes, etc.

26. Nous cherchions une embarcation pour traverser le lac.

    embarcation (*f.*): petit bateau

C'EST AU cours d'une plongée libre, sans appareil respiratoire, à l'île de Djerba, dans le sud tunisien, en 1939, que j'ai rencontré mes premiers requins. C'étaient de magnifiques créatures gris fer, de près de trois mètres de
5 long, qui nageaient par paires, entourés de rémoras... Des observations réunies sur mes rencontres avec près de deux cents squales appartenant à de nombreuses espèces, j'ai pu tirer deux conclusions: plus on voit de requins et moins on les connaît. Et, surtout, il est impossible de prévoir ce que
10 fera un requin...

En pleine mer, à mi-distance entre les îles de Boavista et de Maio, qui font partie de l'archipel du Cap-Vert, une longue houle enfle sur un récif à fleur d'eau projetant des gerbes d'écume dans les airs... Nous jetons l'ancre et nous
15 nous mettons à l'eau, malgré le roulis, dans une forte mer. Là où se trouve un récif, il y a abondance de vie.

le sud tunisien: partie sud de la Tunisie, où est située l'île de Djerba

rémoras (*m.*): type of fish

squales (*m.*): requins

En pleine mer: En mer, loin des côtes

l'archipel (*m.*) **du Cap-Vert**: groupe d'îles situées au large de la côte africaine, en face du Cap-Vert et de Dakar

à fleur d'eau: at water level

French Embassy Press and Information Division

Le Commandant Cousteau

Dès que l'ancre est jetée, de petits squales s'approchent.
L'équipage sort les lignes à thons et prend une dizaine de
requins en autant de minutes. Quand nous plongeons avec la
caméra, il n'en reste plus que deux autour du bateau...
5 Autour du récif, nous faisons irruption dans l'ambiance la
plus sauvage que l'Atlantique tropical puisse créer. De très
grands requins nourrices, notoirement inoffensifs, dorment
dans des cryptes rocheuses; pour la caméra il faut animer ces
requins paresseux; Dumas et Tailliez s'engagent dans l'ombre
10 de leurs cavernes et leur tirent la queue jusqu'à ce qu'ils
s'éveillent en sursaut. Les requins sortent et disparaissent
dans la nature, jouant leur petit rôle avec bonne grâce...

Un autre jour, Dumas et moi nous finissions une séquence
sur les balistes, quand un frisson me serre la nuque. J'appelle
15 Dumas, qui se fige en se retournant. Ce que nous avons

balistes (*m.*): poisson des récifs
coralliens à chair vénéneuse

devant les yeux nous soulève le cœur: décidément, l'homme nu n'est vraiment pas à sa place sous la mer. A une douzaine de mètres de nous apparaît, dans une brume grise, une masse blanchâtre aux reflets de plomb, de huit mètres de long: le
5 requin mangeur d'hommes, agréé par tous les spécialistes. Instinctivement, Dumas et moi serrons les rangs. La brute avance paresseusement...

serrons les rangs: nous nous rapprochons l'un de l'autre

Alors, le requin nous aperçoit. Sa réaction est la dernière que nous aurions jamais imaginée: saisi de terreur, le mons-
10 tre s'immobilise, lâche un nuage d'excréments, et s'enfuit à une incroyable vitesse... Au bout de quelques semaines passées dans les îles du Cap-Vert, nous nous sentons prêts à affirmer sans réplique que tous les requins sont des lâches, si pusillanimes qu'ils ne peuvent même pas rester tranquilles
15 pendant qu'on les filme...

Les légendes de la mer veulent que le requin y voit mal et que le pilote le guide vers sa proie, afin de pouvoir ramasser les miettes de sa table. Les savants d'aujourd'hui ont tendance à faire fi de l'idée que le pilote soit un chien
20 d'aveugle, bien que la dissection ait confirmé que le requin a la vue basse. Notre expérience nous porte à croire que le requin y voit pratiquement aussi bien que nous.

faire fi: sous-estimer

a la vue basse: ne voit pas bien

Le beau requin gris ne marque aucune appréhension. Je me réjouis d'avoir enfin l'occasion de filmer un requin dans
25 d'excellentes conditions... Je filme le requin avec Didi devant, puis avec Didi derrière. Mon camarade suit l'animal, l'approche, le prend par la queue, partagé entre le désir de tirer fort pour déranger le bel équilibre d'une vitrine, et la crainte qu'il ne se retourne pour mordre. Il lâche donc prise
30 et calque ses évolutions sur celles du requin. Il lui faut nager aussi vite qu'il en est capable pour ne pas se laisser distancer par l'animal qui, lui, avance presque sans bouger...

Didi: compagnon de Cousteau

Notre requin gris nous a peu à peu entraînés à vingt mètres de profondeur. Alors Dumas pointe son doigt vers
35 le bas. Apparaissant dans le bleu sombre, à la limite de la visibilité, deux autres requins montent lentement vers nous. Ils sont beaucoup plus grands, ils dépassent quatre mètres. Ils sont plus effilés, plus bleus, plus sauvages d'apparence. Ils s'installent au-dessus de nous: ils n'ont pas de poissons
40 pilotes...

Nous nous creusons désespérément la mémoire, Dumas et moi, pour y retrouver des conseils sur la manière d'effrayer les requins. «Gesticulez,» dit un sauveteur; et nous faisons

Nous nous creusons... la mémoire: Nous cherchons bien dans nos souvenirs

de grands gestes désordonnés. Nous avons un peu honte: le gris n'a pas daigné sourire. «Envoyez-leur un jet de bulles,» dit un scaphandrier à casque. Dumas attend que le requin ait atteint le point le plus proche de sa trajectoire et souffle
5 de toutes ses forces: le requin ne réagit pas. «Criez aussi fort que possible,» dit Hans Hass. Nous poussons des hurlements jusqu'à perdre la voix. Le requin paraît sourd. «Des tablettes d'acétate de cuivre fixées à la ceinture empêcheront les requins d'approcher,» dit un officier instructeur de l'aviation
10 américaine. Nous en avons mis deux, et notre ami nage à travers le bouillon de cuivre sans sourciller...

Il se produit alors un petit incident affreux. Le minuscule poisson pilote, qui nage devant le museau du requin, s'envole de son perchoir et frétille vers Dumas. Il papillonne tout
15 contre son masque, et mon ami secoue la tête comme pour se débarrasser d'un moustique...

Je sens mon camarade se rapprocher instinctivement de moi. Je vois sa main chercher son poignard de ceinture et dégainer. Au-delà du couteau et de la caméra, le requin gris
20 s'éloigne un peu, comme pour prendre son élan, se retourne, et vient droit sur nous...

Sans réfléchir, je brandis la caméra comme un bouclier, j'appuie sur le levier de déclenchement, et je me trouve en train de filmer la bête qui fonce sur moi. Le museau plat ne
25 cesse de grandir; bientôt il n'y a plus au monde qu'une gueule. La colère m'envahit. De toutes mes forces, je pousse la caméra en avant et frappe en plein sur le museau. Je sens le déplacement d'eau d'un grand coup de queue, un corps lourd passe près de moi en un éclair, et le requin se retrouve
30 à quatre mètres, indemne, inexpressif, décrivant lentement autour de nous sa ronde obstinée.

Les deux requins bleus montent sans cesse et entrent dans la danse. Il est grand temps de rentrer. Nous faisons surface et sortons nos têtes de l'eau. Horreur! l'*Elie-Monnier* est à
35 trois cents mètres sous le vent. Il a perdu notre trace. Nous agitons frénétiquement les bras, mais le bateau ne répond pas. Nous flottons en surface, avec la tête en dehors; c'est la meilleure méthode pour se faire dévorer...

Nous sommes presque à bout de force; le froid nous gagne.
40 J'estime qu'il y a plus d'une demi-heure que nous sommes sous l'eau. Bientôt notre provision d'air sera épuisée... Mais l'attitude des requins change. Ils s'agitent, font un dernier tour de piste et disparaissent. Nous n'y pouvons croire. Nous

scaphandrier (*m.*) **à casque:** helmeted diver

acétate (*m.*) **de cuivre:** copper acetate

bouillon (*m.*): eau agitée

levier (*m.*) **de déclenchement:** release

l'*Elie-Monnier:* bateau d'où plongent les "hommes-poissons"

nous regardons. Une ombre passe sur nous: c'est le canot de *l'Elie-Monnier*. Les requins se sont enfuis à son approche.

Nous nous laissons tomber dans le bateau. Notre équipage est presque aussi ému que nous. L'embarcation avait perdu
5 la trace de nos bulles et elle était partie à la dérive. Nous avons peine à croire que nous avons seulement passé vingt minutes dans l'eau.

avait perdu la trace de nos bulles: n'avait plus vu les bulles qui montaient des scaphandres des plongeurs jusqu'à la surface
elle était partie à la dérive: elle s'était éloignée sans direction

Lexique

1. **agréer**: accepter, approuver
Je crois qu'ils vont agréer ma proposition.

2. **ambiance** (*f.*): milieu environnant, condition dans laquelle on vit
Il vit dans une ambiance fort agréable.

3. **ancre** (*f*): pièce en acier servant à retenir un navire
Le bateau a jeté l'ancre dans un petit port au nord de l'île.

4. **blanchâtre**: blanc pâle
La farine est une poudre de couleur blanchâtre.

5. **bouclier** (*m.*): arme défensive (shield)
On ne se sert plus de boucliers aujourd'hui.

6. **ceinture** (*f.*): bande de cuir, d'étoffe, etc., mise autour du milieu du corps
Son porte-clés est attaché à sa ceinture.

7. **dégainer**: tirer de la gaine (étui dans lequel on met un poignard, une épée)
Le chevalier l'a attaqué avant qu'il ait pu dégainer son épée.

8. **déranger**: changer l'ordre, altérer
Elle a dérangé les livres que j'avais mis en ordre.

9. **distancer**: dépasser, laisser derrière soi
La torpédo du major Thompson a facilement distancé la Quatre-Chevaux.

10. **effilé**: mince, fin, allongé
Cette nouvelle robe donne à Catherine une silhouette effilée.

11. **élan** (*m.*): mouvement pour se précipiter en avant
Le lion a pris son élan et il a bondi sur la gazelle.

12. **embarcation** (*f.*): petit bateau
Les marins ont rejoint leur navire dans une embarcation à moteur.

13. **enfler**: se gonfler, grossir
La voile enfle sous la poussée du vent.

14. **fer** (*m.*): métal d'un gris bleuâtre (iron)
gris fer: gris comme le fer
Le sous-marin est de couleur gris fer.

15. **se figer**: s'immobiliser
Le joueur de football s'est figé au coup de sifflet de l'entraîneur.

16. **foncer**: se précipiter avec force
Le rhinocéros fonce sur le chasseur effrayé.

17. **frétiller**: s'agiter par des mouvements vifs
Le petit chien frétille de joie en voyant sa maîtresse.

18. **gesticuler**: faire beaucoup de gestes
Elle gesticulait avec animation en racontant son histoire.

19. **gueule** (*f.*): bouche des animaux
Le tigre tient un morceau de viande dans la gueule.

20. **houle** (*f.*): longue ondulation de la mer
Ce matin, la houle est devenue très forte.

21. **hurlement** (*m.*): cri aigu et prolongé
Les voyageurs, perdus dans la forêt, poussaient des hurlements.

22. **indemne:** sans mal, sans dommage
Malgré l'accident de voiture, les passagers sont indemnes.

23. **lâche:** couard, sans courage
Le soldat ne s'est pas montré lâche dans la bataille.

24. **lâcher:** laisser tomber, laisser échapper
Il a lâché la tasse qui s'est brisée en mille morceaux.

25. **miette** (*f.*): très petit morceau
J'ai lâché le vase de cristal; il est en miettes.

26. **museau** (*m.*): partie avant de la tête de certains animaux
Le chat posa son museau sur mon genou.

27. **nourrice** (*f.*): femme ou animal femelle qui donne son lait à son petit
Le requin nourrice nageait suivi de plusieurs jeunes requins.

28. **partagé:** dans l'hésitation entre deux alternatives
Partagé entre la crainte de voyager en avion et la peur du mal de mer, il n'a pas visité l'Europe.

29. **piste** (*f.*): chemin tracé, reservé aux automobilistes, aux cyclistes, etc.
Les requins ont fait comme un tour de piste pour voir ce qui se passait.

30. **plomb** (*m.*): métal très dense, d'un gris bleuté (lead)
Le scaphandrier portait une ceinture remplie de plomb.

31. **plongée** (*f.*): action de s'enfoncer sous l'eau
L'équipe va faire une plongée en pleine mer.

32. **poignard** (*m.*): arme courte (dagger)
Le meurtrier a tué sa victime à coups de poignard.

33. **queue** (*f.*): prolongement de la colonne vertébrale chez certains animaux

Au cirque, les éléphants tournaient en se tenant par la queue.

34. **récif** (*m.*): chaîne de rochers près des côtes
La mer se brise sur les récifs de corail.

35. **se réjouir de:** éprouver de la joie de
Toute la famille se réjouit d'aller à la fête.

36. **requin** (*m.*): poisson de grande taille appelé aussi *squale* (shark)
Le requin-marteau a la tête en forme de marteau.

37. **roulis** (*m.*): balancement d'un navire d'un côté sur l'autre
Le roulis continuel m'a donné le mal de mer.

38. **sauvage:** non civilisé, primitif, féroce
Les jungles de l'Amazone sont les plus sauvages du monde.

39. **sourciller:** remuer les sourcils en signe de surprise ou de colère; montrer de la surprise
Quand on lui a annoncé la catastrophe, il n'a même pas sourcillé.

40. **thon** (*m.*): poisson de mer (tuna)
Le cuisinier a acheté trois boîtes de thon au supermarché.

41. **trajectoire** (*f.*): parcours d'un objet (projectile) de son point de départ à son point d'arrivée
Ses yeux suivent du regard la trajectoire de la flèche.

Questionnaire Oral

1. Quand est-ce que Cousteau a rencontré ses premiers requins?

2. De quelle couleur et de quelle longueur étaient-ils? Comment voyageaient-ils?

3. Quelles sont les deux conclusions que Cousteau a tirées après avoir vu de nombreux requins?

4. Où est-ce que Cousteau et son groupe jettent l'ancre pour observer l'abondance de vie?

5. Avec quoi l'équipage prend-il les requins qui s'approchent?

6. Combien en prennent-ils et en combien de temps?

7. Avec quoi plongent-ils?

8. Qu'est-ce qu'il y a dans les cryptes rocheuses?

9. Est-ce que les requins nourrices sont dangereux?

10. Que font Dumas et Tailliez pour réveiller les requins nourrices?

11. De quelle couleur est le requin mangeur d'hommes et de quelle taille?

12. Est-ce que Cousteau et ses amis en ont peur?

13. Quelle est la réaction du requin mangeur d'hommes en voyant les hommes?

14. Quel est le trait principal des requins, d'après Cousteau? Pourquoi ne peuvent-ils pas rester tranquilles pendant qu'on les filme?

15. Est-ce que le requin voit vraiment mal? Qu'est-ce que la dissection a prouvé à ce sujet? Quelle est la conclusion de Cousteau sur ce point?

16. Le requin gris a-t-il peur, maintenant qu'on va le filmer? Qui se met dans la photo avec le requin?

17. Pourquoi Didi voudrait-il tirer la queue du requin? Pourquoi a-t-il tellement peur de le faire?

18. Est-ce que le requin avance plus vite que Didi? Didi doit-il nager plus vite que le requin ou moins vite?

19. A combien de mètres de profondeur le requin gris a-t-il entraîné Cousteau et ses camarades?

20. Comment sont les deux autres requins qu'ils voient dans les profondeurs de la mer?

21. Que faut-il pour faire bouger les requins? Est-ce que les plongeurs y arrivent en employant une des trois méthodes indiquées?

22. Qu'est-ce que Dumas fait pour essayer de faire bouger le requin?

23. Quelle est la suggestion de Hans Hass?

24. Pourquoi les hommes portent-ils des tablettes d'acétate de cuivre à la ceinture?

25. Qu'est-ce qui vient vers Dumas tout d'un coup? Qu'est-ce qu'il fait?

26. Qu'est-ce que Cousteau fait pendant que le requin fonce sur lui?

27. Avec quoi Cousteau frappe-t-il le requin qui s'est avancé vers lui? Quelle est la réaction du requin après ce coup?

28. Qu'est-ce que les plongeurs découvrent quand ils reviennent à la surface?

29. Quelle est la meilleure méthode pour se faire dévorer?

30. Quelle est l'attitude des requins à la fin?

Sujets de Discussion

1. Dans quelles eaux l'équipe de Cousteau faisait-elle ses plongées?

2. Pourquoi Cousteau dit-il: «l'homme nu n'est vraiment pas à sa place sous la mer»?

3. Qu'est-ce que c'est qu'un poisson pilote et pourquoi l'appelle-t-on «un chien d'aveugle»?

4. Croyez-vous que ces hommes aient peur des requins et des profondeurs?

5. Quelle satisfaction personnelle peut-on retirer d'explorations sous-marines?

6. Imaginez que vous soyez en train de nager dans la mer et que vous vous trouviez soudain en face d'un requin. Quelles seraient vos réactions?

1. Avez-vous déjà fait de la pêche sous-marine? Indiquez les plaisirs que vous en avez retirés.

2. Avez-vous vu des requins dans un aquarium? Décrivez leurs mouvements.

3. Quels services l'équipe de Cousteau rend-elle à la science avec ses explorations?

Et il ne s'agit pas de vivre dangereusement. Cette formule est prétentieuse. Les toréadors ne me plaisent guère. Ce n'est pas le danger que j'aime. Je sais ce que j'aime. C'est la vie.

Antoine de Saint-Exupéry

UN ETE AU SAHARA

par Henri Lhote

Introduction

Jusqu'en 1933, on ne savait pas grand'chose sur le passé du Sahara, le plus grand désert du monde. Peu à peu, des découvertes archéologiques ont révélé qu'il avait été habité, pendant des millénaires, par des populations qui avaient connu une civilisation assez avancée. Henri Lhote (1903–   ) a organisé en 1956 une importante expédition au Tassili, plateau situé au Sud du Sahara. Pendant seize mois, cet archéologue-ethnologue et son équipe sont restés dans le Tassili, «le plus grand musée d'art préhistorique existant au monde». *A la découverte des fresques du Tassili* (1958) conte les aventures de cette expédition et indique les résultats qu'elle a obtenus.

Préparation à la Lecture

Pour vivre dans le Sahara, il faut se soumettre à une discipline très stricte; toute négli-gence amène des conséquences graves. Henri Lhote, dans un style direct et précis, nous relate la mésaventure de Philippe, le plus jeune membre de l'équipe. La prudence est nécessaire dans ce désert où la nature est si dure. La chaleur effrayante et le manque d'eau peuvent rapidement tuer celui qui ne prend pas de précautions.

Vocabulaire Essentiel

1. Nous nous sommes mis en route malgré le mauvais temps.

   malgré: en dépit de

2. Leur séjour en Suisse a été tout à fait agréable.

   séjour (*m.*): temps passé quelque part

3. Mon frère André n'a que deux ans: il est le benjamin de la famille.

   benjamin (*m.*): le plus jeune

4. Les athlètes doivent s'astreindre à un régime spécial pour garder la forme.

s'astreindre à: s'obliger à, se soumettre à

5. Vous devriez sanctionner sans pitié ce crime.

sanctionner: punir

6. Elle emploie ses loisirs à faire de la natation.

loisirs (*m.*): temps libre, en dehors du travail régulier

7. Il est menteur; aussi, personne ne croit-il ce qu'il dit.

aussi: c'est pourquoi

8. L'expédition a réussi à franchir une partie du Sahara.

franchir: traverser

9. On a de la peine à se retenir sur cette pente.

pente (*f.*): inclinaison d'un terrain

10. Pour arriver à cette ferme, il faut prendre un chemin très raide.

raide: difficile à monter

11. Pendant qu'il pleuvait, le hangar nous a servi d'abri.

abri (*m.*): endroit protégé, refuge

12. Buvez quelques gorgées de ce vin! Il est très bon.

gorgées (*f.*): quantités de liquide qui peuvent être avalées en une fois

13. L'explorateur était couché sur le sable, bras et jambes écartés.

écartés: éloignés du torse

14. Elle a été prise de syncope au cours du concert.

syncope (*f*): perte momentanée de la conscience

15. Le four de la boulangerie avait une température de 300°.

four (*m.*): endroit où l'on cuit le pain et d'autres substances

16. Il est nécessaire de s'abriter du soleil.

s'abriter: se mettre à l'abri, se protéger

17. Le boxeur s'effondra après avoir reçu un coup de son adversaire.

s'effondra: s'écroula, tomba lourdement

MALGRE DE rudes journées, et quelques heures angoissantes même à la fin de notre séjour, nous avons tous gardé de Jabbaren — cette prestigieuse citadelle de la préhistoire saharienne — un souvenir émerveillé. Tous, sauf peut-être notre benjamin, Philippe! Aussi bien, sa mésaventure vaut-elle d'être rapportée, car elle montre à quelle discipline nous devions nous astreindre, et avec quelle soudaineté le Sahara sanctionne toute imprudence...

Jabbaren: petit massif montagneux, riche en fresques préhistoriques

Nous venions de nous installer à Jabbaren et le problème se posait d'organiser la liaison avec Djanet. Nous n'étions qu'à deux kilomètres du col d'Aroum et, a priori, la chose paraissait simple. Toutefois, ce col avait la réputation d'être
5 difficile. Philippe, à qui ses occupations de photographe laissaient à ce moment des loisirs, était un garçon solide. Et il n'hésitait pas, je dois dire, à nous apporter le concours de ses muscles chaque fois que c'était nécessaire. Aussi, voulant savoir dans quelles conditions exactes se présentait le col
10 d'Aroum, combien de temps il faudrait prévoir pour le franchir, décidai-je un matin d'y envoyer notre homme en reconnaissance. On a l'habitude de dire que le Sahara appartient à ceux qui se lèvent de très bonne heure, et j'avais conseillé à Philippe de partir tôt. Mais Philippe appréciait
15 trop la douce chaleur de son duvet. Par ailleurs, Sermi refusa au dernier moment de l'accompagner, sous prétexte de fatigue. Philippe partit donc tard. Il y avait en tout quatre kilomètres à parcourir, dont la moitié est faite d'une pente raide dans une rocaille croulante. A midi il aurait dû être de
20 retour, mais à 14 heures, point de Philippe. Je pensai que,

Djanet: poste militaire dans le Sahara
col d'Aroum: col à 1900 mètres d'altitude
a priori: à première vue

duvet (*m.*): sleeping bag
Sermi: guide arabe du groupe

point de: pas de

306   *Aventure*

gêné par la forte chaleur, il s'était mis à l'abri pour quelques heures et ne m'inquiétai pas outre mesure. Mais vers 15 heures, Jacques accourut affolé vers mon campement. Philippe venait d'être retrouvé mourant à cinq cents mètres de
5 l'abri où travaillaient Jacques et Jo.

—Blessé?

—Non, non!...

—Alors? Que se passe-t-il?

Mourant, pour avoir fait quatre kilomètres, même en
10 pleine chaleur, cela ne paraît guère sérieux! J'y vais et trouve Jo en train de lui administrer des soins maternels et efficaces, de lui appliquer des serviettes mouillées sur la tête et le corps, de le faire boire à très petites gorgées. Philippe est étendu, les bras écartés, apparemment à la limite de la syn-
15 cope, mais son pouls est parfaitement régulier. Il reprend lentement ses sens et nous raconte ce qui lui est arrivé.

La descente de l'akba s'est bien effectuée, mais la chaleur se faisant de plus en plus intense, il n'avait pu résister à l'envie de boire le contenu de sa gourde, ce qui était déjà
20 une erreur capitale (car il faut toujours garder une petite réserve jusqu'au prochain point de ravitaillement). Lorsque, ensuite, il lui fallut remonter le col, l'heure était avancée et le soleil avait envahi toute la gorge où il régnait une température de four. La prudence en pareil cas commandait de
25 s'abriter entre deux rochers et d'attendre la chute de la grosse chaleur; mais Philippe, qui sentait la faim venir, préféra poursuivre sa route. C'est à cinq cents mètres du campement qu'il fut trahi par ses forces et s'effondra, après avoir eu tout de même assez de voix pour appeler à l'aide.
30 Garçon d'apparence robuste, il souffrait de la chaleur pendant l'été et finit par demander à être évacué.

akba (*m.*): colline

point de ravitaillement: endroit où l'on trouve de l'eau et des provisions

Lexique

1. abri (*m.*): endroit protégé, refuge
   Elle avait pris un grand parasol comme abri du soleil.

2. s'abriter: se mettre à l'abri, se protéger
   En vous mettant sous le porche, vous vous abriterez de la pluie.

3. s'astreindre à: s'obliger à, se soumettre à
   Il faut apprendre à s'astreindre à une discipline sévère.

4. aussi: c'est pourquoi
   Claire n'est pas arrivée; aussi son mari est-il parti tout seul.

5. **benjamin** (*m.*): le plus jeune

   Ce joueur est le benjamin de l'équipe de baseball.

6. **col** (*m.*): passage entre deux montagnes, deux collines

   Les coureurs cyclistes ont franchi trois cols dans les montagnes.

7. **concours** (*m.*): aide, coopération

   Henri offre son concours pour nettoyer le jardin.

8. **croulant**: qui tombe en s'effondrant (falling)

   Les alpinistes étaient retardés par de nombreuses pierres croulantes.

9. **écarter**: éloigner, séparer une chose de l'autre

   Les agents ont écarté la foule qui se pressait pour voir le président.

10. **s'effondrer**: s'écrouler, tomber lourdement

    Beaucoup de maisons de San Francisco se sont effondrées pendant le tremblement de terre.

11. **four** (*m.*): endroit où l'on cuit le pain et d'autres substances

    La chaleur qui régnait à proximité du four à briques était intolérable.

12. **franchir**: passer par-dessus, surmonter; traverser

    Le camion a franchi la rivière sur ce pont.

13. **gorgée** (*f.*): quantité de liquide qui peut être avalée en une fois

    J'ai pris une gorgée d'eau parce que j'avais la bouche sèche.

14. **loisir** (*m.*): temps libre, en dehors du travail régulier

    Qui ne voudrait avoir plus de loisirs pour voyager en Europe?

15. **malgré**: en dépit de

    Malgré tous les ennuis que j'ai eus, je me suis bien amusé.

16. **outre mesure**: plus qu'il ne faut; avec excès

    Elle dépense outre mesure pour s'acheter des robes.

17. **pente** (*f.*): inclinaison d'un terrain

    La route descend en pente raide vers la mer.

18. **pouls** (*m.*): battement des artères au poignet

    Le médecin lui a tâté le pouls et l'a trouvé normal.

19. **raide**: difficile à monter; rigide

    Le joueur de pelote basque avait le bras droit raide après le match.

20. **rocaille** (*f.*): terrain encombré de pierres

    Il nous reste à parcourir au moins trois kilomètres dans la rocaille.

21. **sanctionner**: punir

    Son renvoi de l'université sanctionne sa paresse.

22. **séjour** (*m.*): temps passé quelque part; lieu où l'on réside

    Montigny-en-Fresnois où habitait Claudine était un séjour magnifique.

23. **syncope** (*f.*): perte momentanée de la conscience

    Il m'inquiète, car il a eu plusieurs syncopes ce mois-ci.

24. **toutefois**: mais, cependant

    Notre séjour en France nous coûtera cher; toutefois, nous voulons y aller.

Questionnaire Oral

1. Comment a été le séjour de Henri Lhote et de son équipe à Jabbaren?

2. Qu'est-ce que c'est que Jabbaren?

3. Qui a eu une mésaventure au Sahara?

4. Qu'est-ce qu'il faut faire pour survivre au Sahara? Pourquoi?

5. Quel problème se posait pour le groupe, après son installation à Jabbaren?

6. A combien de distance du col d'Aroum ces hommes étaient-ils?

7. Qu'est-ce qui paraissait simple, a priori?

8. Quelle était la réputation du col d'Aroum?

9. A quoi Philippe employait-il ses loisirs?

10. Comment était-il physiquement?

11. Pourquoi l'a-t-on envoyé en reconnaissance au col d'Aroum?

12. A qui appartient le Sahara, selon ce qu'on dit?

13. Pourquoi Philippe ne voulait-il pas partir tôt?

14. Pourquoi Sermi a-t-il refusé d'accompagner Philippe?

15. Quand Philippe est-il parti?

16. Quelle distance avait-il à parcourir et comment était le terrain?

17. A quelle heure aurait-il dû être de retour?

18. Qu'est-ce qu'il est arrivé à quatorze heures?

19. Comment et où a-t-on retrouvé Philippe vers quinze heures?

20. Que fait Jo pour Philippe?

21. Qu'est-ce que Jo lui applique sur la tête et le corps?

22. Comment le fait-il boire?

23. Comment est Philippe? Est-ce que son pouls est régulier?

24. Comment s'est passée la descente de l'akba?

25. A quoi Philippe n'avait-il pu résister?

26. Pourquoi était-ce une erreur capitale de boire le contenu de la gourde?

27. Quelle était la température dans la gorge quand Philippe a dû remonter le col?

28. Qu'est-ce qu'il faut faire par une pareille chaleur?

29. Pourquoi Philippe a-t-il insisté pour rentrer tout de suite, malgré la chaleur?

30. A quelle distance du camp était-il quand ses forces l'ont trahi?

31. A-t-il pu appeler à l'aide?

32. Pourquoi Philippe a-t-il demandé à être évacué?

Sujets de Discussion

1. Pourquoi même les gens forts comme Philippe ne peuvent-ils se permettre de braver le désert, en pleine journée?

2. Pourquoi le groupe est-il allé au Sahara, d'après vous?

3. Est-ce que certaines personnes peuvent souffrir de la chaleur plus que d'autres?

4. Pourquoi est-il sage de voyager au moins à deux dans le désert?

5. Est-ce que vous croyez qu'une civilisation ancienne ait pu exister au Sahara?

6. Avez-vous traversé une région désertique? Indiquez quelles ont été vos impressions.

Devoirs Ecrits

1. Quels sont les meilleurs moyens de lutter contre la chaleur?

2. Aimeriez-vous passer une partie de vos vacances dans le Sahara? Est-ce que ce serait pour voyager ou pour travailler?

3. Comment serait-il possible, d'après vous, de rendre le Sahara fertile?

L'EAU

Eau, tu n'as ni goût, ni couleur, ni arôme, on ne peut pas te définir, on te goûte, sans te connaître. Tu n'es pas nécessaire à la vie: tu es la vie. Tu nous pénètres d'un plaisir qui ne s'explique point par les sens.

Avec toi rentrent en nous tous les pouvoirs auxquels nous avions renoncé. Par ta grâce, s'ouvrent en nous toutes les sources taries de notre cœur.

Tu es la plus grande richesse qui soit au monde, et tu es aussi la plus délicate, toi si pure au ventre de la terre. On peut mourir sur une source d'eau magnésienne. On peut mourir à deux pas d'un lac d'eau salée. On peut mourir malgré deux litres de rosée qui retiennent en suspens quelques sels. Tu n'acceptes point de mélange, tu ne supportes point d'altération, tu es une ombrageuse divinité...

Mais tu répands en nous un bonheur infiniment simple.

Antoine de Saint-Exupéry

EXERCICES DE STRUCTURE

FINIR PAR + INFINITIF

Répétez les phrases suivantes.
1. Je finis par être inquiet.
2. Il finit par demander à être évacué.
3. Après plusieurs heures d'étude, il finit par comprendre la leçon.
4. Le professeur finit par expliquer la leçon.
5. Le professeur a fini par être compris de tout le monde.
6. Charles finit toujours par insulter tout le monde.

Changez les phrases suivantes en employant les mots indiqués.
7. Ce grand homme a fini par être détesté de tout le monde.
   _____ auteur _____.
   _____ admiré _____.
   _____ toute la France.
8. Ce grand homme a fini par insulter tout le monde.
   _____ auteur _____.
   _____ étonner _____.
   _____ toute la France.

Complétez les phrases suivantes en vous servant de l'expression *finir par* suivie d'un infinitif.

MODELE: D'abord Charles aimait l'algèbre, mais il a fini par recevoir une mauvaise note en cette matière.

9. J'avais l'intention de passer l'été à Paris, mais...
10. D'abord je ne pouvais pas comprendre le français, mais...
11. D'abord mon ami ne voulait jamais aller au théâtre, mais...

12. Pendant sa jeunesse il n'aimait pas étudier les langues, mais...
13. Les parents de Charles étaient riches, mais Charles lui-même...
14. Tout le monde admirait cette actrice pendant sa jeunesse, mais elle...

NON PLUS

Répétez les phrases suivantes.
1. Mon camarade ne s'y trompe pas non plus.
2. Je sais la vérité, et mon ami ne l'ignore pas non plus.
3. Je me rappelle mon devoir, et mon ami ne l'oublie pas non plus.
4. Je dis toujours la vérité, et ma sœur ne ment jamais non plus.

Changez la phrase suivante en employant les mots indiqués.
5. Ma sœur a des difficultés à apprendre l'algèbre, et je ne la comprends pas non plus.
   Mon frère _____.
   _____ étudier _____.
   _____ la géométrie, _____.
   _____ l'aime _____.

Transformez les phrases suivantes.

MODELE: Mon ami ne veut pas rester à New York.
        Et moi je n'y resterai pas non plus.

6. Mon ami ne veut pas apprendre la géométrie.
7. Mon ami ne veut pas rester à l'école.
8. Mon ami ne veut pas suivre les règles.
9. Mon ami ne veut pas obéir aux professeurs.
10. Mon ami ne veut pas parler à nos camarades.

Répondez aux phrases suivantes en employant *non plus*.

MODELE: Charles ne comprend pas la géométrie.
        Moi je ne l'aime pas non plus.

11. Robert ne veut pas passer ses vacances à New York.
12. Louise ne prépare jamais sa leçon de géométrie.
13. Jean a peur de son professeur de français.
14. Charles déteste la musique moderne.
15. Jeanne ne veut pas danser avec Charles.

IL RESTE IMPERSONNEL

Répétez les phrases suivantes.
1. Nous restera-t-il assez de force pour surmonter ce dernier obstacle?
2. Il n'en reste plus que deux autour du bateau.
3. Hier j'étais riche. Maintenant il ne me reste plus que deux dollars.
4. Hier Charles avait beaucoup d'amis. Maintenant il ne lui en reste plus qu'un seul.
5. Hier mes parents avaient deux autos. Maintenant il ne leur en reste plus qu'une seule.

Répondez aux questions suivantes en employant *il reste.*

MODELE: Combien d'argent avez-vous?
Il ne m'en reste plus.

6. Avez-vous beaucoup d'amis?
7. Combien de livres français avez-vous?
8. Est-ce que Jacques a perdu tout son argent?
9. Est-ce que Michel a fait tous ses devoirs?
10. Est-ce que Charles a appris tous les mots?
11. Est-ce que Charles et Robert ont beaucoup d'amis?

LE SUBJONCTIF APRES *CROIRE* ET *PENSER* A L'INTERROGATIF

Répétez les phrases suivantes.
1. Crois-tu que cela vaille la peine?
2. Croyez-vous que cela soit important?
3. Croyez-vous que cela fasse beaucoup de différence?
4. Pensez-vous que Charles sache la réponse?
5. Pensez-vous que Marie puisse comprendre la réponse?

Changez la phrase suivante en employant les mots indiqués.
6. Robert pense atteindre le sommet, mais croyez-vous qu'il se rende compte du danger?
Le général _____?
_____ croit _____?
_____ remporter la victoire, _____?
_____ pensez-vous _____?
_____ des obstacles?

Commentez les phrases suivantes.

MODELE: Robert croit que Charles peut faire ce travail.
Mais croyez-vous que Charles puisse le faire?

7. Robert espère que Charles pourra nous aider.
8. Robert croit que Jean sait parler français.
9. Robert est sûr que Paul veut partir pour Paris.
10. Pierre pense que Robert va étudier à la Sorbonne.
11. Robert croit que Jacques a l'intention de se faire professeur.

Faites des questions des phrases suivantes en employant les expressions *pensez-vous, croyez-vous, êtes-vous sûr, espérez-vous.*

MODELE: Paul reviendra l'an prochain.
Pensez-vous que Paul revienne l'an prochain?

12. Charles veut passer ses vacances en Californie.
13. Il va nager dans la mer.
14. Il n'a pas peur des requins.
15. Il ne se rend pas compte de ce danger.

LE SUBJONCTIF DANS LES PROPOSITIONS RELATIVES APRES LE SUPERLATIF

Répétez les phrases suivantes.

1. Nous faisons irruption dans l'ambiance la plus sauvage que l'Atlantique tropical puisse créer.
2. Voici l'histoire la plus intéressante qu'un auteur puisse inventer.
3. Voici le plus beau livre qu'un auteur puisse écrire.
4. Voici le seul livre que cet auteur ait écrit.
5. Voici le premier (dernier) livre que cet auteur ait écrit.

Changez la phrase suivante en employant les mots indiqués.

6. C'est le poème le plus intéressant que je puisse écrire.
   _____ le plus romantique _____.
   _____ le plus beau _____.
   _____ le meilleur _____.
   _____ le plus long _____.
   _____ le seul _____.
   _____ le premier _____.
   _____ l'unique _____.
   _____ le dernier _____.
   _____ je sache _____.
   _____ je réussisse à _.

Transformez les phrases suivantes.

MODÈLE: C'est Charles qui a écrit ce poème. C'est son meilleur poème.
         C'est le meilleur poème que Charles ait jamais écrit.

7. C'est nous qui avons créé ce chef-d'œuvre. C'est notre chef-d'œuvre le plus intéressant.
8. C'est vous qui avez fait cette observation. C'est votre dernière observation.
9. C'est moi qui ai préparé cette soupe. C'est ma soupe la plus délicieuse.
10. Ce sont Charles et Robert qui ont composé cette chanson. C'est leur première chanson.

REVISION

EMPLOI DE A, DANS, EN

Répétez les phrases suivantes.

1. Charles est en France. Il est à Paris. Il est à l'école. Il est dans la salle de classe.
2. Charlotte est aux Etats-Unis. Elle est à New York. Elle est à la maison. Elle est dans la salle à manger.
3. Robert est en Amérique du Sud. Il est au Brésil. Il est à Sao Paulo. Il est à l'église. Il est dans la cour de l'église.
4. Charlotte va du Méxique aux Etats-Unis. Elle va en auto. Elle va dans l'auto de son ami Robert.
5. Charles voyage de France au Canada. Il voyage en bateau. Il est dans sa cabine.

Répondez aux questions suivantes en employant les mots entre parenthèses et les prépositions nécessaires.

MODELE: Où êtes-vous? (salle de classe)
Je suis dans la salle de classe.

6. Comment voyagez-vous? (auto)
7. Où est votre livre? (tiroir)
8. Où sont les élèves? (école)
9. Où passerez-vous vos vacances? (Italie, Rome)
10. Où irez-vous cet après-midi? (ville)
11. Où est le directeur de notre école? (son bureau)
12. Où demeurez-vous? (appartement)
13. Où avez-vous voyagé l'année passée? (Europe, Afrique du Nord)
14. Où sommes-nous actuellement? (cette salle de classe)

DE CANNES A NICE... DANS LE «MISTRAL»

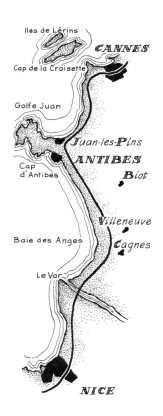

Cannes 23 h. 26. L'Argentière franchie, nous longeons le golf-club de Cannes qui s'étend jusqu'à la Siagne. Une pinède lui fait suite, puis la petite gare de triage de Cannes—La Bocca; nous passons sous la vieille ville, par un tunnel creusé sous le mont Chevalier...

Nous coupons le cap de la Croisette, qui pointe vers les îles de Lérins, puis nous longeons à nouveau la mer, le long du golfe Juan. C'est ici que Napoléon débarqua du brick «L'Inconstant» à son retour de l'île d'Elbe en 1815. Au fond du golfe, bien à l'abri du cap, Juan-les-Pins, la station la plus enfiévrée de la Côte.

Nous traversons le cap d'Antibes, dominé par l'antique chapelle de Notre-Dame-de-Bon-Port et le sémaphore et nous contournons la vieille cité, serrée autour de son port à la base d'un promontoire rocheux...

Nous franchissons le Loup, nous dépassons la plage de Villeneuve, et nous voici à Cagnes-sur-Mer où Renoir passa les vingt dernières années de sa vie.

La vieille ville est bâtie sur une colline, serrée dans son enceinte autour du château fort, élevé au début du quatorzième siècle par Raynier Grimaldi, souverain de Monaco et amiral de France.

On a d'ici une vue admirable sur les Alpes-Maritimes. Nous laissons la jolie plage de Cros-de-Cagnes et nous entrons un peu à l'intérieur des terres pour franchir le Var, sur un pont accolé à celui de la route, puis la grande route des Alpes qui remonte la vallée vers Grenoble et Chamonix, mais nous pénétrons déjà dans les faubourgs de Nice dont on aperçoit les grands hôtels alignés le long de la baie des Anges...
Nice 23 h. 55.

Extrait du Guide Chaix-Laffont,
Paris—Côte d'Azur.

Tableau 15 • VIGNETTES DE LA VIE QUOTIDIENNE

Entrée en Matière. *Certaines scènes de la vie quotidienne dépeignent l'esprit d'une ville ou même d'un pays mieux que ne le feraient de longues explications. En effet, elles ne sont ni artificielles ni fabriquées pour la circonstance. Il est vrai qu'on pourrait assister à quelques-unes d'entre elles n'importe où, en France, aux Etats-Unis, et ailleurs. Elles décrivent alors les caractères universels de l'homme, ou bien... de la femme. Par exemple, cette Parisienne dont nous allons faire la connaissance et qui reste accrochée pendant des heures au téléphone. Bien sûr, il est facile de se moquer des femmes, mais elles ont tellement d'histoires à se raconter. Il vaut mieux les aimer que de les critiquer, car elles sont indispensables, n'est-ce pas, messieurs? La vie serait si triste sans elles!*

Par contre, on se demande si des fonctionnaires, comme ce commissaire de police qui ne fait confiance à personne, ne sont pas vraiment ridicules. Ils sont fiers de leur autorité et en abusent au détriment des droits individuels. Malheureusement ils existent!

Les vignettes de la rue, telles que celles que l'on voit de la terrasse d'un café, peuvent être de vrais bijoux de charme et de poésie. Les plus traditionnelles concernent un agent de police, une concierge ou un chauffeur de taxi. Il en est d'autres, comme celle du brocanteur devant sa boutique, dont les détails ne pourraient être inventés. Toutes ensemble, elles recréent la vie.

LE COMMISSAIRE EST BON ENFANT

par Georges Courteline

Introduction

Georges Courteline (1861–1929) est l'auteur comique le plus important de son époque. Il n'a écrit que des pièces de théâtre, en général en un seul acte. Se servant de son expérience personnelle, il a peint des scènes de la vie de famille, de bureau, de café, ou bien de la vie militaire. Le comique naît de son exacte observation des habitudes et des défauts des gens autour de lui. Des situations, comme celles que l'on trouve dans *«Le commissaire est bon enfant»* (1899), font rire en montrant le ridicule de certains hommes. Dans les dialogues vifs et rapides qu'échangent des personnages pittoresques, nous trouvons une critique profonde de la nature humaine.

Préparation à la Lecture

Quand le rideau se lève sur cette scène, nous sommes dans un des commissariats de police de Paris. Un monsieur a trouvé une montre dans la rue. Comme il est honnête, il vient la déposer au commissariat. Ce qui aurait pu être une simple affaire devient vite une série de questions embarrassantes, que lui pose le commissaire. Pauvre Breloc! il ne s'attendait certes pas à une telle conclusion.

Vocabulaire Essentiel

1. Le commissaire de police de mon quartier a la réputation d'être actif et intelligent.
   commissaire (*m.*) **de police:** chef de la police dans un arrondissement
2. Elle porte une jolie montre d'or au poignet.
   montre (*f.*): instrument servant à indiquer l'heure
3. Le voyageur était si pressé qu'il n'a pas eu le temps de prendre son café.
   pressé: dans un état de hâte
4. La lettre est arrivée tout à l'heure.
   tout à l'heure: il y a quelques instants; dans un moment
5. Le trottoir est encombré de passants.
   trottoir (*m.*): espace réservé, de chaque côté d'une rue, pour l'usage des piétons
6. Tout fonctionnaire est obligé de donner son état civil.
   état civil (*m.*): condition des individus dans la société (nom, date de naissance, profession, adresse)
7. Je ne répondrai pas à votre question à ce sujet, car ça ne vous regarde pas.
   regarde: concerne
8. C'est le nouvel employé; sa tête ne me revient pas.
   revient: inspire confiance, plaît (langage familier)
9. Ne vous associez pas avec cet homme: c'est un escroc.
   escroc (*m.*): homme malhonnête; fraudeur
10. Il est venu nous embêter alors que nous étions occupés.
    embêter: ennuyer fortement (langage familier)
11. Ces avantages lui étaient largement dus.
    dus: auxquels on a droit, qui sont mérités
12. Emparez-vous de cet homme qui cause ce désordre.
    emparez-vous de: saisissez avec force, prenez
13. Breloc était au comble de l'émotion.
    comble (*m.*): le plus haut degré

UNE VOIX (*à la cantonade*): Monsieur le commissaire!
LE COMMISSAIRE: Vous demandez?
LA VOIX: Une audience, une courte audience.
LE COMMISSAIRE: Si courte que cela?
5 LA VOIX: J'en ai pour une minute.
LE COMMISSAIRE: Pas plus?
LA VOIX: A peine, monsieur.
LE COMMISSAIRE: En ce cas...

Il s'efface. Apparition, sur le seuil de la porte, de Breloc, qui
10 *entre, se découvre et gagne le milieu du théâtre.*

LE COMMISSAIRE: Veuillez vous expliquer.
BRELOC: Monsieur le commissaire, c'est bien simple. Je
viens déposer entre vos mains une montre que j'ai trouvée
cette nuit au coin du boulevard Saint-Michel et de la rue
15 Monsieur-le-Prince.
LE COMMISSAIRE: Une montre?
BRELOC: Une montre.
LE COMMISSAIRE: Voyons.
BRELOC: Voici.

20 *Il tire de son gousset et remet au commissaire une montre*
que celui-ci examine longuement. A la fin:

LE COMMISSAIRE: C'est une montre, en effet.
BRELOC: Oh! il n'y a pas d'erreur.
LE COMMISSAIRE: Je vous remercie.

25 *Il va à sa table, fait jouer un tiroir et y enfouit la montre de*
Breloc.

BRELOC: Je puis me retirer?
LE COMMISSAIRE (*l'arrêtant du geste*): Pas encore.
BRELOC: Je suis un peu pressé.
30 LE COMMISSAIRE: Je le regrette.
BRELOC: On m'attend.
LE COMMISSAIRE (*sec*): On vous attendra.
BRELOC (*un peu étonné*): Ah?
LE COMMISSAIRE: Oui.
35 BRELOC: Mais...
LE COMMISSAIRE: C'est bien. Un instant. Vous ne supposez
pas, sans doute, que je vais recueillir cette montre de vos
mains sans que vous m'ayez dit comment elle y est tombée.

à la cantonade: qui ne s'adresse précisément à personne

se découvre: enlève son chapeau

fait jouer: ouvre

me retirer: partir

Le commissaire est bon enfant 317

BRELOC: J'ai eu l'honneur de vous expliquer tout à l'heure que je l'avais trouvée cette nuit au coin de la rue Monsieur-le-Prince et du boulevard Saint-Michel.

LE COMMISSAIRE: J'entends bien; mais où?

5   BRELOC: Où? Par terre.

LE COMMISSAIRE: Sur le trottoir?

BRELOC: Sur le trottoir.

LE COMMISSAIRE: Voilà qui est extraordinaire. Le trottoir, ce n'est pas une place où mettre une montre.

10 BRELOC: Je vous ferai remarquer...

LE COMMISSAIRE: Je vous dispense de toute remarque. J'ai la prétention de connaître mon métier. Au lieu de me donner des conseils, donnez-moi votre état civil.

BRELOC (*un commencement d'impatience dans la voix*):
15 Je m'appelle Breloc (Jean-Eustache). Je suis né à Pontoise, le 29 décembre 1861, de Pierre-Timoléon-Alphonse-Jean-Jacques-Alfred-Oscar Breloc et de Céleste Moucherol, son épouse.

LE COMMISSAIRE: Où demeurez-vous?

20 BRELOC: Rue Pétrelle, 47, au premier au-dessus de l'entresol.

LE COMMISSAIRE (*après avoir pris note*): Quelles sont vos ressources?

BRELOC (*qui se monte peu à peu*): J'ai vingt-cinq mille livres de rente, une ferme en Touraine, une chasse gardée en Beauce, six chiens, trois chats, une bourrique, onze lapins et un cochon d'Inde.

LE COMMISSAIRE: Ça suffit! — Quelle heure était-il quand vous avez trouvé cette montre?

BRELOC: Trois heures du matin.

LE COMMISSAIRE (*ironique*): Pas plus?

BRELOC: Non.

LE COMMISSAIRE: Vous me faites l'effet de mener une singulière existence.

BRELOC: Je mène l'existence qui me plaît.

LE COMMISSAIRE: Possible; seulement, moi, j'ai le droit de me demander ce que vous pouviez fiche à trois heures du matin au coin de la rue Monsieur-le-Prince, vous qui *dites* habiter rue Pétrelle, 47.

BRELOC: Comment, je *dis*?

LE COMMISSAIRE: Oui, vous le dites.

BRELOC: Je le dis parce que cela est.

LE COMMISSAIRE: C'est ce qu'il faudra établir. En attendant, faites-moi le plaisir de répondre avec courtoisie aux questions que mes devoirs m'obligent à vous poser. Je vous demande ce que vous faisiez, à une heure aussi avancée de la nuit, dans un quartier qui n'est pas le vôtre.

BRELOC: Je revenais de chez mon amie.

LE COMMISSAIRE: Qui s'appelle?

BRELOC: Ça ne vous regarde pas.

LE COMMISSAIRE: C'est à moi que vous parlez?

BRELOC: Je pense.

LE COMMISSAIRE: Oh! mais dites donc, mon garçon, vous allez changer de langage. Vous le prenez sur un ton qui ne me revient pas, contrairement à votre figure, qui me revient, elle!

BRELOC: Ah bah!

LE COMMISSAIRE: Oui; comme un souvenir. Vous n'avez jamais eu de condamnations?

BRELOC (*stupéfait*): Et vous?

LE COMMISSAIRE (*qui bondit*): Vous êtes un insolent!

BRELOC: Vous êtes une foutue bête.

LE COMMISSAIRE: Retirez cette parole!

Beauce (*f.*) région du Bassin parisien, où se trouve la ville de Chartres

fiche (langage familier): faire

mon garçon: façon familière de s'adresser à un homme

qui me revient: que j'ai déjà vue (dans cette phrase, jeu de mots sur deux sens différents de *revenir*)

foutue bête: idiot

BRELOC: Vous vous fichez de moi. Me prenez-vous pour un escroc? Et puis j'en ai plein le dos, à la fin; vous m'embêtez avec votre interrogatoire. A-t-on idée d'une chose pareille? Je trouve dans la rue une montre; je me détourne de mon chemin pour vous la rapporter, et voilà comment je suis reçu! D'ailleurs, c'est bien fait pour moi; ça m'apprendra à rendre service et à me conduire en honnête homme.

LE COMMISSAIRE: Ah! c'est comme ça? Eh bien attendez, mon gaillard, je vais vous apprendre à me parler avec les égards qui me sont dus! En voilà encore, un voyou! Est-ce que je vous connais, moi? Est-ce que je sais qui vous êtes? Vous dites habiter rue Pétrelle: rien ne me le prouve! Vous dites vous nommer Breloc: je n'en sais rien. Et d'ailleurs, c'est bien simple, la question va être tranchée.

Le commissaire court à la porte qu'il ouvre.

LE COMMISSAIRE: Emparez-vous de cet homme-là, et collez-le-moi au violon!

BRELOC: Ça, par exemple, c'est un comble!

L'AGENT: Allez! Allez! Au bloc! Et pas de rouspétance!

BRELOC (*emmené presque de force*): Eh bien, que j'en trouve encore une!... que j'en trouve encore une, de montre!

Il disparaît.

(notes en marge:)

Vous vous fichez de moi! (expression populaire): vous vous moquez de moi.

j'en ai plein le dos (expression populaire): j'en ai assez

collez-le-moi au violon (expression populaire): mettez-le en prison

Ça, par exemple: Good heavens!

Lexique

1. **bloc** (*m.*): prison, cellule (langage familier)
   Les manifestants ont été arrêtés et envoyés au bloc.

2. **bourrique** (*f.*): ânesse (femelle de l'âne)
   Le fermier se sert de sa bourrique pour apporter ses légumes au marché.

3. **chasse gardée** (*f.*): territoire privé où le droit de chasse est réservé au propriétaire
   Des barrières protègent cette chasse gardée.

4. **cochon** (*m.*) d'*Inde:* guinea pig
   On élève les cochons d'Inde comme animaux d'expérience pour les laboratoires.

5. **comble** (*m.*): le plus haut degré
   C'est le comble de l'insolence: il me répond de façon grossière.

6. **commissaire** (*m.*) **de police:** chef de la police dans un arrondissement ou dans un quartier
   Le commissaire de police nous a posé beaucoup de questions.

7. **condamnation** (*f.*): peine infligée à l'auteur d'un crime
   Le Tribunal a prononcé de sévères condamnations contre les coupables.

8. **dû, due** (devoir): auquel on a droit, qui est mérité
   L'ambassadeur a été reçu avec les honneurs dus à son rang.

9. **s'effacer:** se reculer pour faire place
   Un homme bien élevé s'efface toujours devant une dame pour la laisser passer.

10. **égard** (*m.*): attention, soin; marque de déférence

Il entoure sa mère de beaucoup d'égards.

11. **embêter**: ennuyer fortement (langage familier)

Vous m'embêtez avec vos histoires!

12. **s'emparer de**: saisir avec force, prendre

Emparez-vous de tout ce que vous trouverez sur la table.

13. **enfouir**: cacher, placer dans un lieu secret

Carole enfouit ses lettres brûlantes sous son matelas.

14. **entresol** (*m.*): étage qui se trouve entre le rez-de-chaussée et le premier étage

Ma sœur habite le même immeuble que moi, elle à l'entresol et moi au quatrième.

15. **escroc** (*m.*): homme malhonnête; fraudeur

Breloc proteste parce que le commissaire semble le prendre pour un escroc.

16. **état civil** (*m.*): condition des individus dans la société (nom, date de naissance, profession, adresse)

Le commissaire de police l'a prié de donner son état civil.

17. **gaillard** (*m.*): homme vigoureux; homme malin

Surveillez bien ce gaillard; je n'ai pas confiance en lui.

18. **gousset** (*m.*): petite poche placée en dedans de la ceinture du pantalon

Il porte sa montre dans le gousset de son pantalon.

19. **montre** (*f.*): instrument servant à indiquer l'heure

Sa montre ne marche plus. Elle indique quatre heures, mais il est déjà six heures et demie.

20. **pressé**: dans un état de hâte

Mon ami a dit qu'il était pressé de rentrer parce que nous l'attendions.

21. **recueillir**: prendre

J'ai pu recueillir les objets qu'il avait laissés dans sa chambre.

22. **regarder**: concerner

La concierge s'occupe souvent de ce qui ne la regarde pas.

23. **revenir**: inspirer confiance, plaire (langage familier)

Sa façon d'agir ne me revient pas.

24. **rouspétance** (*f.*): protestation (langage familier)

Malgré sa rouspétance, le commissaire l'a fait coller au violon.

25. **seuil** (*m.*): devant d'une porte d'entrée

Elle est venue m'attendre, sur le seuil de sa maison.

26. **tout à l'heure**: il y a quelques instants; dans un moment

Il vous rejoindra tout à l'heure à la porte du commissariat de police.

27. **trancher**: décider, résoudre

Le problème sera tranché par mon père.

28. **trottoir** (*m.*): espace réservé, de chaque côté d'une rue, pour l'usage des piétons

Nous nous sommes croisés sur le trottoir.

Questionnaire Oral

1. Qui appelle le Commissaire?
2. Qu'est-ce qu'elle veut?
3. Qu'est-ce que le monsieur vient déposer?
4. Où et quand Breloc a-t-il trouvé cette montre?
5. Qu'est-ce que le Commissaire dit en la voyant?
6. Que fait-il de la montre?
7. Pourquoi Breloc veut-il partir tout de suite?
8. Qu'est-ce que le Commissaire veut que Breloc lui dise?

9. Quel est l'état civil de celui-ci?

10. Où demeure-t-il? A quel étage?

11. Qu'est-ce que le Commissaire fait pendant que Breloc lui donne son état civil?

12. Quelles sont les ressources de Breloc? Qu'est-ce qu'il possède comme rente?

13. Où est sa ferme?

14. Où est sa chasse gardée?

15. Combien de chiens a-t-il? de chats? de bourriques? de lapins? de cochons d'Inde?

16. A quelle heure notre gaillard a-t-il trouvé la montre?

17. Quelle sorte d'existence Breloc mène-t-il, d'après le Commissaire?

18. Quelle sorte d'existence Breloc mène-t-il, d'après lui-même?

19. Qu'est-ce que le Commissaire a le droit de demander?

20. Qu'est-ce que Breloc dit?

21. Est-ce que la rue Monsieur-le-Prince est dans le quartier de Breloc?

22. Pourquoi le Commissaire veut-il savoir ce que Breloc faisait au coin de la rue Monsieur-le-Prince?

23. Qu'est-ce qu'il faisait là, à trois heures du matin?

24. Est-ce que nous savons le nom de son amie?

25. Est-ce que Breloc donne le nom de son amie au Commissaire?

26. Pourquoi celui-ci demande-t-il à Breloc de changer de ton?

27. Comment Breloc insulte-t-il le Commissaire?

28. Qu'est-ce que le Commissaire pense de Breloc?

29. Pourquoi Breloc n'est-il pas content?

30. Qu'est-ce que cela lui apprendra?

31. Qu'est-ce que répond le Commissaire?

32. Que fait-il ensuite?

33. Qu'est-ce qu'il dit à l'agent de police?

34. Où est-ce que l'on va mettre Breloc?

35. Que dit-il à la fin?

Sujets de Discussion

1. Où est Breloc avant d'entrer en scène?

2. Quelle est votre réaction quand le Commissaire indique pour la première fois qu'il ne permettra pas à Breloc de se retirer?

3. Pourquoi le Commissaire veut-il des explications concernant la montre?

4. Etes-vous déjà entré dans un commissariat de police? Décrivez ce que vous y avez vu.

5. Est-ce que c'est bien pour un commissaire de police d'être très méfiant? Justifiez votre réponse.

6. Pourquoi le Commissaire est-il ironique lorsque notre gaillard lui dit qu'il a trouvé la montre à trois heures du matin?

7. Quelle est la réaction de Breloc lorsque le Commissaire doute de sa parole?

Devoirs Ecrits

1. Ecrivez un résumé de cette scène entre Breloc et le Commissaire, sans vous servir de dialogues.

2. Analysez le caractère du Commissaire par contraste avec celui de Breloc.

3. Composez une petite scène entre un agent de police et un citoyen ordinaire. Créez une situation où le comique résultera de la frustration de l'un ou de l'autre.

QUAND UNE PARISIENNE TELEPHONE...

par Don

Introduction

Parmi les journalistes contemporains, il en est un qui connaît particulièrement bien les caractères de la société parisienne: c'est Don, grand observateur des mille et un faits de tous les jours. Autour d'un personnage central, il réussit à recréer l'atmosphère de la capitale. Dans «Quand une Parisienne téléphone... », on retrouve le Paris des couturiers, des coiffeurs pour dames, mais aussi des petits inconvénients de la vie quotidienne. Don nous montre avec beaucoup d'humour le côté léger et même frivole de certaines Parisiennes.

Préparation à la Lecture

L'article suivant vous rappellera probablement les plaintes de vos parents chaque fois que vous recevez un coup de téléphone de vos amis ou que vous leur en donnez un. Une femme oublie tout quand elle est accrochée au téléphone.

Remarquez comme elle donne de l'importance à ce qu'elle dit, avec des expressions comme: «c'est insensé! c'est fou ce que... c'est grotesque,... cela devient infernal... au cas où ce serait une catastrophe».

Jean, le mari de Suzanne, a trouvé une bonne façon de terminer cette conversation — ou plutôt ce monologue — futile.

Vocabulaire Essentiel

1. Elle ferait mieux de se consacrer à l'éducation de ses enfants.

   se consacrer à: donner tout son temps à

2. Jean est malade pour avoir trop fumé de cigarettes.

   fumé: fait usage de tabac

3. La chanteuse a mal à la gorge; sa voix est légèrement voilée.

   voilée: qui n'est pas pure

4. Suzanne n'a pas commandé de manteau chez Dior.

   commandé: acheté

5. Je conduis moi-même ma voiture maintenant.

   conduis: manœuvre (un véhicule)

6. Le même agent m'a dressé deux contraventions parce que j'avais mal garé ma voiture devant la mairie.

   contraventions (*f.*): procès-verbaux (traffic tickets)

7. Les rues sont encombrées par un grand nombre de voitures.

   encombrées: bloquées par beaucoup de gens, de véhicules ou d'objets

8. Je lui avais interdit de se présenter chez moi, et il a eu le toupet de revenir sans annoncer sa visite!

   toupet (*m.*): effronterie, audace insolente (langage familier)

9. Les troupes ennemies ont agi avec cruauté envers les vaincus.

   cruauté (*f.*): extrême dureté

ALLO!... c'est moi, comment, qui moi? Tu ne reconnais plus ma voix maintenant? Moi, Suzanne... Oui, peut-être, j'ai un peu trop fumé hier soir, alors ma voix est un peu voilée. Comment vas-tu? Moi? Imagine-toi que j'ai
5 fait un rêve merveilleux. Attends que je me le rappelle! Je ne sais pas si tu es comme moi, mais je n'arrive jamais à me rappeler les rêves que je fais. En tout cas, tout était rose — du rose Schiaparelli, tu vois? Ah! tu sais, j'ai été voir la collection de Balenciaga... Non, je n'ai rien commandé, mais...
10 Qu'est-ce que c'est? Mettez le plateau là, sur le lit. Mais non, je n'ai pas le temps de donner des ordres pour la cuisine en ce moment, vous voyez bien que je suis occupée.

C'est insensé! On est tout le temps dérangé pour des choses insignifiantes.
15 Qu'est-ce que je disais? Ah! oui, tout était rose... Non, j'irai chez Dior si je trouve une place pour garer ma voiture. Comment, je ne te l'ai pas dit? Je conduis moi-même maintenant, c'est si amusant, mais c'est fou ce que les gens sont mal élevés et grossiers, surtout les automobilistes. Ils n'arrê-

Schiaparelli: maison de couture établie à Paris
Balenciaga: maison de couture établie à Paris

C'est insensé: C'est fou!

Dior: grand couturier parisien

c'est fou ce que: c'est incroyable comme

tent pas de me dire des choses désagréables. On dirait, ma parole, que toute la rue est à eux. Jean est furieux parce que j'ai eu trois contraventions dans la semaine, comme si j'étais la seule dans tout Paris à avoir des contraventions, surtout
5 avec tous ces agents qui n'ont pas autre chose à faire que de guetter les femmes qui se rangent pour leur dresser des contraventions, et il paraît qu'il ne faut plus les déchirer et les jeter. Que ça leur complique l'existence, et puis, une scène pour une aile abîmée, c'est grotesque. Est-ce de ma faute si
10 les ailes de cette voiture sont en papier mâché? Et si les rues sont si encombrées?

une aile abîmée: dented fender

    Allô! Tu m'entends? Allô! Allô! Ah! tu écoutes — bien — je te croyais partie. Alors je disais...

    Quoi, qu'est-ce qu'il y a encore, vraiment cela devient
15 infernal, impossible de parler tranquillement. Ah! un télégramme! Mon Dieu! je n'aime pas recevoir des télégrammes: on ne sait jamais ce qui peut vous tomber sur la tête!

    Oh! ma pauvre tête. Marie, téléphonez chez Alexandre, et prenez rendez-vous pour cet après-midi. Mise en plis et
20 manucure.

    Allô! J'ai horreur d'ouvrir les télégrammes. Pourvu que ce ne soit pas une mauvaise nouvelle de ma mère. Tu sais comme elle est, l'imprudence même, et cette manie qu'elle a de traverser les rues n'importe où sans s'occuper des
25 voitures, et d'insulter tous les automobilistes, et de les menacer de son parapluie.

    Alors bon, où ai-je mis ce télégramme? Non, ne quitte pas, je vais l'ouvrir, reste là au cas où ce serait une catastrophe. Ça, alors! non mais, quel toupet! C'est de la cruauté mentale
30 ou je ne m'y connais pas. Ecoute ça... Allô! tu écoutes? Le télégramme est de Jean: Monsieur a le culot de me télégraphier:

ne quitte pas: hold the line

    «Raccroche le téléphone, j'ai besoin de te parler, signé Jean.»

Lexique

1. **commander:** acheter
   Mes parents n'ont pas encore commandé les cadeaux de Noël.

2. **conduire:** manœuvrer (un véhicule)
   Il n'a que quinze ans et il apprend déjà à conduire une voiture.

Quand une Parisienne téléphone...   325

3. **s'y connaître:** être expert en
C'est de l'art abstrait; j'avoue que je ne m'y connais pas.

4. **se consacrer à:** donner tout son temps à
Edith Piaf s'était consacrée à la chanson.

5. **contravention** (*f.*): procès-verbal (traffic ticket)
Il faut traverser la rue au passage clouté (dotted lines), autrement on risque de recevoir une contravention.

6. **cruauté** (*f.*): extrême dureté
Son mari a agi envers elle avec une véritable cruauté.

7. **culot** (*m.*): audace, effronterie (langage populaire)
Tu as le culot de me faire des reproches alors que tout est de ta faute?

8. **déchirer:** mettre en pièces
La domestique a dû déchirer tous ces papiers en petits morceaux.

9. **encombrer:** bloquer par beaucoup de gens, de véhicules, ou d'objets
L'allée du jardin est encombrée par les jouets des enfants.

10. **fumer:** faire usage de tabac
La manucure a fumé pendant que nous causions.

11. **garer:** mettre hors de la circulation ou à l'écart
Le chauffeur va garer le camion dans cette petite rue.

12. **grossier:** qui manque de politesse, de raffinement
Le garçon de restaurant m'a répondu en termes grossiers.

13. **manie** (*f.*): habitude ridicule
Il a la manie de conserver toutes les enveloppes des lettres qu'il reçoit.

14. **mise en plis** (*f.*): ondulation des cheveux faite par le coiffeur
Sheila va se faire faire une mise en plis en vue de la réception de demain.

15. **raccrocher:** interrompre une conversation téléphonique en remettant l'appareil en place
Je raccroche le téléphone, car la ligne est occupée.

16. **se ranger:** mettre sa voiture le long du trottoir, garer sa voiture
Si vous voyez un agent de police, rangez-vous au bon endroit!

17. **toupet** (*m.*): effronterie, audace insolente (langage familier)
L'agent a eu le toupet d'intervenir dans cette discussion qui ne le regardait absolument pas.

18. **voilé:** qui n'est pas pur
Cette cloche émet des sons voilés.

Questionnaire Oral

1. Qu'est-ce que Don connaît très bien?

2. Qu'est-ce qu'il raconte?

3. A quoi se consacre la femme qui téléphone?

4. Est-ce que cette Parisienne fait partie d'une race répandue?

5. Comment s'appelle la Parisienne qui téléphone?

6. Est-ce que son amie reconnaît sa voix tout de suite?

7. Pourquoi la voix de la Parisienne est-elle voilée?

8. Est-ce qu'elle peut se rappeler son rêve?

9. Quelle couleur voyait-elle dans son rêve?

10. Quelle collection de modes est-elle allée voir?

11. A-t-elle commandé quelque chose?

12. Qui interrompt sa conversation?

13. Qu'est-ce qu'elle lui demande de mettre sur le lit?

14. A-t-elle le temps de lui donner des ordres pour la cuisine? Pourquoi?

15. Qu'est-ce qu'elle dit quand elle se trouve interrompue?

16. Selon elle, pourquoi a-t-elle été dérangée?

17. Dans quelle condition ira-t-elle chez Dior?

18. Est-ce qu'elle conduit une voiture?

19. Qu'est-ce qu'elle pense des gens dans la rue et des automobilistes?

20. Qu'est-ce que les automobilistes lui disent?

21. Qui est Jean? Pourquoi est-il furieux?

22. D'après elle, qu'est-ce que les agents de police ont à faire?

23. Qu'est-ce qui complique l'existence?

24. Pourquoi lui a-t-on fait une scène?

25. De quoi sont faites les ailes de sa voiture, d'après elle?

26. Comment sont les rues?

27. Est-ce qu'elle aime recevoir des télégrammes? Pourquoi?

28. Comment s'appelle sa bonne?

29. Qu'est-ce qu'il faut que celle-ci demande à Alexandre de sa part?

30. Comment la mère de Suzanne traverse-t-elle les rues?

31. De quoi la mère de Suzanne menace-t-elle les automobilistes?

32. Qu'est-ce que Suzanne dit quand elle ouvre le télégramme?

33. De qui est le télégramme?

34. Quel est le message qui y est contenu?

Sujets de Discussion

1. Où Suzanne se trouve-t-elle lorsqu'elle téléphone?

2. Est-ce que Suzanne travaille beaucoup? Qu'est-ce qui l'occupe pendant la journée?

3. Quelle est l'attitude de Suzanne envers les agents de police et les autres automobilistes?

4. Voyez-vous une ressemblance entre Suzanne et sa mère, d'après les portraits donnés dans le texte?

5. Pourquoi dit-elle que c'est de la cruauté mentale que de lui avoir envoyé un télégramme pour l'interrompre?

6. Vous arrive-t-il de rester longtemps au téléphone? Pourquoi?

Devoirs Ecrits

1. On remarque bien souvent que les adolescents sont aussi coupables que Suzanne quand il s'agit de rester longtemps accroché au téléphone. Ecrivez un monologue dont vous serez l'auteur ou que vous aurez entendu au téléphone.

2. Ecrivez un résumé du monologue de Suzanne en vous attachant aux points suivants: (a) son rêve, (b) la première interruption, (c) les difficultés avec sa voiture, (d) la seconde interruption, (e) le rendez-vous chez le coiffeur, (f) ses craintes à l'égard de sa mère, (g) le contenu du télégramme.

3. Faites un contraste entre les hommes et les femmes en écrivant le monologue que prononcerait un homme au téléphone. Votre père, par exemple, comment parle-t-il quand il téléphone?

LE BROCANTEUR

par Marcel Pagnol

Introduction

Dans tous ses écrits, romans, contes, pièces de théâtre, scénarios de films, Marcel Pagnol (1895–   ) a montré les qualités de finesse et de gaieté qui caractérisent le Midi, d'où il est originaire. Il a publié ses *Souvenirs d'enfance* en quatre tomes: le premier, *La gloire de mon père* (1957) contient l'extrait que nous allons lire. En bon Méridional, Pagnol exagère parfois (nous l'avons vu dans «L'histoire de l'oignon d'Espagne»), mais son optimisme est contagieux. Il sait faire revivre tous les événements de son enfance avec une spontanéité et une fraîcheur qui nous donnent l'impression qu'ils se sont passés hier.

Préparation à la Lecture

Il n'y a rien de plus intéressant que d'aller chez un brocanteur en France ou à «Archie's Resale Shop», dans n'importe quelle ville des Etats-Unis. Si vous y êtes jamais entré, vous savez bien quelles sortes de trésors on peut y dénicher. On y trouve de tout! Et, avec de la chance, on peut faire la connaissance d'une personne originale et pleine d'imagination, comme c'est le cas du brocanteur dans le conte de Pagnol. Vous aurez plaisir à voir ce que contient sa boutique et à le regarder discuter une affaire.

Vocabulaire Essentiel

1. On trouve des choses bizarres chez ce brocanteur.

   brocanteur (*m.*): personne qui achète et revend des objets usagés

2. Mon père avait retenu une commode chez le brocanteur.

   retenu: fait mettre de côté une marchandise avec l'intention de l'acheter

3. Ses deux sœurs sont assises sur le canapé.

   canapé (*m.*): siège capitonné où plusieurs personnes peuvent s'asseoir

4. Les prisonniers dans les geôles d'autrefois couchaient sur des paillasses.

   paillasses (*f.*): matelas bourrés de paille

5. Elle a acheté un bahut ancien de style espagnol.

   bahut (*m.*): meuble généralement rustique, dans le genre d'un buffet

6. En Espagne, on met de l'eau dans une gargoulette pour la rafraîchir.

   gargoulette (*f.*): vase ou cruche en terre poreuse

7. Mon fils entasse dans sa chambre un fourniment extraordinaire.

   fourniment (*m.*): ensemble d'objets divers

8. Les dockers ont arrimé les caisses sur les quais de la Seine.

   arrimé: disposé avec ordre (terme de marine)

9. Tu devrais t'acheter des caleçons neufs.

   caleçons (*m.*): vêtements de dessous masculins

10. Oseriez-vous demander une part de cet héritage?

    oseriez: auriez la hardiesse, l'audace de

11. Quasimodo, dans *Notre-Dame de Paris* de Victor Hugo, est un des bossus les plus célèbres de la littérature.

    bossus (*m.*): personnes ayant une déformation de la colonne vertébrale

12. Les borgnes ont de la difficulté à conduire une voiture.

borgnes (*m.*): personnes qui n'ont plus qu'un seul œil

13. Je suis allé sur le quai voir décharger les marchandises.

   décharger: mettre ce que l'on transporte à terre

14. Il secoua la tête d'un air triste en me voyant.

   secoua: agita

15. Le brocanteur dit qu'il ne pouvait pas raccourcir le prix.

   raccourcir: diminuer (langage familier)

16. Le boulanger veut allonger la marchandise pour obtenir ses cinquante francs.

   allonger: augmenter (langage familier)

17. Il faut mettre un robinet neuf à la baignoire, car l'eau coule constamment.

   robinet (*m.*): appareil qui débite ou retient un liquide

18. Le brocanteur avait placé des armoires l'une à côté de l'autre.

   armoires (*f.*): grands meubles aménagés avec des étagères

19. Il chuchota quelques mots à l'oreille de son complice qui répondit par un clin d'œil.

   chuchota: prononça à voix basse

20. Achetez donc un fer à repasser électrique.

   fer (*m.*) **à repasser**: outil qui, chauffé, sert à lisser du linge après lavage et blanchissage

21. Nous avons rapporté de notre expédition un riche butin.

   butin (*m.*): ce qu'on rapporte d'une expédition quelconque

22. Elle feignit de ne pas entendre ma voix.

   feignit: fit semblant

23. La paume de sa main droite était tachée d'encre.

   paume (*f.*): intérieur de la main

24. Mon père avait passé la bricole afin de tirer la charrette.

   bricole (*f.*): partie d'un harnachement (breast harness)

25. L'auto démarra avec bruit.

   démarra: partit

NOUS NOUS arrêtâmes au bout du boulevard de la Madeleine, devant une boutique noirâtre. Elle commençait sur le trottoir, qui était encombré de meubles hétéroclites, autour d'une très vieille pompe à incendie à
5 laquelle était accroché un violon.

Le maître de ce commerce était très grand, très maigre et très sale. Il portait une barbe grise, et des cheveux de troubadour sortaient d'un grand chapeau d'artiste. Son air était mélancolique, et il fumait une pipe en terre.

10 Mon père lui avait déjà rendu visite et avait retenu quelques «meubles»: une commode, deux tables et plusieurs fagots de morceaux de bois poli qui, selon le brocanteur, devaient permettre de reconstituer six chaises. Il y avait

boulevard de la Madeleine: boulevard à Marseille, ville située dans le Midi

hétéroclites: de tous genres

pipe (*f.*) **en terre:** clay pipe

fagots (*m.*): bundles

Le brocanteur 329

aussi un petit canapé qui perdait ses entrailles comme un cheval de toréador, trois sommiers crevés, des paillasses à moitié vides, un bahut qui n'avait plus ses étagères, une gargoulette qui représentait assez schématiquement un coq
5 et divers ustensiles de ménage que la rouille appareillait.

Le brocanteur nous aida à charger tout ce fourniment sur la charrette à bras, qui avait laissé tomber une béquille... Le tout fut arrimé avec des cordes, qu'un long usage avait rendu chevelues. Puis, on fit les comptes. Après une sorte de médi-
10 tation, le brocanteur regarda fixement mon père et dit:

—Ça fait cinquante francs!

—Ho ho! dit mon père, c'est trop cher!

—C'est cher, mais c'est beau, dit le brocanteur. La commode est d'époque!

15 Il montrait du doigt cette ruine vermoulue.

—Je le crois volontiers, dit mon père. Elle est certainement d'une époque, mais pas de la nôtre!

Le brocanteur prit un air dégoûté et dit:

—Vous aimez tellement le moderne?

20 —Ma foi, dit mon père, je n'achète pas ça pour un musée.
C'est pour m'en servir.

Le vieillard parut attristé par cet aveu.

—Alors, dit-il, ça ne vous fait rien de penser que ce meuble
a peut-être vu la reine Marie-Antoinette en chemise de nuit?

25 —D'après son état, dit mon père, ça ne m'étonnerait pas
qu'il ait vu le roi Hérode en caleçons!

—Là, je vous arrête, dit le brocanteur, et je vais vous
apprendre une chose: le roi Hérode avait peut-être des
caleçons, mais il n'avait pas de commode! Rien que des
30 coffres à clous d'or, et des espèces de cocottes en bois. Je
vous le dis parce que je suis honnête.

—Je vous remercie, dit mon père. Et puisque vous êtes
honnête, vous me faites le tout à trente-cinq francs.

Le brocanteur nous regarda tour à tour, hocha la tête avec
35 un douloureux sourire, et déclara:

—Ce n'est pas possible, parce que je dois cinquante francs
à mon propriétaire qui vient encaisser à midi.

—Alors, dit mon père indigné, si vous lui deviez cent
francs, vous oseriez me les demander?

40 —Il faudrait bien! Où voulez-vous que je les prenne?
Remarquez que si je ne devais que quarante francs, je vous
demanderais quarante. Si je devais trente, ça serait trente...

que la rouille appareillait: à qui
la rouille (rust), qui les cou-
vrait, donnait une apparence
semblable
béquille: support

La commode est d'époque: The
chest is a period piece!

clous (m.) d'or: gold nails

vous me faites: vous me vendez

—Dans ce cas, dit mon père, je ferais mieux de revenir demain, quand vous l'aurez payé et que vous ne lui devrez plus rien...

—Ah maintenant, ce n'est plus possible! s'écria le brocan-

5 teur. Il est onze heures juste. Vous êtes tombé dans ce coup-là: vous n'avez plus le droit d'en sortir. D'ailleurs, je reconnais que vous n'avez pas eu de chance de venir aujourd'hui. Mais quoi! A chacun son destin! Vous, vous êtes jeune et frais, vous êtes droit comme un *i*, et vous avez deux yeux

10 superbes: tant qu'il y aura des bossus et des borgnes, vous n'aurez pas le droit de vous plaindre, c'est cinquante francs!

—Bien, dit mon père. Dans ce cas, nous allons décharger ces débris, et nous irons nous servir ailleurs. Petit, détache les cordes!

15 Le brocanteur me retint par le bras en criant: «Attendez!»

Puis il regarda mon père avec une tristesse indignée, secoua la tête, et me dit: «Comme il est violent!»

Il s'avança vers lui, et parla solennellement:

—Sur le prix, ne discutons plus: c'est cinquante francs; ça

20 m'est impossible de le raccourcir. Mais nous pouvons peut-être allonger la marchandise.

tant qu'il y aura: aussi longtemps qu'il existera

Il entra dans sa boutique: mon père me fit un clin d'œil triomphal et nous le suivîmes.

Il y avait des remparts d'armoires, des miroirs lépreux, des casques, des pendules, des bêtes empaillées. Il plongea son ⁵ bras dans ce fouillis, et en retira divers objets.

—Premièrement, dit-il, puisque vous aimez le Moderne, je vous donne en plus cette table de nuit *en tôle émaillée,* et ce robinet col de cygne, *nickelé par galvanoplastie.* Vous ne direz pas que ce n'est pas Moderne! Deuxièmement, je vous ¹⁰ donne ce fusil arabe damasquiné, qui n'est pas un fusil à pierre, mais à capsule. Admirez la longueur du canon! On dirait une canne à pêche. Et regardez, ajouta-t-il à voix basse, les initiales (en lettres arabes) qui sont gravées sur la crosse!

¹⁵ Il nous montra des signes, qui avaient l'air d'une poignée de virgules, et chuchota:

—A et K. Avez-vous saisi?

—Vous allez m'affirmer, dit mon père, que c'est le propre fusil d'Abd-el-Kader?

²⁰ —Je n'affirme rien, dit le brocanteur avec conviction. Mais on a vu plus fort!! A bon entendeur, salut! Je vous donne en plus ce pare-étincelles en cuivre découpé, ce parapluie de berger (qui sera comme neuf si vous changez seulement la toile), ce tam-tam de la Côte-d'Ivoire — qui est une pièce de ²⁵ *collection* — et ce fer à repasser de tailleur. Est-ce que ça va?

—C'est honnête, dit mon père. Mais je voudrais aussi cette vieille cage à poules.

—Hé hé! dit le brocanteur, je reconnais qu'elle est vieille mais elle peut servir aussi bien qu'une neuve. Enfin, puisque ³⁰ c'est vous, je vous la donne.

Mon père lui tendit un billet mauve de cinquante francs. Il le prit gravement avec un salut de la tête.

Enfin, comme nous finissions de glisser notre butin sous les cordes déjà tendues, pendant qu'il rallumait sa pipe, il dit ³⁵ tout à coup:

—J'ai bien envie de vous faire un cadeau d'un lit pour le petit!

Il entra dans son magasin, disparut derrière la forêt d'armoires, et reparut, triomphant. Il portait à bout de bras ⁴⁰ un cadre fait de quatre vieilles solives si mal jointes qu'au moindre effort, ce carré devenait losange. Sur l'un de ces bois, on avait fixé, avec des clous de tapissier, un rectangle

tôle émaillée: feuille laminée de métal (fer ou acier), recouverte d'émail (enamel)

col de cygne, *nickelé par galvanoplastie:* le robinet a la forme d'un col de cygne (swan) et il est recouvert de nickel par galvanoplastie (procédé par lequel on réargente)

fusil à pierre: flintlock rifle

(fusil) à capsule: more modern rifle

Abd-el-Kader: Emir arabe (1808–1883) qui lutta contre les Français en Algérie

A bon entendeur, salut! (proverbe): Que celui qui entende profite de ce qui est dit!

cuivre découpé: filigreed brass

à bout de bras: at arm's length

de toile de jute, aux bords effilochés, qui pendait comme le drapeau de la misère.

—A la vérité, dit-il, il manque un second cadre tout pareil pour former un X avec celui-ci. Avec quatre bouts de bois, 5 vous en verrez la farce, et le petit dormira comme un pacha!

Il croisa ses bras sur sa poitrine, pencha doucement la tête sur le côté, et feignit de s'endormir avec un sourire béat.

Nous lui fîmes de grands remerciements; il en parut touché et, levant sa main droite qui nous présenta une 10 paume noirâtre, il s'écria:

—Attendez! J'ai encore une surprise pour vous!

Et il rentre dans sa boutique en courant. Mais mon père qui avait passé la bricole, démarra brusquement et descendit à bonne allure le boulevard de la Madeleine, tandis que le 15 généreux vieillard, reparu au bord du trottoir, brandissait à bout de bras un immense drapeau de la Croix-Rouge, que nous jugeâmes inutile d'aller chercher.

vous en verrez la farce: you'll fix it

pacha (mot turc): gouverneur de province et, par extension, personne qui mène une vie agréable

Lexique

1. **accrocher:** suspendre
   La cuisinière accroche ses casseroles à des clous, au-dessus de l'évier.

2. **allonger:** rendre plus long; (langage familier) augmenter
   Je vais allonger la sauce en y mettant du lait.

3. **à bonne allure** (f.): assez rapidement
   Les scouts marchent à bonne allure sur la route.

4. **armoire** (f.): grand meuble aménagé avec des étagères
   Aujourd'hui, il y a très peu d'armoires, car on préfère installer des penderies ou des placards dans le mur.

5. **arrimer** (terme de marine): disposer avec ordre
   Les colis sont bien arrimés dans le camion.

6. **aveu** (m.): déclaration de quelque chose qu'on aurait pu ou voulu cacher
   Jean a fait à Madeleine l'aveu de son amour.

7. **bahut** (m.): meuble généralement rustique, dans le genre d'un buffet
   Cette fermière pose toujours des assiettes sur le bahut.

8. **béat:** content de soi et de tout
   Il est toujours béat d'admiration devant ses enfants.

9. **borgne** (m.): personne qui n'a qu'un seul œil
   Il ne voit pas très bien parce qu'il est borgne.

10. **bossu** (m.): personne ayant une déformation de la colonne vertébrale
    Ton cousin, qui a fait une chute dans son enfance, est un bossu.

11. **bricole** (f.): partie d'un harnachement (breast harness); chose peu importante
    Mon père garde toutes sortes de petites bricoles dans le garage.

12. **brocanteur** (*m.*): personne qui achète et revend des objets usagés

On fait parfois de bonnes affaires chez un brocanteur.

13. **butin** (*m.*): ce qu'on rapporte d'une expédition quelconque

Les géologues ont rapporté, des fouilles enterprises dans le Sahara, un butin de grande valeur.

14. **caleçon** (*m.*): vêtement de dessous masculin

Il faut six caleçons à Marc pour son trousseau d'écolier.

15. **canapé** (*m.*): siège capitonné où plusieurs personnes peuvent s'asseoir

Les quatre enfants sont assis sur le canapé.

16. **canne** (*f.*) **à pêche**: principal ustensile du pêcheur pour prendre des poissons

Papa m'a donné une canne à pêche pour ma fête.

17. **charrette** (*f.*) **à bras**: petite voiture à deux roues, tirée ou poussée à la force des bras

Le fermier nous apporte des légumes et des œufs sur sa charrette à bras.

18. **chevelu**: qui a beaucoup de cheveux; qui ressemble à des cheveux

Les algues marines, avec leurs longs brins, semblent chevelues.

19. **chuchoter**: prononcer à voix basse

Je lui ai chuchoté le secret à l'oreille.

20. **clin d'œil** (*m.*): fermeture rapide et malicieuse d'un œil

Avez-vous remarqué le clin d'œil qu'il a fait en disant cette plaisanterie?

21. **cocotte** (*f.*): sorte de marmite avec un couvercle et des anses

Cette grande cocotte peut servir à cuire les haricots ou à les garder en réserve.

22. **crevé**: défoncé

Le tambour de Pierre est crevé.

23. **crosse** (*f.*): partie d'un fusil qu'on met à l'épaule pour tirer (butt)

Abd-el-Kader a fait graver ses initiales sur la crosse de son fusil.

24. **damasquiné**: incrusté de filets d'or et d'argent

La crosse de ce fusil est damasquinée.

25. **décharger**: mettre ce que l'on transporte à terre

Voulez-vous m'aider à décharger les sacs de la voiture?

26. **démarrer**: partir

Le coureur a démarré en grande vitesse.

27. **effiloché**: (tissu) qui s'est effilé par suite de de l'usure (raveled)

Le tapis est usé; ses bords sont complètement effilochés.

28. **encaisser**: toucher de l'argent

J'ai été encaisser de l'argent à ma banque.

29. **étagère** (*f.*): tablette de bois ou de verre sur laquelle on place des objets

Les étagères de ma bibliothèque sont pleines de livres.

30. **feindre**: faire semblant

Le gardien du musée feint de dormir pour ne pas être dérangé.

31. **fer** (*m.*) **à repasser**: outil qui, chauffé, sert à lisser du linge après lavage et blanchissage

Autrefois, les fers à repasser étaient chauffés sur du charbon ardent.

32. **fouillis** (*m.*): ensemble d'objets entassés en désordre

Il reste dans ses tiroirs tout un fouillis d'objets inutiles.

33. **fourniment** (*m.*): ensemble d'objets divers

Tu as laissé un fourniment invraisemblable dans le garage.

34. **gargoulette** (*f.*): vase ou cruche en terre poreuse

Au pays basque, les gens se servent de gargoulettes.

35. **hocher:** incliner la tête en signe d'accord (de haut en bas) ou de refus (de droite à gauche)
Il a hoché la tête avec détermination.

36. **lépreux:** atteint de la maladie de la lèpre; vieux
La seule colonie de lépreux aux Etats-Unis existe à Carville, en Louisiane.

37. **losange** (*m.*): quadrilatère dont les quatre côtés sont égaux
Les côtés du carré n'étaient pas rigides et, en se déplaçant, ils ont formé un losange.

38. **noirâtre:** vaguement noir
Cette eau est sale, trouble et noirâtre.

39. **oser:** avoir la hardiesse, l'audace de
Le visiteur n'ose pas entrer dans cette maison hantée.

40. **paillasse** (*f.*): matelas bourré de paille
Dans cet hôtel, au lieu de bons matelas, nous ne semblons avoir que des paillasses.

41. **pare-étincelles** (*m.*): écran métallique servant à intercepter les étincelles jaillissant d'une cheminée
J'ai trouvé un joli pare-étincelles chez l'antiquaire.

42. **paume** (*f.*): intérieur de la main
Elle avait les paumes humides.

43. **pompe** (*f.*) **à incendie:** machine dont se servent les pompiers pour combattre les feux
Il a fallu employer plusieurs pompes à incendie pour éteindre le feu.

44. **raccourcir:** rendre plus court; (langage familier) diminuer
J'ai raccourci ma robe parce que la mode est aux robes courtes.

45. **rempart** (*m.*): muraille autour d'un château fort; objet qui sert à protéger

Il y avait dans la boutique des armoires rangées comme un rempart.

46. **retenir:** faire mettre de côté une marchandise avec l'intention de l'acheter; arrêter
Ma femme a retenu un manteau dans ce grand magasin.

47. **robinet** (*m.*): appareil qui débite ou retient un liquide
Allez-vous faire installer un robinet dans le garage?

48. **schématiquement:** dans les grandes lignes
L'officier m'a indiqué schématiquement le plan de bataille.

49. **secouer:** agiter
Le gendarme secouait la tête pour dire «non».

50. **solive** (*f.*): pièce de bois appuyée sur le mur ou soutenant un plancher
Pourquoi as-tu utilisé une vieille solive pour faire ce cadre?

51. **tendre:** présenter
Elle lui tend une tasse de café.

52. **tour à tour:** alternativement
Il regardait tour à tour son père et son fils.

53. **vermoulu:** (bois) attaqué par des insectes ou leurs larves
Attention! Les planches du petit pont sont vermoulues.

54. **virgule** (*f.*): signe de ponctuation (comma)
Les marques sur la crosse du fusil ressemblaient à des virgules.

Questionnaire Oral

1. Comment était la boutique au bout du boulevard de la Madeleine?

2. Qu'est-ce qu'il y avait sur le trottoir?

3. Qu'est-ce qui était attaché à la pompe à incendie?

4. Comment était le maître de ce commerce?

Marcel Pagnol

French Embassy Press and Information Division

5. Comment étaient sa barbe et ses cheveux?

6. Quel air avait-il?

7. Qu'est-ce qu'il fumait?

8. Qu'est-ce que le père de Pagnol avait retenu chez le brocanteur?

9. Qu'allait-il faire avec les fagots de morceaux de bois polis?

10. Comment le canapé perdait-il ses entrailles?

11. Comment étaient les sommiers?

12. Comment étaient les paillasses?

13. Qu'est-ce qui manquait au bahut?

14. Quelle était la forme de la gargoulette?

15. Qu'est-ce qu'il y avait sur les ustensiles de ménage?

16. Sur quoi a-t-on chargé tout ce fourniment?

17. Qu'est-ce qui avait perdu une béquille?

18. Comment étaient devenues les cordes avec lesquelles le tout fut arrimé?

19. Quel était le prix fixé par le brocanteur pour le tout?

20. Qu'est-ce que c'est que la ruine vermoulue?

21. Pourquoi M. Pagnol achète-t-il la commode?

22. Qui la commode a-t-elle peut-être vu «en chemise de nuit»?

23. Que portait le roi Hérode?

24. Qui avait des coffres à clous d'or et des cocottes en bois?

25. Pourquoi le brocanteur refuse-t-il l'offre des trente-cinq francs?

26. Dans quelle condition M. Pagnol paiera-t-il cinquante francs pour la marchandise?

27. Comment étaient la table de nuit et le robinet?

28. Comment est le fusil arabe? Qu'est-ce qu'il y a de gravé sur la crosse?

29. Comment est le pare-étincelles?

30. Qu'est-ce qui manque au parapluie de berger?

31. D'où vient le tam-tam?

32. Quelle sorte de fer à repasser offre-t-il?

33. Est-ce que la cage à poules est neuve?

34. Qu'est-ce que le brocanteur veut donner au petit?

35. Quelle est la dernière surprise que le brocanteur réserve à M. Pagnol et à son fils?

Sujets de Discussion

1. Pourquoi le vieillard paraît-il triste quand M. Pagnol dit qu'il n'achète pas la commode pour un musée mais pour s'en servir?

2. Est-ce que le brocanteur aurait demandé cent francs s'il en avait eu besoin? Pourquoi?

3. Pourquoi le brocanteur considère-t-il que M. Pagnol n'a pas le droit de sortir de sa boutique sans payer sa marchandise cinquante francs?

4. Pourquoi M. Pagnol n'a-t-il pas eu de chance en venant ce jour-là plutôt qu'un autre?

5. De tous les objets qui se trouvaient chez le brocanteur, lequel préféreriez-vous? Pourquoi?

6. Pourquoi chuchote-t-il sa réponse quand il montre le fusil arabe?

7. Comment les Pagnol ont-ils transporté toutes ces marchandises?

8. Si vous alliez chez un brocanteur, qu'aimeriez-vous y trouver?

Devoirs Ecrits

1. Décrivez la boutique d'un brocanteur, en donnant des détails sur ce qu'on y trouve.

2. Faites une analyse du caractère du brocanteur.

3. Ecrivez un résumé de cette sélection en employant le passé composé au lieu du passé simple.

EXERCICES DE STRUCTURE

L'IMPARFAIT ET LE PASSE COMPOSE

Répétez les phrases suivantes.

1. Quelle heure était-il quand vous avez trouvé cette montre?
2. Quelle heure était-il quand vous avez fini votre travail?
3. Quel temps faisait-il quand vous êtes parti?
4. Quel temps faisait-il quand Charles est arrivé?
5. Quel livre lisiez-vous quand je suis entré?

Changez la phrase suivante en employant les mots indiqués.

6. Quel article lisiez-vous quand cette mauvaise nouvelle est arrivée?

_____ livre _____?

_____ étudiiez _____?

_____ ce télégramme _____?

Complétez les phrases suivantes.

MODÈLE: Je lisais un roman de Camus quand cette mauvaise nouvelle est arrivée.

7. Il faisait beau temps quand...
8. Charlotte était en train de changer de robe quand...
9. Jeanne faisait un rêve quand...
10. Je me promenais dans la rue quand...
11. Je revenais de chez ma tante quand...
12. Je téléphonais chez Alexandre quand...

MODÈLE: Quand votre télégramme est arrivé, je quittais la maison.

13. Quand j'ai trouvé cette montre,...
14. Quand j'ai reçu votre télégramme,...
15. Quand j'ai appris cette mauvaise nouvelle,...
16. Quand l'agent m'a dressé cette contravention,...

VOULOIR + LE SUBJONCTIF DANS LES PHRASES INTERROGATIVES

Répétez les phrases suivantes.
1. Où voulez-vous que je les prenne?
2. Où voulez-vous que je mette ce livre?
3. Où voulez-vous que j'aille?
4. Que voulez-vous que je fasse?
5. Quand voulez-vous que je parte?

Changez la phrase suivante en employant les mots indiqués.
6. Que voulez-vous que je fasse?
_____ dise.
_____ apprenne.
_____ écrive.
_____ lise.

DEUX PRONOMS COMPLÉMENTS D'OBJET

Répétez les phrases suivantes.
1. Comment, je ne te l'ai pas dit?
2. Je vous la donne.
3. Où est mon livre? Tu ne me l'as pas donné.
4. Où est notre livre? Tu ne nous l'as pas donné.
5. Où est le livre de Robert? Tu ne le lui as pas donné.
6. Où sont les livres de mes enfants? Tu ne les leur as pas donnés.

Changez les phrases suivantes en employant les mots indiqués et faites les changements nécessaires.
7. Je ne comprends pas cette leçon parce que le professeur ne nous l'a pas expliquée.
_____ expression _____.
_____ mot _____.
_____ roman _____.
_____ phrase _____.

8. Charles ne comprend pas la leçon parce que le professeur ne la lui a pas expliquée.

_____ expression _____.
_____ mot _____.
_____ idée _____.
_____ problème _____.

ETRE A + PRONOM ACCENTUE

Répétez les phrases suivantes.
1. On dirait, ma parole, que toute la rue est à eux.
2. Tous ces livres sont à moi.
3. Mes amis savent que tous ces livres sont à eux.
4. Toutes ces richesses sont à toi.

Changez la phrase suivante en employant les mots indiqués.
5. Ce ne sont pas les livres de Robert. Ces livres sont à moi.

_____ souliers _____ souliers _____.
_____ Charles. _____.
_____ vous.

Répondez aux questions suivantes.

MODELE: Est-ce que c'est votre livre?
Oui, ce livre est à moi.

6. Est-ce que c'est notre montre?
7. Est-ce que c'est ton chapeau?
8. Est-ce que c'est la montre de Charles?
9. Est-ce que ce sont les livres de vos enfants?
10. Est-ce que ce sont mes souliers?

LES IMPERATIFS IRREGULIERS

Répétez les phrases suivantes.
1. Veuillez vous expliquer!
2. Veuillez expliquer votre réponse!
3. Soyez prêtes à expliquer votre réponse!
4. Ayez la bonté d'expliquer votre réponse!
5. Sachez expliquer votre réponse!

Transformez les phrases suivantes.

MODELE: Commencez-vous à faire attention?
Commencez à faire attention!

6. Savez-vous ce qui se passe?
7. Etes-vous prêt à partir?
8. Avez-vous confiance en moi?
9. Voulez-vous vous expliquer?
10. Dites-vous la vérité?
11. Voulez-vous bien vous asseoir?

LE PASSE SIMPLE
Transformez les phrases suivantes.

MODELE: Il nous aida.
         Il nous a aidés.

1. Le tout fut arrimé avec des cordes.
2. On fit les comptes.
3. Le brocanteur regarda fixement mon père.
4. Le brocanteur prit un air dégoûté.
5. Le vieillard parut attristé par cet aveu.
6. Le brocanteur déclara: «C'est formidable!»
7. «Ce n'est plus possible,» s'écria le brocanteur.
8. Le brocanteur me retint par le bras.
9. Il secoua la tête.
10. Il s'avança vers lui.
11. Nous le suivîmes.
12. Il plongea son bras dans ce fouillis.

REVISION

CONCORDANCE DES TEMPS: LE PRESENT ET LE PASSE
Répétez les phrases suivantes.
1. Aujourd'hui je sais que vous avez tort et hier je savais que vous aviez tort.
2. Aujourd'hui je sais ce que vous avez fait et hier je savais ce que vous aviez fait.
3. Aujourd'hui je sais ce que vous ferez et hier je savais ce que vous feriez.

Transformez les phrases suivantes.

MODELE: Je comprends ce que vous dites.
         Je comprenais ce que vous disiez.

4. Je vous promets que je vous dirai la vérité.
5. Je sais ce qui se passera.
6. Je crois que nous nous sommes trompés.
7. Je suis sûr que vous vous trompez.
8. Je dis que vous vous tromperez.
9. Je pense que vous réussirez.
10. Je suis sûr que vous étudiez le français depuis deux ans.
11. Je vous assure que je ne vous ai pas compris.
12. J'espère que vous partirez bientôt.
13. Je vous assure que mon père va vous rendre visite.
14. Je ne sais pas si ma réponse est juste.
15. Je ne sais pas si ma sœur est partie à l'heure.
16. Je ne sais pas si je réussirai à cet examen.

Les ruines de la cathé-drale de Rouen, 1945

Tableau 16 • COEUR

Entrée en Matière. *Ce n'est pas un signe spécial à notre époque que nous devions traverser des moments troublés pour que s'affirment nos sentiments les plus nobles et les plus purs. De tout temps, cela a été vrai. La guerre, les destructions, les bombardements, les tortures semblent fournir l'occasion indispensable à l'homme pour faire preuve de courage, d'esprit de sacrifice, d'amour enfin.*

En effet, dans ces circonstances graves où la mort est toujours présente, on se tourne vers ce qui est plus haut que soi, patrie, Dieu ou personne aimée. On veut profiter des quelques moments qui restent à vivre: les croyants et les incroyants, les prisonniers et les gens libres, tous trouvent une consolation dans leur sacrifice pour une grande cause.

Les mauvais souvenirs s'oublient assez vite. On retiendra non pas les horreurs, les morts innombrables et les crimes qu'entraîne chaque guerre, mais plutôt les actes d'héroïsme et la fraternité des combattants. Là aussi joue l'esprit d'aventure qui existe en chacun d'entre nous.

N'oublions pas cependant que notre siècle a inventé des forces de destruction capables d'annihiler le monde entier. Une guerre dans ces conditions serait la négation même de tous les sentiments qui nous rendent fiers d'être des hommes.

BARBARA

par Jacques Prévert

Introduction

L'amour est un thème qu'ont chanté de nombreux poètes. Ici, Jacques Prévert (1900–   ), dont nous avons déjà étudié deux textes, évoque un amour disparu dans des conditions tragiques. Le poème «Barbara» est tiré du livre *Paroles,* publié en 1946, tout de suite après la guerre. Il décrit la solitude morne de l'après-guerre, dans Brest qui garde les souvenirs du feu, du fer et du sang. Que sont devenues les amours nées avant la guerre? Au milieu des ruines et sous une pluie continuelle, on regrette ce qui a été emporté pour toujours. La guerre terminée, il ne reste que des souvenirs tristes. Prévert a bien su rendre la nostalgie de l'amour et de l'amitié.

Préparation à la Lecture

Une femme, rencontrée dans les rues de Brest, un jour de pluie, présente le visage de l'amour. La guerre a passé, détruisant la ville, mais celui qui a vu Barbara une seule fois ne peut l'oublier. La répétition des «Rappelle-toi Barbara» donne un air mélancolique à ses souvenirs. Ces vers libres, c'est-à-dire qui n'ont pas le même nombre de syllabes, et l'absence de ponctuation produisent l'impression de la pluie qui tombe. Notez l'opposition entre la beauté et l'amour, personnifiés par Barbara et, d'autre part, la violence et la guerre.

Vocabulaire Essentiel

1. La tente était toute ruisselante parce qu'il avait plu longtemps.
   ruisselante: très mouillée

2. La figure épanouie, tu as reçu ton cadeau.
   épanouie: gaie, joyeuse

3. J'ai reconnu cette personne seulement après l'avoir croisée.
   croisée: rencontrée en venant d'une direction opposée

4. Pendant la guerre, ce pont a été abîmé.
   abîmé: détérioré, endommagé

5. Quand il fait chaud, la viande a tendance à pourrir facilement.
   pourrir: se décomposer

Rappelle-toi Barbara
Il pleuvait sans cesse sur Brest ce jour-là
Et tu marchais souriante
Epanouie ravie ruisselante
Sous la pluie
Rappelle-toi Barbara
Il pleuvait sans cesse sur Brest
Et je t'ai croisée rue de Siam
Tu souriais
Et moi je souriais de même
Rappelle-toi Barbara

Brest: port militaire très important, en Bretagne

rue de Siam: une des rues de Brest

5

10

Toi que je ne connaissais pas
Toi qui ne me connaissais pas
Rappelle-toi
Rappelle-toi quand même ce jour-là
5   N'oublie pas
Un homme sous un porche s'abritait
Et il a crié ton nom
Barbara
Et tu as couru vers lui sous la pluie
10   Ruisselante ravie épanouie
Et tu t'es jetée dans ses bras
Rappelle-toi cela Barbara
    Et ne m'en veux pas si je te tutoie
Je dis tu à tous ceux que j'aime
15   Même si je ne les ai vus qu'une seule fois
Je dis tu à tous ceux qui s'aiment
Même si je ne les connais pas
Rappelle-toi Barbara
N'oublie pas
20   Cette pluie sage et heureuse
Sur ton visage heureux

porche: portique couvert en avant de la porte d'entrée

ne m'en veux pas: ne sois pas fâchée contre moi

Sur cette ville heureuse
Cette pluie sur la mer
Sur l'arsenal
Sur le bateau d'Ouessant

5 Oh Barbara
Qu'es-tu devenue maintenant
Sous cette pluie de fer
De feu d'acier de sang
Et celui qui te serrait dans ses bras

10 Amoureusement
Est-il mort disparu ou bien encore vivant
Oh Barbara
Il pleut sans cesse sur Brest
Comme il pleuvait avant

15 Mais ce n'est plus pareil et tout est abîmé
C'est une pluie de deuil terrible et désolée
Ce n'est même plus l'orage
De fer d'acier de sang
Tout simplement des nuages

20 Qui crèvent comme des chiens
Des chiens qui disparaissent
Au fil de l'eau sur Brest
Et vont pourrir au loin
Au loin très loin de Brest

25 Dont il ne reste rien.

Ouessant: île de l'Atlantique, à 40 kms à l'ouest de Brest

Lexique

1. **abîmer:** détériorer, endommager
   Il avait les souliers abîmés parce qu'il avait trop marché.

2. **acier** (*m.*): métal dérivé de la fusion du fer et du carbone
   L'acier est très important dans la construction des gratte-ciel.

3. **croiser:** rencontrer en venant d'une direction opposée
   Si vous me croisez dans la rue, n'oubliez pas de me dire bonjour.

4. **épanouir:** rendre gai, joyeux; devenir; s'ouvrir (une fleur)
   Une fleur épanouie ne dure pas longtemps.

5. **au fil de l'eau:** le long du courant de l'eau
   Au fil de l'eau, la barque allait vers la mer.

6. **orage** (*m.*): perturbation du temps avec éclairs, tonnerre, vent et pluie
   Pendant l'orage, l'arbre est tombé.

7. **pourrir:** se décomposer
   Le bois pourrit dans l'eau, s'il y reste longtemps.

8. **ruisselant:** très mouillé
   L'athlète continuait sa course, le visage ruisselant de sueur.

9. **tutoyer:** se servir du pronom *tu*
   Un étudiant ne tutoie jamais un professeur.

Questionnaire Oral

1. Où se trouve-t-on dans ce poème?
2. Quel temps fait-il souvent à Brest?
3. Barbara avait-elle l'air triste?

4. Où l'auteur et Barbara se sont-ils rencontrés?

5. L'auteur avait-il fait sa connaissance?

6. Où allait Barbara?

7. Qui attendait sous un porche?

8. Vers qui Barbara a-t-elle couru?

9. Dans les bras de qui s'est-elle jetée?

10. A qui l'auteur dit-il «tu»?

11. De quoi parle l'auteur quand il dit «cette pluie de fer»?

12. Qu'est-ce qui a changé Brest?

13. Pourquoi Brest n'est-il plus pareil?

14. Comment est la pluie depuis que Brest a changé?

15. Comment est l'orage qui s'est abattu sur Brest?

16. Que font les nuages au-dessus de Brest?

17. Où vont les chiens dont parle l'auteur?

Sujets de Discussion

1. Qui était Barbara?

2. Quelles sont les deux époques que l'auteur compare?

3. Quels sont les deux états d'esprit qui apparaissent distinctement dans ce poème?

4. Expliquez les vers où l'auteur traite la question du tutoiement.

5. Connaissez-vous une ville qui ait beaucoup souffert de la guerre ou de la tempête? Décrivez les différences qui se sont produites.

6. Est-ce que l'amour est plus fort dans les moments de crise (guerre, catastrophe, etc.)? Justifiez votre réponse.

Devoirs Ecrits

1. Composez un poème ou écrivez une petite composition sur le thème de la pluie. Employez l'imparfait de l'indicatif. Vous pourriez décrire, par exemple, vos occupations habituelles, les jours de pluie.

2. Avez-vous jamais été impressionné(e) par la seule vue d'une personne que vous n'avez jamais revue mais que vous n'avez pas pu oublier? Décrivez cette personne et l'impression rapide qu'elle vous a faite.

3. Quel est le message de l'auteur de «Barbara»? Qu'est-ce qu'il est en train de nous montrer?

LA FAMILLE HUMAINE

—Beaucoup de soldats passèrent.
—De quel pays venaient-ils?
—Beaucoup de soldats passèrent.
—Quelle langue parlaient-ils?
—Je n'en sais plus rien, mon frère,
Car c'était du temps des guerres.
—Lesquels ont été vainqueurs?
—Les soldats sont morts, mon frère,
Maudis les mauvais bergers.
Les soldats sont morts, mon frère,
Et les morts, me dit mon cœur,
Ne sont plus des étrangers.

Armand Bernier

TORTURE

par Jean-Paul Sartre

Introduction

Jean-Paul Sartre (1905–   ) est certainement le philosophe français le mieux connu de notre époque. Romancier et dramaturge, il traite des problèmes les plus graves qui se posent à l'homme. Dans son œuvre, il met en scène des personnages qui vont exposer les principes de sa philosophie existentialiste. Il a reçu le Prix Nobel de littérature en 1964, mais il l'a refusé.

Sa pièce, *Morts sans sépulture* (1946) d'où est extrait ce passage, étudie l'attitude morale et psychologique devant la douleur physique, et notamment la torture. Les atrocités de la guerre accentuent les efforts que font certains hommes pour vaincre leur peur.

Préparation à la Lecture

Cette scène se passe en 1944, presque à la fin de la guerre. Un groupe de résistants a été arrêté par des miliciens (Français qui luttaient du côté des Allemands, contre les résistants).

Pour découvrir le chef du groupe, les miliciens torturent les prisonniers à tour de rôle. Sorbier vient de subir la torture, mais il n'a pas parlé. Dans la discussion entre lui et les autres, on sent la force de son courage et de son honneur. La solidarité et la camaraderie vont les aider à supporter leurs souffrances. Plus tard, au moment où sa volonté faiblira, Sorbier se suicidera pour ne pas dévoiler de secret.

Vocabulaire Essentiel

1. Silence! Tais-toi! Ton père te parle!
   tais-toi: ne parle pas!

2. Charles m'a dit qu'il va sortir avec les gars du quartier.
   gars (*m.*): garçons, jeunes hommes (langage familier)

3. Vous avez de la veine! Vous gagnez toujours!
   veine (*f.*): chance (langage familier)

SORBIER: M'ont-ils gardé longtemps?

HENRI: Une demi-heure.

SORBIER: Une demi-heure? Tu avais raison, Canoris. Le temps passe vite. M'avez-vous entendu crier?... (*Ils ne répondent pas.*) Naturellement, vous m'avez entendu.

FRANÇOIS: Qu'est-ce qu'ils t'ont fait?

SORBIER: Tu verras. Tu verras bien. Il ne faut pas être si pressé.

FRANÇOIS: Est-ce que c'est... très dur?

SORBIER: Je ne sais pas. Mais voici ce que je peux t'ap-

ils: les miliciens

prendre; ils m'ont demandé où était Jean et si je l'avais su, je le leur aurais dit...(*Il rit.*) Vous voyez: je me connais à présent. Qu'y a-t-il?... Qui est là? C'est Jean?

HENRI: Tais-toi. Ils le prennent pour un gars de Cimiers.

5 SORBIER: Pour un gars de Cimiers?... C'est bien ma veine.

HENRI: Qu'est-ce que tu dis?

SORBIER: Je dis: c'est bien ma veine. A présent j'ai quelque chose à leur cacher.

HENRI (*surpris*): C'est vrai. A présent, nous avons tous
10 quelque chose à leur cacher.

SORBIER: Je voudrais qu'ils m'aient tué. [Kill myself]

CANORIS: Sorbier! Je te jure que tu ne parleras pas. Tu ne *pourras pas* parler.

SORBIER: Je te dis que je livrerais ma mère. (*Un temps*)
15 C'est injuste qu'une minute suffise à pourrir toute une vie.

CANORIS (*doucement*): Il faut beaucoup plus d'une minute. Crois-tu qu'un moment de faiblesse puisse pourrir cette heure où tu as décidé de tout quitter pour venir avec nous? Et ces trois ans de courage et de patience? Et le jour où tu
20 as porté, malgré ta fatigue, le fusil et le sac du petit?

Jean: chef du groupe. Les miliciens l'ont fait prisonnier sans connaître son identité.

Cimiers: petit bourg, proche de la prison

pourrir-tu rot; to ripen

SORBIER: Te casse pas la tête. A présent, je sais. Je sais ce que je suis pour de vrai.

CANORIS: Pour de vrai? Pourquoi serais-tu plus vrai aujourd'hui, quand ils te frappent, qu'hier quand tu refusais 5 de boire pour donner ta part à Lucie? Nous ne sommes pas faits pour vivre toujours aux limites de nous-mêmes. Dans les vallées aussi il y a des chemins.

Te casse pas la tête (expression familière): Ne fais pas tant d'efforts.

Lucie: jeune femme du groupe, en prison avec les autres

Lexique

1. **gars** (*m.*): garçon, jeune homme (langage familier)
   C'est un gentil petit gars; il est toujours poli.

2. **livrer:** trahir
   Il est mort plutôt que de livrer son frère aux soldats ennemis.

3. **se taire:** ne pas parler
   Taisez-vous tous! Vous faites trop de bruit!

4. **veine** (*f.*): chance (langage familier)
   Quelle veine! André va en France cet été!

Questionnaire Oral

1. Qu'est-ce qu'ils viennent de faire à Sorbier?
2. Combien de temps l'ont-ils gardé? une demi heure
3. Est-ce que le temps passait vite pour lui?
4. Pourquoi Sorbier criait-il?
5. Est-ce que ses compagnons l'ont entendu crier?
6. Qui sont ses trois compagnons?
7. Est-ce que Sorbier explique à ses compagnons ce qui s'est passé?
8. Qu'est-ce que les hommes qui le torturaient cherchaient à savoir?
9. Est-ce que Sorbier leur a dit ce qu'ils voulaient savoir? Pourquoi?
10. Qui est Jean? Où est-il?
11. Pourquoi la présence de Jean complique-t-elle les choses pour les prisonniers?
12. Pourquoi Sorbier dit-il: «Je voudrais qu'ils m'aient tué»?
13. Pourquoi dit-il: «je livrerais ma mère»?
14. Qu'est-ce qui est injuste, d'après lui?
15. Qu'a-t-il décidé de faire pour suivre ses compagnons?
16. Depuis combien de temps les compagnons sont-ils ensemble?
17. Quelle qualité Sorbier a-t-il montrée en portant le fusil et le sac du «petit»?
18. Qu'est-ce que Sorbier veut dire quand il dit: «Je sais ce que je suis pour de vrai»?
19. Quelle est la question que lui pose Canoris?
20. Pour quoi ne sommes-nous pas faits, d'après Canoris?
21. Qu'y a-t-il aussi dans les vallées?
22. Comment comprenez-vous cette dernière phrase?

Sujets de Discussion

1. De quoi Canoris essaie-t-il de convaincre Sorbier?
2. Quels exemples Canoris emploie-t-il pour soutenir sa thèse?
3. Quel est l'effet de la torture sur le caractère d'un homme?
4. Comment comprenez-vous les paroles de Sorbier: «C'est bien ma veine. A présent, j'ai quelque chose à leur cacher»?

5. Est-ce que, d'après vous, un homme a le droit d'en torturer un autre? Justifiez votre réponse.

Devoirs Ecrits

1. Ecrivez un dialogue entre deux prisonniers de guerre, dans lequel ils parlent de leur état, de leur famille, de leurs craintes et de leurs espérances.

2. Traitez la question de la torture du point de vue moral. Pourquoi est-ce un grand mal? Qu'est-ce que cela représente dans notre civilisation?

3. Est-il possible de changer le caractère d'un homme par la torture? Est-ce une question importante de nos jours? Expliquez pourquoi.

LA ROSE ET LE RESEDA

par Louis Aragon

Introduction

Au cours de la guerre de 1939–1945, la France a été occupée pendant quatre ans par les Allemands. Des patriotes ont formé des mouvements clandestins de lutte contre l'occupant. Naturellement, ceci était dangereux, car souvent les résistants qui étaient pris étaient mis en prison, puis exécutés. Louis Aragon (1897–   ) a combattu en 1939–1940, puis a participé à la Résistance jusqu'à la fin de la guerre. «La rose et le réséda», poème tiré de *Diane française* (1944) glorifie le courage tranquille et le patriotisme de deux Français résistants, l'un catholique et l'autre incroyant. Les deux ont été fidèles à «la belle prisonnière», la France: de leur sacrifice vont sortir «des lendemains qui chantent».

Préparation à la Lecture

Ce poème, certainement le plus beau qui soit né de la Résistance, met en relief l'unité qui doit régner entre les patriotes, au moment du combat commun. Malgré les différences d'idées et de croyances entre ces deux hommes, leur sang et leur sacrifice sont semblables. Ces vers de sept syllabes ont seulement deux rimes (*el* et *a*) pour montrer le contraste entre les deux résistants; mais, le manque de ponctuation fait ressortir leurs points de vue communs et leur ressemblance. Les deux vers: «Celui qui croyait au ciel, Celui qui n'y croyait pas» vont servir, comme une sorte de refrain, à diviser le poème en strophes de quatre vers chacune, sauf la dernière, qui en compte huit.

Vocabulaire Essentiel

1. «Que le ciel me protège,» disait le malheureux.

   ciel (*m.*): Dieu

2. Son père avait insisté pour qu'il allât à l'église, car il avait peur qu'il s'y dérobât.

   s'y dérobât: n'y allât pas

3. Une forte grêle a détruit toutes les plantes de mon jardin.

   grêle (*f.*): pluie congelée

4. Le soldat, blessé au ventre, chancelle.
chancelle: vacille sur ses pieds

5. Le prisonnier dormait dans un grabat.
grabat (*m.*): mauvais lit

6. De l'église, les cloches sonnèrent le glas.

glas (*m.*): son de cloche qui annonce une mort

7. Quand le poète écrit «passer de vie à trépas», il veut dire «mourir».
trépas (*m.*): mort (langage poétique)

Celui qui croyait au ciel
Celui qui n'y croyait pas
Tous deux adoraient la belle
Prisonnière des soldats
5 Lequel montait à l'échelle
Et lequel guettait en bas
Celui qui croyait au ciel
Celui qui n'y croyait pas
Qu'importe comment s'appelle
10 Cette clarté sur leurs pas
Que l'un fût de la chapelle
Et l'autre s'y dérobât
Celui qui croyait au ciel
Celui qui n'y croyait pas
15 Tous les deux étaient fidèles
Des lèvres du cœur des bras
Et tous deux disaient qu'elle
Vive et qui vivra verra
Celui qui croyait au ciel
20 Celui qui n'y croyait pas
Quand les blés sont sous la grêle
Fou qui fait le délicat
Fou qui songe à ses querelles
Au cœur du commun combat
25 Celui qui croyait au ciel
Celui qui n'y croyait pas
Du haut de la citadelle
La sentinelle tira
Par deux fois et l'un chancelle
30 L'autre tombe Qui mourra
Celui qui croyait au ciel
Celui qui n'y croyait pas

qui vivra verra (proverbe): Time will tell.

Ils sont en prison Lequel
A eu le plus triste grabat *Mauvais lit*
Lequel plus que l'autre gèle *bois se*
Lequel préfèrent les rats
Celui qui croyait au ciel
Celui qui n'y croyait pas
Un rebelle est un rebelle
Nos sanglots font un seul glas
Et quand vient l'aube cruelle
Passent de vie à trépas
Celui qui croyait au ciel
Celui qui n'y croyait pas
Répétant le nom de celle
Qu'aucun des deux ne trompa
Et leur sang rouge ruisselle
Même couleur même éclat
Celui qui croyait au ciel
Celui qui n'y croyait pas
Il coule il coule et se mêle
A la terre qu'il aima

Pour qu'à la saison nouvelle
Mûrisse un raisin muscat   *arriver à maturité*   *French wine image*
Celui qui croyait au ciel
Celui qui n'y croyait pas
5   L'un court et l'autre a des ailes
De Bretagne ou du Jura
Et framboise ou mirabelle
Le grillon rechantera
Dites flûte ou violoncelle
10   Le double amour qui brûla
L'alouette et l'hirondelle
La rose et le réséda.

Bretagne (*f.*): province à l'ouest de la France
Jura: département de France, situé à l'est, près de la Suisse

réséda (*m.*): fleur odorante originaire d'Afrique

Lexique

1. **chanceler**: vaciller sur ses pieds
   On a tiré sur lui; il a chancelé, puis il est tombé.

2. **ciel** (*m.*): espace infini au-dessus de nos têtes; Dieu
   Qui croit au ciel croit à la vie éternelle.

3. **faire le délicat**: faire le difficile (fussy)
   Il prétend que trop de travail le fatigue; il fait le délicat.

4. **se dérober à**: ne pas aller à; éviter
   Quand il y a une discussion politique, je préfère m'y dérober.

5. **éclat** (*m.*): lumière brillante
   Vers midi, l'éclat du soleil fait mal aux yeux.

6. **framboise** (*f.*): petit fruit rouge ou noir (raspberry)
   Préférez-vous les framboises ou les fraises pour dessert?

7. **glas** (*m.*): son de cloche qui annonce une mort
   Les cloches de Notre-Dame sonnent le glas pour la mort des héros de la patrie.

8. **grabat** (*m.*): mauvais lit
   Le pauvre malheureux était couché sur son triste grabat.

9. **grêle** (*f.*): pluie congelée; grande quantité d'objets qui tombent
   Ces méchants petits garçons lui ont lancé une grêle de pierres.

10. **hirondelle** (*f.*): oiseau à dos noir et à ventre blanc (swallow)
    Une hirondelle ne fait pas le printemps.

11. **mirabelle** (*f.*): petite prune jaune (plum)
    Goûtez de cette confiture de mirabelles!

12. **mûrir**: arriver à maturité
    Les fruits mûrissent vite au soleil.

13. **trépas** (*m.*): mort (langage poétique)
    Le trépas nous fait accéder à une vie immortelle, pensent les chrétiens.

14. **tromper**: duper, décevoir
    Marc aimait Marie d'un amour si fidèle qu'il ne pouvait vraiment pas la tromper.

Questionnaire Oral

1. Que symbolise «la rose»?
2. Que symbolise «le réséda»?

3. Qui est la belle prisonnière?

4. De quels soldats «la belle» est-elle prisonnière?

5. Qui sont les deux qui adoraient la belle?

6. Quelle est la clarté qui guide leurs pas?

7. Quelle est la différence entre les deux hommes?

8. Lequel est de la chapelle?

9. Lequel se dérobe à la chapelle?

10. A qui les deux étaient-ils fidèles?

11. Comment lui étaient-ils fidèles?

12. De qui parlaient-ils quand ils disaient «qu'elle vive»?

13. Comment est celui qui songe aux querelles au cœur du commun combat?

14. Qui a tiré deux fois sur les deux hommes?

15. Où vont les deux hommes après avoir été pris?

16. Est-ce que l'un gèle plus que l'autre? Pourquoi?

17. Où se trouvent les rats?

18. Pourquoi l'aube est-elle cruelle?

19. Qu'est-ce qui arrive aux deux hommes à l'aube?

20. Le nom de qui répètent-ils à la dernière heure?

21. Pourquoi les hommes n'ont-ils pas trompé «la belle»?

22. Où coule le sang des deux hommes? A quoi se mêle-t-il?

23. Qu'est-ce qui va mûrir à la saison nouvelle?

24. De quelles régions ces hommes sont-ils originaires?

25. Quels fruits sont associés à ces deux régions?

26. Que symbolise «le grillon»?

27. Quel est le double amour qui brûle chez ces hommes?

28. A quels instruments l'auteur demande-t-il de dire ce double amour?

29. Que symbolisent l'alouette et l'hirondelle?

30. Quelle impression fait le contraste entre ces deux hommes?

Sujets de Discussion

1. Expliquez les vers suivants:
     Lequel montait à l'échelle
     Et lequel guettait en bas
   Qui est celui qui monte à l'échelle? Qui est celui qui guette en bas?

2. Qu'est-ce que verra celui qui vivra, selon le proverbe cité: «Qui vivra verra»?

3. Quel amour ces deux hommes ont-ils en commun?

4. Qu'est-ce qui unit les deux hommes, en temps de guerre, malgré les différences qui existent entre eux?

5. Expliquez les vers suivants:
     Quand les blés sont sous la grêle
     Fou qui fait le délicat

6. Quelle idée s'exprime dans les vers suivants:
     Un rebelle est un rebelle
     Nos sanglots font un seul glas

7. Quels sont les symboles invoqués pour «celui qui croyait au ciel»?

8. Quels symboles le poète choisit-il pour parler de «celui qui n'y croyait pas»?

9. Pourquoi l'auteur insiste-t-il tellement sur les contrastes entre ces deux hommes?

Devoirs Ecrits

1. Essayez d'écrire un poème court et simple en français, en n'employant qu'une seule rime ou deux rimes comme ici.

2. Faites des recherches sur la période de la Résistance en France. Décrivez-la et expliquez, si vous pouvez, son importance et le rôle qu'elle a joué dans la guerre.

3. Résumez l'idée principale qu'exprime Aragon dans ce poème.

EXERCICES DE STRUCTURE

PRONOM RELATIF: *QUI ET QUE*

Répétez les phrases suivantes.

1. Toi qui ne me connaissais pas.
2. Fou qui fait le délicat.
3. Fou qui songe à ses querelles.
4. Une personne qui ne me connaissait pas m'a aidé.
5. Un homme qui songe à ses querelles ne peut pas nous aider.
6. Un homme qui ne croit pas au ciel n'a pas la foi.
7. Un homme qui ne croit pas en Dieu est un incroyant.

Changez la phrase suivante en employant les mots indiqués.

8. Un homme qui me connaissait m'a aidé.
   Une jeune fille _____.
   _____ m'aimait _____.
   _____ écrit.

Répétez les phrases suivantes.

9. Toi que je ne connaissais pas.
10. Une personne que je ne connaissais pas m'a aidé.
11. Une jeune fille que j'aimais m'a aidé.
12. Une jeune fille qu'il aimait lui a écrit une lettre.
13. Ce sang se mêla à la terre qu'il aima.

Changez les phrases suivantes en employant les mots indiqués.

14. Un enfant que je connaissais m'a aidé.
    Une jeune fille _____.
    _____ j'aimais _____.
    _____ trompé.

15. Un garçon qui me connaissait m'a présenté à tous les élèves que je ne connaissais pas.
    Un jeune soldat _____.
    _____ à tous les officiers _____.
    Un jeune lieutenant _____.
    _____ à tous les prisonniers _____.

Combinez les phrases suivantes avec la phrase *Les soldats seront punis.*

Modeles: Les soldats arriveront en retard. Les soldats seront punis.
           Les soldats qui arriveront en retard seront punis.
           Nous connaissons ces soldats. Les soldats seront punis.
           Les soldats que nous connaissons seront punis.

16. Les soldats livreront leurs amis.
17. Nous avons croisé les soldats dans la rue.
18. Les soldats ont crié votre nom.
19. Les soldats vous ont tutoyés.
20. Les soldats se sont tus.
21. Nous avons surveillé les soldats.

CELUI QUI, CELUI QUE

Répétez les phrases suivantes.
1. Celui qui te serrait dans ses bras.
2. Celui qui croyait au ciel.
3. Celui qui n'y croyait pas.
4. Il répéta le nom de celle qu'aucun des deux ne trompa.
5. Je dis *tu* à tous ceux que j'aime.
6. Je dis *tu* à tous ceux qui s'aiment.

Changez les phrases suivantes en employant les mots indiqués et faites les changements nécessaires.
7. Je préfère mon livre à celui que vous avez suggéré.
   _____ ma solution _____.
   _____ mes candidats _____.
   _____ mes livres _____.
   _____ ma musique _____.
   _____ mon professeur _____.

8. Je préfère mon livre à celui qui vient d'arriver.
   _____ mes soldats _____.
   _____ mon candidat _____.
   _____ mes élèves _____.
   _____ mon étudiant _____.
   _____ mon étudiante _____.
   _____ ma voiture _____.

Remplacez le sujet des phrases suivantes par des phrases commençant par *celui qui, celle qui, ceux qui* ou *celles qui*.

MODELE: Le soldat sera puni.
          Celui qui arrivera en retard sera puni.

9. Le soldat n'a pas peur de mourir.
10. Mes amis ne me tromperont jamais.
11. Les enfants ne se rappelleront pas leur devoir.
12. Les étudiantes ne vous en voudront pas.
13. Ma femme ne m'abandonnera jamais.

INTERROGATION INDIRECTE: *CE QUI, CE QUE*

Répétez les phrases suivantes.
1. Mais voici ce que je peux t'apprendre.
2. Je sais ce que je suis pour de vrai.
3. Sorbier explique à ses camarades ce qui s'est passé.
4. Je sais ce que je peux faire.
5. Je sais ce que vous voulez faire.
6. Je sais ce qui s'est passé.
7. Je sais ce qui est arrivé à Jean.

Changez les phrases suivantes en employant les mots indiqués.

8. Nous comprenons ce que vous avez fait hier soir.

_____ savons _____.

_____ dit _____.

_____ la semaine dernière.

9. Je ne comprends pas ce qui s'est passé hier.

_____ sais _____.

_____ arrivé _____.

_____ ce matin.

10. Ce qui s'est passé n'explique pas ce que vous faites maintenant.

Ce qui est arrivé _____.

_____ ce que vous dites maintenant.

Ce qui se passe _____.

_____ ce que vous avez dit hier.

Transformez les questions suivantes.

MODELES: Qu'est-ce qui est arrivé?
          Vous me demandez ce qui est arrivé.
          Qu'est-ce que vous faites?
          Vous me demandez ce que je fais.

11. Qu'est-ce que l'on a fait à Sorbier?
12. Qu'est-ce qui vous dérange?
13. Qu'est-ce qui vous encourage?
14. Qu'est-ce que Sorbier refuse de faire?

15. Qu'est-ce qui va se passer?
16. Qu'est-ce qui a changé votre opinion?
17. Qu'est-ce que vous êtes en train de faire?

REVISION DU SUBJONCTIF

Répétez les phrases suivantes.

1. Je voudrais qu'ils m'aient tué.
2. C'est injuste qu'une minute suffise à pourrir toute une vie.
3. Crois-tu qu'un moment de faiblesse puisse pourrir cette heure?
4. Qu'importe que l'un fût de la chapelle et l'autre s'y dérobât?
5. Je doute que cette jeune fille me connaisse.
6. Je ne suis pas sûr que ce garçon sache la réponse.
7. Je veux que ce garçon sache la réponse.
8. Je préfère que cette jeune fille parte tout de suite.
9. C'est affreux que cette jeune fille se soit jetée dans la rivière.
10. C'est horrible que ce garçon ait livré tous ses camarades.

Changez la phrase suivante en employant les mots indiqués.

11. Je voudrais que votre ami français me prenne pour un Français.

Il est possible _____.

Je ne crois pas _____.

Il se peut _____.

Je souhaite _____.
Je préfère _____.
Je doute _____.
J'aime mieux _____.

VERBES IRREGULIERS

Mettez les phrases suivantes au futur.

MODELE: Il pleut sans cesse.
            Il pleuvra sans cesse.

1. Charles m'en veut toujours.
2. Robert se fait professeur de littérature espagnole.
3. Le soldat meurt sur le champ de bataille.
4. Jean vit dans l'obscurité.
5. Albert ne voit pas la vérité.

Transformez les phrases suivantes.

MODELE: Je me rappelle la vérité.
            Rappelle-toi la vérité!

6. Je me tais.
7. Je me lève à six heures.
8. Je me lave la figure.
9. Je me dépêche.

Mettez les phrases suivantes à la forme négative de l'impératif.

MODELE: Je me rappelle la vérité.
            Ne te rappelle pas la vérité!

10. Je me tais.
11. Je me lève à six heures.
12. Je me lave la figure.
13. Je me dépêche.

Répétez les phrases suivantes.
14. Demain nous nous tairons.
15. Demain je me tairai.
16. Demain tu te tairas.
17. Demain vous vous tairez.
18. Demain il se taira.
19. Demain ils se tairont.
20. Demain mes amis se tairont.
21. D'habitude nous nous taisions.
22. D'habitude je me taisais.
23. D'habitude tu te taisais.
24. D'habitude vous vous taisiez.
25. D'habitude il se taisait.
26. D'habitude ils se taisaient.
27. D'habitude mes amis se taisaient.

Complétez les phrases suivantes par *se rappeler la vérité*.
28. Demain nous...
29. D'habitude mes amis...
30. Demain mon ami...
31. D'habitude mon ami...
32. Demain vous...
33. D'habitude vos amis...

LE SUBJONCTIF ET L'INFINITIF

Répétez les phrases suivantes

1. Je veux partir tout de suite. Je veux que vous aussi partiez tout de suite.
2. Je veux partir avant de manger. Je veux partir avant que vous mangiez.
3. Je parle de ce livre sans le comprendre. Je parle de ce livre sans que vous le compreniez.

Changez les phrases suivantes.

MODELES: Je parlerai à Jean et puis je ferai mon devoir.
Je parlerai à Jean avant de faire mon devoir.

Je parlerai à Jean. Puis vous ferez votre devoir.
Je parlerai à Jean avant que vous fassiez votre devoir.

Je parlerai à Jean, mais je ne ferai pas mon devoir.
Je parlerai à Jean sans faire mon devoir.

Je parlerai à Jean, et vous ne le saurez pas.
Je parlerai à Jean sans que vous le sachiez.

4. Je finirai mon travail et puis je partirai.
5. Robert a fait tout cela, et vous n'avez rien soupçonné.
6. Jean a pris cette décision et puis il en a parlé à sa femme.
7. Robert est parti, et puis vous avez appris la vérité.
8. Robert a acheté une auto et puis il a reçu un chèque de ses parents.
9. Charles a réussi et il n'a même pas fait un effort.
10. Robert a échoué à cet examen, et ses parents ne l'ont même pas grondé.
11. Vous apprendrez cette règle et puis vous aurez la permission de partir.
12. Charles est resté à Paris, mais ses parents ne l'ont pas su.

VERIFICATION DES EXERCICES DE STRUCTURE

1 · LES FRANÇAIS

QUE DE + INFINITIF

La préposition *de* se met quelquefois entre *que* et l'infinitif après une expression de comparaison (*aimer mieux, préférer, plutôt*).

6. Le général aimait mieux rester ici plutôt que de partir.

   Le général préférait rester ici plutôt que de partir.

   Le général préférait mourir ici plutôt que de partir.

   Le général préférait mourir ici plutôt que de se rendre.

7. Il vaut mieux pardonner à ses amis plutôt que de les corriger.

   Il vaut mieux pardonner à ses ennemis plutôt que de les corriger.

   Il vaut mieux pardonner à ses ennemis plutôt que de les punir.

Les phrases 8 à 18 ne sont que des suggestions.

8. Notre professeur préfère parler français plutôt que de parler anglais.

9. Je préfère lire des romans français plutôt que d'apprendre des verbes.

10. Je préfère faire mes devoirs aujourd'hui plutôt que de les remettre à demain.

11. Il vaut mieux continuer ses études de français plutôt que de commencer une autre langue.

12. Il vaut mieux avoir de bons amis plutôt que d'être riche.

13. Je préfère plutôt étudier le français que de faire du grec.

14. Je préfère plutôt faire attention en classe que de travailler à la maison.

15. Je préfère plutôt parler français en classe que de recevoir de mauvaises notes.

16. Je préfère plutôt faire mes devoirs que de garder le bébé.

17. Je préfère plutôt continuer l'étude du français que d'apprendre une autre langue.

18. Je préfère plutôt aller voir des films français que de regarder la télévision.

NE... NI... NI

L'expression *ne... ni... ni* s'emploie sans *pas*. On omet généralement l'article indéfini (*un, une*) et partitif (*du, de la, de l', des*) après *ni*, mais pas l'article défini (*le, la, les*). Notez la répétition des prépositions.

7. Vous n'avez parlé ni à vos amis ni à vos ennemis.

   Vous n'avez parlé ni à vos frères ni à vos sœurs.

   Vous n'avez parlé ni à vos tantes ni à vos oncles.

8. Robert n'aime ni le lait ni le fromage.

   Robert n'aime ni les Américains ni les Italiens.

   Robert n'aime ni le coca-cola ni le café.

   Robert n'aime ni les chapeaux ni les cravates.

Les phrases 9 à 13 ne sont que des suggestions.

9. Il n'est ni intelligent ni travailleur.

10. Il n'a ni père ni mère.

11. Il n'est ni charmant ni poli.

12. Il n'écrit ni devoirs ni compositions.

13. Il n'a ni le temps ni l'argent nécessaires.

Pour mettre en relief le sujet de la phrase, on peut dans certains cas le placer après le verbe, qui est alors introduit par le sujet impersonnel *il*. Le verbe est toujours au singulier. Cette construction est particulièrement fréquente avec les verbes *arriver, se passer* et certains verbes de mouvement.

6. Il entre trois cents jeunes filles dans cette école chaque année.
   Il entre trois cents étudiants dans cette école chaque année.
   Il entre trois cents élèves dans cette école chaque année.
   Il entre trois cents personnes dans cette école chaque année.

Les phrases 7 à 16 ne sont que des suggestions.

7. Il s'est passé des événements atroces.
8. Il s'est passé des choses magnifiques.
9. Il s'est passé des choses amusantes.
10. Il s'est passé des choses épouvantables.
11. Il s'est passé des choses étonnantes.
12. Il va se passer des choses atroces.
13. Il va se passer des choses magnifiques.
14. Il va se passer des choses amusantes.
15. Il va se passer des choses épouvantables.
16. Il va se passer des choses étonnantes.

NE APRES LE COMPARATIF

Quand un comparatif (*plus... que, moins... que*) est suivi d'une proposition subordonnée (sujet + verbe), on met d'ordinaire *ne* devant le verbe. Ce *ne* n'a pas le sens négatif.

6. Jeanne parle plus facilement que vous ne le pensez.
   Jeanne chante plus facilement que vous ne le pensez.
   Jeanne chante mieux que vous ne le pensez.
   Jeanne chante mieux que vous ne le croyez.

Les phrases 7 à 16 ne sont que des suggestions.

7. Il est plus sérieux que vous ne le pensez.
8. Il est plus déçu que vous ne le pensez.
9. Il est plus riche que vous ne le pensez.
10. Il est plus bête que vous ne le pensez.
11. Il est plus pauvre que vous ne le pensez.
12. Il est plus sérieux qu'il ne le paraît.
13. Il est plus déçu qu'il ne le paraît.
14. Il est plus riche qu'il ne le paraît.
15. Il est plus bête qu'il ne le paraît.
16. Il est plus pauvre qu'il ne le paraît.

C'EST QUE (C'EST PARCE QUE)

L'expression *c'est que* au début de la phrase signifie *c'est parce que*.

7. Si je suis triste, c'est que je viens de perdre mon meilleur ami.
   Si je suis triste, c'est que je viens d'offenser mon meilleur ami.
   Si je suis triste, c'est que je viens d'offenser mon père.
8. Si je suis triste, c'est que je ne m'attendais pas à revoir mon ami.
   Si je suis triste, c'est que je ne m'attendais pas à retrouver ce livre.

Les phrases 9 à 13 ne sont que des suggestions.

9. C'est que je me croyais seul.
10. C'est qu'il a fait claquer la porte.
11. C'est qu'elle veut voir le film.
12. C'est qu'elle va toujours les voir.
13. C'est que ce film est triste.

REVISION

L'ARTICLE PARTITIF APRES UNE NEGATION

Après une négation, on emploie *de* (*d'*) à la place de l'article partitif *du, de la, de l', des*.

6. Charles a toujours des amis.
   Charles a toujours des livres.
   Charles a toujours du pain.
   Charles a toujours du papier.
7. Non, je n'ai pas d'amis.
8. Non, je ne mange pas de viande.
9. Non, je ne veux pas d'eau.
10. Non, je ne bois pas de thé.
11. Non, je ne vends pas de journaux.

L'ARTICLE PARTITIF APRES DES EXPRESSIONS DE QUANTITE

Après les expressions de quantité (*beaucoup, trop, assez, plus, moins, autant, peu,* etc.), on emploie *de* (*d'*) à la place de l'article partitif *du, de la, de l', des.*

5. Robert a assez de livres.
Robert a trop de livres.
Robert a moins de livres que son frère.
Robert a plus de livres que son frère.
Robert a autant de livres que son frère.
6. Oui, j'ai assez d'argent.
7. Oui, je veux beaucoup de lait.
8. Oui, j'achète un peu de salade.
9. Oui, mais j'ai moins de crayons que Charles.
10. Oui, je lis plus de romans que mon ami.
11. Oui, j'apprends autant de langues que mon ami.
12. Oui, j'ai trop de devoirs à faire.

NOTE SUR LE PASSE SIMPLE

Dans ce livre-ci, vous rencontrerez souvent des verbes au *passé simple,* comme par exemple:

L'un de mes premiers voyages *se situa* pendant cette période.
Deux gendarmes *arrêtèrent* ma course.
J'en *déduisis* que l'événement était moins dramatique.
Je *conclus* de ces prémices que tout trafic était interrompu.
Cela me *fit* croire à un défilé militaire.
Quelle ne *fut* donc ma surprise...
J'*achetai* la dernière édition d'un journal.

Ce temps s'emploie surtout dans la langue littéraire. C'est un temps passé qui a généralement le même sens que le passé composé. Ainsi, *il trouva,* comme *il a trouvé,* indique une action terminée qui a eu lieu dans le passé, une fois ou un nombre de fois déterminé. C'est le temps ordinaire de la narration dans les romans, dans les contes et dans les livres d'histoire.

Christophe Colomb *traversa* l'Atlantique et *découvrit* l'Amérique en 1492.
Plus d'une heure après, il *retrouva* sa femme assise à la même place.

En voici les formes:

Verbes en *-er* (y compris *aller* et *envoyer*):

je parlai	nous parlâmes
tu parlas	vous parlâtes
il parla	ils parlèrent

(il alla, il envoya, il mangea, il commença)

Verbes en *-ir* (sauf *acquérir, conquérir, courir, mourir, tenir, venir,* qui sont irréguliers):

je finis	nous finîmes
tu finis	vous finîtes
il finit	ils finirent

(il dormit, il partit, il ouvrit, il souffrit)

Verbes en *-dre* (sauf les verbes en *-indre* et *-oudre*):

je répondis	nous répondîmes
tu répondis	vous répondîtes
il répondit	ils répondirent

(il vendit, il perdit)

Verbes en *-indre:*

je craignis	nous craignîmes
tu craignis	vous craignîtes
il craignit	ils craignirent

(il joignit, il peignit, il se plaignit)

Les verbes irréguliers ont le passé simple en *-is,* en *-us* ou en *-ins.* Voici la conjugaison des trois groupes:

voir	être	venir
je vis	je fus	je vins
tu vis	tu fus	tu vins
il vit	il fut	il vint
nous vîmes	nous fûmes	nous vînmes
vous vîtes	vous fûtes	vous vîntes
ils virent	ils furent	ils vinrent

Voici la troisième personne du singulier de quelques passés simples irréguliers, avec l'infinitif correspondant. Servez-vous de cette liste en lisant, si vous en avez besoin au début, mais apprenez les formes usuelles aussi vite que possible:

il acquit	(acquérir)
il aperçut	(apercevoir)
il apprit	(apprendre)
il s'assit	(s'asseoir)
il battit	(battre)
il but	(boire)
il comprit	(comprendre)
il conclut	(conclure)
il conçut	(concevoir)
il conduisit	(conduire)
il connut	(connaître)
il conquit	(conquérir)
il courut	(courir)
il cousit	(coudre)
il crut	(croire)
il déçut	(décevoir)
il déduisit	(déduire)
il dit	(dire)
il dut	(devoir)
il écrivit	(écrire)
il émut	(émouvoir)
il eut	(avoir)
il exclut	(exclure)
il fallut	(falloir)
il fit	(faire)
il fut	(être)
il lut	(lire)
il mit	(mettre)
il mourut	(mourir)
il naquit	(naître)
il nuisit	(nuire)
il parut	(paraître)
il perçut	(percevoir)
il plut	(plaire *et* pleuvoir)
il prit	(prendre)
il put	(pouvoir)
il reçut	(recevoir)
il résolut	(résoudre)

il rit	(rire)
il rompit	(rompre)
il suivit	(suivre)
il sut	(savoir)
il tint	(tenir)
il se tut	(se taire)
il vainquit	(vaincre)
il valut	(valoir)
il vécut	(vivre)
il vit	(voir)
il vint	(venir)
il voulut	(vouloir)

2 • SPORTS

FORMATION DES ADVERBES IRREGULIERS

Les adverbes se forment normalement en ajoutant -ment à la forme féminine de l'adjectif correspondant. Mais les adjectifs en -ant et en -ent ont généralement l'adverbe en -amment et en -emment.

1. L'ouvrier a fait ce travail soigneusement.
2. Vous avez fait ce commentaire intelligemment.
3. Hélène a fait ce rapport franchement.
4. Maurice a fait ce calcul exactement.
5. Le ministre a fait cet éloge ardemment.

PLACE DES ADVERBES

Certains adverbes communs se mettent entre l'auxiliaire et le participe passé d'un verbe aux temps composés. Les autres adverbes se mettent après le participe ou à la fin de la phrase.

5. Je me suis aussi résolu à apprendre à nager.
Je me suis déjà résolu à apprendre à nager.
Je me suis enfin résolu à apprendre à nager.
Je me suis vite résolu à apprendre à nager.
10. J'ai lentement poursuivi ma route vers Paris.
J'ai prudemment poursuivi ma route vers Paris.

J'ai rapidement poursuivi ma route vers Paris.

J'ai soigneusement poursuivi ma route vers Paris.

15. J'ai traversé les Pyrénées hier soir.

J'ai traversé les Pyrénées trop tard.

J'ai traversé les Pyrénées ici.

J'ai traversé les Pyrénées ailleurs.

PRONOM RELATIF *LEQUEL*

Lequel s'emploie comme pronom relatif après une préposition. Il peut désigner des choses ou des personnes. Il varie selon le genre et le nombre de l'antécédent (*lequel, laquelle, lesquels, lesquelles*). Il se combine avec les prépositions *à* et *de* (*auquel, à laquelle, auxquels, auxquelles; duquel, de laquelle, desquels, desquelles*).

1. Voici les enfants parmi lesquels vous trouverez votre champion.

Voici les jeunes filles parmi lesquelles vous trouverez votre championne.

Voici les garçons parmi lesquels vous trouverez votre champion.

Voici les étudiants parmi lesquels vous trouverez votre champion.

Voici les élèves parmi lesquels vous trouverez votre champion.

2. C'est le problème auquel je viens de faire allusion.

C'est la solution à laquelle je viens de faire allusion.

Ce sont les événements auxquels je viens de faire allusion.

Ce sont les romans auxquels je viens de faire allusion.

C'est le poème auquel je viens de faire allusion.

3. C'est le livre auquel je contribue.

C'est le livre auquel vous travaillez.

C'est le livre auquel vous pensez.

C'est le livre auquel je fais allusion.

C'est le livre auquel j'ai droit.

Les phrases 4 à 8 ne sont que des suggestions.

4. Voici le fusil avec lequel je vais à la chasse.

5. Voici la bicyclette avec laquelle il a fait le Tour de France.

6. Voici le gant avec lequel on lance la balle.

7. Voici les lanières avec lesquelles on attache le gant.

8. Voici la balle avec laquelle on joue à la pelote basque.

PLACE DE *RIEN, PERSONNE, AUCUN*

Les mots négatifs *rien, personne* et *aucun* peuvent servir de sujets de la phrase. Ils sont alors suivis de *ne*. Avec les verbes aux temps composés, *rien* (complément d'objet) se met entre le verbe auxiliaire et le participe; *personne* (complément d'objet) et *aucun* se mettent après le participe.

9. Nous n'avons rien regardé.

Nous n'avons regardé personne.

Nous n'avons regardé aucune jeune fille.

Nous n'avons regardé aucun de vos amis.

10. Ce qui me surprend, c'est que rien ne vous intéresse.

Ce qui me surprend, c'est qu'aucune jeune fille ne vous intéresse.

Ce qui me surprend, c'est qu'aucun de mes amis ne vous intéresse.

Ce qui me surprend, c'est qu'aucun livre ne vous intéresse.

Ce qui me surprend, c'est qu'aucune solution ne vous intéresse.

Les phrases 11 à 15 ne sont que des suggestions.

11. Ce qui m'étonne, c'est que personne ne m'aime.

12. Ce qui me surprend, c'est que rien ne vous amuse.

13. Ce qui me paraît ridicule, c'est qu'aucun chasseur ne tire bien.

14. Ce qui est presque incroyable, c'est qu'aucun oiseau ne dépasse le buisson.

15. Ce qui me dérange, c'est que personne ne parle anglais ici.

LA MISE EN RELIEF PAR *C'EST... QUI,* *C'EST... QUE*

Pour mettre en relief un élément de la phrase, on se sert souvent des expressions *c'est... qui* et *c'est... que.* Pour le sujet, on emploie *c'est... qui;* dans tous les autres cas on emploie *c'est... que.* La préposition qui introduit le terme qu'on veut mettre en relief, s'il y en a une, se place après *c'est.* Les pronoms personnels se mettent à la forme accentuée. La construction se trouve normalement au début de la phrase.

5. C'est avec ma femme que je veux aller à la chasse.
   C'est avec mon cousin que je veux aller à la chasse.
   C'est avec ce vieux fusil que je veux aller à la chasse.
6. C'est moi qui veux donner de l'argent aux pauvres.
   C'est de l'argent que je veux donner aux pauvres.
   C'est aux pauvres que je veux donner de l'argent.
7. C'est moi qui veux traverser les Pyrénées à bicyclette.
   Ce sont les Pyrénées que je veux traverser à bicyclette.
   C'est à bicyclette que je veux traverser les Pyrénées.
8. C'est moi qui veux lancer cette petite balle avec ce gant.
   C'est cette petite balle que je veux lancer avec ce gant.
   C'est avec ce gant que je veux lancer cette petite balle.

REVISION

L'ARTICLE PARTITIF ET L'ARTICLE DÉFINI AU SENS GÉNÉRAL

Si un nom s'emploie au sens général (c'est-à-dire si on peut mettre *tout* devant le nom sans changer le sens de la phrase), il prend l'article défini (*le, la, l', les*). Comparez l'emploi de l'article partitif dans les autres cas.

4. Les Français aiment le vin rouge.
   Les Français préfèrent le vin rouge.
   Les Français préfèrent le vin blanc.
5. C'est que j'aime le fromage.
6. C'est que j'aime le parfum français.
7. C'est que j'aime le pain français.
8. C'est que j'aime les disques français.
9. C'est que j'aime le chocolat français.

DISTINCTION DE VOCABULAIRE: *PRENDRE, PORTER, APPORTER, EMPORTER, MENER, AMENER, EMMENER*

Notez la différence de sens entre les verbes suivants. Remarquez que *porter, apporter* et *emporter* s'emploient normalement pour des choses et que *mener, amener* et *emmener* s'emploient plutôt pour des personnes.

Les phrases 5 à 14 ne sont que des suggestions.

5. Il les a amenés en rentrant du cours.
6. Il les a emmenés au cinéma.
7. Mon ami me les a apportés.
8. Je les y ai apportés.
9. J'essaie de la porter.
10. Je les amène à l'école.
11. Je les apporte à la poste.
12. Elle les a menés au Jardin des Plantes.
13. Je ne l'ai pas pris dans mon bureau.
14. Il l'a amenée au cinéma.

3 • ENSEIGNEMENT

ADJECTIFS: PLURIELS IRREGULIERS

Les adjectifs en *-al* font le masculin pluriel en *-aux,* à part quelques exceptions. Le féminin est régulier (singulier *-ale,* pluriel *-ales*).

4. Non, il s'agit plutôt de comprendre tous les personnages principaux.
5. Non, il s'agit plutôt de résoudre tous les problèmes sociaux.
6. Non, il s'agit plutôt de subir tous les examens oraux.

7. Non, il s'agit plutôt de comprendre toutes les questions vitales.
8. Non, il s'agit plutôt de s'adapter à toutes les situations normales.
9. Non, il s'agit plutôt d'éviter toutes les fautes fatales.
10. Non, il s'agit plutôt de discuter toutes les questions sociales.
11. Non, il s'agit plutôt de réussir à tous les examens finals.
12. Non, il s'agit plutôt d'éviter tous les endroits fatals.

QUEL: DETERMINATIF INTERROGATIF

Le déterminatif interrogatif *quel* s'emploie devant un nom ou devant le verbe *être* suivi d'un nom ou d'un adjectif au superlatif. Il s'accorde en genre et en nombre avec le nom auquel il se rapporte.

9. Quelle question est la plus importante?
Quel devoir est le plus important?
Quel examen est le plus important?
Quelle faute est la plus importante?
Quel personnage est le plus important?
10. Quelle est la question la plus importante?
Quel est le devoir le plus important?
Quel est l'examen le plus important?
Quelle est la faute la plus importante?
Quel est le personnage le plus important?
11. Non, je ne sais pas quel est le plus important.
12. Non, je ne sais pas quels sont les plus importants.
13. Non, je ne sais pas quels sont les plus difficiles.
14. Non, je ne sais pas quelle est la plus difficile.
15. Non, je ne sais pas quel est le plus intéressant.
16. Non, je ne sais pas quel est le plus libre.
17. Quel est le livre le plus difficile?
Quel est le sujet le plus difficile?
Quel est le nombre le plus difficile?
Quelle est la réponse la plus difficile?
Quelle est la nation la plus difficile?

Quels sont les livres les plus difficiles?
Quels sont les sujets les plus difficiles?
Quels sont les nombres les plus difficiles?
Quelles sont les réponses les plus difficiles?
Quelles sont les nations les plus difficiles?

L'IMPERATIF: PREMIERE PERSONNE

La première personne du pluriel de l'impératif est identique à la première personne du pluriel du présent de l'indicatif, sans le pronom sujet *nous* (exceptions: *être* — *soyons*; *avoir* — *ayons*; *savoir* — *sachons*). Elle exprime une exhortation ou une suggestion (anglais: *let's*).

10. Racontons-la nous-mêmes.
11. Disons-la nous-mêmes.
12. Amusons-les nous-mêmes.
13. Mangeons-les nous-mêmes.
14. Voyons-le nous-mêmes.
15. Accompagnons-les nous-mêmes.
16. Allons-y nous-mêmes.
17. Buvons-en nous-mêmes.
18. Mon ami est triste, mais ne soyons pas tristes.
19. Robert s'ennuie, mais ne nous ennuyons pas.
20. Charles s'excuse, mais ne nous excusons pas.
21. Louis s'en va, mais ne nous en allons pas.
22. Pierre a peur, mais n'ayons pas peur.

L'IMPERATIF: TROISIEME PERSONNE

La troisième personne de l'impératif est identique à la troisième personne du subjonctif précédée de *que*. Elle exprime un ordre indirect donné à quelqu'un pour qu'il le transmette à une autre personne ou d'autres personnes (anglais: *Let him (them) . . . , Tell him (them) to . . . , Have him (them) . . .*).

5. Que tout le monde comprenne ce dont il est question.
Qu'elle comprenne ce dont il est question.
Qu'elle sache ce dont il est question.
Qu'elle sache ce dont il s'agit.
6. Que tout le monde ait peur!

7. Que tout le monde comprenne la situation!
8. Que tout le monde soit prêt!
9. Que tout le monde fasse attention!
10. Que tout le monde puisse comprendre ce problème!
11. Que tout le monde dise la vérité!
12. Que tout le monde s'en aille en ce moment!

Les sujets dans les phrases 13 à 19 ne sont que des suggestions.

13. Que chaque élève apprenne une langue étrangère!
14. Que chaque pays organise des échanges!
15. Que chaque artiste vienne en France!
16. Que chaque jeune homme fasse un voyage d'études!
17. Que chaque professeur comprenne les problèmes sociaux!
18. Que chaque étudiant vive dans un milieu étranger!
19. Que chaque garçon s'efforce de parler français!

LE SUBJONCTIF APRÈS LES EXPRESSIONS IMPERSONNELLES

Après les expressions impersonnelles qui expriment un jugement, la possibilité, l'impossibilité, le doute, la négation ou la nécessité, on emploie le subjonctif dans la proposition subordonnée après *que*.

7. Il est indispensable que chaque élève comprenne ce dont il s'agit.
   Il est indispensable que chaque étudiant comprenne ce dont il s'agit.
   Il est indispensable que chaque étudiant sache ce dont il s'agit.
   Il est indispensable que chaque étudiant sache ce dont il est question.
8. Ce n'est pas évident, mais il se peut que je vous comprenne.
9. Ce n'est pas évident, mais il se peut que j'en aie assez.
10. Ce n'est pas évident, mais il se peut que je la dise.
11. Ce n'est pas évident, mais il se peut que j'en fasse.
12. Ce n'est pas évident, mais il se peut que je mente.
13. Ce n'est pas évident, mais il se peut que je parte.

REVISION

L'ADJECTIF POSSESSIF

Rappelez-vous que les adjectifs possessifs (*mon, ton, son*, etc.) s'accordent en genre et en nombre avec le nom qui les suit, et non avec la personne à laquelle ils se rapportent. Devant des noms féminins qui commencent par une voyelle, n'oubliez pas d'employer *mon, ton, son* au lieu de *ma, ta, sa*.

5. Oui, je comprends vos difficultés.
6. Oui, c'est mon élève.
7. Oui, c'est mon amie.
8. Oui, c'est son amie.
9. Oui, c'est son amie.
10. Oui, ce sont ses enfants.
11. Oui, ce sont ses enfants.
12. Oui, je voudrais faire sa connaissance.
13. Oui, je voudrais parler à son oncle.
14. Oui, je voudrais parler à sa tante.
15. Oui, je connais leur enfant.
16. Oui, je connais leurs enfants.

4 · PARIS

LE SUBJONCTIF

Le subjonctif s'emploie dans une proposition subordonnée après les verbes qui expriment la volonté, un ordre, le désir, la défense ou l'empêchement.

8. J'imagine que vous passiez l'été à Paris.
   Je suggère que vous passiez l'été à Paris.
   Je préfère que vous passiez l'été à Paris.
   Je souhaite que vous passiez l'été à Paris.
9. Je sais que vous êtes à New York, mais je voudrais que vous soyez à Paris.
10. Je sais que vous étudiez à New York, mais je voudrais que vous étudiiez à Paris.

11. Je sais que vous apprenez le français à New York, mais je voudrais que vous l'appreniez à Paris.
12. Je sais que vous avez des amis à New York, mais je voudrais que vous en ayez à Paris.
13. Je sais que vous connaissez beaucoup de monde à New York, mais je voudrais que vous en connaissiez à Paris.
14. Je sais que vous allez au théâtre à New York, mais je voudrais que vous y alliez à Paris.

SI... QUE, QUELQUE... QUE

Les expressions *si... que* **et** *quelque... que* **avec un adjectif expriment la concession (anglais:** *However . . . he (she, it) may be . . .).* **Elles sont suivies d'un verbe au subjonctif.**

6. Si intelligent que soit Charles, il ne pourra pas nous aider.
   Si intelligent que soit notre professeur, il ne pourra pas nous aider.
   Si intelligent que soit notre professeur, il ne pourra pas nous expliquer cette leçon.
7. Quelque pauvre que vous soyez, vous voulez aller à Paris.
8. Quelqu'intelligent que vous soyez, vous ne savez pas parler français.
9. Quelque riche qu'il soit, Charles a peu d'amis.
10. Quelque stupide qu'il soit, Jean a beaucoup d'amis.
11. Si belle qu'elle soit, Jeanne a peu d'amis.
12. Si laide qu'elle soit, Charlotte a beaucoup d'amis.
13. Si bon que je sois, les étudiants ne m'aiment pas.
14. Si méchants qu'ils soient, j'aime tous les étudiants.

NE... PLUS QUE

L'expression *ne... plus que* **a un sens positif. Elle signifie** *maintenant* **(ou** *désormais***),** *seulement* **(anglais:** *no longer* **[verb]** *anything but, now* **[verb]** *only***).**

7. Ces élèves ne pensent plus qu'à leur travail.

Ces élèves ne rêvent plus qu'à leur travail.
Ces élèves ne rêvent plus qu'à aller à Paris.
8. En effet, je ne lis plus que des livres français.
9. En effet, je n'étudie plus que le français.
10. En effet, je ne comprends plus que le français.
11. En effet, je ne chante plus que des chansons françaises.
12. En effet, je ne parle plus que le français en classe.
13. En effet, je n'écris plus qu'en français.

Les phrases 13 à 17 ne sont que des suggestions.

14. Maintenant il ne s'intéresse plus qu'aux sports.
15. Maintenant il ne joue plus que du violon.
16. Maintenant il n'aime plus que Marion.
17. Maintenant il n'aime plus que le jazz.
18. Maintenant il n'assiste plus qu'aux conférences.
19. Maintenant il ne voyage que rarement.

C'EST... QUI, CE SONT... QUI

C'est... qui **s'emploie pour mettre en relief le sujet de la phrase. Si le sujet est un nom au pluriel ou un pronom à la troisième personne du pluriel, il faut employer** *ce sont* **au lieu de** *c'est* **dans la langue écrite et dans la langue parlée soignée. Mais on dit toujours** *c'est nous* **et** *c'est vous.*

9. Ce sont les Parisiens qui ont façonné l'esprit national.
   Ce sont les Parisiens qui ont formé l'esprit national.
   Ce sont les Parisiens qui ont formé la langue nationale.
10. Oui, ce sont eux qui ont façonné l'esprit national.
11. Oui, c'est Paris qui a aidé la France à se faire.
12. Oui, c'est Paris qui est la capitale de la France.
13. Oui, c'est moi qui veux partir pour Paris.
14. Oui, c'est moi qui ne parle plus que le français.

15. Oui, c'est lui qui joue du violon.

Les phrases 16 à 22 ne sont que des suggestions.

16. C'est moi qui aime la musique moderne, et ce sont eux qui aiment la musique classique.
17. C'est moi qui parle français couramment, et ce sont eux qui le parlent mal.
18. C'est moi qui comprends le français, et ce sont eux qui ne le comprennent pas du tout.
19. C'est moi qui ai préparé la leçon d'aujourd'hui, et c'est lui qui a préparé celle d'hier.
20. C'est moi qui connais Paris, et c'est lui qui connaît Angoulême.
21. C'est moi qui ai été à Paris, et c'est lui qui a été à Marseille.
22. C'est moi qui suis né à Paris, et c'est lui qui est né à Poitiers.

A ET DANS

La préposition *dans* exprime généralement une idée assez précise: *à l'intérieur de*. La préposition *à* a un sens plus vague: situation ou mouvement vers un lieu. Notez les usages idiomatiques ci-dessous.

10. Je vais demeurer trois ans à Paris.
11. Ils habitent dans l'ouest des Etats-Unis.
12. L'Allemagne se trouve à l'est de la France.
13. Le train arrive à Paris à trois heures.
14. Il y a 3 millions d'habitants à Paris.
15. Nous entrons dans Paris maintenant.
16. L'air n'est pas pur dans Paris.
17. Nous allons à Paris l'année prochaine.

CONNAITRE, SAVOIR

Le verbe *connaître* signifie *avoir une idée plus ou moins précise de quelque chose, être l'ami ou avoir fait la connaissance d'une personne.* Il s'emploie avec un nom de personne, de lieu ou de chose. Le verbe *savoir* signifie *connaître à fond* ou *être capable de faire quelque chose.* Il s'emploie avec un nom de chose, un pronom indéfini, un infinitif ou une proposition introduite par *que, comment, où, quand,* etc.

7. Je connais Paris.
   Je sais parler français.
   Je connais cette jeune fille.
   Je sais mon numéro de téléphone.
   Je connais l'Espagne.
   Je connais ma sœur.
   Je sais où votre professeur est né.
   Je sais quand votre professeur est né.
   Je sais pourquoi votre professeur enseigne le français.
   Je connais les romans de Victor Hugo.
   Je sais la réponse à cette question.

REVISION

L'ADJECTIF: FORMATION DU MASCULIN ET DU FEMININ

Un grand nombre d'adjectifs dont la consonne finale, au masculin, ne se prononce pas, prennent au féminin, un -*e* qui oblige à prononcer cette consonne. Certains adjectifs en -*e* ont des formes identiques au masculin et au féminin. Etudiez les irrégularités dans l'orthographe des adjectifs que vous emploierez dans cet exercice.

9. Elle est discrète, elle aussi.
10. Elle est sérieuse, elle aussi.
11. Elle est inquiète, elle aussi.
12. Elle est maligne, elle aussi.
13. Elle est européenne, elle aussi.
14. Elle est contente, elle aussi.
15. Elle est active, elle aussi.
16. Elle est conservatrice, elle aussi.
17. Elle est généreuse, elle aussi.
18. Elle est jalouse, elle aussi.
19. Elle est fière, elle aussi.
20. Elle est gentille, elle aussi.

5 · HUMOUR

PLUS... PLUS, MOINS... MOINS

A l'expression anglaise *the more (the less) ... the more (the less)* correspond le français *plus (moins)... plus (moins)*.

5. Plus les élèves travaillent, plus ils comprennent ces problèmes.
   Plus les élèves étudient, plus ils comprennent ces problèmes.
   Plus les élèves étudient, plus ils apprennent ces problèmes.
   Plus les élèves étudient, plus ils apprennent le français.

Les phrases 6 à 11 ne sont que des suggestions.

6. Plus vous vous moquez de vos camarades, moins vous avez d'amis.
7. Plus vous contemplez les merveilles de la nature, plus vous vous sentez petit.
8. Plus vous vous ennuyez pendant cette conférence, moins vous apprenez.
9. Plus vous vous tenez tranquille, moins vous ennuyez vos voisins.
10. Plus vous avez froid, plus vous devez bouger.
11. Plus vous avez chaud, plus vous avez envie de boire.

NE... QUE

Ne... *que* **signifie** *seulement.* *Que* **précède directement le mot auquel il se rapporte.**

6. Le professeur a lu dix livres, mais je n'en ai lu que deux.
   Le professeur a écrit dix livres, mais je n'en ai lu que deux.
   Le professeur a écrit dix articles, mais je n'en ai lu que deux.
   Le professeur a écrit dix articles, mais je n'en ai compris que deux.

Les phrases 7 à 11 ne sont que des suggestions.

7. Mon ami chausse du 44, mais moi je ne chausse que du 38.
8. Mon ami est sorti vers une heure, mais moi je ne suis sorti qu'à quatre heures.
9. Mon ami a bu deux litres de vin, mais moi je n'en ai bu qu'un verre.
10. Mon ami a dormi deux heures, mais moi je n'ai dormi que dix minutes.
11. Mon ami a vu ce film dix fois, mais moi je ne l'ai vu que deux fois.

COMPARAISON DES ADJECTIFS

Pour former le comparatif d'un adjectif, on emploie *plus... que* **pour exprimer la supériorité,** *moins... que* **pour exprimer l'infériorité, et** *aussi... que* **pour exprimer l'égalité. N'oubliez pas que l'adjectif doit toujours s'accorder en genre et en nombre avec le nom.**

5. Ce garçon-ci est plus grand que votre frère.
   Ce garçon-ci est aussi grand que votre frère.
   Ce garçon-ci est aussi intelligent que votre frère.
   Ce garçon-ci est aussi intelligent que votre cousin.

Les phrases 6 à 11 ne sont que des suggestions.

6. Le général est (aussi, plus, moins) courageux que le capitaine.
7. L'humour français est (aussi, plus, moins) subtil que l'humour américain.
8. Les oignons espagnols sont (aussi, plus, moins) grands que les oignons français.
9. Le vin français est (aussi, plus, moins) coûteux que le vin espagnol.
10. Les conférenciers français sont (aussi, plus, moins) éloquents que les conférenciers américains.
11. La classe de français est (aussi, plus, moins) intéressante que la classe de mathématiques.

COMPARAISON DES NOMS

Pour exprimer une comparaison entre deux noms, on emploie *plus de... que* **pour la supériorité,** *moins de... que* **pour l'infériorité et** *autant de... que* **pour l'égalité.**

5. Les ouvriers américains gagnent plus d'argent que les autres.
   Les ouvriers américains reçoivent plus d'argent que les autres.
   Les ouvriers américains reçoivent autant d'argent que les autres.
   Les ouvriers américains reçoivent autant d'argent que les ouvriers anglais.

Les phrases 6 à 9 ne sont que des suggestions.

6. Les Anglais boivent plus de thé que les Américains.
7. Les étudiants français ont moins de loisirs que les étudiants américains.
8. Les jeunes filles françaises ont autant de charme que les jeunes filles américaines.
9. L'armée française a moins de tanks que l'armée américaine.

PRONOM RELATIF *DONT*

Le pronom relatif *dont* remplace *de* suivi d'un pronom relatif *(duquel, de qui, etc.)* Notez que l'ordre des mots dans la proposition introduite par *dont* est toujours normal: sujet–verbe–complément d'objet (tandis qu'en anglais il y a normalement inversion après *whose*).

6. Charles m'a présenté à une jeune fille dont j'admirais les cheveux noirs.
   Charles m'a présenté à une jeune fille dont j'admirais les yeux bruns.
   Charles m'a présenté à une jeune fille dont j'admirais la robe rouge.

Les phrases 7 à 11 ne sont que des suggestions.

7. C'est une jeune fille dont j'admire les yeux.
8. C'est un conférencier dont j'admire l'esprit.
9. C'est un chameau dont j'admire la bosse.
10. Ce sont des animaux dont j'admire la grâce.
11. Ce sont des fleurs dont j'admire les couleurs.

REVISION

L'IMPARFAIT

Au passé, l'imparfait s'emploie pour exprimer une condition, une action habituelle ou une action non terminée. Le passé composé (ou, dans le style littéraire, le passé simple) exprime une action terminée.

Depuis trente minutes le professeur parlait. Devant lui il y avait un pot à eau et un verre. De temps en temps, il versait de l'eau dans le verre mais il n'en buvait pas. Les étudiants souffraient de la chaleur. Ils étaient mal assis et ils remuaient. Le professeur disait: «Tenez-vous tranquilles, s'il vous plaît.» Toutes les cinq minutes, il répétait: «Il ne faut pas oublier de faire votre devoir. J'attire votre attention sur ce fait: plus vous travaillez, plus vous aurez de succès.» Mais les étudiants ne faisaient pas attention à ce que leur disait leur professeur. Il n'y en avait que deux ou trois qui prenaient des notes. Puis le professeur recommença: «Ce qui nous intéresse surtout, c'est que Victor Hugo a écrit plusieurs romans, tandis que l'auteur dont nous parlons aujourd'hui n'en a écrit qu'un seul.» Enfin l'heure sonna. Les étudiants se précipitèrent dans le corridor. Grâce à Dieu, c'était fini. C'était le dernier cours de l'année scolaire.

ADJECTIFS IRREGULIERS

Les adjectifs *beau, nouveau, vieux, fou* ont des formes spéciales pour le masculin singulier *(bel, nouvel, vieil, fol)* qui s'emploient devant un nom qui commence par une voyelle. Ces formes se prononcent comme le féminin *(belle, nouvelle, vieille, folle)*.

5. Est-ce que cet homme est beau? Oui, c'est un bel homme.
   Est-ce que ce livre est beau? Oui, c'est un beau livre.
   Est-ce que cet arbre est beau? Oui, c'est un bel arbre.
   Est-ce que ce conte est beau? Oui, c'est un beau conte.
   Est-ce que ce roman est beau? Oui, c'est un beau roman.
6. Oui, c'est une nouvelle idée.
7. Oui, c'est un nouvel élève.
8. Oui, c'est une nouvelle auto.
9. Oui, ce sont de beaux livres.
10. Oui, c'est un vieil hôtel.
11. Oui, ce sont de folles idées.
12. Oui, ce sont de beaux arbres.
13. Oui, ce sont de nouveaux arbres.
14. Oui, c'est un bel arbre.
15. Oui, c'est un vieil arbre.

Notez la différence de sens entre les mots suivants. Remarquez que *quitter* s'emploie toujours avec un complément d'objet direct, tandis que *partir* et *sortir* ne peuvent pas avoir de complément d'objet direct. *Entendre dire* est suivi d'un nom, d'un pronom ou d'une proposition introduite par *que*, tandis que *entendre parler* est suivi de la préposition *de*.

Les phrases 4 à 14 ne sont que des suggestions.

4. Non, j'en sortirai bientôt.
5. Non, je les laisserai ici.
6. Non, je quitterai Paris fin mai.
7. Oui, je l'ai rencontré dans la rue Gambetta.
8. Non, mais je voudrais bien faire sa connaissance.
9. Non, mais j'ai entendu parler de lui.
10. J'ai entendu dire qu'il a battu des records.
11. Non, je ne l'ai jamais entendue.
12. Je partirai pour Rome demain matin.

6 · AGES DE LA VIE

EN + LE PARTICIPE PRESENT (LE GERONDIF)

La préposition *en* s'emploie souvent avec le participe présent d'un verbe (qui s'appelle alors gérondif) pour exprimer une action qui se passe au même moment que l'action du verbe principal (anglais: *on doing, while doing*). Elle s'emploie aussi pour exprimer le moyen de faire quelque chose (anglais: *by doing*). Cette construction se rapporte toujours au sujet de la phrase. Notez que *en* est la seule préposition qui s'emploie avec la forme verbale en *-ant*.

5. Nous apprenons beaucoup en lisant ces livres.
6. Vous vous moquez de mes défauts en parlant de moi.

7. Vous l'avez mentionné en me racontant cette histoire.
8. Vous avez salué ma sœur en enlevant votre chapeau.
9. Vous m'insulteriez en injuriant mes amis.

Les phrases 10 à 14 ne sont que des suggestions.

10. Vous m'injuriez en vous moquant de ma famille.
11. Vous vous moquez de moi en parlant ainsi.
12. Le dentiste m'a fait mal en m'arrachant la dent.
13. Les ennemis nous ont attaqués en criant.
14. Charles a ouvert la porte en chantant.

DEVOIR AU CONDITIONNEL PASSE

Les formes de *devoir* au conditionnel et au conditionnel passé (*je devrais, j'aurais dû*) signifient une obligation et impliquent souvent que l'action du verbe suivant ne sera pas accomplie ou n'a pas été accomplie (anglais: *should, ought to, should have, ought to have*).

8. Vous auriez dû travailler avec plus d'acharnement.
9. Vous n'auriez pas dû vous moquer de mes défauts.
10. Vous auriez dû deviner le résultat de ce match.
11. Vous auriez dû lutter contre la pauvreté.
12. Vous auriez dû faire attention en classe.
13. Vous auriez dû lire le livre attentivement.

Les phrases 14 à 18 ne sont que des suggestions.

14. J'aurais dû faire mes devoirs hier soir.
15. J'aurais dû lui faire plus de compliments.
16. J'aurais dû acheter des assurances.
17. Ce cavalier aurait dû prendre des leçons d'équitation.
18. Il aurait dû faire attention avant de boire.

PRONOM INDEFINI + *DE* + ADJECTIF

Il faut toujours mettre la préposition *de* entre les pronoms indéfinis *quelque chose, quelqu'un, rien, personne* et l'adjectif qui les suit.

6. Dans ce livre, il n'y a personne d'intéressant.

   Dans ce livre, il y a quelque chose d'intéressant.

   Dans ce livre, il y a quelque chose d'amusant.

   Dans ce livre, il y a quelque chose de beau.
7. Quelqu'un d'amusant est arrivé hier.

   Rien d'amusant n'est arrivé hier.

   Rien d'intéressant n'est arrivé hier.

   Rien de sérieux n'est arrivé hier.

Les phrases 8 à 12 ne sont que des suggestions.

8. Rien d'intéressant.
9. Personne d'extraordinaire.
10. Personne d'amusant.
11. Rien de passionnant.
12. Rien d'extraordinaire.

EN REMPLAÇANT *DE* + NOM

Le pronom *en* remplace *de* suivi d'un nom complément d'un verbe ou complément d'un autre nom.

8. Je lis ce livre pour en parler à mon ami.

   Je lis cet article pour en parler à mon ami.

   Je lis cet article pour en discuter avec mon ami.

   Je lis cet article pour en discuter avec mes parents.

Les phrases 9 à 14 ne sont que des suggestions.

9. J'en parle pour m'en moquer.
10. Je l'étudie pour en tirer profit.
11. Je l'achète pour en faire une robe.
12. Je le prends pour en faire une table.
13. Je le cherche pour en faire un cheval.
14. Je le veux pour en faire un cadeau.

FAIRE, LAISSER, ENTENDRE, VOIR + INFINITIF

Les verbes *faire, laisser, entendre* et *voir* employés avec un infinitif se mettent toujours à côté de l'infinitif. Le sujet de cet infinitif se met après l'infinitif si c'est un nom mais avant le verbe auxiliaire si c'est un pronom.

6. J'entends partir mes camarades.

   Je laisse partir mes camarades.

   Je fais partir mes camarades.

   Je fais revenir mes camarades.

   Je fais revenir mes amis.
7. Oui, il les fait travailler.
8. Oui, il les laisse parler.
9. Oui, il les voit courir.
10. Oui, il les entend chanter.
11. Oui, il l'entend chanter.
12. Oui, il la laisse parler.
13. Oui, il les fait entrer.
14. Oui, je vous fais écrire.
15. Oui, je vous fais partir.
16. Oui, je vous fais chanter.
17. Oui, je vous fais parler.
18. Oui, je vous fais dormir.
19. Oui, je vous fais souffrir.

REVISION

EMPLOI DE *ON*

Le pronom *on* s'emploie pour indiquer que l'action du verbe a été accomplie par une personne ou par des personnes indéfinies. Cette construction remplace souvent la voix passive en français.

4. Oui, on le récompensera.
5. Oui, on l'a vendue.
6. Oui, on le respectera.
7. Oui, on l'a fini à l'heure.
8. Oui, on l'a acceptée.
9. Oui, on les a arrêtés.
10. Oui, on m'a compris.

7 · **AMOUR**

VENIR DE + INFINITIF

L'expression *venir de* + infinitif exprime un passé récent (anglais: *have just*).

8. Aimez-vous le livre que je viens de vous donner?

Aimez-vous le roman que je viens de vous donner?

Aimez-vous le roman que je viens de vous expliquer?

9. A l'instant où vous m'avez parlé, je venais de tomber amoureux d'une jeune fille.

A l'instant où vous m'avez vu, je venais de tomber amoureux d'une jeune fille.

A l'instant où vous m'avez vu, je venais de faire la connaissance d'une jeune fille.

A l'instant où vous m'avez vu, je venais de faire la connaissance d'un jeune homme.

10. Oui, je viens de tomber amoureux d'elle.

11. Oui, je viens d'avoir un rendez-vous avec elle.

12. Oui, je viens de lui confesser mon amour.

13. Oui, je viens de lui expliquer ma situation.

Les phrases 14 à 18 ne sont que des suggestions.

14. Oui, je viens de l'apprendre.

15. Oui, je viens de recevoir une bonne nouvelle.

16. Madeleine vient de faire une faute.

17. Je viens d'acheter une auto.

18. Il vient de tomber amoureux d'elle.

COMPLÉMENT DU NOM INTRODUIT PAR *A*

Le complément du nom introduit par *à* exprime une caractéristique de ce nom (en anglais, la préposition normale dans ce cas est *with*).

6. Je viens de faire la connaissance d'une jeune fille aux cheveux bruns.

Je viens de faire la connaissance d'un garçon aux cheveux bruns.

Je viens de faire la connaissance d'un garçon aux yeux bleus.

Je viens de faire la connaissance d'un garçon aux cheveux blonds.

Les phrases 7 à 11 ne sont que des suggestions.

7. Je viens de parler à un garçon aux cheveux noirs.

8. Ma sœur vient de me présenter à une brune aux yeux clairs.

9. Je n'ai jamais vu de femme aux cheveux bleus.

10. Notre professeur de français est un vieillard à la barbe blanche.

11. Dans cette classe il n'y a pas de jeune fille aux cheveux roux.

NE FAIRE QUE

L'expression *ne... que* ne peut pas normalement s'employer avec un verbe. Mais on peut employer *ne faire que* suivi d'un infinitif. *Je n'ai fait que rire* signifie *Tout ce que j'ai fait, c'est rire.*

6. Mon frère n'a fait que regarder votre lettre.

Mon frère n'a fait que relire votre lettre.

Mon frère n'a fait que relire votre livre.

7. En effet, je ne fais que préparer la leçon de français.

8. En effet, je ne fais que regarder la télévision.

9. En effet, je ne fais qu'écouter la radio.

10. En effet, je ne fais qu'écrire des lettres à Jeanne.

LES SUBJONCTIFS IRRÉGULIERS

Les verbes irréguliers *être, aller, savoir, faire, avoir,* et *pouvoir* ont un radical irrégulier au subjonctif:

être: je sois, tu sois, il soit, nous soyons, vous soyez, ils soient

aller: j'aille, tu ailles, il aille, nous allions, vous alliez, ils aillent

savoir: je sache, tu saches, il sache, nous sachions, vous sachiez, ils sachent

faire: je fasse, tu fasses, il fasse, nous fassions, vous fassiez, ils fassent

avoir: j'aie, tu aies, il ait, nous ayons, vous ayez, ils aient

pouvoir: je puisse, tu puisses, il puisse, nous puissions, vous puissiez, ils puissent

7. Il faut que je fasse attention en classe.

8. Il faut que j'aie confiance en vous.

9. Il faut que je puisse rester ici jusqu'à dix heures.

10. Il faut que je sois prêt à l'heure.

11. Il faut que j'aille au cinéma avec Marie.
12. Il faut que vous fassiez attention en classe.
13. Il faut que vous ayez confiance en votre professeur.
14. Il faut que vous alliez au théâtre avec Jean.
15. Il faut que vous puissiez rester à l'école jusqu'à quatre heures.
16. Il faut que vous sachiez la leçon d'aujourd'hui.
17. Il faut que vous soyez content de votre travail.

LE SUBJONCTIF APRES *POUR QUE, JUSQU'A CE QUE, DE SORTE QUE, DE FAÇON QUE*

Le subjonctif s'emploie normalement après les conjonctions *pour que* et *jusqu'à ce que*. Les conjonctions *de sorte que* et *de façon que* prennent le subjonctif quand elles expriment le but de l'action. Mais elles prennent l'indicatif quand elles expriment le résultat de l'action.

8. Je répéterai ce devoir jusqu'à ce que tout le monde le comprenne.
   Je répéterai le subjonctif jusqu'à ce que tout le monde le comprenne.
   Je répéterai le subjonctif pour que tout le monde le comprenne.
   Je répéterai le subjonctif pour que chaque élève le comprenne.
   Je répéterai le subjonctif pour que chaque élève le sache.

Les phrases 9 à 21 ne sont que des suggestions.

9. Je resterai ici jusqu'à ce que vous me compreniez.
10. J'écrirai à Jeanne de façon qu'elle me comprenne.
11. Je vous donne de l'argent pour que vous puissiez aller en France.
12. Je vous parle pour que vous sachiez la vérité.
13. Je vous donne l'adresse de Jeanne de sorte que vous lui écriviez.
14. Je vous demande de répéter ces phrases jusqu'à ce que vous sachiez le subjonctif.

15. Il le mange de sorte que la fillette sache qu'il l'aime.
16. Ils sont portés à la vantardise pour que leurs amis les admirent.
17. Il nous le raconte pour que nous ayons une idée claire de son amour.
18. Elle écrit des lettres brûlantes à Jacques de sorte qu'il lui rende son amour.
19. Elle les y cache de façon que sa mère ne puisse pas les trouver.
20. Je continue l'étude du français jusqu'à ce que vous me fassiez des compliments.
21. J'essaie de bien prononcer ces mots pour que vous puissiez me comprendre.

REVISION

PRONOMS PERSONNELS CONJOINTS
ET DISJOINTS

Les pronoms personnels conjoints compléments d'objet indirect (*lui, leur* devant le verbe) ne s'emploient normalement que pour les personnes. Pour les choses, on dit *y*. Certains verbes (*penser, songer, réfléchir,* verbes de mouvement) n'admettent pas l'emploi de *lui* ni de *leur* devant le verbe. Avec ces verbes, s'il s'agit d'une personne, on doit employer la forme disjointes après *de*, en parlant de personnes. Pour verbe. Notez aussi l'emploi des formes disjointes après *de*, en parlant de personnes. Pour les choses on dit *en*, qui se met devant le verbe.

9. Oui, il leur obéit.
10. Oui, il y obéit.
11. Oui, il lui obéit.
12. Oui, il y obéit.
13. Oui, il y songe.
14. Oui, il songe à elle.
15. Oui, il en a besoin.
16. Oui, il a besoin d'elle.
17. Oui, il en a peur.
18. Oui, il a peur de lui.
19. Oui, il est à lui.
20. Oui, ils sont à eux.

8 · TRAVAIL ET METIERS

LE CONDITIONNEL

Le conditionnel exprime un fait qui n'aura lieu qu'à une certaine condition. On le forme sur le même radical que le futur, avec les terminaisons de l'imparfait.

6. Qui étudierait la leçon sans explication?
   Qui étudierait ce livre sans explication?
   Qui étudierait ce livre sans intérêt?
   Qui lirait ce livre sans intérêt?
   Qui lirait cet article sans intérêt?
7. Nous l'étudierions.
8. Nous la cuirions.
9. Nous le lirions.
10. Nous en mourrions.
11. Nous les copierions.
12. Nous comprendrions la leçon, mais vous ne la comprendriez pas.
13. Nous étudierions ce livre, mais vous ne l'étudieriez pas.
14. Nous mourrions de faim, mais vous n'en mourriez pas.
15. Nous aurions du pain, mais vous n'en auriez pas.
16. Nous nous tromperions, mais vous ne vous tromperiez pas.
17. Mes amis ne feraient pas la farine.
18. Mes amis ne cuiraient pas la soupe.
19. Mes amis ne respireraient pas la bonté.
20. Mes amis ne partageraient pas les profits.
21. Mes amis ne serviraient pas au monde entier.

PRONOMS POSSESSIFS

Le pronom possessif remplace un nom précédé d'un déterminatif possessif. Il s'accorde en genre et en nombre avec le nom auquel il se rapporte, et non avec le possesseur.

5. Charles n'aime pas sa maison, mais il y a longtemps que Robert aime la sienne.
   Charles n'aime pas son travail, mais il y a longtemps que Robert aime le sien.
   Charles n'aime pas son pays, mais il y a longtemps que Robert aime le sien.
   Charles n'aime pas ses études, mais il y a longtemps que Robert aime les siennes.
6. Je sais que vous aimez votre travail, mais je n'aime pas le mien.
7. Je sais que vous aimez votre école, mais je n'aime pas la mienne.
8. Je sais que vous aimez votre devoir, mais je n'aime pas le mien.
9. Je sais que vous aimez vos parents, mais je n'aime pas les miens.
10. Je sais que vous aimez vos études, mais je n'aime pas les miennes.
11. Toutes les jeunes filles font leur devoir, mais je ne fais pas le mien.
12. Tous les étudiants comprennent leur leçon, mais je ne comprends pas la mienne.
13. Toute la classe prépare sa leçon, mais je ne prépare pas la mienne.
14. Tout le monde apprend sa leçon, mais je n'apprends pas la mienne.
15. Tous les étudiants écrivent leur devoir, mais je n'écris pas le mien.
16. Tous mes amis comprennent leur leçon, mais Charles ne comprendrait jamais la sienne.
17. Tous mes amis aiment leur métier, mais Charles n'aimerait jamais le sien.
18. Tous mes amis corrigent leur devoir, mais Charles ne corrigerait jamais le sien.
19. Tous mes amis perdent leur argent, mais Charles ne perdrait jamais le sien.
20. Tous mes amis ont leur niche, mais Charles n'aurait jamais la sienne.

PHRASES CONDITIONNELLES

Dans une phrase conditionnelle dont le verbe principal est au conditionnel, on met généralement l'imparfait dans la proposition qui commence par *si*. Le conditionnel ne s'emploie jamais dans cette proposition.

8. Si nous recevions la lettre, nous partirions tout de suite.

Vérification des exercices de structure   375

Si nous comprenions la réponse, nous partirions tout de suite.

Si nous étions prêts, nous partirions tout de suite.

Si nous avions envie de travailler, nous partirions tout de suite.

9. Si vos amis recevaient cette lettre, ils partiraient tout de suite.
10. Si Charles était prêt, il partirait.
11. Si nous essayions de faire mieux, nous y réussirions.
12. Si vos amis avaient envie de travailler, ils aimeraient leur métier.
13. Si Robert ne mangeait rien, il mourrait de faim.
14. Si l'élève avait su la leçon, il aurait répondu à toutes les questions.
15. Si les ouvriers avaient aimé leur travail, ils auraient chanté à l'idée de travailler.
16. Si j'avais eu du charbon, j'aurais cuit la soupe.
17. Si j'avais eu moins de travail, j'aurais dormi la nuit.
18. Si j'avais eu du blé, j'en aurais fait de la farine.
19. Si je gagnais plus d'argent j'en serais heureux.
20. Si j'étais heureux, je me tiendrais debout.
21. Si je me tenais debout, j'imposerais du respect.
22. Si j'imposais du respect, je serais content.
23. Si j'étais content, j'aimerais mon métier.
24. Si j'aimais mon métier, je me sentirais fier.

LA VOIX PASSIVE

La voix passive se forme en employant le verbe *être* avec le participe passé d'un verbe transitif. Il sert à transformer le complément d'objet du verbe en sujet: *Péguy a écrit ces pages* devient *Ces pages ont été écrites par Péguy*. On l'emploie normalement pour mettre le sujet à la fin de la phrase, où il peut être accentué. Seuls les verbes transitifs (c'est-à-dire ceux qui ont un complément d'objet *direct*) peuvent avoir une voix passive.

7. Charles a été trompé par ses amis.
   Charles a été trompé par ses ennemis.
   Charles a été tué par ses ennemis.
   Charles sera tué par ses ennemis.
8. Ce Français a été mû par le point d'honneur.
9. Cette jeune fille a été punie par sa mère.
10. Ce jeune homme a été accusé par ses amis.
11. La question a été considérée par les délégués.
12. Le dîner a été servi par le garçon.
13. Ce Français sera mû par le point d'honneur.
14. Cette jeune fille sera punie par sa mère.
15. Ce jeune homme sera accusé par ses amis.
16. La question sera considérée par les délégués.
17. Le dîner sera servi par le garçon.
18. J'ai été accusé par mes copains, mais Charles n'a pas été accusé par les siens.
19. J'ai été puni par mes parents, mais Charles n'a pas été puni par les siens.
20. J'ai été trompé par mes amis, mais Charles n'a pas été trompé par les siens.
21. J'ai été reçu par ma cousine, mais Charles n'a pas été reçu par la sienne.

Les phrases 22 à 27 ne sont que des suggestions.

22. Toute la classe est punie cet après-midi.
23. Ce bandit serait accusé du crime si la justice régnait.
24. Paris n'a pas été attaqué par l'ennemi.
25. Tu aurais été tué par cette auto si tu n'avais pas fait attention.
26. Si vous mettez´ votre lettre à la poste maintenant, elle sera reçue par vos parents demain.
27. Les vitres ont été cassées par le vent.

REVISION

EMPLOI DE *EN*

Le pronom *en* s'emploie pour remplacer un nom précédé de la préposition *de*, de l'article partitif ou d'un adjectif déterminatif numéral. On ne peut jamais l'omettre dans ces cas-ci.

8. Oui, j'en ai peur.
9. Oui, j'en ai besoin.
10. Oui, j'en suis sûr.
11. Oui, j'en écris.
12. Oui, j'en ai.
13. Oui, j'en connais.
14. Oui, j'en connais beaucoup.
15. Oui, j'en ai deux.
16. Oui, j'en connais trois.
17. Oui, j'en aime le style.
18. Oui, j'en comprends le but.
19. Oui, j'en ai vu.

9 · ARTS

LE PRESENT AVEC *DEPUIS*

Une action qui a commencé dans le passé mais qui continue dans le présent s'exprime, en français, par le temps présent du verbe. La durée de cette action peut être indiquée par *depuis* avec une expression de temps.

6. Cet écrivain prépare ce roman depuis plus de dix ans.
   Cet écrivain prépare ces articles depuis plus de dix ans.
   Cet écrivain prépare ces articles depuis plus de cinq mois.

Les phrases 7 à 13 ne sont que des suggestions.

7. Je l'admire depuis dix ans.
8. Je les lis depuis dix ans.
9. Je le connais depuis dix ans.
10. Je l'aime depuis dix ans.
11. Je peux m'en passer depuis dix ans.
12. Je peux m'en passer depuis dix ans.
13. Je parle français depuis une heure.
    Je parle français depuis un an.
    Je parle français depuis trois semaines.
    Je parle français depuis plus de quinze ans.
    Je parle français depuis quatre ans.
    Je parle français depuis six mois.

LE FUTUR PARFAIT APRES *QUAND, AUSSITOT QUE, DES QUE*

Après les conjonctions *quand, aussitôt que, dès que*, on emploie le futur parfait pour exprimer une action qui sera accomplie dans l'avenir (l'anglais emploie normalement le présent ou le parfait: *when I finish, when I have finished.*)

5. Aussitôt que vous aurez compris la leçon, vous pourrez partir.
   Aussitôt que vous aurez fini la leçon, vous pourrez partir.
   Aussitôt que vous aurez fini le devoir, vous pourrez partir.
   Aussitôt que vous aurez fini le devoir, vous devrez partir.
   Aussitôt que vous aurez fini le devoir, vous devrez sortir.

Les phrases 6 à 10 ne sont que des suggestions.

6. Je le comprendrai aussitôt que je l'aurai relu.
7. Je l'apprécierai aussitôt que j'aurai visité ce musée.
8. Je le peindrai aussitôt que j'aurai trouvé des pinceaux.
9. Je changerai de manière aussitôt que mon rival m'aura bien imité.
10. J'arriverai aussitôt que j'aurai déjeuné.

NE PAS + INFINITIF

Les expressions négatives *ne pas, ne rien, ne jamais, ne guère* et *ne point* se mettent généralement ensemble devant un infinitif, au lieu d'être séparées, pour encadrer le verbe, comme c'est le cas ailleurs.

7. Mes professeurs m'ont demandé de ne plus aller en ville.
   Mes professeurs m'ont prié de ne plus aller en ville.
   Mes professeurs m'ont prié de ne jamais aller en ville.
   Mes professeurs m'ont prié de ne jamais retourner en ville.
   Mes professeurs m'ont prié de ne jamais retourner en Italie.

8. Vous me demandez de ne pas acheter ces tableaux.
9. Vous me demandez de ne pas admirer la peinture moderne.
10. Vous me demandez de ne rien craindre.
11. Vous me demandez de ne pas peindre de portraits.
12. Vous me demandez de ne pas écrire de romans modernes.
13. Je réussis à ne pas oublier mon travail.
14. Je vous demande de ne pas oublier mon travail.
15. Je persiste à ne pas oublier mon travail.
16. Je parviens à ne pas oublier mon travail.
17. Je prétends ne pas oublier mon travail.
18. J'espère ne pas oublier mon travail.

AVANT QUE, A MOINS QUE + NE +
LE SUBJONCTIF

Les conjonctions *avant que* et *à moins que* sont suivies d'un verbe au subjonctif. Dans le style écrit ou dans la langue parlée soignée, ce verbe est précédé d'un *ne* qui n'a pas le sens négatif.

4. Je ne sortirai pas avant que vous ne me disiez la vérité.
Je ne sortirai pas à moins que vous ne me disiez la vérité.
Je ne sortirai pas à moins que vous ne m'appreniez la vérité.
Je ne sortirai pas à moins que vous ne m'appreniez ce poème.

Les phrases 5 à 9 ne sont que des suggestions.

5. Je ne comprendrai pas cette leçon à moins que vous ne me l'expliquiez.
6. Je n'aurai pas d'argent à moins que vous ne m'en donniez.
7. Je répéterai cette faute avant que vous ne me corrigiez.
8. J'oublierai mon devoir à moins que vous ne me le rappeliez.
9. Je resterai ici à moins que le professeur ne m'en chasse.
10. J'arriverai à l'heure à moins que je ne me réveille trop tard.

INVERSION APRES AUSSI, PEUT-ETRE,
SANS DOUTE

Si une phrase commence par *aussi, peut-être* ou *sans doute*, il faut faire l'inversion du sujet. Cette construction appartient surtout à la langue écrite. Notez que dans ce cas *aussi* signifie *donc* ou *par conséquent* (anglais: *so, therefore*).

5. Charles travaille beaucoup; aussi réussira-t-il à apprendre par cœur ce poème.
Charles travaille beaucoup; peut-être réussira-t-il à apprendre par cœur ce poème.
Charles travaille beaucoup; peut-être réussira-t-il à apprendre par cœur la leçon.
Charles travaille beaucoup; peut-être réussira-t-il à apprendre par cœur le livre.
6. Charles ne comprend rien. Peut-être n'a-t-il pas appris sa leçon.
Charles ne comprend rien. Sans doute n'a-t-il pas appris sa leçon.
Charles ne comprend rien. Sans doute n'a-t-il pas préparé sa leçon.
Charles ne comprend rien. Sans doute n'a-t-il pas préparé son devoir.

Les phrases 7 à 12 ne sont que des suggestions.

7. Peut-être la trouve-t-il intéressante.
8. Peut-être les trouve-t-il intéressants.
9. Peut-être la trouve-t-il ennuyeuse.
10. Peut-être la trouve-t-il trop difficile.
11. Peut-être la trouve-t-il ennuyeuse.
12. Peut-être la trouve-t-il belle.

REVISION

FORMATION DU PASSE COMPOSE

Rappelez-vous que le passé composé de la majorité des verbes se forme avec le présent du verbe *avoir* et le participe passé du verbe principal. Mais certains verbes de mouvement intransitifs (*aller, venir, revenir, entrer, rentrer, sortir, arriver, partir, monter, descendre, rester, devenir, naître, mourir*) se conjuguent avec *être* au lieu d'*avoir*. Tous les verbes réfléchis se conjuguent aussi avec *être*.

4. Il l'a déjà fini.
5. Ils lui ont déjà parlé.
6. Je suis déjà parti.
7. Il y est déjà retourné.
8. Il en est déjà sorti.
9. Ils y sont déjà montés.
10. Je l'ai déjà écrit.
11. Elle y est déjà allée.
12. Il s'est déjà réveillé.
13. Je me suis déjà rasé.
14. Nous nous sommes déjà couchés.
15. Je me le suis déjà rappelé.

Pourquoi êtes-vous parti avant de vous décider?

Pourquoi êtes-vous parti avant de nous écouter?

18. Charles a compris le devoir avant de l'expliquer à ses camarades.
19. Charles a appris par cœur ce poème avant de le réciter en classe.
20. Charles a appris le français avant de partir pour Paris.
21. Vous apprendrez le français avant d'aller en France.
22. Nous apprendrons le français avant d'étudier la littérature.

10 • FANTAISIE

SANS + INFINITIF, *AVANT DE* + INFINITIF

Sans et *avant de*, comme toutes les prépositions (sauf *en*) sont suivies de l'infinitif. Notez que cette construction n'est possible que si le sujet des deux parties de la phrase est le même. Autrement il faut employer *sans que* ou *avant que* avec le subjonctif.

5. Vous ne réussirez pas sans comprendre ce livre.
   Vous ne réussirez pas sans rien comprendre.
   Vous ne réussirez pas sans comprendre personne.
6. Le professeur est parti sans parler à aucun étudiant.
7. Jean a réussi sans même regarder ses livres.
8. Charles a du succès sans rien faire.
9. Vous ne réussirez pas sans faire votre travail.
10. Paul a reçu un cadeau sans en parler à personne.
11. J'ai lu ce livre sans rien y comprendre.
17. Pourquoi êtes-vous parti avant de nous écrire?
    Pourquoi êtes-vous parti avant de faire votre devoir?

PRONOMS COMPLEMENTS D'OBJET AVEC L'IMPERATIF

Les pronoms compléments d'objet se mettent *après* **l'impératif** *affirmatif.* **Ils se mettent** *avant* **l'impératif** *négatif.* **L'ordre des pronoms après l'impératif affirmatif est normalement objet direct + objet indirect +** *y* **+** *en.*

6. Regardons-le!
7. Obéissons-leur!
8. Parlons-lui!
9. Pensons-y!
10. Parlons-en!
11. Envoyons-les-leur!
12. Levez-vous!
13. Ne vous endormez pas!
14. Cherchez-le!
15. Ne lui parlez pas!
16. Obéissez-lui!
17. N'en parlez plus!

STRUCTURES DIVERSES

Pour suggérer une action à quelqu'un, on peut employer une proposition avec *si* **et l'imparfait.**

Quand un adjectif numéral ou une expression de quantité s'emploie comme pronom complément d'objet, le verbe doit être précédé du pronom *en.*

Il est **est une forme plus élégante que** *il y a.*

Notez l'omission de *pas* dans une proposition subordonnée négative qui suit une autre proposition négative. *Ne a ici le sens négatif.*

On peut exprimer une exhortation ou un ordre à la troisième personne en employant *que* plus un verbe au subjonctif.

1. Si nous faisions attention?
2. Si nous apprenions cette leçon?
3. Si nous finissions ce livre?
4. Si nous étions contents?
5. Si nous sortions de la salle?
6. Il n'en est pas un qui ne sache la réponse.
7. Il n'en est pas un qui ne puisse comprendre cette phrase.
8. Il n'en est pas un qui ne fasse son devoir.
9. Il n'en est pas un qui n'apprenne cette leçon.
10. Il n'en est pas un qui ne reçoive de mauvaises notes.
11. Que l'on fasse attention!
12. Que l'on me réponde!
13. Que les étudiants fassent leur travail!
14. Que l'on punisse cet élève!
15. Que cet examen soit très difficile!
16. Que ces étudiants ne soient pas déçus!

LANGUE ÉCRITE ET LANGUE PARLÉE

Le passé simple, l'imparfait du subjonctif et le plus-que-parfait du subjonctif ne s'emploient que dans la langue écrite. Dans la langue parlée, ils sont remplacés normalement par le passé composé, le présent du subjonctif et le passé du subjonctif respectivement.

Bien que je ne sois jamais venue dans cette région, je connaissais parfaitement le paysage qui s'étendait à ma droite. Des cimes de peupliers dominaient une masse de tilleuls. A travers le feuillage encore léger de ceux-ci, on devinait une maison. Alors, j'ai su que j'avais trouvé le château de mes rêves. Je n'ignorais pas que, cent mètres plus loin, un chemin étroit couperait la route. Le chemin était là. Je l'ai pris. Il m'a conduit devant une barrière blanche. De là partait l'allée que j'avais si souvent suivie. Sous les arbres, j'ai admiré le tapis aux couleurs douces que formaient les pervenches, les primevères et les anémones. Lorsque j'ai débouché de la voûte des tilleuls, j'ai vu la pelouse verte et le petit perron, au sommet duquel était la porte de chêne clair. Je suis sortie de ma voiture, j'ai monté rapidement les marches et j'ai sonné.

J'avais grand-peur que personne ne réponde, mais presque tout de suite, un domestique a paru. C'était un homme au visage triste, fort vieux et vêtu d'un veston noir. En me voyant, il a paru très surpris et m'a regardée avec attention, sans parler.

REVISION

EMPLOI DU PRESENT ET DE L'IMPARFAIT
AVEC IL Y A (AVAIT)... QUE, DEPUIS,
DEPUIS QUAND, VOICI... QUE, VOILA... QUE

Le présent s'emploie avec les expressions *il y a... que, depuis, depuis quand, voici... que, voilà... que* + indication de temps pour désigner une action qui a commencé dans le passé mais qui n'est pas encore terminée. L'imparfait s'emploie avec ces mêmes expressions (*il y a* étant remplacé par *il y avait*).

Les phrases 6 à 14 ne sont que des suggestions.

6. J'y étais depuis deux jours.
7. Il y a trois jours que je le lis.
8. Voilà deux ans que je l'étudie.
9. Je le parle depuis trois ans.
10. Voici trois ans que j'aime le parler.
11. Je le parlais depuis quatorze ans.
12. Il y avait quinze jours que je demeurais ici.
13. Nous le faisons depuis trois minutes.
14. J'y réponds depuis trois minutes.

11 • NATURE

L'ARTICLE PARTITIF: *DE* + ADJECTIF AU PLURIEL + NOM; PLACE DE L'ADJECTIF

Quand le nom est précédé d'un adjectif au pluriel, l'article partitif *des* est normalement remplacé par *de*. Rappelez-vous que les adjectifs *bon, mauvais, beau, joli, grand, gros, petit, jeune, vieux* et *autre* précèdent normalement le nom.

8. Oui, j'ai des idées nouvelles. (brand new)
   Oui, j'ai de nouvelles idées. (different)
9. Oui, j'ai de riches amis.
10. Oui, j'ai des idées intéressantes.
11. Oui, j'ai de petits enfants.
12. Oui, j'ai de vieux parents.
13. Oui, j'ai de beaux enfants.
14. Oui, j'ai de bonnes notes.
15. Oui, j'ai des frères paresseux.
16. Oui, je connais de bons Français.
17. Oui, je lis de bons livres.
18. Oui, j'écris de bonnes lettres.
19. Oui, j'ai de bons enfants.
20. Oui, je lis de bons romans.

EN AVEC ADJECTIFS NUMERAUX

Quand un adjectif numéral complément d'objet s'emploie comme pronom (c'est-à-dire, le nom est omis), le verbe doit être précédé de *en*.

5. Oui j'en ai trouvé trois.
6. Oui j'en ai lu trois.
7. Oui, j'en ai reçu trois.
8. Oui, j'en ai vu trois.
9. Oui, j'en ai choisi trois.
10. Oui, il en a acheté trois.

Les phrases 11 à 16 ne sont que des suggestions.

11. Oui, j'en connais un.
12. Oui, j'en connais une.
13. Oui, j'en connais deux.
14. Oui, j'en connais beaucoup.
15. Non, mais j'en comprends beaucoup.
16. Oui, j'en connais beaucoup.

NE APRES CRAINDRE, AVOIR PEUR, EMPECHER, EVITER

Après les verbes *craindre, avoir peur, empêcher* et *éviter*, on emploie un verbe au subjonctif dans la proposition subordonnée. Ce verbe est souvent précédé de *ne* dans la langue écrite. Ce *ne* n'a pas le sens négatif.

8. Vous avez peur que votre ami ne me trompe.
   Empêchez que votre ami ne me trompe.
   Prenez garde que votre ami ne me trompe.
   Vous ne niez pas que votre ami ne me trompe.

A LA FOIS

L'expression *à la fois* peut signifier *et... et* (anglais: *both . . . and*).

Les phrases 6 à 10 ne sont que des suggestions.

6. C'est qu'il est à la fois logique et illogique.
7. C'est qu'elle est à la fois belle et bonne.
8. C'est qu'il est à la fois paresseux et cafouilleux.
9. C'est que le professeur est à la fois injuste et exigeant.
10. C'est qu'il est à la fois inattentif et bête.

A CAUSE DE, PARCE QUE

A cause de s'emploie devant un nom ou un pronom (anglais: *because of*). *Parce que* s'emploie devant une proposition (anglais: *because*).

8. J'avais peur de la mer à cause de son immensité.
9. Tout le monde admire Jeanne à cause de sa beauté et de son intelligence.
10. J'avais soif à cause de la chaleur.
11. Charles n'apprend rien à cause de sa stupidité et de sa paresse.
12. Je pardonne à Robert à cause de sa jeunesse.

FAIRE + INFINITIF

Quand *faire* est suivi d'un infinitif (anglais: *to have* [someone] *do something, to have* [something] *done*), le complément d'objet de *faire* est direct si l'infinitif n'a pas son propre complément d'objet. Mais s'il y a deux compléments d'objet, le complément de *faire* devient un complément d'objet indirect. Rappelez-vous que les pronoms se mettent devant *faire*, les noms après l'infinitif.

8. Robert a fait comprendre la vérité à sa femme.
Robert a fait voir la vérité à sa femme.
Robert a fait voir la beauté de la nature à sa femme.
Robert a fait voir la beauté de la nature à sa fiancée.
9. Oui, il la leur fait dire.
10. Oui, il la leur fait écrire.
11. Oui, ils me (nous) l'ont fait étudier.
12. Oui, il me (nous) les fait remarquer.
13. Oui, il les leur fait apprendre.
14. Oui, il me (nous) l'a fait comprendre.

REVISION

PRONOMS INTERROGATIFS

Rappelez-vous les formes des pronoms interrogatifs:

qui et *qui est-ce qui:* formes du sujet pour les personnes

qu'est-ce qui: forme du sujet pour les choses

qui et *qui est-ce que:* complément d'objet direct ou régime de préposition pour les personnes

que et *qu'est-ce que:* complément d'objet direct pour les choses

quoi et *quoi est-ce que:* régime de préposition pour les choses

19. Qui a fini son devoir? Qu'est-ce que Robert a fini?
20. Qui est très mécontent du devoir de Robert? De quoi le professeur est-il très mécontent?
21. Qui a parlé de son devoir à son ami Charles? De quoi Robert a-t-il parlé à son ami Charles? A qui Robert a-t-il parlé de son devoir?
22. Qui a expliqué ce devoir à Robert? Qu'est-ce que Charles a expliqué à Robert? A qui Charles a-t-il expliqué ce devoir?
23. Qui n'a pas compris l'explication de Charles? Qu'est-ce que Robert n'a pas compris?

24. Qui a demandé une explication au professeur? Qu'est-ce que Robert a demandé au professeur? A qui Robert a-t-il demandé une explication?
25. Qui a écouté le professeur? Qui Robert a-t-il écouté?
26. Qu'est-ce qui a aidé les étudiants? Qui est-ce que l'explication du professeur a aidé?
27. Qui a compris l'explication du professeur? Qu'est-ce que Robert a compris?

12 • ESPRIT FRANÇAIS

QUELQUE CHOSE A + INFINITIF

Il faut mettre la préposition *à* entre les pronoms indéfinis *quelque chose* et *rien* et l'infinitif qui les suit. Notez la place différente de ces deux pronoms avec des temps composés.

6. Dans votre travail j'ai trouvé beaucoup de choses à critiquer.
Dans votre travail j'ai cherché beaucoup de choses à critiquer.
Dans votre travail j'ai cherché quelque chose à critiquer.
Dans votre travail j'ai cherché quelque chose à admirer.
7. Non, je n'ai rien trouvé à lire.
8. Non, je n'ai rien trouvé à étudier.
9. Non, je n'ai rien cherché à apprendre.
10. Non, je n'ai rien trouvé à vous reprocher.
11. Non, je n'ai rien à vous dire.
12. Non, je n'ai rien à vous cacher.
13. Non, je ne sais rien de nouveau, mais j'ai quelque chose à vous dire.
14. Non, je ne sais rien de différent, mais j'ai quelque chose à vous raconter.
15. Non, je ne sais rien de remarquable, mais j'ai quelque chose à vous communiquer.
16. Non, je ne sais rien d'extraordinaire, mais j'ai quelque chose à vous cacher.

NE COMME NEGATIF SANS PAS

Dans la langue écrite surtout, on emploie quelquefois *ne* **sans** *pas* **dans le sens négatif. Cette omission de** *pas* **a lieu fréquemment avec les verbes** *pouvoir, savoir, cesser* **et** *oser* **suivis d'un infinitif.**

5. Je n'ose dire la vérité.
   Je ne saurais dire la vérité.
   Je ne puis dire la vérité.
   Je n'ai cessé de dire la vérité.

PERSONNE, CHACUN

Notez l'emploi des pronoms indéfinis *personne* **et** *chacun.*

6. Au contraire, chacun de nous parle français.
7. Au contraire, chacun de nous comprend la France.
8. Au contraire, chacun de nous lira ce livre.
9. Au contraire, chacun de nous apprendra le français.
10. Au contraire, chacun de nous fera son devoir.

LE SUBJONCTIF DANS LES PROPOSITIONS RELATIVES

Le verbe d'une proposition relative qui dépend d'un antécédent négatif ou indéfini se met normalement au subjonctif.

6. Je ne trouve personne qui puisse vous aider.
   Je ne trouve aucune chose qui puisse vous aider.
   Je ne trouve aucun homme qui puisse vous aider.
   Je ne trouve pas d'hommes qui puissent vous aider.
7. Non, il n'y a pas d'étudiants qui aient appris la leçon.
8. Non, il n'y a pas d'étudiants qui aient préparé leur leçon.
9. Non, il n'y a pas d'étudiants qui aient aidé leurs camarades.

10. Non, il n'y a pas de Français qui se soient opposés à l'unité nationale.
11. Non, il n'y a pas de Français qui aient essayé de dominer les autres.

STRUCTURES DIVERSES

Il s'agit de **signifie** *il est question de. Se rendre compte de* **signifie** *savoir* **ou comprendre.**

1. Il s'agit de notre avenir.
2. Il s'agit de la composition ethnique de la France.
3. Je ne sais pas ce dont il s'agit.
4. Il s'agissait de la grandeur de la France.
5. Je me rends bien compte que la France est un pays hardi dans ses conceptions.
6. Nous nous rendons bien compte de la vérité sur la question de la race française.
7. Vous vous rendez bien compte que la sélection trop grande ne développe pas l'intelligence.
8. Vous rendez-vous bien compte que les Français doivent aux Latins leur don d'expression?
9. Vous devriez vous rendre bien compte que l'unité française n'est pas fondée sur la race.

REVISION

VERBE ET INFINITIF

Certains verbes sont suivis d'un infinitif sans préposition. D'autres sont suivis d'un infinitif précédé d'une des prépositions *à* **ou** *de.* **Révisez les verbes dans les phrases suivantes.**

4. Jeanne va jouer du piano.
   Jeanne ose jouer du piano.
   Jeanne commence à jouer du piano.
   Jeanne réussit à jouer du piano.
   Jeanne décide de jouer du piano.
   Jeanne essaie de jouer du piano.
5. Jean désire aller en France.
   Jean espère aller en France.
   Jean doit aller en France.
   Jean consent à aller en France.
   Jean continue à aller en France.

Jean refuse d'aller en France.
Jean regrette d'aller en France.

DISTINCTIONS DE VOCABULAIRE: *AN,
ANNÉE; JOUR, JOURNÉE; MATIN, MATINÉE;
NOUVEAU, NEUF; ATTENDRE, S'ATTENDRE À*

**Notez la différence de sens entre les mots sui-
vants. Remarquez par exemple que le mot** *an*
**s'emploie surtout avec des adjectifs détermina-
tifs numéraux et dans l'expression** *tous les ans;*
année **s'emploie dans les autres cas.** *Nouveau*
signifie *différent; neuf* **signifie** *qui vient d'être
fabriqué, créé.*

Les phrases 4 à 17 ne sont que des suggestions.

4. Il est arrivé ce matin.
5. J'ai travaillé toute la matinée.
6. Je travaillerai toute la matinée.
7. Je suis le cours de troisième année.
8. J'étudie le français depuis trois ans.
9. Je passerai toute la journée à dormir.
10. J'ai acheté une voiture neuve.
11. C'est une nouvelle jeune fille.
12. J'attends mon camarade ici depuis cinq
    minutes.
13. Non, je m'y attendais.
14. Non, c'est une nouvelle robe.
15. C'est que j'attends mon copain.
16. C'est qu'elle n'est pas neuve.
17. C'est qu'il s'y attendait.

13 • PAYS

L'IMPARFAIT AVEC *DEPUIS*

**L'imparfait, employé avec une expression de
temps introduite par** *depuis*, **désigne une action
qui avait commencé plus tôt et qui continuait
au moment du passé dont il s'agit. (Cette construction correspond normalement à l'anglais**
had been doing.)

5. Au moment de votre arrivée, j'étudiais le
   vocabulaire depuis dix heures du matin.
   Au moment de votre départ, j'étudiais le
   vocabulaire depuis dix heures du matin.

Au moment de votre départ, j'étudiais la
grammaire depuis dix heures du matin.
Au moment de votre départ, j'étudiais la
grammaire depuis huit heures du matin.
Au moment de votre départ, j'étudiais la
grammaire depuis huit heures du soir.
6. Je le parlais depuis mon séjour en France.
7. Je le connaissais depuis ma jeunesse.
8. Je l'étudiais depuis sept heures du matin.
9. Je les faisais depuis l'après-midi.
10. Je mangeais depuis midi.

Les phrases 11 à 15 ne sont que des suggestions.

11. Je pleurais depuis trois jours.
12. Je l'attendais depuis deux heures.
13. Je jouais aux cartes depuis quatre heures.
14. Je pensais à lui depuis dix minutes.
15. Il expliquait une phrase depuis une demi-
    heure.

D'AUTANT PLUS... QUE

L'expression *d'autant plus... que* **signifie** *the
more . . . in that, all the more so . . . since.*

4. L'arrivée de mon ami m'a d'autant plus
   bouleversé qu'elle était tout à fait inattendue.
   L'arrivée de mon maître m'a d'autant plus
   bouleversé qu'elle était tout à fait inattendue.
   L'arrivée de mon maître m'a d'autant plus
   surpris qu'elle était tout à fait inattendue.
5. Pierre aime d'autant plus parler à Charlotte
   qu'elle est très belle.
6. Arthur préfère d'autant plus passer ses vacances en France qu'il parle français.
7. Jacques se sent d'autant plus français que
   sa grand-mère était française.
8. Charles se croit d'autant plus intelligent
   qu'il reçoit de bonnes notes.
9. Jean se sent d'autant plus fier qu'il est le
   premier de la classe.

COMPARATIF: *CELUI (CELLE) DE*

Notez l'emploi du pronom démonstratif *celui
(celle, ceux, celles)* **après un comparatif. Il s'ac-**

corde en genre et en nombre avec le nom auquel il se rapporte.

10. Il n'y a pas de montagnes plus belles que celles de France.
    Il n'y a pas d'églises plus belles que celles de France.
    Il n'y a pas de lacs plus beaux que ceux de France.
    Il n'y a pas de fleuves plus beaux que ceux de France.
    Il n'y a pas de villes plus belles que celles de France.
11. Oui, il n'y a pas de meilleurs professeurs que ceux de notre école.
12. Oui, il n'y a pas d'élèves plus intelligents que ceux de notre classe.
13. Oui, il n'y a pas de grammaire plus difficile que celle de la langue française.
14. Oui, il n'y a pas de plus belle littérature que celle de France.
15. Oui, il n'y a pas d'histoire plus intéressante que celle de France.
16. Oui, il n'y a pas de meilleurs vins que ceux de France.

AVOIR BEAU

L'expression *avoir beau (faire quelque chose)* signifie *(faire quelque chose) en vain, inutilement.*

6. Nous avons beau suivre un cours de mathématiques.
7. Mon professeur de mathématiques a beau m'expliquer l'algèbre.
8. J'ai beau faire mes devoirs.
9. Mes parents ont beau me dire de faire attention en classe.
10. J'ai beau faire attention en classe.
11. Mes amis ont beau essayer de m'aider.

S'EN PASSER

L'expression *se passer de (quelque chose)* signifie *get along without (something).*

5. Jeanne a beau essayer de se passer de son livre de français.

6. Charles a beau essayer de se passer de dictionnaire.
7. André a beau essayer de se passer de l'auto de son frère.
8. Marcel a beau essayer de se passer d'argent.
9. Armand a beau essayer de se passer de ses amis.

NOM ET ADJECTIF + *QUE CELUI DE*

On peut former une phrase exclamative en employant un nom suivi ou précédé d'un adjectif + *que celui (celle, ceux, celles) de.*

4. Travail délicat que celui de la vigne!
5. Vins délicieux que ceux de France!
6. Plages azurées que celles du Midi!
7. Apres landes que celles de Bretagne!
8. Rocs chauds que ceux de la campagne d'Arles!
9. Bel ours que celui du cirque!

REVISION

L'INFINITIF PASSE

La préposition *après* est toujours suivie de l'infinitif passé (forme composée avec *avoir* ou *être*), jamais de l'infinitif présent.

5. Je me suis habillé après m'être levé.
6. Nous sommes allés en classe après avoir lu le roman.
7. Nous avons rencontré Jeanne après être sortis de la salle.
8. Vous êtes rentrés chez vous après vous être bien amusés.
9. Charles s'est couché après avoir fait son travail.
10. Mes amis se sont reposés après avoir fini le repas.
11. Jean est allé au théâtre après avoir fini la lecture du roman.
12. Charles s'est levé après s'être réveillé.

FINIR PAR + INFINITIF

L'expression *finir par* + infinitif signifie *faire quelque chose enfin.* Comparez avec *finir de,* qui signifie *s'arrêter de.*

7. Ce grand auteur a fini par être détesté de tout le monde.
   Ce grand auteur a fini par être admiré de tout le monde.
   Ce grand auteur a fini par être admiré de toute la France.
8. Ce grand auteur a fini par insulter tout le monde.
   Ce grand auteur a fini par étonner tout le monde.
   Ce grand auteur a fini par étonner toute la France.

Les phrases 9 à 14 ne sont que des suggestions.

9. J'avais l'intention de passer l'été à Paris, mais j'ai fini par rester chez moi.
10. D'abord je ne pouvais pas comprendre le français, mais j'ai fini par bien le comprendre.
11. D'abord mon ami ne voulait jamais aller au théâtre, mais il a fini par se faire acteur.
12. Pendant sa jeunesse il n'aimait pas étudier les langues, mais il a fini par enseigner le grec.
13. Les parents de Charles étaient riches, mais Charles lui-même a fini par mendier dans les rues.
14. Tout le monde admirait cette actrice pendant sa jeunesse, mais elle a fini par devenir bibliothécaire.

NON PLUS

L'expression *non plus* correspond pour le négatif à *aussi* pour le positif (anglais: *neither, either* [negative]).

5. Mon frère a des difficultés à apprendre l'algèbre, et je ne la comprends pas non plus.

Mon frère a des difficultés à étudier l'algèbre, et je ne la comprends pas non plus.
Mon frère a des difficultés à étudier la géométrie, et je ne la comprends pas non plus.
Mon frère a des difficultés à étudier la géométrie, et je ne l'aime pas non plus.

6. Et moi je ne l'apprendrai pas non plus.
7. Et moi je n'y resterai pas non plus.
8. Et moi je ne les suivrai pas non plus.
9. Et moi je ne leur obéirai pas non plus.
10. Et moi je ne leur parlerai pas non plus.

Les phrases 11 à 15 ne sont que des suggestions.

11. Moi je n'y vais pas non plus.
12. Moi je ne la prépare pas non plus.
13. Moi je ne l'aime pas non plus.
14. Moi je ne l'apprécie pas non plus.
15. Moi je ne veux pas danser avec lui non plus.

IL RESTE IMPERSONNEL

L'expression *il reste (quelque chose)* signifie *il y a toujours (quelque chose). Il me reste (quelque chose)* signifie *j'ai toujours (quelque chose).* (Anglais: *There is . . . left, I have . . . left.*)

Les phrases 6 à 11 ne sont que des suggestions.

6. Il ne m'en reste plus que deux.
7. Il ne m'en reste plus qu'un seul.
8. Il ne lui en reste plus que la moitié.
9. Il ne lui reste plus que la version latine.
10. Il lui reste à apprendre les adverbes.
11. Il leur reste deux amis fidèles.

LE SUBJONCTIF APRES *CROIRE* ET *PENSER* A L'INTERROGATIF

On emploie souvent le subjonctif après les verbes *croire* et *penser* à l'interrogatif et au négatif mais jamais après l'affirmatif.

6. Le général pense atteindre le sommet, mais croyez-vous qu'il se rende compte du danger?
   Le général croit atteindre le sommet, mais croyez-vous qu'il se rende compte du danger?

Le général croit remporter la victoire, mais croyez-vous qu'il se rende compte du danger?

Le général croit remporter la victoire, mais pensez-vous qu'il se rende compte du danger?

Le général croit remporter la victoire, mais pensez-vous qu'il se rende compte des obstacles?

Les phrases 7 à 15 ne sont que des suggestions.

7. Mais croyez-vous que Charles puisse nous aider?
8. Mais croyez-vous que Jean sache le parler?
9. Mais croyez-vous que Paul veuille partir?
10. Mais croyez-vous que Robert aille y étudier?
11. Mais croyez-vous que Jacques l'ait?
12. Pensez-vous que Charles veuille passer ses vacances en Californie?
13. Croyez-vous qu'il aille nager dans la mer?
14. Etes-vous sûr qu'il n'ait pas peur des requins?
15. Espérez-vous qu'il ne se rende pas compte de ce danger?

LE SUBJONCTIF DANS LES PROPOSITIONS RELATIVES APRÈS LE SUPERLATIF

Le verbe d'une proposition relative se met généralement au subjonctif après un superlatif ou après un nom accompagné des adjectifs *seul, unique, premier, dernier*.

6. C'est le poème le plus romantique que je puisse écrire.

C'est le plus beau poème que je puisse écrire.

C'est le meilleur poème que je puisse écrire.

C'est le plus long poème que je puisse écrire.

C'est le seul poème que je puisse écrire.

C'est le premier poème que je puisse écrire.

C'est l'unique poème que je puisse écrire.

C'est le dernier poème que je puisse écrire.

C'est le dernier poème que je sache écrire.

C'est le dernier poème que je réussisse à écrire.

7. C'est le chef-d'œuvre le plus intéressant que nous ayons jamais créé.
8. C'est la dernière observation que vous ayez jamais faite.
9. C'est la soupe la plus délicieuse que j'aie jamais préparée.
10. C'est la première chanson que Charles et Robert aient jamais composée.

REVISION

EMPLOI DE *A, DANS, EN*

Rappelez-vous que *dans* signifie *à l'intérieur de* et a un sens plus précis que *à* ou *en*. A s'emploie avec les noms de villes. *En* s'emploie avec les noms de pays ou de continents au féminin. *Au, aux* s'emploient avec les pays au masculin ou au pluriel. *Dans le (la, l', les)* s'emploie avec un nom de pays ou de continent qualifié par une autre expression.

6. Je voyage en auto.
7. Il est dans le tiroir.
8. Ils sont à l'école.
9. Je les passerai en Italie, à Rome.
10. J'irai en ville.
11. Il est dans son bureau.
12. Je demeure dans un appartement.
13. J'ai voyagé en Europe et dans l'Afrique du Nord.
14. Nous sommes dans cette salle de classe.

15 · VIGNETTES DE LA VIE QUOTIDIENNE

L'IMPARFAIT ET LE PASSE COMPOSE

L'imparfait et le passé composé se trouvent souvent dans la même phrase. Dans ce cas, l'imparfait désigne l'état des choses ou ce qui

se passait au moment où l'action du verbe au passé composé a eu lieu.

6. Quel livre lisiez-vous quand cette mauvaise nouvelle est arrivée?
   Quel livre étudiiez-vous quand cette mauvaise nouvelle est arrivée?
   Quel livre étudiiez-vous quand ce télégramme est arrivé?
7. Il faisait beau temps quand cette mauvaise nouvelle est arrivée.
8. Charlotte était en train de changer de robe quand cette mauvaise nouvelle est arrivée.
9. Jeanne faisait un rêve quand cette mauvaise nouvelle est arrivée.
10. Je me promenais dans la rue quand cette mauvaise nouvelle est arrivée.
11. Je revenais de chez ma tante quand cette mauvaise nouvelle est arrivée.
12. Je téléphonais chez Alexandre quand cette mauvaise nouvelle est arrivée.
13. Quand j'ai trouvé cette montre, je quittais la maison.
14. Quand j'ai reçu votre télégramme, je quittais la maison.
15. Quand j'ai appris cette mauvaise nouvelle, je quittais la maison.
16. Quand l'agent m'a dressé cette contravention, je quittais la maison.

VOULOIR + LE SUBJONCTIF DANS LES PHRASES INTERROGATIVES

Le verbe dans la proposition subordonnée après le verbe *vouloir* se met au subjonctif. Cette construction correspond normalement à une construction anglaise avec l'infinitif. Par exemple, *Que voulez-vous que je fasse?* signifie *What do you want me to do?*

6. Que voulez-vous que je dise?
   Que voulez-vous que j'apprenne?
   Que voulez-vous que j'écrive?
   Que voulez-vous que je lise?

DEUX PRONOMS COMPLEMENTS D'OBJET

Quand il y a deux pronoms compléments d'objet devant le verbe, l'ordre est le suivant:

me	le	lui	y	en
te	la	leur		
nous	les			
vous				
se				

7. Je ne comprends pas cette expression parce que le professeur ne nous l'a pas expliquée.
   Je ne comprends pas ce mot parce que le professeur ne nous l'a pas expliqué.
   Je ne comprends pas ce roman parce que le professeur ne nous l'a pas expliqué.
   Je ne comprends pas cette phrase parce que le professeur ne nous l'a pas expliquée.
8. Charles ne comprend pas l'expression parce que le professeur ne la lui a pas expliquée.
   Charles ne comprend pas le mot parce que le professeur ne le lui a pas expliqué.
   Charles ne comprend pas l'idée parce que le professeur ne la lui a pas expliquée.
   Charles ne comprend pas le problème parce que le professeur ne le lui a pas expliqué.

ETRE A + PRONOM ACCENTUE

La possession s'exprime souvent par *être à* + un nom ou un pronom accentué. Cette construction correspond à l'anglais: *it is Mary's, it is hers, it belongs to her.*

5. Ce ne sont pas les souliers de Robert. Ces souliers sont à moi.
   Ce ne sont pas les souliers de Charles. Ces souliers sont à moi.
   Ce ne sont pas les souliers de Charles. Ces souliers sont à vous.
6. Oui, cette montre est à nous.
7. Oui, ce chapeau est à moi.
8. Oui, cette montre est à lui.
9. Oui, ces livres sont à eux.
10. Oui, ces souliers sont à toi (vous).

LES IMPERATIFS IRREGULIERS

L'impératif des verbes suivants est irrégulier: *être — sois, soyons, soyez; avoir — aie, ayons, ayez; savoir — sache, sachons, sachez. Vouloir* a un impératif irrégulier *veuillez* qui signifie *s'il vous plaît* dans un style plus recherché.

6. Sachez ce qui se passe!
7. Soyez prêt à partir!
8. Ayez confiance en moi!
9. Veuillez vous expliquer!
10. Dites la vérité!
11. Veuillez bien vous asseoir!

LE PASSE SIMPLE

Le passé simple est un temps littéraire qui correspond approximativement, quant au sens, au passé composé. Il s'emploie régulièrement dans les narrations pour désigner une action accomplie. Dans la conversation, il est normalement remplacé par le passé composé.

1. Le tout a été arrimé avec des cordes.
2. On a fait les comptes.
3. Le brocanteur a fixement regardé mon père.
4. Le brocanteur a pris un air dégoûté.
5. Le vieillard a paru attristé par cet aveu.
6. Le brocanteur a déclaré: «C'est formidable!»
7. «Ce n'est plus possible,» s'est écrié le brocanteur.
8. Le brocanteur m'a retenu par le bras.
9. Il a secoué la tête.
10. Il s'est avancé vers lui.
11. Nous l'avons suivi.
12. Il a plongé son bras dans ce fouillis.

REVISION

CONCORDANCE DES TEMPS: LE PRESENT ET LE PASSE

Avec un temps passé dans la proposition principale, le verbe de la proposition subordonnée se met à l'imparfait au lieu du présent, au plus-que-parfait au lieu du passé composé, et au conditionnel au lieu du futur.

4. Je vous promettais que je vous dirais la vérité.
5. Je savais ce qui se passerait.
6. Je croyais que nous nous étions trompés.
7. J'étais sûr que vous vous trompiez.

8. Je disais que vous vous tromperiez.
9. Je pensais que vous réussiriez.
10. J'étais sûr que vous étudiiez le français depuis deux ans.
11. Je vous assurais que je ne vous avais pas compris.
12. J'espérais que vous partiriez bientôt.
13. Je vous assurais que mon père allait vous rendre visite.
14. Je ne savais pas si ma réponse était juste.
15. Je ne savais pas si ma sœur était partie à l'heure.
16. Je ne savais pas si je réussirais à cet examen.

16 · CŒUR

PRONOM RELATIF: *QUI* ET *QUE*

Le pronom relatif *qui* sert de sujet de la proposition relative. Le pronom *que* sert de complément d'objet de la proposition relative. Il faut toujours exprimer *que*, même dans les cas où l'anglais omet le pronom: *The girl I loved* doit devenir *La jeune fille que j'aimais*. *Qui* et *que* servent tous deux pour les personnes ou pour les choses.

8. Une jeune fille qui me connaissait m'a aidé.
   Une jeune fille qui m'aimait m'a aidé.
   Une jeune fille qui m'aimait m'a écrit.
14. Une jeune fille que je connaissais m'a aidé.
   Une jeune fille que j'aimais m'a aidé.
   Une jeune fille que j'aimais m'a trompé.
15. Un jeune soldat qui me connaissait m'a présenté à tous les élèves que je ne connaissais pas.
   Un jeune soldat qui me connaissait m'a présenté à tous les officiers que je ne connaissais pas.
   Un jeune lieutenant qui me connaissait m'a présenté à tous les officiers que je ne connaissais pas.

Un jeune lieutenant qui me connaissait m'a présenté à tous les prisonniers que je ne connaissais pas.

16. Les soldats qui livreront leurs amis seront punis.
17. Les soldats que nous avons croisés dans la rue seront punis.
18. Les soldats qui ont crié votre nom seront punis.
19. Les soldats qui vous ont tutoyés seront punis.
20. Les soldats qui se sont tus seront punis.
21. Les soldats que nous avons surveillés seront punis.

CELUI QUI, CELUI QUE

Le pronom démonstratif *celui* (*celle, ceux, celles*) se combine souvent avec un pronom relatif. Dans ce cas, il correspond à l'anglais *the one* (*who, which*), *those* (*who, which*). N'oubliez pas de mettre *qui* pour le sujet et *que* pour le complément d'objet.

7. Je préfère ma solution à celle que vous avez suggérée.
   Je préfère mes candidats à ceux que vous avez suggérés.
   Je préfère mes livres à ceux que vous avez suggérés.
   Je préfère ma musique à celle que vous avez suggérée.
   Je préfère mon professeur à celui que vous avez suggéré.
8. Je préfère mes soldats à ceux qui viennent d'arriver.
   Je préfère mon candidat à celui qui vient d'arriver.
   Je préfère mes élèves à ceux qui viennent d'arriver.
   Je préfère mon étudiant à celui qui vient d'arriver.
   Je préfère mon étudiante à celle qui vient d'arriver.
   Je préfère ma voiture à celle qui vient d'arriver.

Les phrases 9 à 13 ne sont que des suggestions.

9. Celui qui est malade n'a pas peur de mourir.
10. Ceux qui m'aiment ne me tromperont jamais.
11. Ceux qui ne font pas attention ne se rappelleront pas leur devoir.
12. Celles qui échouent ne vous en voudront pas.
13. Celle qui a élevé mes enfants ne m'abandonnera jamais.

INTERROGATION INDIRECTE: CE QUI, CE QUE

Dans l'interrogation indirecte, les pronoms interrogatifs *qu'est-ce qui* et *qu'est-ce que* sont remplacés par *ce qui* et *ce que*, respectivement. *Ce qui* sert de sujet, *ce que* de complément d'objet direct. Notez que ces expressions correspondent normalement à l'anglais *what* en dehors des questions.

8. Nous savons ce que vous avez fait hier soir.
   Nous savons ce que vous avez dit hier soir.
   Nous savons ce que vous avez dit la semaine dernière.
9. Je ne sais pas ce qui s'est passé hier.
   Je ne sais pas ce qui est arrivé hier.
   Je ne sais pas ce qui est arrivé ce matin.
10. Ce qui est arrivé n'explique pas ce que vous faites maintenant.
    Ce qui est arrivé n'explique pas ce que vous dites maintenant.
    Ce qui se passe n'explique pas ce que vous dites maintenant.
    Ce qui se passe n'explique pas ce que vous avez dit hier.
11. Vous me demandez ce que l'on a fait à Sorbier.
12. Vous me demandez ce qui me dérange.
13. Vous me demandez ce qui m'encourage.
14. Vous me demandez ce que Sorbier refuse de faire.
15. Vous me demandez ce qui va se passer.
16. Vous me demandez ce qui a changé mon opinion.

17. Vous me demandez ce que je suis en train de faire.

REVISION DU SUBJONCTIF

Rappelez-vous certains emplois du subjonctif: après les verbes de volonté (*vouloir, ordonner,* etc.); après les verbes ou les expressions qui expriment un jugement (*il est possible, c'est injuste, je préfère,* etc.) ou un doute (*je doute, je ne suis pas sûr,* etc.); après les verbes *croire* et *penser* à l'interrogatif et au négatif seulement.

11. Il est possible que votre ami français me prenne pour un Français.

Je ne crois pas que votre ami français me prenne pour un Français.

Il se peut que votre ami français me prenne pour un Français.

Je souhaite que votre ami français me prenne pour un Français.

Je préfère que votre ami français me prenne pour un Français.

Je doute que votre ami français me prenne pour un Français.

J'aime mieux que votre ami français me prenne pour un Français.

VERBES IRREGULIERS

1. Charles m'en voudra toujours.
2. Robert se fera professeur de littérature espagnole.
3. Le soldat mourra sur le champ de bataille.
4. Jean vivra dans l'obscurité.
5. Albert ne verra pas la vérité.
6. Tais-toi!
7. Lève-toi à six heures!
8. Lave-toi la figure!
9. Dépêche-toi!
10. Ne te tais pas!
11. Ne te lève pas à six heures!
12. Ne te lave pas la figure!
13. Ne te dépêche pas!
28. Demain nous nous rappellerons la vérité.
29. D'habitude mes amis se rappelaient la vérité.
30. Demain mon ami se rappellera la vérité.
31. D'habitude mon ami se rappelait la vérité.
32. Demain vous vous rappellerez la vérité.
33. D'habitude vos amis se rappelaient la vérité.

REVISION

LE SUBJONCTIF ET L'INFINITIF

L'infinitif s'emploie le plus souvent au lieu d'une proposition subordonnée quand le sujet des deux parties de la phrase est le même. Si le sujet change, il faut employer la proposition subordonnée avec le verbe au subjonctif.

4. Je finirai mon travail avant de partir.
5. Robert a fait tout cela sans que vous n'ayez rien soupçonné.
6. Jean a pris cette décision avant d'en parler à sa femme.
7. Robert est parti avant que vous ayez appris la vérité.
8. Robert a acheté une auto avant de recevoir un chèque de ses parents.
9. Charles a réussi sans même faire un effort.
10. Robert a échoué à cet examen sans que ses parents le grondent.
11. Vous apprendrez cette règle avant d'avoir la permission de partir.
12. Charles est resté à Paris sans que ses parents le sachent.

VOCABULAIRE

abeille *f* bee
abîmer to ruin, to damage
abrégé shortened, abridged
abonné *m* subscriber
abri *m* shelter
s'abriter to take cover
accrocher to hook, to catch, to hang up
accroître to increase, to grow, to enlarge
accueillir to welcome, to receive, to greet
achever to finish
acier *m* steel
actualités *f* newsreel
actuel present-day
actuellement now, at the present time
advenir to happen
affairé busy
affectif emotional, affective
s'affirmer to make progress, to improve
s'affoler to become bewildered
agir to act, to do, to behave
    s' — de to be a question of
agneau *m* lamb
agrandir to enlarge
agréer to accept
agripper to grab, to grip
ahuri horrified
aïeul, aïeux *m* ancestor(s)
aigre sour, bitter, acid, tart
aigrette *f* tuft
aigu, aiguë acute, shrill
aile *f* wing
ailé winged
ailleurs elsewhere
    d' — besides, from somewhere else
et ainsi de suite and so on
airain *m* bronze
aliéné *m* madman

aliment *m* food
alléchant attractive, tempting
allée *f* garden-path, walk
allégresse *f* joy
aller retour *m* give and take
alliage *m* blending, alloying, alloy
allonger to increase, to lengthen
allumette *f* match
allure *f* way of walking
    à bonne — at a rapid pace
amandier *m* almond tree
ambiance *f* atmosphere, environment
âme *f* soul
aménager to arrange, to set up
amener to lead to
amoureux in love
amour propre *m* self-esteem
ancre *f* anchor
angoisse *f* anguish
anneau *m* ring, ringlet, curl
anomalie *f* irregularity, anomaly
aplatir to flatten
appartenir à to belong to
apport *m* contribution
s'apprêter to get ready
s'appuyer to lean on
âpre rough, sharp, bitter
après-demain the day after tomorrow
arbuste *m* bush
arc-en-ciel *m* rainbow
ardoise *f* slate
arête *f* ridge, fish-bone
armoire *f* closet
aromate *m* aromatic plant
arracher to tear off, to tear out
arrêter to stop, to arrest
arrimer to stow
arrondissement *m* ward
articulation *f* connection, joint
artisan *m* artisan, craftsman

ascenseur *m* elevator
assené struck, telling (blow)
assistance *f* audience
assommant boring
assurance *f* insurance, assurance
astreindre to subject
atelier *m* studio, workshop
attablé seated at the table
s'attarder to delay
atteindre to reach, to overtake, to attain
s'attifer to primp
attirance *f* attraction, lure, temptation
attrait *m* attraction, attractiveness
attrister to sadden
aube *f* dawn
aubergine *f* eggplant
aucun not any
au-dessus de above
aussi therefore
aussi bien the more so, especially as
autel *m* altar
autodrome *m* motor-racing track
auvent *m* small roof over doorway
avaler to swallow
avenir *m* future
averse *f* rain, shower
avertir to warn, to inform
    s' — to warn each other
aveu *m* admission
aveuglant blinding
aveugle blind
s'aviser to take into one's head, to find a way
avouer to admit

badaud *m* easy mark, gullible person

baguette *f* stick, wand, long loaf of bread

bahut *m* cupboard, hutch

balai *m* broom

baisser to hang, to lower

balance *f* scale

balancer to dangle

   se — to swing

balayer to sweep

ballon *m* ball, balloon

bande *f* band, tape, gang

banlieue *f* suburbs, outskirts

barbare barbaric, uncouth

barque *f* boat

barreau *m* bar, rung

barrer to bar, to cross off

barreur *m* helmsman

basse-cour *f* barnyard

battre to beat

   se — to fight

bavard talkative, gossipy

bavarder to gossip

béat sanctimonious

bélier *m* ram

bénévolement kindly, voluntarily

béquille *f* support, crutch

berger *m* shepherd

bergerie *f* sheepfold

besogne *f* work, task

besogner to work hard

bétail *m* cattle

bêtise *f* tomfoolery, stupidity

bien aimé *m* beloved, darling

bienfait *m* good deed, benefit

bienvenu welcome

bijou *m* jewel

bis twice, encore

blanchâtre whitish

blé *m* wheat

blesser to wound

bleuâtre bluish

blindé *m* tank

bloc *m* cooler, jail

boiteux lame

bondir to bound, to leap

bonté *f* kindness

border to tuck in, to border

borgne *m* one-eyed man

bosse *f* hump

bossu round shouldered, hunchbacked

botte *f* boot

bouclette *f* ringlet

bouclier *m* buckler, shield

bouffée *f* puff

bouillir to boil

boulet *m* cannonball

bouleverser to upset

bourdon *m* great bell

bourdonner to buzz, to hum

bourgeois middle-class, smug, humdrum

bourgeoisement vulgarly, in a middle-class way

bourrique *f* burro

bourru cross, moody

boyau *m* inner tube

brandir to brandish

branle *m* motion, swinging, ringing

brasserie *f* bar, brewery

bref in short

breuvage *m* beverage

bribes *f* bits

bricole *f* strap, harness

brocanteur *m* second-hand dealer

brouillard *m* fog, haze

broussailleux bushy

brouter to graze

bruire to make a noise

bruit *m* noise, rumor

brume *f* haze

bruyère *f* heather

bûche *f* log

bûcheron *m* woodcutter

buisson *m* bush

bulle *f* bubble

but *m* goal, target, objective

butin *m* booty

cafouilleux *m* bungler, duffer

caleçon *m* drawers, trunks

calepin *m* notebook

camion *m* truck

campagne *f* country

canapé *m* sofa

canard *m* duck

candidature *f* application

canne à pêche *f* fishing rod

à *la* cantonade off-stage

caoutchouc *m* rubber

car for, because

carillon *m* peal, musical bells

carré square

carrosse *m* coach

casque *m* helmet

cavalier *m* rider, dancing partner

ceinture *f* belt

célibataire *m* ou *f* bachelor, spinster

cellule *f* cell

être censé to be supposed

cerise *f* cherry

cerner to surround

certes most certainly

chagrin *m* sorrow

chaîne d'arpenteur *f* surveyor's chain

chair *f* flesh

chaleur *f* heat

chaleureusement warmly

chameau *m* camel, "dirty dog"

champ *m* field

chantier *m* coal yard, shipyard, etc.

chape *f* cope

chapeau melon *m* derby hat

char *m* tank, float

charbon *m* coal

charbonnier *m* coal dealer

charger to load

charrette à bras *f* pushcart

chasser to hunt

chausser du to take a size (shoe)

chaussure *f* footwear, shoe, boot

cheminer to walk, to proceed

chêne *m* oak

chenille *f* caterpillar

chevelu hairy

chevet *m* head of a bed

   livre de — bedside book

chevreuil *m* roebuck

chiffre *m* number, numeral, cipher

chimique chemical

chimiste *m* chemist

chuchotement *m* whisper
chuchoter to whisper
cigale *f* cicada
cime *f* top
civisme *m* public spirit
claquer to clap, to slap, to slam
clarté *f* light, clearness
classer to class
   se — to rank, to be classed
clément lenient, merciful
cligner to blink
clin d'œil *m* wink
clocher *m* belfry, parish
cloison *f* partition
clos closed
cochon d'Inde *m* guinea pig
cocotte *f* casserole
coéquipier *m* teammate
col *m* collar, mountain pass
colère *f* anger
comble *m* limit, rooftop, sum-
   mit; *(adj)* full, packed
commander order
commissaire *m* commissioner
   — de police police superin-
   tendent
commission *f* errand
communauté *f* community
commutateur *m* light switch
comportement *m* behavior
comté *m* county
concevoir to conceive, to imagine, to understand
concorde *f* harmony
concours *m* cooperation, compe-
   tition
condamnation *f* judgment
conduire to drive
conférence *f* lecture
conférencier *m* lecturer
confondre to confuse, to mix up
conifère *m* cone-bearing tree
conquérir to conquer
consacrer to sanction, to con-
   firm
   se — to devote oneself
conte *m* tale
contenance *f* countenance, ca-
   pacity
   perdre — to be abashed
contravention *f* violation

contredire to contradict
contrée *f* region
contrepied *m* opposite
convenir to suit, to be fitting,
   to be appropriate
coquin *m* rascal
cor *m* horn
corde *f* rope
cordes *f* string instruments
corrompu corrupt, spoiled
cosmogonie *f* theory of creation
couard *m* coward
couche *f* layer, coat
coulisse *f* backstage wing
coup *m* blow
   — d'œil glance
      avoir le — to have a
      "good eye"
   du même — at the same
   time
coupure *f* break, clipping
couramment fluently
courbe *f* curve
course *f* race
courtois courteous
coussin *m* cushion
crainte *f* fear
cramponner to clamp
   se — à to hook onto
crécelle *f* rattle
crèche *f* manger
crépuscule *m* twilight
creuser to dig, to hollow
creux hollow, sunken
crever to burst, to split
criard loud, shrill, crying
croire au ciel believe in Heaven
croisement *m* crossing
croiser to pass (going in the
   opposite direction)
croissance *f* growth
croque-mitaine *m* bogeyman
croque-mort *m* undertaker's assistant
crosse *f* handle, crosier
crotté muddy
crouler to crumble
cru *m* vintage, locality in which
   vines are grown
cruauté *f* cruelty
cueillette *f* picking, gathering

cueillir to gather, to pick
   (crops)
cuir *m* leather, hide, skin
cuire to cook
cuit cooked
cuivre *m* copper
cuivres *m* brass instruments
culot *m* base, bottom
   avoir du — to have (his)
   nerve (colloquial)
culture *f* cultivated land, culture
cuvette *f* basin

dactylographier to type
dallé paved with flagstones
se dandiner to slouch, to waddle
davantage more
déborder to overflow
déboucher to emerge, to uncork
décharger to unload
déchirer to tear
déclencher to evoke, to cause,
   to start, to let loose
décliner to state, to decline
découper to cut out
découvrir to uncover, to dis-
   cover
décréter to decree, to declare
déçu disappointed, deceived,
   misled
dédaigner to disdain, to scorn
déduire to deduce
défaire to undo
défendre to forbid, to defend
défilé *m* parade
défiler to file past
dégager to redeem, to disen-
   gage, to free
   se — to get away
dégainer to unsheathe
dégoûtant disgusting
dégringoler to tumble down
dehors outside
délabré dilapidated
démarche *f* procedure, walk
démarrer to start
déménager to move
se démener to strive, to carry
   on
démesurément excessively

demeurer to remain, to dwell
dénigrer to vilify, to discredit
dépasser to pass
dépeindre to depict, to describe
dépit *m* spite
déploiement *m* show, deployment
déposer to put down
dépôt de bois *m* woodshed
déraciner to uproot
dérailler to derail, to be off one's rocker
déranger to disturb
  se — to put oneself out
dérive *f* drift
  à la — adrift
dernier cri *m* (invariable) very latest
dérouler to unreel, to unwind
  se — to uncoil, to unfold
désaltérer to quench the thirst
désespoir *m* despair
désintégrer to disintegrate
désorienté bewildered, all at sea
dessécher to drain, to dry up
  se — to go dry
détendre to unbend, to loosen
  se — to relax
deuil *m* mourning
dévergondé shameless
devoir ought, must, to owe
dicton *m* saying
dindon *m* turkey
dispenser (de) to dispense (with)
dissimuler to conceal
dissiper to dispel
dissoudre to dissolve, to melt
distancer to outdistance
doctorat *m* doctorate, doctor's degree
domestique *m* ou *f* servant, teammate (sports)
dominical (*adj*) Sunday
don *m* gift
donner to give
  se — du mal to take pains with, to cause oneself grief
  — sur to look out on

doré golden
dorer to gild
dossier *m* back, brief
douleur *f* suffering, pain, grief
douter to doubt
  se — to suspect
dresser to draw up
  se — to rise
dromadaire *m* dromedary
dûment duly
dureté *f* hardness, harshness
duvet *m* quilt, sleeping bag

éblouissant dazzling
écarter to throw wide apart
échapper to escape
  s' — de to escape from
échelle *f* ladder, scale
échelon *m* rung, degree
éclair *m* lightning, flash
éclaircir to clear up, to clarify
éclat *m* brightness
  — de rire burst of laughter
écolier *m* schoolboy
écorcher to scrape, to scratch, to peel
écran *m* screen
écraser to crush
écureuil *m* squirrel
effaré astonished
efficacité *f* efficiency
effilé slender
effilocher to ravel
effleurer to graze, to touch lightly
s'effondrer to collapse
s'efforcer to strive
effrayer to frighten
s'effriter to crumble
effronté bold, forward
égal equal, alike, level, smooth
  ça m'est — I don't care
égaler to equal
égaré lost
s'élancer to rush, to shoot forth
élan *m* dash, flight
élever to raise
s'éloigner to go away
emballer to wrap up
embarcation *f* small boat

embaumé perfumed, embalmed
d'emblée right away, from the first
embrasser to embrace, to hug
embrouillé tangled, complicated
émerveillé astonished, amazed
emmagasiner to store
émoi *m* emotion
émoustillé excited, exhilarated
émouvoir to move
s'emparer de to grab, to seize
s'empêcher de to keep from
empirisme *m* empiricism, undue reliance upon experience
empreinte *f* impression, stamp, print
encaisser to collect, to encase
enclos *m* enclosure, paddock
enclume *f* anvil
encombré jammed
encourir to incur, to risk
enduire to cover, to coat, to smear
enfler to swell
enfoncer to pull down, to push in
enfouir to bury
engendrer to produce, to engender
engloutir to devour, to engulf
s'engouffrer to be engulfed
énigmatique enigmatical, puzzling
enjoindre to enjoin, to direct
enjôler to flatter
enlever to take away, to kidnap, to take off
ennuyer to bother, to annoy
  s' — to be bored
énoncer to state, to enunciate
enseignement *m* teaching
entendre to hear, to understand, to mean
enterrement *m* burial, interment
entêté headstrong, stubborn
entourer to surround
entrailles *f* intestines, entrails
entrain *m* pep
entraîner to draw, to train
entrebâillé ajar

entrouvrir to half-open
envahir to invade
environs *m* surroundings
épais, épaisse thick
épanouir to bloom, to glow
épargner to economize, to spare
   s' — to spare oneself
épars scattered, sparse
épée *f* sword
épi *m* ear (of grain)
épinards *m* spinach greens
époque *f* time, era, epoch, period
époux to marry
épreuve *f* test, proof, trial
éprouver to test, to feel
épuisé exhausted
équipe *f* team
escalade *f* scaling
s'esclaffer to guffaw
escroc *m* swindler
espoir *m* hope
esprit *m* spirit, wit
   — d'équipe team spirit
essuyer to dry, to wipe
esthète *m* aesthete
estival (*adj*) summer
estrade *f* platform, stage
et ainsi de suite and so on
s'étager to rise tier upon tier
étagère *f* bookcase
étalage *m* show window, display
étalé displayed, spread out
étang *m* pool
éteindre to extinguish
s'étendre to extend, to stretch out
étendue *f* extent, expanse
étinceler to sparkle
étoffe *f* stuff, yard goods
étoile *f* star
   à la belle — under the stars
étoilé starry, star-spangled
étonné astonished
étouffer to stifle, to smother
étourdir to stun, to make dizzy
étourdissement *m* dizziness
être *m* being
étreindre to hug, to grip

étroit narrow
s'évanouir to faint, to vanish
éveil *m* awakening, alarm
éveiller to awaken
éventail *m* fan
s'évertuer to exert oneself
éviter to avoid
exemplaire commendable, exemplary
s'exprimer to express oneself
s'extasier to be enraptured

façonner to fashion
facteur *m* postman
fagot *m* faggot, bundle of sticks
faillir to just miss
faire encore noir to be still dark
faisan *m* pheasant
faiseur *m* maker, schemer
faîte *m* top
se faner to fade
farine *f* flour
fausser to falsify
feindre to feign, to pretend
fêlé cracked
fêlure *f* crack, split
fer *m* iron
fers *m* irons, chains
férule *f* rod, discipline
feuillage *m* foliage
feuilleter to skim, to leaf through
fierté *f* pride
fi! fie!
   faire — de to turn up one's nose at
se figer to "freeze"
fil *m* thread, wire
   au — de with the current
filer to scram, to file, to spin
filet *m* net
flacon *m* flask
flanc *m* flank, side
flasque limp, flabby
flétrir to fade, to wither
à fleur de level with
à la fois all at once
follement madly
foncé dark (of colors)
foncer to rush

fonctionnaire *m* government employee
fond *m* bottom, background, endurance,
fondant melting, luscious
fonder to found
fondre to blend, to melt
se forger to be forged, to be created
formule *f* rule, formula
fosse *m* ditch, moat
fou, fol, folle crazy
fouet *m* whip
fouillis *m* jumble, mess
foulard *m* scarf
foule *f* crowd
four *m* oven
fournaise *f* furnace
fourniment *m* accouterment
fraîcheur *f* coolness, freshness
frais *m* expense
   à grands — very expensively
framboise *f* raspberry
franchir to cross
frayeur *f* fright
fresque *f* fresco
frétiller to wriggle, to quiver
friand dainty, appetizing
   être — de to be fond of
frisson *m* chilliness, thrill
frissonner to shiver
froissement *m* crumpling, vexation
froncer le sourcil to knit one's brows, to frown
front *m* forehead
frotter to rub
fuir to flee
fuite *f* flight
fumer to smoke
fuser to dissolve, to fuse
fusil *m* gun

gagner to reach, to gain, to earn
gaillard *m* wise guy, jolly fellow
galimatias *m* gibberish
galons *m* stripes (military)
gamme *f* scale, gamut

garer to park
gargoulette *f* water jug
garnir to furnish
gars *m* guy
gaulois spicy, Gallic
gazon *m* grass
gel *m* frost
geler to freeze
gémir to groan, to moan
gendarmerie *f* constabulary
gêne *f* embarrassment
gêner to embarrass, to annoy
génie *m* genius, nature
genre *m* kind, gender
géographe *m* geographer
gérant *m* manager
gerbe *f* sheaf, bundle
gesticuler to gesticulate
gibier *m* game (hunting)
   gros — big game
gifler to slap
girouette *f* weathervane
gît lies
gîte *m* home
glauque sea-green
glisser to slip, to slide, to fall
gloire *f* glory
gonfler to swell
gorgée *f* sip, gulp
goulot *m* bottle neck
gouffre *m* pit, chasm, abyss
gousset *m* watch pocket
goût *m* taste
goûter *m* afternoon snack
gradin *m* bench, tier
avoir grand-peur to be very
   much afraid
grappe *f* bunch
grêle thin
grenier *m* attic
griffer to scratch
grillon *m* cricket
grimper to climb
griser to make drunk
gronder to scold
en gros very simply, wholesale
grosseur *f* size, swelling
grossier vulgar
grossir to enlarge
guêtres *f* leggings

guetter to watch for, to spy
gueule *f* mouth (animal)

hacher to chop
haie *f* hedge
haine *f* hate
haïr to hate
hameau *m* hamlet
hanche *f* hip
hanté haunted
harceler to harass, to torment
hardi daring
hautain haughty
hautbois *m* oboe
hébreu Hebrew
se heurter à to run into, to bump
   into
hirondelle *f* swallow
se hisser to raise oneself
hocher to shake
avoir le hoquet to have the
   hiccups
hoqueter to hiccup
hôtellerie *f* hotel business, hos-
   telry
houle *f* swell
hurlement *m* howling

ignorer to not know
imputable attributable
incontestablement unquestion-
   ably
indemne uninjured
inefficace ineffectual, unavail-
   ing
infâme *m* villain
injurier to insult
inquiet anxious
insensé mad, senseless
insolite unprecedented
insondable unfathomable
insupportable insufferable
intégrer to integrate
intempérie *f* inclemency
interdit forbidden
interdit *m* prohibition
intransigeant uncompromising
irisation *f* rainbow coloration
irrémédiable irreparable

irruption *f* bursting in
   faire — to burst in
s'isoler to cut oneself off

jaillir to spout, to burst out
se joindre to join, to unite
joufflu chubby-cheeked
jouir to enjoy, to revel
jumelage *m* coupling
jurer to swear
jus *m* juice
juteux juicy

kilo *m* kilogramme
kiosque *m* newsstand

labourer to plow
lâche *m* coward
lâcher to let go
lâcheté *f* cowardice
lacune *f* gap
là-haut up there
lainage *m* woollen goods
laine *f* wool
lame *f* blade, strip of metal
lancement *m* launching
lancer to throw, to shoot forth
lande *f* heath, moor
lanière *f* thong
lard *m* bacon, fat
larme *f* tear
las, lasse weary
lavande *f* lavender
laveuse *f* washerwoman
lépreux leprous
liaison *f* communications,
   linking
libraire *m* ou *f* bookseller
lierre *m* ivy
lieu *m* place
lisse smooth
livrer to deliver, to hand over,
   to betray
locataire *m* ou *f* tenant
loisir *m* leisure
loquet *m* latch
lors de at the time of
losange diamond-shaped
louer to rent
lugubre lugubrious, mournful

lutte *f* struggle, wrestling
lycéen *m* French high-school student

maçon *m* mason
maçonnerie *f* masonry
magistral masterful
maillot *m* jersey
main-d'œuvre *f* labor, manpower
maint many a
maître *m* master
majorité *f* coming of age, majority
mal *m* trouble, evil, pain
malaise *m* uneasiness, discomfort
malgré despite
malin, maligne sly
mammifère *m* mammal
manche *f* sleeve
manie *f* mania
manière *f* manner
marche *f* step, march
maréchaussée *f* mounted police
marteau *m* hammer
martyre *m* martyrdom
mas *m* small farmhouse (in the South of France)
mât *m* mast
mécontent discontented
méfiant cautious, suspicious
mélange *m* mixture
mélanger to mix
se mêler to mingle, to interfere
menacer to threaten, to forebode
ménage *m* housekeeping, household
   faire le — to do the housecleaning
   femme de — *f* cleaning woman
mener to lead
mensonge *m* lie
menteur, menteuse *m* et *f* liar
mépris *m* scorn
Méridional *m* Southerner
merle *m* blackbird
métal *m* metal
métier *m* trade, profession

métis *m* half-breed
se mettre à to begin
meuble *m* piece of furniture
à mi-chemin halfway
miche *f* large round loaf
Midi *m* South of France
miette *f* crumb
milieu *m* environment, middle
mince thin, slim
ministère *m* department in federal government
mise en plis *f* set (hair)
moindre lesser
le moindre the least
moineau *m* sparrow
moite clammy, moist
moitié *f* half
moniteur *m* coach
monotone monotonous, dull
monter à cheval to ride horseback
monture *f* mount
se moquer de to make fun of
mordre to bite
mou, molle soft
mouillé wet
moulin *m* mill
moyenne *f* average
moyens *m* means
mû moved (past participle of *mouvoir*)
muni supplied, provided
mûr ripe, mature
mûrir to ripen
museau *m* muzzle, snout

naître to be born
narquois sly
natation *f* swimming
nature morte *f* still life
niche *f* niche, doghouse
nier to deny
niveau *m* level
noce *f* wedding
noirâtre blackish
nourrice *f* nurse
nourrice nursling
nourrir to nourish, to feed
   se — de to feed on, to live upon
nourrisson *m* suckling

nourriture *f* food
nouveau new
nouveau-né *m* newborn baby
noyau *m* center, base, pit
nu naked, nude
   — -pieds barefoot
   — -tête bareheaded
nuage *m* cloud
nuance *f* shade
nulle part ailleurs nowhere else
nuque *f* nape

obscurcir to obscure
obsédant persistent
œuvre *f* work
oignon *m* onion
onduler to wave, to undulate
onéreux burdensome
ongle *m* nail
opéré *m* surgical patient
or but, well, now
orage *m* storm
oraison *f* oration, prayer
orgueil *m* pride
ortie *f* nettle
oser to dare
osier *m* wicker
ou bien or else, either
ouaté velvety, padded
outil *m* tool
outre mesure excessively
ouvrage *m* work
ouvrier *m* workman

pacage *m* pasture
paillasse *f* straw mattress
paille *f* straw
pain bis *m* whole wheat bread
panneau *m* panel, board
panse *f* paunch
paon *m* peacock
paperasserie *f* red tape
papillon *m* butterfly
paraître to appear
parcourir to run through
par-dessus above
pardessus *m* overcoat
pare-étincelles *m* fire screen
pareil such a, equal
parent *m* relative, parent
parfois sometimes

parquet *m* floor
part *f* portion
partager to share, to divide
parti *m* party, side
   prendre un — to come to a decision
   tirer — de to get good out of
partie *f* game, part
parvenir to arrive, to reach, to succeed
passage à niveau *m* railroad crossing
se passer de to do without
passer outre to go on
pâté *m* block, pie, blot
paume *f* palm
pavé *m* paving stone, pavement
peau *f* skin
à peine hardly
peiner to toil, to make uneasy
peintre *m* painter
pelote basque *f* jai alai
pelouse *f* lawn
penaud sheepish
penchant *m* bent
pencher to lean
   se — to lean
pendre to hang
pénible laborious, painful, difficult
pente *f* slope
percé pierced, full of holes
perron *m* front step
perte *f* loss
peser to weigh
pétiller to sparkle
peuplier *m* poplar
pièce *f* room, coin, play
piège *m* trap
piété *f* devotion, piety
piétiner to stamp
pinceau *m* paint brush
pincer to pinch
pire worse
piscine *f* swimming pool
piste *f* track
pivert *m* woodpecker
placard *m* closet
se plaindre de to complain about
plaisanter to joke

plaisir *m* pleasure
   à — without cause
planifier to plan
plat flat
plateau *m* tray, plateau
plein air *m* open air
plomb *m* lead
plongée *f* submersion
poignard *m* dagger
poignée *f* handful
   — de main handshake
poignet *m* wrist
poing *m* fist
point de no
poire *f* pear, light switch attached to cord
petits pois *m* peas
polir to polish
poltron *m* coward
pommier *m* appletree
pompe à incendie *f* fire engine
portail *m* gate, portal
portée *f* reach
porte-plume *m* penholder
poulailler *m* chicken coop
pouls *m* pulse
pourrir to rot
pourtant however
poussière *f* dust
poutre *f* beam
pré *m* meadow
précaire precarious
préconiser to recommend, to order
préjugé *m* prejudice
prélèvement *m* sampling
prémices *f* first effects
s'y prendre to begin
pressé in a hurry
pressoir *m* press
prétendre to wish, to claim, to pretend
prêtre *m* priest
prévenir to warn
prier to beg, to pray
   je vous en prie please, I beg of you, don't mention it
priver to deprive
procès *m* lawsuit
promeneur *m* walker
promouvoir to promote

se propager to spread
propos *m* remark
propre clean
propre *m* characteristic
propriétaire *m* landlord, owner
provenant proceeding, resulting
provenir to come
province *f* country, province
provisoirement temporarily
puce *f* flea
purger to purge

quartier *m* neighborhood, quarter
quatuor *m* quartet
quelconque any (whatever), ordinary
queue *f* tail
qu'est-ce qu'il y a? What's up? What's the matter?
quiconque whoever, anyone

rabougri stunted
raccourci *m* nutshell, shortcut
raccourcir to decrease, to shorten
raccrocher to hang up
racine *f* root
raide steep, stiff
rameau *m* branch, bough
rang *m* rank
rangé steady
rapetisser to make smaller, to belittle
rattraper to catch up with, to recover
rauque raucous
ravir to charm
ravissement *m* rapture, delight
ravitaillement *m* replenishing food supply
rayer to draw a line through, to strike out
rayon *m* shelf, ray
rayonner to radiate
se réaliser to be realized, to come about
à rebours backwards, the wrong way
recherche *f* search, research
récif *m* reef

réclamer to demand, to entreat
récolte f harvest
récolter to harvest
recueillir to receive, to gather, to collect
reculer to back up
redouter to fear
réellement really
regarder to concern, to look at
se réjouir to rejoice
réjouissance f rejoicing
relâcher to loosen, to release
relégué relegated, consigned
remarquer to notice
rempailler to recane
rempart m rampart
remuer to move, to wag
rendement m return
se rendre compte de to realize
renom m renown
rentier m retired person who lives on his pension and/or investments
répandre to spread, to propagate
repasser to iron
se reprendre to correct oneself, to calm down
réprobation f disapproval
requin m shark
se résoudre à to bring oneself to
respirer to breathe
resplendissant resplendent, glittering
ressort m spring
ressortir to stand out
résumer to sum up
retenir to hold back, to reserve
retentir to resound
retirer to take away, to withdraw
retourner to go back, to turn around, to turn over
retraite f retreat, retirement
prendre sa — to retire
retraité m retired person
réussite f success
rêve m dream
réveiller to awaken
rêveur dreamy

ridé wrinkled
rigole f furrow
fou rire m giggles
robinet m faucet
rocaille f rubble
roche f rock, boulder
roman m novel
rompre to break
ronger to gnaw, to nibble
rongeur m rodent
roulé rolled
roulis m roll
rouspétance f griping
routinier routine
ruban-mètre m tape measure
ruelle f alley, lane
rugueux rough
ruisselant streaming, wet
ruisselet m stream

sacoche f satchel, wallet
sagesse f wisdom
saigner to bleed
saisir to grasp, to seize
sale dirty
salir to soil
salle f house (theater), room
salon m art exhibition
sang m blood
sanglier m wild boar
sanglot m sob
sapin m fir
sapinière f fir grove
saupoudrer to powder, to sprinkle
saut m jump, leap
sauvage wild, savage
savoir to be able, to know
scène f stage, scene
schématiquement in a stylized way, schematically
scruter to scrutinize
seau m pail
secouer to shake
séculaire time-honored
séduire to fascinate, to seduce
séjour m stay, sojourn
selon according to
semer to sow
semence f seed

sensibilité f feeling, sensitivity
sentier m path
serment m solemn oath
serrer to hug, to lock up
— les rangs to close ranks
serrure f lock
serviette f towel, napkin
se servir de to use
seuil m threshhold
si yes (in contradiction)
sidéré amazed
sifflant hissing, whistling
siffleur m hisser, whistler
sinon otherwise
slip m trunks, briefs
soigneusement carefully
soin m care, attention
soit... soit either . . . or
sol m soil
solive f joist
sommairement briefly, summarily
sommier m box mattress
songer to think, to dream, to intend
sonorité f sonorousness, loudness
sot m fool
sot, sotte foolish, silly
sottise f foolishness
se soucier de to care about, to be concerned about
souffle m breath, puff
souffrance f suffering
souhaitable to be wished for
soumettre to subdue, to submit
soupçonner to suspect
soupirer to sigh
source f spring, source
sourcil m eyebrow
sourciller to wince, to frown
sourire m smile
souris f mouse
sournoisement cunningly
soustraire to remove, to subtract
soutane f cassock
strident shrill, strident
subir to undergo, to endure
suer to sweat
sueur f sweat
suffire to suffice

superficie *f* surface

surgir to appear, to rise, to loom

sursaut *m* start

se surveiller to watch one's step

susceptible capable, susceptible

susciter to create, to suscitate

svelte slender

sybarite *m* ou *f* one who loves luxury and pleasure

syncope *f* faint

synthèse *f* composition, synthesis

tâche *f* task

tâcher to try

taille *f* size, height, waist

se taire to be still, to keep quiet

talus *m* slope

tant mieux so much the better

tant pis so much the worse

tapis *m* rug

taquiner to tease

tartine *f* slice of buttered bread

tas *m* pile

taupe *f* mole

tel, telle such, like

témoin *m* witness

témoigner to bear witness, to testify

tendance *f* tendency

tendre to hold out, to stretch

tenu kept up

tenue *f* appearance, bearing, dress, behavior

ter three times

terne dull

terrain d'atterrissage *m* landing field

thon *m* tuna

thym *m* thyme

tiède lukewarm, tepid

tige *f* stem, stalk

tilleul *m* linden

tintamarre *m* hubbub

tintement *m* ringing, tinkling

tirer to shoot, to extract, to pull

— parti de to get full use from

titre *m* title

à — expérimental by way of an experiment

toile *f* canvas, painting

toit *m* roof

tondre to mow

torpédo *f* sports car

avoir tort to be wrong

toupet *m* nerve, impudence

tourbillonner to whirl

tournoyer to whirl

tout à l'heure in a little while, a little while ago

tour à tour in turn

toutefois yet

trahir to betray

train *m* train, rate

de ce — -là at that rate

traîner to drag, to lag

trajectoire *f* trajectory, flight, curve of projectile

trancher to clinch, to cut

tressaillir to tremble

tromper to deceive, to cheat

se — to be mistaken

trottoir *m* sidewalk

trouer to make a hole in

trousseau *m* bunch, outfit

tuer to kill

à tue-tête at the top of one's lungs

tulle *m* net, tulle

tutoyer to address as *tu*

uniquement only

unité *f* unit, unity

usine *f* factory

vacarme *m* uproar

vague *f* wave

valoir to cost, to be worth

faire — to make stand out, to get the most out of

(— mieux) il vaut mieux it is preferable

— la peine to be worth

vantardise *f* bragging, boastfulness

veau *m* calf, veal

veille *f* day before, eve, vigil

état de — wakefulness

veiller to watch, to lie awake

— à to see to, to attend to

veine *f* luck

velouté velvety

vendange *f* grape-gathering, vintage

venir de to have just

ventre *m* abdomen

ver *m* worm

verdoyant verdant

véreux wormy

verger *m* orchard

vérité *f* truth

vermoulu worm-eaten

vernis *m* varnish, polish

verser to pour

vertige *m* dizziness

vertigineux dizzy

veston *m* jacket

vêtir to dress

vêtu dressed

veuillez please

vicaire *m* vicar

se vider to empty

vigneron *m* wine grower

vil vile, cheap

vinificateur *m* wine maker

virgule *f* comma

viser to aim

vitrine *f* show window

vivacité *f* vivacity, liveliness

voie *f* way

voile *f* sail

faire de la — to go sailing

voilé husky, veiled

vol *m* flight

volée *f* flight, volley, spanking

à la — in flight

voler to steal

volet *m* shutter

volonté *f* will

volontiers gladly, willingly

voué devoted

en vouloir à quelqu'un to hold a grudge against someone

voûte *f* vault, arch

voyou *m* hoodlum

vue *f* sight, view

— basse poor eyesight

zut! darn!

INDEX GRAMMATICAL

ACKNOWLEDGMENTS

The authors wish to thank the publishers, authors, and holders of copyright for their permission to reproduce the literary works which appear on the pages indicated.

3–4 *La poignée de main Française* from *La France et ses écrivains* published by Librairie Hachette, Paris, France, courtesy of Marc Blancpain.

7–8 *La petite ville* from *L'ombre des tours* by Anna de Noailles, authorized by Calmann-Levy, Editeur, Paris, France.

13–18 *Le nouveau locataire* from *Théâtre* by Eugène Ionesco published by Editions Gallimard, Paris, France.

30–32 *Le tour de France* from *Les carnets du Major Thompson* by Pierre Daninos published by Librairie Hachette, Paris, France.

36–38 *Une partie de pelote basque* from *Ramuntcho* by Pierre Loti, authorized by Calmann-Levy, Editeur, Paris, France.

42–43 *Alors... le sport* from *En suivant mon fusil* by Robert Flament-Hennebique published by Editions de la Bonne Idée, Paris, France.

52–55 *La leçon* from *Théâtre* by Eugène Ionesco published by Editions Gallimard, Paris, France.

57–58 *L'accent grave* published by Editions Gallimard, Paris, France, 1949.

60–61 *Les classes nouvelles* from *Le Figaro*, Paris, France.

65–67 *Comment envoyer les jeunes à l'etranger* from *Le Monde* published by Opera Mundi, Paris, France.

77 *Notre capitale* by Charles Delon from *Morceaux choisis* by V. Bouillot published by Librairie Hachette, Paris, France.

81–82 *Paris des rêves* from *Paris des rêves* published by Editions Clairefontaine, Lausanne, Switzerland.

87–88 *Les cloches de Paris* from *Notre Dame de Paris* by Victor Hugo published by Fasquelle, Paris, France.

100–101 *Le tour de monde du rire* from *Le tour du monde du rire* by Pierre Daninos published by Librairie Hachette, Paris, France.

105–107 *Histoire de l'oignon d'Espagne* from *Notes sur le rire* by Marcel Pagnol published by Les Editions Nagel, S.A., Paris, France.

113–114 *Le dromadaire mécontent* from *Histoires* by Jacques Prévert published by Editions Gallimard, Paris, France.

122–126 *Les trois cloches* copyright 1945 by Les Nouvelles Editions Meridian. Used by permission of Southern Music Publishing Company, Inc., New York.

129–130 *L'enfant solitaire* from *Jean Christophe, Tome 1, L'aube* by Romain Rolland published by Editions Albin Michel, Paris, France.

134–137 *Antigone* from *Antigone* by Jean Anouilh published by Les Editions de la Table Ronde, Paris, France.

145 *Dualisme* from *Toi et moi* by Paul Géraldy published by Editions Stock, Paris, France.

148–149 *Souvenez-vous* from *Elle, Paris,* France, courtesy of Rose Vincent.

153–155 *La promesse de l'aube* from *La promesse de l'aube* by Romain Gary published by Editions Gallimard, Paris, France.

164–165 *Les métiers*, permission granted by Société des Gens de Lettres, Paris, France.

167–170 *Le dactylo* from *La jalousie* by Sacha Guitry published by Librairie Plon, Paris, France.

173–175 *Le travail* from *L'âme des peuples,* Book I by André Sigfried published by Librairie Hachette, Paris, France.

177 *La grandeur d'un métier...* from *Terre des hommes* by Antoine de Saint-Exupéry published by Editions Gallimard, Paris, France.

184–193 *Naissance d'un maître* from *L'écho de Paris* from *Anthologie des conteurs d'aujourd'hui* published by Librairie Delagrave, Paris, France, courtesy of André Maurois.

196–198 *Le rôle de l'ecrivain* from *Discours*

de Suède by Albert Camus published by Editions Gallimard, Paris, France.

200   *Le romancier et ses personnages* from *Le romancier et ses personnages* by François Mauriac published by Editions Buchet Chaster, Paris, France.

206–208   *Pour faire le portrait d'un oiseau* from *Paroles, Edition revue et augmentée* by Jacques Prévert published by Editions Gallimard, Paris, France.

211–213   *La maison* courtesy André Maurois.

218–221   *Intermezzo* from *Intermezzo* by Jean Giraudoux published by Editions Bernard Grasset, Paris, France.

230–231   *Découverte de la mer* from *Le roman d'un enfant* authorized by Calmann-Levy, Editeur, Paris, France.

234–235   *Couleurs, nature, musique* from *La symphonie pastorale* by André Gide published by Editions Gallimard, Paris, France.

238   *Icebergs* from *La nuit remue* by Henri Michaux published by Editions Gallimard, Paris, France.

239–241   *Les bois de Montigny* from *Claudine à l'école* by Gabrielle Colette published by Editions Albin Michel, Paris, France.

244   *Dans la forêt sans heures* from *Choix de poèmes* by Jules Supervielle published by Editions Gallimard, Paris, France.

251–252   *Lettre aux Americains* from *Lettre aux Américains* by Jean Cocteau published by Editions Bernard Grasset, Paris, France.

255–256   *L'unité nationale* from *L'âme des peuples* by André Sigfried published by Librairie Hachette, Paris, France.

260   *La grandeur de la France* from *L'appel* published by Librairie Plon, Paris, France.

269–270   *Le retour du troupeau* from *Les lettres de mon moulin* by Alphonse Daudet published by Frasquelle, Paris, France.

274–277   *Le sang de nos vignes* from *France Illustration*, Paris, France.

279–280   *Paysage français* from *Oeuvres complètes* by Paul Claudel published by Editions Gallimard, Paris, France.

281–283   *La terre française* from *Prétextes, réflexions sur quelques points de la littérature et de morale* by André Gide published by Mercure de France, Paris, France.

291–293   *Annapurna* from *Annapurna, premier 8.000* by Maurice Herzog published by B. Arthaud, Grenoble, France.

297–301   *Gros plans de requins* from *Le monde du silence* by Jacques-Yves Costeau et Frédéric Dumas published by Editions de Paris, Paris, France.

304   *Vivre dangereusement...* from *Terre des hommes* by Antoine Saint-Exupéry published by Editions Gallimard, Paris, France.

305–307   *Un été au Sahara* from *A la découverte des fresques du Tassili* by Henri Lhote published by Editions Arthaud, Paris, France.

309–310   *L'eau* from *Terre des hommes* by Antoine de Saint-Exupéry published by Editions Gallimard, Paris, France.

314   *De Cannes a Nice... dans le mistral* from *Guide Chaix-Laffont (Paris-Cote d'Azur)* published by Editions Laffont, Paris, France.

317–320   *Le comissaire est bon enfant* from *Le comissaire est bon enfant* by George Courteline published by Librairie Ernest Flammarion, Paris, France.

324–325   *Quand une parisienne téléphone* by *Marie Claire*, Paris, France, courtesy of Don.

329–333   *Le brocanteur* from *La gloire de mon père* by Marcel Pagnol published by Editions Pastorelly, Monté-Carlo, Monaco.

342–344   *Barbara* from *Paroles, édition revue et augmentée*, 1949, published by Editions Gallimard, Paris, France.

345   *La famille humaine* by Armand Bernier published by Les Cahiers du Nord, Paris, France.

346–348   *Torture* from *Theatre* by Jean-Paul Sartre published by Editions Gallimard, Paris, France.

350–352   *La rose et la réséda* from *La Diane française* by Aragon published by Editions Pierre Segliers, Paris, France, courtesy of Aragon.

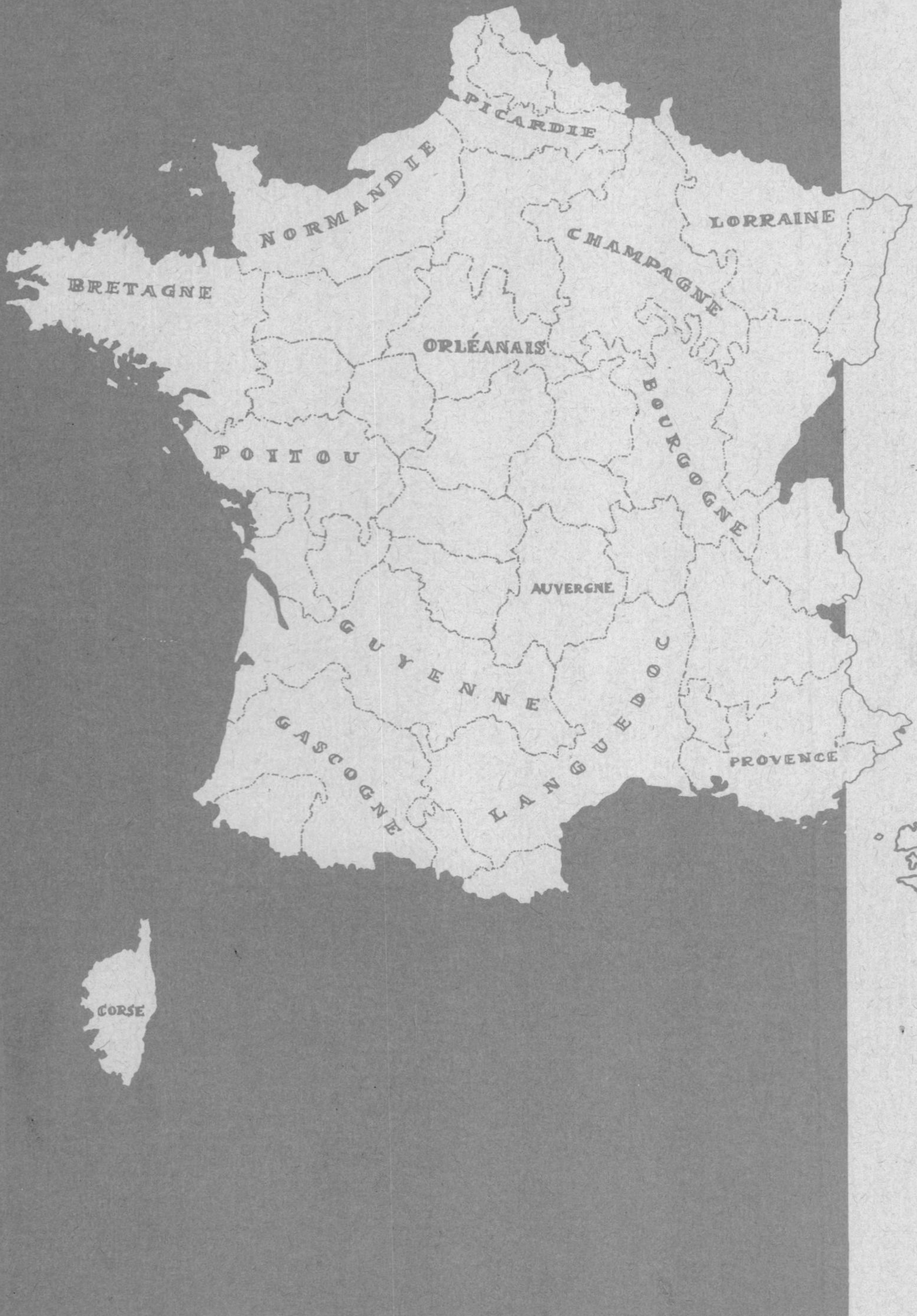

FLEUVES

LORRAINE

PICARDIE

NORMANDIE

CHAMPAGNE

BRETAGNE

ORLÉANAIS

BOURGOGNE

POITOU

AUVERGNE

GUYENNE

LANGUEDOC

PROVENCE

GASCOGNE

LA MANCHE

CORSE

Golfe
de
Gascogne

ANCIENNES PROVINCES

Adour

P y r

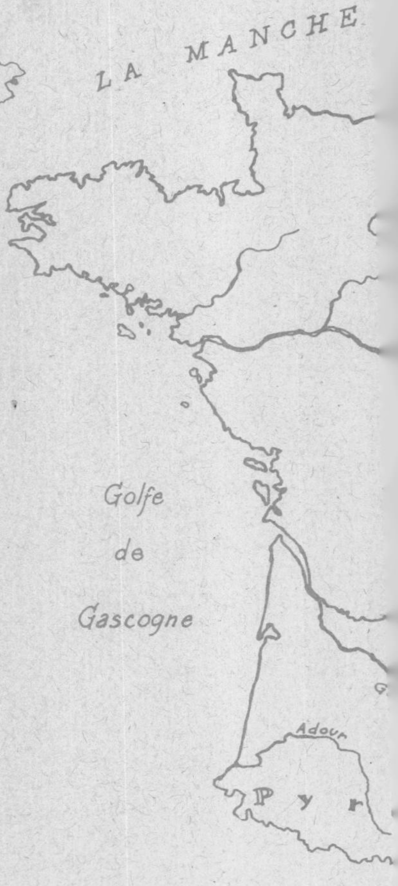